Das Wirkungsprivileg des Vergleichsvertrages

Europäische Hochschulschriften

Publications Universitaires Européennes
European University Studies

Reihe II

Rechtswissenschaft

Série II   Series II

Droit
Law

Bd./Vol. 456

PETER LANG
Frankfurt am Main · Bern · New York

Michael Ehlke

Das Wirkungsprivileg des Vergleichsvertrages

– dargestellt am Wettbewerbs- und Mitbestimmungsrecht –

PETER LANG
Frankfurt am Main · Bern · New York

CIP-Kurztitelaufnahme der Deutschen Bibliothek

Ehlke, Michael:

Das Wirkungsprivileg des Vergleichsvertrages :
dargest. am Wettbewerbs- u. Mitbestimmungsrecht /
Michael Ehlke. – Frankfurt am Main ; Bern ;
New York : Lang, 1985.
(Europäische Hochschulschriften : Reihe 2,
Rechtswissenschaft ; Bd. 456)
ISBN 3-8204-8437-X
NE: Europäische Hochschulschriften / 02

ISSN 0531-7312
ISBN 3-8204-8437-X

GLIEDERUNG

Seite

Seite

E I N L E I T U N G

Die deutsche Wirtschaftsverfassung wird in zunehmendem Maße von staatlichen Lenkungsmaßnahmen betroffen. Der klassische Grundsatz des "laisser-faire - laisser-aller, le monde va de lui-même" gehört längst der Vergangenheit an[1).

Die Eingriffe zielen dabei nicht auf eine Umwälzung des marktwirtschaftlichen Konzepts und die Einengung des einzelnen in seinen individuellen Entwicklungsmöglichkeiten. Im Gegenteil handelt es sich weitgehend um Maßnahmen, die auch den schwächeren Teilnehmern am Wirtschaftsverkehr die eigenständige Entfaltung innerhalb dieses Marktes gewährleisten sollen. Gleichwohl werfen die zur Lenkung der Wirtschaftsverfassung ergangenen Gesetze die Frage auf, inwieweit sie zwingende Regelungen enthalten, und in welchem Umfang sie privatautonome Gestaltungsmöglichkeiten behindern bzw. bestehen lassen.

---

1) Allgemein zum nachgebenden Liberalismus im "Wirtschaftsrecht" Rinck, Wirtschaftsrecht, Rdnr. 1-3, 8, 9, 15 u.a.; zur Verrechtlichung des wettbewerbsrechtlichen Marktgeschehens Fikentscher, Wettbewerb, S. 3 ff., 133 ff.; Baumbach/Hefermehl, Wettbewerbsrecht, Allg. Rdnr. 37 ff., 7o ff; zum Ganzen Scheuner, Staatliche Einwirkung im Bereich der Wirtschaft, S. 9 ff.; Kollmar, Staatl. Lenkung, S. 19 ff.; als gesetzliche Beispiele §§ 17, 18 KüSchG, § 8 AFG (Lenkfunktion des Arbeitsamtes). Auf einer mehr einzelfall- und situationsabhängigen Ebene belegt dies auch das Subventions(un)-wesen.

Insgesamt gibt es eine erhebliche Zahl von gesetzlichen Eingriffen in die Verteilung von Macht- und Rechtspositionen zwischen den Teilnehmern am Wirtschaftsverkehr. Betrachtet man den Bereich des Wettbewerbs, so sind dort vielfach starre Regeln konzipiert, die dem freien - allerdings dann häufig ungerechten - Spiel der Kräfte am Markt beachtliche Schranken setzen. Quasi monopolistischen Schutz erfahren diverse wettbewerbsrechtliche Ausschlußrechte[1]. Die Lauterkeit des Wettbewerbs schützt das UWG[2], die Freiheit des Wettbewerbs das GWB[3]. Den Bislang wohl brisantesten und in seiner politischen Entstehungsgeschichte dementsprechend umstrittenen Eingriff[4] in die Wirtschafts- und Gesellschaftsverfassung bzw. ihre Gestaltungsfreiheit stellt das Mitbestimmungsgesetz vom 4.5.1976[5] dar. Über

---

1) Siehe GeschmMuG v. 11.1.1976 (RGBl., S. 11); VerlG v. 19. 6. 19o1 (RGBl., S. 217); KunstUrhG v. 9. 1. 19o7 (RGBl., S. 7); UrhG v. 9. 9. 1965 (BGBl. I, S. 1273); PatG in der novellierten und neuverkündeten Fassung v. 2. 1. 1968 (BGBl. I, S. 24; WZG v. 21. 1. 1968 (BGBl. I, S. 29). Neuerdings verstärken sich bei Ausschlußrechten die Internationalisierungstendenzen, vgl. GemeinschaftsPatG v. 3. 8. 1979 (BGBl. I, S. 1269) und Gesetz über das europäische Patent für den Gemeinsamen Markt v. 26. 7. 1979 (BGBl. II, S. 833).

2) V. 7. 6. 19o9 (RGBl., S. 499); mit ähnlicher Schutzrichtung ZugabeVO v. 9. 3. 1932 (RGBl. I, S. 121); RabattG v. 25. 11. 1933 (RGBl, S. 1o11).

3) Das mit der am 28. 2. 198o vom Bundestag verabschiedeten Novelle (BGBl. I, S. 458) bereits zum 4. Male geändert wurde, worin sich eine beträchtliche Dynamik in der wettbewerbsrechtlichen Marktsteuerung erweist.

4) Nachweise bei Fitting/Wlotzke/Wißmann, MitbestG, (1. Aufl.), Vorbem. Rdnr. 39-78; Fabricius in GK-MitbestG, Einleitung I, insbes. Rdnr. 42-82 und 169 ff.; Haberland/Seiler, MitbestG, Einl., S. 14 ff.; Lux, MitbestG, Einführung, S. 26-38.

5) BGBl. I, S. 1153.

die in den Betriebsverfassungsgesetzen 1952[1)] und 1972[2)] begründete betriebliche Mitbestimmung hinaus werden gemäß §§ 1 Abs. 1, 6 f. MitbestG Unternehmen bestimmter Größenordnungen[3)] einer Teilhabe der Arbeitnehmer an der Entscheidungsfindung auf nunmehr überbetrieblicher - unternehmerischer - Ebene unterworfen, die zwar nach der Gesetzeslage[4)] nicht als vollparitätisch - wie in der Montan-Mitbestimmung [5)] - gelten kann, de facto aber - insbeson-

---

1) V. 11. 1o. 1952 (BGBl. I, S. 13).

2) V. 15. 1. 1972 (BGBl. I, S. 681).

3) Maßgeblich für die Unternehmensgröße ist bislang allein die Zahl der Beschäftigten. Zu neueren Bestrebungen, die mitbestimmungsrelevante Größe eines Unternehmens differenzierter festzulegen s. etwa Kunze, FS R. Fischer 1979, S. 365 ff., dazu Theisen, DB 198o, 1877, 1878 ff., jeweils mit weiteren Verweisen.

4) Dies ergibt sowohl die Regelung in §§ 27 II, 29 II MitbestG (Stichentscheid des Aufsichtsratsvorsitzenden, der letztlich von den Anteilseignervertretern bestimmt wird) wie auch der Umstand, daß gem. § 3 III Nr. 2 MitbestG die leitenden Angestellten der Arbeitnehmerbank zugeschlagen wurden. Eindeutig denn auch in diesem Sinne BVerfGE 5o, 29o (323 ff.). An diesem Ergebnis ändert entgegen Erdmann, RdA 1976, 87 ff. auch nichts die daneben bestehende betriebliche Mitbestimmung. Die Gefahr einer durch Doppelspurigkeit überpotenten Mitbestimmung wird des öfteren zwar angesprochen (Hanau, BB 1969, 76o (764); W. Zöllner, RdA 1969, 65 (68); Rüthers, DB 1973, 1649 (1653); Buchner ZfA 1974, 147 (179 f.)), ist jedoch krass überbewertet. Die Ebenen der Entscheidungsteilhabe sind zu unterschiedlich, um eine Gesamtaddition "der" Mitbestimmung zuzulassen. Differenziert dazu K.P. Martens, AG 1976, 113 (115); wie hier Fitting/Wlotzke/Wißmann, MitbestG, Vorb., Rdnr. 2o; BVerfGE 5o, 29o (326 ff.).

5) Vgl. MontanMitbestG v. 21. 5. 1951 (BGBl. I, S. 347) - mit den Änderungen v. 15. 7. 1957 (BGBl. I, S. 714) und v. 6. 9. 1965 (BGBl. I, S. 1185) - dort vor allem § 4; Ergänzungsgesetz zur MontanMitbest v. 7. 8. 1965 (BGBl. I, S. 7o7), dort vor allem § 5.

dere unter Beachtung der Psychologie und gruppendynamischer Prozesse in Gremien wie dem mitbestimmten Aufsichtsrat - sehr wohl zu einer gleichgewichtigen Teilhabe der Arbeitnehmer an den Entscheidungsprozessen zu führen vermag[1].

Mit derartigen Kodifikationen bindet die Legislative die Teilnehmer am Wirtschaftsverkehr an verbindliche Regeln, die entweder einen Einzel- oder Kollektivschutz bezwecken[2] institutionell die Marktverfassung und die dort gültigen Spielregeln bestimmen oder die Verfahrensweise bei Unternehmensentscheidungen determinieren.

Innerhalb dieses festen Rechtsrahmens kommt es vornehmlich im Bereich des Wettbewerbs- und des Mitbestimmungsrechts

---

1) In diesem Sinne die Prognose von K.P. Martens, AG 1976, 113 f.; ähnlich Vollmer, Partnerschaftliche Unternehmensverfassungen, S. 21 f.; T. Raiser, GG und Mitbest, S. 24. Eine derartige Entwicklung hält offenbar auch BVerfGE 5o, 29o (331 f.) für möglich. Für eine faktische Parität Badura, RdA 1976, 275 (276); Gemeinschaftsgutachten Badura/Rittner/Rüthers, u.a. S. 14, 185 f., 295.

2) Überwiegend mischen sich diese Normzwecke: So schützen im GWB z.B. die §§ 1, 18, 25 sowohl die potentiell betroffenen (einzelnen) Mitbewerber wie auch den Wettbewerb als solchen bzw. seine Freiheit (vgl. Schwartz in GK, § 18 Rdnr. 1o). Diese Verbindung von Individual- und Institutionsschutz gilt nach heute gültiger Auffassung auch im UWG (§§ 1-12), vgl. Baumbach/Hefermehl, Einl. UWG, Rdnr. 38 (überholt die rein individual ausgerichtete Auffassung, etwa Lobe Bd. I, S. 145; Baumbach (1. Aufl., S. 128). Dagegen haben die subjektiven Ausschlußrechte (dazu FN 3) praktisch nur den Individualschutz zum Ziel, vgl. Baumbach/Hefermehl, Warenzeichenrecht, Einl., Rdnr. 11.

immer wieder zu privatautonom ausgehandelten Verträgen[1), die im folgenden unter besonderer Beachtung des Vergleichsvertrages betrachtet werden sollen. Es stellt sich hier das Problem, inwieweit das vom Staat verordnete Wirtschaftsrecht Regelungen zugänglich ist, die privat ausgehandelt werden und möglicherweise gewollte oder unabsichtliche Abweichungen gegenüber einer durch Gerichtsurteil präzisierten Rechtslage enthalten. Es geht dabei also unter mehreren Aspekten um das Verhältnis des zwingenden Rechts zur vertraglichen Gestaltungsfreiheit.

Ausgangspunkt der Untersuchung ist ein Vergleich der Wirkungsmechanismen in einem durch ein legislatives (und judikatives) Rechtsgestaltungsmonopol gekennzeichneten System einerseits und der Möglichkeiten privatautonomer Konfliktlösungen andererseits. Die hierbei gewonnenen Erkenntnisse über die Art, in der sich Ergebnisse und Entscheidungen bilden, sollen verdeutlichen, daß die oftmals kontradiktorisch verstandenen Wege staatlich vorgeschriebener und privatautonom gestalteter Problemlösungen durchaus gleichartig und -wertig funktionieren können.

Grundlegend ist weiter der Frage nachzugehen, wie sich zwingendes und disponibles Recht voneinander abgrenzen lassen. Hierzu bedarf es neben einer Untersuchung der mög-

---

1) Beispiele für wettbewerbsrechtliche Vereinbarungen in der höchstrichterlichen Rechtsprechung: BGHZ 3, 193; 16, 296; 65, 147. Für das Mitbestimmungsrecht sei auf das Lüdenscheider Abkommen (abgedruckt in BB 1959, 1o28), das Beispiel bei Hensche, AuR 1971, 39 (dort FN 42) - noch zur betrieblichen Mitbestimmung -, die Beispiele bei Föhr, MitbestGespr 1977, 131 ff. und dort FN 7, 13, 15, 18, 2o, 21, 23, 3o verwiesen. Vgl. zu diesem Problemkreis auch T. Raiser, BB 1977, 1461 ff. mit Überlegungen zu Vereinbarungen über die Mitbestimmung; s. auch den Hinweis von Ulmer in Hanau/Ulmer, MitbG, Einl. Rdnr. 44 auf Mitbestimmungsvergleiche

lichen und gebräuchlichen inhaltlichen Gestaltungsformen von ius cogens der Erarbeitung einer Interpretationsmethode zur Reichweitenbestimmung von Rechtsbefehlen, die einer privatautonomen Gestaltung entgegenstehen könnten.

Für die Betrachtung des Zusammenspiels zwischen ius cogens und der Privatautonomie ist dabei eine Komponente mit einzubeziehen, die von der Grundidee der Privatautonomie, der Regelungsfreiheit, nicht ausreichend erfaßt wird, gleichwohl aber als ein eigenständiges und wesentliches Grundprinzip unserer Rechtsordnung zu beachten ist: die Befriedungsfunktion. Es soll der Versuch unternommen werden, die Friedensfunktion des Rechts zur Erweiterung privatautonomer Gestaltungsmöglichkeiten fruchtbar zu machen. Insbesondere ist hier von Interesse, ob und inwieweit die Friedensfunktion der Rechtsordnung einen Differenzierungsgesichtspunkt begründet, Geltungsweise und -weite einzelner Vertragstypen unterschiedlich zu bemessen und den Vertragstypus des Vergleichs (§ 779 BGB) mit einem Wirkungsprivileg zu versehen, weil ein Vergleich sowohl nach seinen gesetzlichen Voraussetzungen wie auch nach seiner Verwendung in der Rechtspraxis in offenkundiger Weise eine ausgewogene und zügige Konfliktbereinigung bezweckt. Dieser Gedanke ist bislang noch nicht offen angesprochen. Er klingt jedoch in einigen Entscheidungen des BGH über wettbewerbsrechtliche Fragen zumindest mittelbar an[1]. Diese Entscheidungen werden daher im einzelnen analysiert und auf verallgemeinerungsfähige Ergebnisse überprüft.

---

1) Siehe BGHZ 3, 193 ff., 16, 29 ff., 65, 147 ff.; zum Verständnis dieser Entscheidungen S. 134 ff.

Schließlich soll dann untersucht werden, inwieweit die entwickelten Interpretationsmethoden zur Erkennung und Behandlung zwingenden Rechts dazu beitragen können, eine kodifikatorische Fehlleistung wie das Mitbestimmungsgesetz von 1976 zu mildern und einer praktikablen Behandlung durch die Normenunterworfenen zuzuführen.

1. Teil: Zur Funktion staatlich gelenkter und privatautonomer Konfliktlösungen

A) Staatlich institutionalisierte Verfahren der Streitschlichtung

Die Rechtsordnung kennt unterschiedliche Regelungsmechanismen, mit deren Hilfe ein streitiger Lebenssachverhalt unter Anwendung rechtsstaatlicher Mittel aus der Welt geschafft werden kann. Stärkstes Instrument der "Befriedung" kontroverser Rechtssubjekte ist das prozeßabschließende Urteil, genauer gesagt, die diesem nach Eintritt der Rechtsbeständigkeit entfließende Rechtskraft[1]. Sie läßt einen Anspruch vollstreckbar

---

1) Zwar sind die (materiellen) Rechtskraftwirkungen in vielen Details streitig, s. Furtner, Urteil im Zivilprozeß, S. 147 (etwa zur Funktion der Streitgegenstandsbestimmung für die Rechtskraft s. dazu Henckel, Parteilehre, S. 292 ff.; ders., Prozeßrecht, S. 125 ff., 149 ff., jeweils mit weiteren Nachweisen). Zur Vielzahl der Problemstände in diesem Bereich beispielhaft Wieczorek, ZPO, § 322 B I b1, b2; B II a; C III b. Im Kern ist die Festschreibungsfunktion von Urteilen im Hinblick auf tatsächliche und rechtliche Verhältnisse aber konsensfähig; vgl. Stein/Jonas/Pohle, Einl. C II, III; Rosenberg/Schwab, § 152 I, IV; Zöller/Vollkommer, vor § 322 I 3.

werden und bereitet damit die Umsetzung der Gebote der Rechtsordnung in die Wirklichkeit vor.

Von ähnlicher Qualität sind eine Reihe anderer Vollstreckungsgrundlagen, die im Zuge eines förmlichen Verfahrens ohne streitige Verhandlung entstehen, wie z. B. der aufgrund eines Mahnbescheides (§ 692 ZPO) ergangene Vollstreckungsbescheid (§ 699 ZPO), der im Falle unterbliebenen fristgemäßen Widerspruchs gemäß §§ 699, 7oo Abs. 1, 339 ZPO eine urteilsgleiche Wirkung entfaltet. In diese Kategorie gehört im Grunde auch das Versäumnisurteil (§§ 33o, 331, 3oo ZPO), das trotz seines Namens und entsprechender technischer Zuordnung gemäß seiner (nicht)materiellen Vorgeschichte mehr den Charakter einer formell zustandegekommenen Vollstreckungsgrundlage trägt. In diesem Zusammenhang sei auch der den öffentlichrechtlichen Belangen besondere Rechnung tragende Verwaltungsakt genannt[1], der einerseits als bloße Vorstufe zu einem Urteil in Erscheinung tritt, dessen Inhalt andererseits - ohne erfolgreiche Gegenwehr des Adressaten - in eine der Rechtskraft ähnliche Bestandskraft erwächst[2].

Insgesamt enthält die Rechtsordnung somit ein ganzes Arsenal von Rechtsbehelfen, deren sich vermeintliche Rechts- oder Anspruchsinhaber bedienen können, jedoch nicht <u>müssen</u>.

---

1) Inzwischen kodifiziert in §§ 35-53 VerwVerfG.

2) Zu den Unterschieden zwischen "Bestandskraft" und "Rechtskraft" sowie dem Streit um die materiellen Rechtskraftwirkungen eines Verwaltungsaktes s. Wolff/Bachof, § 52 III; Stelkens/Bonk/Leonhardt, § 43 Rdnr. 6 ff.; Knack, vor § 43 Rdnr. 3; ausführlich zu dem ganzen Problemkreis Sauer, DÖV 1971, 15o (152 ff.).

B) Privatautonome Klärung, Richtigkeit und Rechtsfrieden

Oftmals bedarf es nicht des Einsatzes derart starker und förmlicher Mittel, um eine relative Gerechtigkeit[1], wie sie die Gesamtheit der erlassenen Gesetze verbürgt, zur Geltung zu bringen. Die Parteien haben grundsätzlich die Möglichkeit, einen Rechtsstreit untereinander zur Klärung zu bringen. "Klärung" meint dabei keine abstrakte Suche nach "Wahrheit"; "Klärung" meint im Zusammenhang mit der privaten Bereinigung rechtlich-tatsächlicher Divergenzen regelmäßig nichts weiter als die Herbeiführung einer klaren Situation, die konkrete Verhaltensalternativen der Kontrahenten aufzeigt und festschreibt. Die private Streitschlichtung dient damit in erster Linie der Befriedung.

Bei oberflächlicher Betrachtung erfüllt sie ihre friedensstiftende Funktion ohne die inhaltliche Richtigkeitskontrolle, die eine intakte Kodifikation zu verbürgen scheint. Man könnte meinen, die von der Rechtsordnung für derartige privatautonome Vorgänge gesetzten Wirksamkeitsschranken[2] filterten lediglich die gröbsten Verstöße gegen allgemeine

---

1) Zu diesem Begriff Kelsen, R. Rechtslehre, S. 255 ff., 434 ff.; Larenz, Richtiges Recht, S. 18, 21 f., vor allem S. 38. Ausführlich zur Problematik einer relativen Gerechtigkeit in Abgrenzung zur Naturrechtslehre s. Kriele, Kriterien, S. 13 ff., 29; auch Schelauske, Naturrechtsdiskussion, S. 29.

2) Vgl. §§ 1o4 ff., 125 ff., 134 i.V.m. einem Verbotsgesetz, 135, 136, 138, 142, 154, 162, 3o6, 31o, 311, 312, 313, 518, 1365, 2275, 23o1 BGB, um nur einige Schrankennormen zu nennen.

Billigkeitsprinzipien[1] heraus und garantierten nur eine gewisse Minimalrichtigkeit[2].

I. Vergleich der einzelnen Befriedungswege

Es ist aber durchaus fraglich, ob andere Wege zur Streitschlichtung die Zweifel, die man an der Ausgewogenheit einer frei ausgehandelten Bereinigung hegen kann, ausräumen und grundsätzlich besseres bewirken. So läßt sich unter verschiedenen Gesichtspunkten bezweifeln, daß die staatlich institutionalisierten Rechtszüge zur Durchsetzung von Ansprüchen eine Gerechtigkeitsgarantie bewirken, die notwendig über die inhaltliche Richtigkeit der privatautonomen Streitschlichtung hinausreicht. Die

---

1) Gemeint sind die aus dem Normensystem deduzierten Richtigkeitspostulate, die allerdings als positivrechtliche Umsetzung überpositiver Rechtsprinzipien verstanden werden können; vgl. Larenz, Richtiges Recht, S. 1o, 23 ff., 47; für die permanente Berücksichtigung einer hinter dem Gesetz stehenden Gerechtigkeitsintention auch Esser, Vorverständnis, S. 74 ff.; etwas differenzierter S. 139 ff.; anerkannt sind überpositive Rechtsprinzipien auch vom Bundesverfassungsgericht, vgl. BVerfGE 1, 18 (Leitsatz 18); 3, 225 (Leitsatz 2).

2) Die Mäßigkeit der in FN 2 auf S. 9 genannten Wirksamkeitsschranken zeigt z.B. die Zulässigkeit eines Vergleichs über die Frage, ob ein Rechtsverhältnis wegen Sittenwidrigkeit oder Wuchers unwirksam oder unangreifbar ist; vgl. BGH, NJW 1969, 1497 ff.; Breetzke, NJW 1969, 14o8 (141o); Hartmaier, MDR 1964, 37o ff.; dem folgend die Kommentarliteratur, z.B. Palandt/Thomas, § 779, Anm. 1 c. Es ist jedoch zu beachten, daß diese enorme Gestaltungsfreiheit nur für das alte, beigelegte Rechtsverhältnis gilt, nicht für die neue Vergleichsregelung, so daß die Effizienz dieser Vergleichszulässigkeit in dem Wirkungskreis zwingender Rechtsregeln nicht uneingeschränkt ist.

staatlich institutionalisierten Verfahren garantieren zwar einen neutralen Streitschlichter[1], der die gegenläufigen Interessen aufgrund einer kodifikatorischen Grundlage abwägt, die der Gesetzgeber auf der Basis einer abstrakten, damit aber zwangsläufig pauschalierten Billigkeit entworfen hat. Trotz des insoweit nachweisbaren Bemühens, die Interessen aller Rechtssubjekte sowohl individuell-konkret[2] als auch generell-abstrakt[3] bei der Rechtsfindung zu berücksichtigen, kann ein durchgreifender Anspruch auf absolute oder auch nur relative Gerechtigkeit damit nicht begründet werden.

Ein anderes, auf ein idealistischeres Bild der Rechtsanwendung gerichtetes Verständnis läßt sich in unserer Rechtsordnung relativ leicht widerlegen: Sowohl die oben aufgezählten Vollstreckungsgrundlagen, deren Wirksamwerden auf fehlende Gegenwehr zurückgeht[4], wie überhaupt die einschneidenden Rechtsfolgen, die sich an verspätete

---

1) Die Neutralität wird abgesichert durch den "gesetzlichen Richter", wie er in § 16 GVG, Art 1o1 I GG garantiert ist. Wie ernst dieses Prinzip genommen wird, verdeutlichen BVerfGE 4, 412 ff.; 19, 145 (147 ff.) und BVerfG, NJW 1964, 1o2o ff.

2) Durch Einzelfallsubsumtion innerhalb eines konkreten Verfahrens. Zur Komplexität dieser Subsumtion vgl. Esser, Vorverständnis, S. 4o ff.; Engisch, Einführung, S. 47 ff.; Fikentscher, Methoden IV, S. 182 ff.

3) Bei der legislativen Festsetzung von Rechtssätzen für eine Vielzahl von Fällen (Typisierung). Vgl. dazu Kelsen, R. Rechtslehre, S. 85; Henkel, Rechtsphilosophie, S. 4o; Ryffel, Grundprobleme, S. 346 ff.

4) Eine drastische Gefahr, seine Rechte durch Passivität zu verlieren, stellt z.B. auch der novellierte § 276 I ZPO dar, nach dem der Beklagte innerhalb relativ kurzer Frist seine Verteidigungsbereitschaft erklären muß, um nicht im Wege eines Versäumnisurteils benachteiligt zu werden.

Rechtsgeltendmachung oder versäumte Fristen schließen[1], zeigen den sekundären[2] Wert von Idealen wie Wahrheit oder (absoluter) Richtigkeit auf. Besonders plastisch wird die Abkehr von der materiellen Gerechtigkeit in einem Verfahren, das trotz unzureichender Sachaufklärung aufgrund der geltenden Prozeßordnung sofort und abschließend - notfalls auf der Basis der Beweislastverteilung - zur Entscheidung kommen muß[3]. Käme es wirklich auf eine objektive Richtigkeit an, läge es näher, manche Klage nur als "zur Zeit" unbegründet abzuweisen und einen Vorbehalt zu statuieren, der die Fortsetzung des Rechtsstreits

---

1) Siehe z.B. §§ 121, 125 BGB sowie die Regeln über die Verjährung, §§ 195 ff., 477, 638, 852, 2332 BGB (u.a.). Zu den Gefahren verspäteten Vorbringens prozessualer Mittel und Beweise vgl. §§ 296, 296 a, 356 ZPO. Ähnlich auch § 767 II ZPO. Vgl. auch §§ 4, 13 KüSchG, die im Interesse der Rechtsklarheit eine Geltendmachung von Kündigungsgründen zeitlich erheblich begrenzen. Sehr schneidig ist auch der Fristablauf bei Ordnungswidrigkeiten, wo die Versäumung einer Wochenfrist Bußgeldbescheide in Rechtskraft erwachsen läßt (§ 67 OWiG). Letzteres Beispiel ist dabei - obwohl aus dem strafrechtlichen Bereich - von besonderem Interesse, zeigt es doch, daß Rechtssicherheit und Praktikabilität sogar in Rechtszweigen erhebliche Wirkungen zeitigen, die dem Amtsermittlungsgrundsatz unterliegen und wegen der Art der Sanktion an der Wahrheitsfindung besonders interessiert sein müssen.

2) Sekundär in dem Sinne, daß die praktische Rechtsanwendung ihr Augenmerk auf die konkrete Bewältigung von Streitigkeiten zu richten hat, wobei ideale und abstrakte Zielvorstellungen wie Wahrheit und Gerechtigkeit im Interesse des Machbaren durch typisierte, häufig und schnell anwendbare Regelungsvorgaben beeinträchtigt, manchmal (leider) auch ersetzt werden (müssen).

3) Vgl. Stein/Jonas/Pohle, Einl. C III.

mit besseren Beweismitteln zuläßt[1]. Dies geschieht aber eben nicht. Zieht man weiter die im Zivilprozeß geltende Parteienmaxime[2] hinzu, liegt der Schluß nahe, daß die Richtigkeit des Rechtsurteils keinesfalls die einzige, nicht einmal die vorrangig durchschlagende Leitidee unserer Rechtsordnung sein kann.

Die angedeuteten Bedenken an dem Richtigkeitsanspruch der staatlich-institutionalisierten Lösungswege verstärken sich, wenn man die Wirkung der privatautonomen Streitschlichtung mit den von der Rechtsordnung vorgesehenen Klärungsmöglichkeiten vergleicht und die Zielsetzung und die Funktionsmechanismen der verschiedenen Entscheidungswege offenlegt.

1. Mechanismen der staatlich-institutionellen Streitschlichtung

Die Führung eines Prozesses durch einen unabhängigen Richter auf der Grundlage des positiven Gesetzesrechts ist der Versuch, einen möglichst angemessenen Ausgleich zwischen den Prozeßbeteiligten zu schaffen. Dabei kann jedoch als anerkannt gelten, daß selbst das förmlichste

---

1) So geschehen in BGHZ 17, 252 (253), 2. Leitsatz im Falle der Abstammungsklage (§ 644 ZPO). Dies ist jedoch eine Ausnahmekonstellation, für die die Rechtsunsicherheit zugunsten der materialen Richtigkeit ausdrücklich in Kauf genommen wurde (BGH aaO, S. 264 f.).

2) Die zwar durch einige Elemente des Amtsbetriebes ergänzt wird (dazu Rosenberg/Schwab, § 77 III). Jedoch sind in den entscheidenden Teilen (Beibringungsgrundsatz, Verhandlungsmaxime) die Parteien Herren des Prozesses (vgl. Jauernig, ZPO, § 25 III-V; Thomas/Putzo, ZPO, Einl. I 1).

Verfahren vor einem Zivilgericht keine absolute Gerechtigkeit - etwa auf der Grundlage einer objektiv feststellbaren Wahrheit - garantieren kann[1]. Abstrakte oder absolute Gerechtigkeit können lediglich als Leitbild für eine positive Rechtsregelung angesehen werden[2],

---

1) Zu den Grenzen einer absoluten und abstrakten Gerechtigkeit grundlegend Stammler, Lehre v. richtigen Recht, S. 94 ff.; vgl. auch Kelsen, R. Rechtslehre, S. 428 f.; v. Hippel, Ideologie und Wahrheit, S. 189; Kaufmann, Rechtsphilosophie, S. 21o. Gleichwohl formiert sich in der neueren Rechtsphilosophie eine Tendenz, grundlegende Rechtsprinzipien außerhalb des gesetzespositivistischen Rahmens zu suchen. Vgl. Larenz, Richtiges Recht, S. 1o, 23 ff., 47, 53 f. u.a.; Engisch, Gerechtigkeit, S. 24 ff.; Kriele, Kriterien, S. 29 ff., 1o2. Allerdings werden diese Versuche nicht von dem Glauben an eine naturgegebene Gerechtigkeit geprägt, sondern berücksichtigen Rechtsprinzipien, die aus dem Gesamtcharakter unserer Rechtsordnung zu entnehmen sind und die bei der Anwendung einzelner Vorschriften eine Art Interpretationsrahmen bilden (Larenz, Richtiges Recht, S. 181 ff.; ähnlich Fikentscher, Methoden IV, S. 188 ff.). Zutreffend betont Canaris, Systemdenken, die Inhaltsleere einer abstrakt verstandenen "materialen Gerechtigkeit" (S. 1o6).

Die beiden überwiegend konsensfähigen Grundbausteine einer übergesetzlichen Gerechtigkeit, das suum cuique tribuere (vgl. Kelsen, R. Rechtslehre, S. 366 ff.; Henkel, Rechtsphilosophie, S. 396 ff.) und das Gleichbehandlungsgebot (vgl. Radbruch, Rechtsphilosophie, S. 121 ff.; Fikentscher, Methoden IV, S. 176 ff., 19o) können daher insoweit präzisiert und in ihrer praktischen Anwendungseffizienz aufgewertet und als Kriterien einer - dann rechtsordnungsorientierten - Gerechtigkeit aus dem positiven Gesetzesrahmen rückdeduziert werden.

2) Vgl. Radbruch, Rechtsphilosophie, S. 12o ff.; ähnlich Küchenhoff, Rechtsbesinnung, wenn er die Gerechtigkeit - reichlich emphatisch - von Gott ableitet (aaO, S. 162 ff.) und damit der Verwirklichung durch die (unvollkommenen) Menschen entzieht.

die sich bemüht, allen Interessen auf dem Boden verschiedener anerkannter Grundwerte gerecht zu werden[1]. Die Anwendung der nach diesen übergeordneten Prinzipien erlassenen Gesetze garantiert lediglich - aber auch immerhin - eine relative Gerechtigkeit, die man auch als "richtiges" Recht bezeichnen kann[2].

Selbst diese nur relative Gerechtigkeit, die dem positiven Rechtsrahmen entspringende Richtigkeitsgewähr, ist jedoch nur im Idealfall das Produkt eines instanziellen Entscheidungsverfahrens. Gerade im Zivilprozeß wird das letztlich ergehende Urteil durch Parteidispositionen entscheidend beeinflußt. Kein Richter kann sicher sein, daß er über alle den Parteien bekannte Umstände informiert wird, daß seine Entscheidung aufgrund eines Sachverhalts ergeht, der mit der Wirklichkeit übereinstimmt. Ganz im Gegenteil kann er davon ausgehen, daß ihn die Parteien lediglich über die Umstände unterrichten, die sie selbst jeweils für günstig halten. Man kann insoweit nur hoffen, daß die subjektive Färbung der Prozeßbeteiligten sich wechselseitig kompensiert, so daß sich dem Richter letztlich doch ein Ergebnis ihres Vorbringens darstellt, das wenigstens in die Nähe des tatsächlichen Geschehens rückt. Es muß unter Berücksichtigung dieser Umstände bezweifelt werden, daß Gerichtsverfahren regelmäßig zu Urteilen führen, die ein allwissender Dritter,

---

1) Zu derartigen, teilweise in Konkurrenz stehenden Wertprinzipien s. S. 18 und S. 51.

2) Larenz, Richtiges Recht, S. 18 ff., 18o ff.; Stammler, Lehre v. richtigen Recht, S. 51 ff. u.a.

der alle Vorgänge von außen beobachtet hat, als "gerecht" anerkennen könnte. Fehlurteile sind im geltenden Prozeßrecht geradezu angelegt[1].

Diese Sicht könnte man allerdings differenzieren, sobald ein Gericht über eine reine Rechtsfrage zu befinden hat. Die Aufklärung eines abstrakt gefaßten Rechtsproblems scheint originäre Aufgabe der Judikative zu sein. In der Tat liegt in einem angenähert objektiven Verständnis eine gesteigerte Richtigkeitsgewähr vor, wenn ein neutraler Richter eine Rechtsfrage entscheiden kann, ohne von parteigesteuerten Daten abhängig zu sein. Andererseits muß bezweifelt werden, ob es eine dermaßen "reine" Rechtsfrage überhaupt gibt. Jedes juristische Interpretationsproblem ist in einen konkreten Sachzusammenhang eingebunden, den die Parteien stecken und dementsprechend beeinflussen können. Angenommen ein Gericht definiert den zunächst unklaren Begriff der "Verwendung", so handelt es sich hierbei letztlich keineswegs um eine "reine" Rechtsfrage in dem maßgeblichen Sinne, daß judikative Klärung <u>und Anwendung</u> des festgelegten Terminus ohne Einwirkung und Verfälschung der Parteien möglich sind. Denn der abstrakt vielleicht noch neutral definierbare Begriff muß schließlich in das konkrete Streitfeld übertragen werden. Dazu bedarf es einer Vielzahl von tatsächlichen, subsumtionsfähigen Fakten. Hierauf behalten die Parteien unweigerlich Einfluß. Über die Tatsachen- und Subsumtionsebene werden auch "reine" Rechtsfragen zum Einflußfeld der Parteisteuerung.

---

1) Vgl. auch Stein/Jonas/Pohle, ZPO, Einl. C III.

Da eine wirklich "reine" Rechtsfrage praktisch nie vor Gericht kommt - am ehesten noch bei einer Feststellungsklage, dessen Urteil aber regelmäßig auch einer späteren Umsetzung durch die Parteien auf der Realebene oder sogar eines weiteren auf Umsetzung (Unterlassungsklage) gerichteten Verfahrens vor Gericht bedarf - kann dieser Ansatzpunkt für eine stärkere instanzielle Entscheidungsdignität vernachlässigt werden. Es verbleibt bei dem Grundsatz, daß die staatliche Streitklärung in ihrem Gerechtigkeitsanspruch sehr relativ gesehen werden muß.

Daraus ergibt sich auch, daß eine funktionsfähige und effektiv arbeitende Gerichtsbarkeit mehr auf die schlichte Klärung von Streitigkeiten hinwirkt und den Parteien bloße Eckdaten liefert, die diese einzuhalten und bei ihren Planungen und Verhaltensdispositionen zu berücksichtigen haben. Die Mängel einer Urteilsfindung treten dabei sogar in einem (fiktiven) Justizapparat auf, der keine eigene Fehlerquelle aufweist. Selbst wenn man einmal davon ausgeht, daß die Rechtsordnung in ihrer Gesamtheit einen in sich schlüssigen, logisch fehlerfreien und die Gerechtigkeitsprinzipien umfassend berücksichtigenden Komplex bildet, und weiter unterstellt, daß alle Richter die Gesetze fehlerfrei anwenden, so würden dennoch mit der Einspeisung dieses vermeintlich richtigen Apparates aufgrund der Parteienmaxime permanente und statistisch, aber leider nicht konkret kalkulierbare Fehler bewirkt. Die Gerichte werfen im besten Falle die richtige Entscheidung für den ihnen unterbreiteten Sachverhalt aus. Dieser Sachverhalt ist aber eben oftmals nicht der aus absoluter Sicht tatsächlich zutreffende Lebenssachverhalt.

Wenn sich unsere Rechtsordnung dennoch mit derartig "fehlerhaften" Verfahren zufriedengibt, wird deutlich, welch hohen Rang Prinzipien wie Rechtssicherheit und Rechtsfrieden genießen; Prinzipien, die zwar nicht generell mit dem Gerechtigkeitspostulat kollidieren, die jedoch in einem gewissen Teilbereich neben einer abstrakten Gerechtigkeitsidee herlaufen können[1]. Die Gesamtgerechtigkeit der geltenden Rechtsordnung wird also weniger durch eine ideal gedachte, materiale Gerechtigkeit geprägt, als vielmehr durch eine konkret immer wieder neu zu erstellende Abwägung einzelner Prinzipien wie dem Schutz von "privaten Rechten" und "objektivem Recht", "Rechtsfrieden" und "Rechtsgewißheit"[2], die erst in ihrer Gesamtheit die Erhaltung eines gerechten Sozialgefüges ermöglichen. Derartige Einzelzwecke sind in einem konkreten Problemfeld jeweils neu in eine Rangordnung zu bringen. Eine starre Festlegung von Prioritäten ist nicht möglich[3].

2. Mechanismen der privaten Streitschlichtung

Die sehr skeptische und kritische Bestandsaufnahme der Richtigkeitsgewähr für den Fall, daß staatliche Entscheidungsinstanzen eingeschaltet werden, hat für den Vergleich und seinen Stellenwert im Entscheidungssystem unsere Rechtsordnung erhebliche Folgen. Wenn die Richtigkeitsgewähr der staatlichen Entscheidungsmittel derart relativ ausfällt, verringert sich die Neigung, eine

1) Vgl. BVerfGE 3, 225 (237); zum im Hinblick auf die Wahrheit eingeschränkten Prozeßzweck s. auch Rödig, Erkenntnisverfahren, S. 7 f. (insbes. FN 19, S. 151 ff. "prozessualer Wahrheitsbegriff"); vgl. auch die Besprechung von Adomeit, AcP 174, 4o7 ff.

2) Stein/Jonas/Pohle, Einl. C IV.

3) Vgl. Ryffel, Grundprobleme, S. 228 ff.; BVerfGE 3, 225 (237 ff.); 7, 89 (92 f.) zur Abwägung zwischen materialer Gerechtigkeit und Rechtssicherheit.

privatautonom ausgehandelte Streitschlichtung von vornherein mit dem Makel der Parteilichkeit oder der Ungerechtigkeit zu behaften. Was die Rechtsordnung in ihren institutionalisierten Entscheidungsverfahren zu leisten imstande ist, kann eine parteiautonome Vereinbarung regelmäßig ebenfalls produzieren.

Dafür muß keineswegs die Idee von einer dem Vertragsschluß entspringenden Richtigkeitsgewähr neu belebt werden, wie sie vor allem Schmidt-Rimpler vertreten hat[1]. Der grundsätzlich zutreffende Gedankenansatz Schmidt-Rimplers geht in einem abstrakten Verständnis auch zu weit. Wichtig ist diese Idee in der Ausformung eines "subjektiven Äquivalenzprinzips", das sich aus der Selbstbindung der Vertragspartner ableitet und einen wirksam geschlossenen Vertrag für den Geltungsbereich einer Rechtsordnung "richtig" macht[2]. Für die Begründung

---

1) Schmidt-Rimpler (AcP 147, 13o) will eine ethisch bestimmte Gerechtigkeit ("Richtigkeitsgewähr") aus der Wahlmöglichkeit der Vertragspartner (Annahme oder Ablehnung) ableiten (S. 157 ff.). Er sieht den Vertrag als einen "Ausgleich entgegengesetzter Interessen im Sinne des Richtigen" (FS Nipperdey 1955, S. 6/7, FN 5).

2) Dazu Larenz, Richtiges Recht, S. 65-79; in diesem Verständnis auch Flume, AT II, § 1 (6 a); die absolute Wertung über die Gerechtigkeit eines Vertrages ist sinnlos, weil der Vertrag dem u.U. willkürlich abgelösten Prinzip der Privatautonomie folgt. Einsehbar Wolf, Rechtsgeschäftliche Entscheidungsfreiheit, S. 292 ff., der von einer Richtigkeitschance ausgeht und der Rechtsordnung als Aufgabe zuweist, den Rahmen für das Finden eines gerechten Ausgleichs zu schaffen. An diese letzte Forderung schließt auch Bydlinski, Privatautonomie, S. 62 an, der Schmidt-Rimpler im Ansatz folgt, jedoch Mängel der vertraglichen Richtigkeitsgewähr durch bewußte und gezielte Inhaltskontrolle ersetzen will.

der prinzipiellen Gleichwertigkeit von privaten Abschlüssen und institutionalisierten Verfahren zur Bereinigung einer Streitigkeit kann die - etwas modifizierte - Überlegung Schmidt-Rimplers zwar zusätzlich herangezogen werden. Die Gleichwertigkeit ergibt sich aber schon auf schlichteren Wegen. Sie folgt aus dem Umstand, daß das Zustandekommen einer privatautonomen Vereinbarung von ähnlichen Prinzipien gesteuert wird wie ein Gerichtsverfahren: Vor dem Richter tragen die Parteien subjektiv gefärbte Sachverhalte und Rechtsbehauptungen vor. Beim Aushandeln einer privaten Vereinbarung werden dieselben subjektiven Aspekte nurmehr direkt ausgetauscht. Die von einem kontrovers unterrichteten Richter durchzuführende Beweisaufnahme über einen Sachverhaltspunkt können sich vergleichende Parteien in der Regel sparen. Zumeist weiß jeder sehr wohl, inwieweit die Darstellung der anderen Seite zweckorientiert und nicht konsensfähig ist. In gewisser Weise wirken dieselben Mechanismen auf eine Einigung hin wie im Gerichtsverfahren. Überzieht eine Seite die subjektive Komponente und fordert offensichtlich zuviel, hat die andere Seite die Möglichkeit, die gütlichen Verhandlungen abzubrechen und unverzüglich in ein formelles Streitverfahren einzumünden. Dieser Hintergrund wirkt mäßigend auf die Parteien und begründet zumindest eine ähnliche relative Richtigkeitsgewähr, wie sie vor den Gerichten anerkannt werden kann.

Hinzu kommt, daß eine private Bereinigung sich keinesfalls außerhalb der Rechtsordnung zu bewegen pflegt. Die Kontrahenten informieren sich regelmäßig über ihre Rechtspositionen anhand des positiven Rechts. Jeder weiß somit auch, daß es ihm kaum gelingen kann, etwas durchzusetzen, was nach dem Erscheinungsbild des Gesetzes völlig absurd und unberechtigt wäre. Diese Aussage gilt auch bezüglich rechtlicher Laien, die die Gesetzeslage intellektuell oder mangels Information nicht wirklich verstanden oder allenfalls partiell vor Augen haben. In der Mehrzahl der Rechtsprobleme des täglichen Lebens ist dennoch eine gesetzeskonforme Parallelwertung vorhanden, die im allgemeinen nur an der subjektiven Blickverengung durch eigene Betroffenheit krankt. Letztere egozentrische Verzerrung wird aber bei einer privatautonomen Streitschlichtung durch die gegengerichtete Verzerrung der anderen Seite kompensiert, so daß in der privatautonomen Konfliktlösung vielfach dasselbe Rechtmäßigkeits- und Richtigkeitspotential zur Verfügung steht wie bei der Normenumsetzung durch einen Richter.

Die Qualitäten einer privaten Regelung von Interessengegensätzen erkennt auch der Gesetzgeber grundsätzlich an. Dies verdeutlicht sich einmal in der Grundsatzentscheidung, das gesamte Zivilrecht auf der Basis einer Privatautonomie zu verfassen. Es zeigt sich zum anderen an einzelnen Regelungsbeispielen wie etwa dem Tarifvertragssystem: Obwohl in diesem Bereich gesellschaftspolitisch wie wirtschaftlich bedeutsame Fragen auf dem Spiel stehen, verzichtet der Gesetzgeber weitgehend auf legislative und judikative Eingriffe und weist die Konfliktlösung unmittelbar den (kollektivierten) Betroffenen zu[1]. Das Tarifvertragssystem trägt damit

---

1) Zum Vorrang der Tarifnormengebung durch Vertragsschluß gegenüber der staatlichen Gesetzgebung vgl. Nikisch, ArbR I, S. 253 ff.; Hueck/Nipperdey, S. 37o ff.; Hueck/Nipperdey/Stahlhacke, TVG, § 1 Rdnr. 29; Wiedemann/Stumpf, TVG, Einl. III, Rdnr. 4o mit ausführlichen Nachweisen.

seine Richtigkeitskontrolle gewissermaßen in sich selbst. Der Gesetzgeber geht also offenbar davon aus, daß im Verhandlungswege zustandegekommene Regelungen im Sinne einer relativen Gerechtigkeit ausgewogen sind, auch wenn die Parteien ihre Vereinbarungen frei von detaillierten gesetzlichen Vorgaben und staatlicher Aufsicht getroffen haben. Ohne diese erhebliche Richtigkeitsvermutung dürfte ein derartiger Vertragsinhalt durch Allgemeinverbindlichkeitserklärung auch kaum in Rechtsnormqualität erwachsen können[1)].

Ergänzt man diese Überlegungen noch um ein psychologisches Moment, erscheinen die Möglichkeiten einer privaten Streitbeilegung in immer besserem Licht: Die kontroverse Durchführung eines Prozesses verhärtet die Fronten durch aufgezwungene Förmlichkeit und das Einschalten von immer mehr Hilfspersonal (Rechtsanwälte, Zeugen, Richter). Mit dem Bekenntnis zu einer kontroversen Durchsetzung (durch Klagerhebung) und der damit öffentlich bekundeten Behauptung, man sei im Recht, gewinnt ein Verfahren eine Eigendynamik, die dem Streben nach Gerechtigkeit eine individuelle Rechthaberei an die Seite stellt. Jeder Jurist, der einmal mit Leuten, die der juristischen Denk- und Ausdrucksweise nicht nahestehen, um sein Recht gestritten hat, wird bestätigen können, daß das Pochen auf Gesetze, die messerscharfe Subsumtion eines Streites unter Normen, auf der anderen Seite strikte Ablehnung und Uneinsichtigkeit auslösen können. Spricht

1) Vgl. § 5 I, IV TVG; auch § 3 II TVG. Zur Wirkung der Allgemeinverbindlichkeitserklärung Wiedemann/Stumpf, TVG, § 5 Rdnr. 4, 1o-17; Zöllner, ArbR, § 37 III; Söllner, ArbR, § 18 I, 5 und 7.

man denselben Kontrahenten in der gleichen Sache jedoch quasi "privat" an, ohne ihn in einen Schwall von juristischen Fachausdrücken einzuwickeln, erhält man erstaunlich oft ein ganz anderes Bild und eine völlig abweichende Reaktion. Wer mit einer Klage droht, kann auf Entgegenkommen regelmäßig nur noch begrenzt rechnen. Der damit einhergehende potentielle Einschüchterungseffekt bildet dafür eine höchst unsichere und schwer kalkulierbare Kompensation.

II. Zum Rangverhältnis der einzelnen Befriedungswege

Damit zeigt sich, daß mit der privaten Streitbereinigung, meist in Form eines Vergleichs, ein außerordentlich wichtiges und volksnahes Schlichtungsinstitut zur Verfügung steht, das - gestärkt von der Möglichkeit, in ein institutionalisiertes Verfahren überzuwechseln - ein flexibles und dem Gerichtsprozeß in seiner Effektivität kaum nachstehendes Verfahren darstellt. Man kann für den Regelfall die Aussage treffen, daß durch einen Vergleich regelmäßig ein genauso "richtiges" Ergebnis zustandekommen kann wie durch ein Urteil.

Insofern ist mindestens nahegelegt, daß auch in den von der Rechtsordnung vorgesehenen formalen Schlichtungsverfahren der Rechtsfriede neben der schon begrifflich kaum einleuchtend definierbaren Gerechtigkeit einen beachtlichen, vielleicht sogar gleichgewichtigen Rang beansprucht[1]. Gewiß

---

1) Siehe dazu schon S. 18, siehe auch die Erweiterung des einstweiligen Rechtsschutzes aus § 935 zur Sicherung des Rechtsfriedens in § 940 ZPO, vgl. BLAH/Hartmann, ZPO, § 940 (1).

ist auch die der Rechtsordnung zukommende Friedensfunktion nicht von der Leitidee der Gerechtigkeit abzulösen[1]. Dennoch stellt der Rechtsfrieden eine eigenwertige Größe dar[2], die der Gesetzgeber unter Umständen eben für wichtiger hält als die materielle Gerechtigkeit. Dies verdeutlicht z.B. eine Vorschrift wie § 225 BGB. Mit dieser Norm wird die Privatautonomie ausschließlich im Interesse des Rechtsfriedens eingeschränkt. § 225 BGB untersagt den Parteien, eine Verjährung von Ansprüchen auszuschließen oder zu erschweren. Die Verjährungsvorschriften, die augenfällig dem Rechtsfrieden dienen[3] und den ordnenden Charakter von Gesetzen herauskehren, werden somit höher eingestuft als die Durchsetzung wirksam begründeter Ansprüche, was der materiellen Gerechtigkeit entspräche. An der in § 225 BGB zum Ausdruck kommenden Hochschätzung des Rechtsfriedens vermögen auch die nach Ablauf der Verjährung entstehenden Möglichkeiten, sich nicht auf die Verjährung zu berufen oder auf die Ausübung der Verjährung rechtsgeschäftlich zu verzichten[4], nichts zu ändern.

1) Zum Widerspruch Rechtssicherheit - materiale Gerechtigkeit und zur Lösung dieses Widerstreits durch einzelfallbezogene Abwägungen s. BVerfGE 3, 225 (237 f.); 7, 89 (92 f.).

2) "Rechtsfriede und Rechtssicherheit sind von so zentraler Bedeutung für die Rechtsstaatlichkeit, daß um ihretwillen die Möglichkeit einer im Einzelfall vielleicht unrichtigen Entscheidung in Kauf genommen werden muß". (BVerfGE 2, 380 (403)).

3) V. Feldmann in MK, § 225, Rdnr. 1; Palandt/Heinrichs, Überbl. vor § 194, Anm. 2; § 225 Anm. 1.

4) Palandt/Heinrichs, § 225, Anm. 1 c; v. Feldmann in MK § 222, Rdnr. 4, § 225, Rdnr. 3.

Der Rechtsfrieden läßt sich auf privatautonomen Wegen manchmal besser und schneller verwirklichen als durch die Benutzung der gesetzlich vorgezeichneten Pfade. Man kann sagen, daß der Vergleich über ein tatsächliches oder rechtliches Problem im Verhältnis zur streitigen Klärung in einem Prozeß als Primärweg angesehen werden muß[1]. An dieser Erkenntnis ändert es nichts, daß die bloße Existenz eines Rechtsweges als eine latente Drohung die Effizienz einer privaten Bereinigung zwangsläufig erhöht.

1. Der Gesichtspunkt der Privatsphäre

Die private Streitbereinigung leistet unter einigen Aspekten mehr als eine förmlich-instanzielle Umsetzung der Gesetze, weil auf diesem Wege auch die Dinge eher zur Sprache und unmittelbarer zur Wirkung kommen können, die vor einem Gericht aus Gründen der Diskretion, Peinlichkeit o.ä. ausgeklammert blieben.

Gleichzeitig wahrt eine interne Übereinkunft die Privat- oder Intimsphäre der Beteiligten. In der Schonung der Privat- und Intimsphäre liegt ein ganz wesentlicher Vorteil privater Vereinbarungen. Die Bedeutung einer individuellen Integritätsphäre ist mittlerweile völlig

---

1) Dies belegen schon die anerkannten Möglichkeiten, einen Prozeß vergleichsweise beizulegen, um so einen Urteilsspruch zu präjudizieren. Ein Vergleich (§ 794 I Nr. 1 ZPO) ist bis zur Rechtskraft eines Urteils möglich (allg. Auffassung, vgl. Thomas/Putzo § 794, 2 a bb); zur prozeßabschließenden Wirkung eines Vergleiches BGHZ 41, 310; kritische Bestandsaufnahme dieser Entscheidung bei Lüke, JuS 1965, 482 ff., 485 ff. mit weiteren Nachweisen.

anerkannt[1]. Folgerichtig trägt die Rechtsordnung durch verschiedene zivil- und strafrechtliche Sanktionen gegenüber rechtswidrigen Eingriffen in den Persönlichkeitsbereich anderer [2] dazu bei, jedem Rechtssubjekt eine Privatsphäre zu erhalten. Entsprechend diesem Schutz, den der Staat dem einzelnen Bürger gegenüber seinen Mitbürgern gewährt, hat er sich selbst aller Maßnahmen zu enthalten, die in unnötiger Weise und nicht durch überindividuelle Interessen gerechtfertigt in das Privatleben seiner Bürger hineinwirken[3]. Dieses Gebot staatlicher Zurückhaltung hat nicht nur Folgen bei der Beurteilung hoheitlichen Handelns der Verwaltung, es begründet auch eine gewisse Skepsis gegenüber zu starker Betätigung des Gerichtsapparates. Denn eine Gerichtsverhandlung beeinträchtigt die Privatsphäre gleich in zweifacher Hinsicht: Zum einen mischen sich mit Richtern - ggf. auch Anwälten oder Sachverständigen - fremde Menschen in die eigenen Angelegenheiten ein. Zum anderen verhilft ein Gerichtsverfahren dem Prozeßstoff möglicherweise zu einer nicht mehr im einzelnen kontrollierbaren Publizität. Was in einer - in aller Regel öffentlichen - Gerichtsverhandlung zur Sprache kommt, wird praktisch der Allgemeinheit preisgegeben. Diesen Nebeneffekt fürchten Prozeßbeteiligte manchmal mehr als

---

1) Vgl. dazu die ständige Rechtsprechung des BGH zur Verletzung des aus Artikel 1, 2 GG hergeleiteten allgemeinen Persönlichkeitsrechts (BGHZ 24, 72 (78 ff.); 30, 7 (15 ff.); 35, 363 ff (366 ff.); 39, 124 ff., und die Bestätigung des Schmerzensgeldzuspruchs contra legem (§ 253 BGB) durch das BVerfG NJW 1973, 1221 ff.

2) Siehe z.B. §§ 12, 823 Abs. 1, 1004 BGB; §§ 185 ff., 201 ff., 174 ff. StGB.

3) Zum insoweit relevanten Maßhaltegebot des Gesetzgebers vgl. Küchenhoff, Rechtsbesinnung, S. 198 f.; Kaufmann, Rechtsphilosophie, S. 151: "Tugend des Maßes" als oberstes Gebot für den Gesetzgeber; zur Argumentation aus Art. 2 GG unten S. 41 ff.

einen ungünstigen Urteilsspruch. Es läßt sich vorstellen, daß dieser Zwiespalt zwischen dem Anreiz, in einem Rechtsstreit zu obsiegen, und der Scheu, Fakten öffentlich oder auch nur dem Gericht vorzutragen, recht eigenwillige und unerwünschte Prozeßlenkungseinflüsse entwickeln kann. Wohl auch aus diesen Gründen macht unsere Rechtsordnung - jedenfalls in dem hier relevanten zivilrechtlichen Bereich - die Anwendung seiner förmlich-instanziellen Konfliktlösungsverfahren von dem Willen wenigstens eines Beteiligten (Antrag, Klagerhebung) abhängig. Der darin verbriefte und notwendige Schutz einer privaten Lebenssphäre unterstreicht das Primat einer privaten Streitbereinigung gegenüber einer staatlich verordneten Problemlösung.

2. Das Kostenrisiko

Den Vorrang der privaten Streitschlichtung verdeutlicht auch bereits der Umstand, daß Gerichtsverfahren Geld kosten. Hat die klagende Partei recht, trifft dieses Faktum an sich zwar nur den Beklagten; dieser braucht aber nur zahlungsunfähig zu sein, schon wird auch der siegreiche Kläger zur Kasse gebeten[1]. Besonders plastisch wird die Funktion des Kostenrisikos und das daraus ableitbare Primat einer gütlichen Einigung in einer von Oertmann überlieferten Gepflogenheit: Ein westfälischer Richter vor der Jahrhundertwende bedachte die Parteien vor der Entscheidung regelmäßig mit dem Hinweis: "Kinder, vergleicht Euch, sonst konstet's gleich soundsoviel

---

1) Vgl. §§ 49, 54 GKG.

Thaler mehr!"[1]. Obwohl dieses Beispiel schon vor Inkrafttreten des BGB spielt und die geschilderte Mahnung auf dem Boden des geltenden Kostenrechts sehr spät käme, weil sie nur die reine Urteilsgebühr spart[2], wird im Kern immer noch die gegenwärtige Wirklichkeit vor den Gerichten getroffen. Der Richter, der in dem Ruf steht, keine Urteile zu schreiben, sondern alle Kontrahenten zu einem Vergleich drängt, entspringt nicht nur der bösen Zunge kritischer Kollegen, sondern ist durchaus Realität[3]. Etwas vereinfacht läßt sich sagen: Ein Gerichtsverfahren und ein sich daran schließendes Urteil sind erst dann ernsthaft in Betracht zu ziehen, wenn die gütliche Einigung im Wege eines Vergleichs nicht mehr erwartet werden kann.

3. Einzelne gesetzliche Vorrangbelege für eine gütliche Einigung

Ein solches Regelverhältnis wird auch durch verschiedene Einzelnormen bekräftigt. So ist z.B. jedes Amts- oder Landgericht gemäß §§ 279 Abs. 1 Satz 1, 495 ZPO gehalten, in jeder Lage des Verfahrens auf eine gütliche Beilegung eines Rechtsstreits bedacht zu sein. Ähnliche Regeln existieren für Ehe(Auflösungs)prozesse in § 6o8 ZPO (Verweisung auf § 279 Abs. 1 Satz 1 ZPO), in § 13 Abs. 2 HausratsVO und auch im Arbeitsgerichts-

---

1) Oertmann, Vergleich, S. 54.

2) Dies ergibt sich für einen außergerichtlichen Vergleich aus § 27 GKG. Im Falle anwaltlicher Vertretung wirkt sich ein (später) Vergleich vielleicht sogar nachteilig aus: Neben den Anwaltskosten gemäß § 31 BRAGO können noch Kosten gemäß § 23 BRAGO anfallen.

3) Es sei dafür auf die Feststellung Werners auf dem 44. DJT 1962 verwiesen. Danach ist der vergleichsfreudige Richter vielleicht der modernste Richtertyp (Verhandlungen II, B 13).

prozeß: §§ 54, 55, 57 Abs. 2 ArbGG. Für eine Privatklage ist ein Sühneversuch sogar Prozeßvoraussetzung, § 38o Abs. 1 StPO. In diese Richtung weisen auch die landesrechtlich begründeten Gütestellen, die in §§ 794 Abs. 1 Nr. 1, 797 a ZPO erwähnt sind.

Die Reservefunktion der Rechtsordnung belegt weiter die Kostenregelung beim sofortigen Anerkenntnis eines Anspruchs: §§ 3o7, 93 ZPO. Danach kann einen Kläger, der sich allzu rasch der staatlichen Hilfe bedient und den gütlichen Weg nicht ausschöpft, trotz Obsiegens in der Sache die volle Kostenlast treffen. Streitbares Verhalten wird insoweit "bestraft".

Nach Auffassung von F. Baur reicht das Primat der Parteidisposition so weit, daß Einzelelemente eines Rechtsverhältnisses der Beurteilung durch den Richter entzogen werden, wenn die Kontrahenten darüber einen Konsens erzielen[1]. Diese weitreichende privatautonome Steuerungsmöglichkeit qua Teil- oder Zwischenvergleich wird (bislang) allerdings nur im Bereich des disponiblen Rechts gewährt[2].

Den grundsätzlichen Vorrang privater vor staatlicher Konfliktbereinigung verdeutlicht auch § 1o27 a ZPO. Danach sind die normalen Klagewege verschlossen, wenn sich die Parteien durch Vereinbarung - Schiedsvertrag - dem

1) F. Baur, FS Bötticher 1969, S. 1 und 1o.

2) F. Baur, FS Bötticher 1969, S. 3; ebenso Schlosser, Parteihandeln, S. 33 f., 96; vgl. auch Bonin, Prozeßvergleich, S. 24 f.

besonderen Entscheidungsverfahren der §§ 1o25 ff ZPO wirksam unterworfen haben[1]. Das die staatlichen Klärungsmechanismen verdrängende Schiedsverfahren ist dabei nichts anderes als ein privatautonom in Gang gesetzter Regelungsversuch, der mit einem Vergleich auf einer Stufe steht. Dies verdeutlicht u.a. § 1o25 Abs. 1 ZPO, der die Wirksamkeit des Schiedsvertrages eben von der Befugnis ableitet, vergleichsweise über den Streitgegenstand verfügen zu dürfen.

Dieses grundsätzliche Primat einer privaten Regelung gegenüber staatlich-institutionalisierter Rechtsfindung gilt unbeschadet einer Wertung, die sich im Zusammenhang mit § 767 Abs. 2 ZPO findet: Danach tritt die dort angeordnete Präklusionswirkung für Einwendungen des Schuldners gegen die Vollstreckung aus einem Vergleichstitel (§ 794 Abs. 1 Nr. 1 ZPO) nicht ein[2], wohl aber bei einem Abwehrversuch gegen die Vollstreckung aus einem Urteil. Daraus ließe sich bei flüchtiger Betrachtung folgern, daß ein Urteil eben doch das stärkere und damit vielleicht auch vorrangige Mittel sei. Richtig ausgewertet ergibt diese Unterscheidung in § 767 Abs. 2 ZPO aber eher ein weiteres Argument für die Qualitäten der privaten Bereinigung:

---

1) Zu den sehr eingeschränkten Möglichkeiten, den Schiedsspruch vor den ordentlichen Gerichten überprüfen zu lassen, vgl. F. Baur, Vergleich, Rdnr. 76 - 1o3; zur Kollision Schiedsgerichtsbarkeit - materielles Recht schon Littauer, ZZP 55, 1 (34 ff.).

2) BGH NJW 1953, 345; OLG Hamm NJW 1976, 246 (247); STJ/Münzberg, ZPO, § 795 II, 3; Zöller/Scherübl, ZPO, § 767 III, 3 b.

Zunächst knüpft die differenzierte Behandlung nur an ein formelles Element des Urteils an, das einem Vergleich definitionsnotwendig fehlt, die Rechtskraft. Dieses Instrument der Rechtssicherheit besagt aber für Zulässigkeits- und Vorrangfragen im Grunde nichts. Außerdem steht der Vergleich im Ergebnis gleichwohl kaum angreifbarer da als ein Urteil, wird doch eine Auslegung des Vergleichs regelmäßig ergeben, daß zum Abschlußzeitpunkt bekannte und nicht ausdrücklich vorbehaltene Einwendungen durch den Vergleich mit geregelt sein sollen. Aber selbst wenn man einmal unterstellt, daß es Konstellationen gibt, in denen gegenüber einem Urteil Einwände gem. § 767 Abs. 2 ZPO präkludiert sind, die bei einem Vergleichstitel aber noch eine Vollstreckungsabwehrklage tragen könnten, beweist dieser Zusammenhang gerade die Leistungsfähigkeit privater Streitschlichtungen im Hinblick auf eine materielle Richtigkeitsgewähr. Die Präklusionsregelung des § 767 Abs. 2 ZPO sagt sich zu einem Teil bewußt von der inhaltlichen Richtigkeit los, so daß es nicht als Nachteil, sondern unter dem dargelegten Aspekt als weiterer Vorteil gewertet werden muß, wenn die private Streitbereinigung der materiellen Richtigkeit eine weiterreichende Wirkung offenhält als es bei einem gerichtlichen Urteil durch die Präklusionswirkung der Fall ist.

4. Gefahren des Ungleichgewichts

Andererseits liegen die Gefahren privatautonomer Regelungsversuche klar auf der Hand. Hier kann sich eine Partei leichter als im vom Richter beaufsichtigten Verfahren illegitimer Mittel bedienen, die dem formulierten Ergebnis von Vergleichsverhandlungen oft nicht entnommen werden können und selten beweisbar sind.

Eine privatautonom ausgehandelte Vereinbarung kann unter Einsatz von Druckmitteln und Machtfaktoren erzielt sein, die sich z.B. aus wirtschaftlichen wie aus persönlichen Verhältnissen bei den Parteien ergeben können. Im Einzelfall kann daher eine privatautonome Streitschlichtung sehr wohl den Gerechtigkeitsvorstellungen einer Rechtsordnung zuwiderlaufen. Der Idealfall eines "ausgewogenen" Vertrages muß daher von annähernd gleichstarken Partnern ausgehen[1], bei denen sich diese Machtfaktoren die Waage halten bzw. die Parteien wechselseitig davon absehen, von derartigen sachfremden Beeinflussungsmechanismen Gebrauch zu machen. Wird dieses Gleichgewicht nach einer Seite verschoben, scheint die "gerechte" Lösung gefährdet. Im Falle der Imparität können die allgemeinen Machtverhältnisse die auf den einzelnen Verhandlungspunkt bezogenen Sachargumente überlagern und zu einem Ergebnis führen, das sich merklich von der Lösung unterscheidet, die unsere Rechtsordnung für den konkreten Streitpunkt vorsieht. Problematisch ist es z.B., wenn sich unterschiedlich intelligente oder auf einem Sachgebiet unterschiedlich kompetente Verhandlungspartner begegnen. Es kann dann zu einem Vertragsschluß zwischen den Beteiligten kommen, bei dem eine Seite die Tragweite der Vereinbarung nicht vollständig übersehen kann und gar nicht alle Folgewirkungen erkennt, ihr also gewissermaßen das Basisverständnis fehlt. Das vertragliche Gegenüber wird in

---

1) So etwa Rinck, Wirtschaftsrecht, Rdnr. 53; vgl. auch Flume, FS Juristentag I, 196o, S. 135, 143 f.

einem solchen Fall kaum in neutraler Weise den unterschiedlichen Erkenntnisstand beseitigen helfen. Hier würde allenfalls ein unparteiischer Dritter die unterlegene Seite angemessen aufklären. Ein derartiger Dritter könnte z.B. ein Notar sein, der kraft seiner Amtspflicht gemäß § 17 BeurkG den wahren Willen der Kontrahenten erforschen und über die Auswirkungen eines geplanten Geschäfts belehren muß. Dieselbe Funktion erfüllen auch zwei Rechtsanwälte, sofern sie etwa gleich kompetent und geschickt sind. Dieser beratende Dritte kann auch ein Richter sein. Allerdings ist die Aufklärungsfunktion eines Richters schon erheblich eingeschränkt. Zum einen kommt seine Beratung meist zu spät, zum anderen sind seine Möglichkeiten durch den Parteibetrieb und eine drohende Ablehnung wegen Befangenheit behindert. Wird ein aufklärender Dritter jedoch nicht tätig, bietet ein Vertragsschluß zwischen ungleichen Verhandlungspartnern eben auch die Möglichkeit zu einer Gestaltung, die sich nicht mehr an positiv-rechtlich abgesicherten Leitbildern orientiert. Dies gilt unbeschadet der Tatsache, daß zwischen den Wirkungsmechanismen innerhalb eines Gerichtsverfahrens und vertraglichen Regelungen ein so grundsätzlicher Unterschied nicht existieren muß[1]. Insgesamt ist die Gefahr eines Mißbrauchs in der privatautonomen Sphäre potentiell jedoch größer als vor den Schranken des Gerichts, da eine kräftemäßige Unausgewogenheit nicht von dritter Seite korrigiert wird.

Allerdings bleiben derartige Mißbrauchsfälle singulär, gehört doch schon einiger Unverstand dazu, sich im Rahmen eines Vergleichs krass übervorteilen zu lassen: Wer sich rechtlich beraten läßt, wird gegebenenfalls rechtzeitig in ein Gerichtsverfahren wechseln, jeden-

---

1) S. dazu schon S. 13 ff., 18 ff.

falls aber keine abnormen Bedingungen akzeptieren. Wer dies dennoch tut, weil er auf eine rechtliche Beratung verzichtet, verwirklicht sein durch Unverstand erhöhtes persönliches Lebensrisiko. Ein solcher Vorgang kann aber nicht zur Begründung einer allgemeinen - kritischen - Haltung gegenüber privater Streitschlichtung herangezogen werden.

Im übrigen darf die Möglichkeit, Machtpositionen auszuspielen, nicht überbewertet oder grundsätzlich abgewertet werden und gleichsam jede privatautonome Streitschlichtung mit dem Ruch der Unausgewogenheit und Pression versehen[1)]. Es ist zu beachten, daß die eingesetzten Machtpositionen rechtmäßig innerhalb des positiven Gesetzesrahmen zur Entstehung gelangt sein können, was

---

1) Zwar gibt es Vergleiche, denen schon per se eine gewisse Peinlichkeit anhaftet. Oertmann, Vergleich, schildert auf S. 242 f. zwei Fälle, in denen sich Schädiger und Geschädigter neben der Rechtsordnung über Körperschäden und notwendige Ausgleichszahlungen vergleichen. In einem Fall "befürchtet" der Geschädigte offenbar, daß die Verletzung dauerhaft nicht so schwer wiegt, wie im ersten Anschein (Beispiel L); im anderen Fall erreichte der Schädiger, daß er erst später auftretende Gesundheitsschäden nicht mehr zu ersetzen brauchte (Beispiel K). Zu derart problematischen Vergleichen auch Böhmer, NJW 1956, 497 f. Derartige Möglichkeiten bei sog. "Abfindungsvergleichen" sind die Ausnahme. Es handelt sich bei dieser Spielart um ein "spekulatives Geschäft mit starkem Zukunftsrisiko" (Wussow, Unfallhaftpflicht, Rdnr. 1359; vgl. auch Klimke, VersR 1975, 686 (688). Diese atypische Form des Vergleiches verdient allerdings eine verschärfte Kontrolle an den Normen des positiven Rechts. Hierfür genügen jedoch die allgemeinen Wirksamkeitsschranken (Sittenwidrigkeit, vorsätzliche Schädigung, Irrtumsanfechtung).

Weitergehende Verallgemeinerungen lassen sich aus derartigen Sonderfällen nicht ziehen.

ihnen immerhin eine gewisse Berechtigung verleiht[1]. Die Einflüsse des oben beschriebenen intellektuellen Ungleichgewichts fallen in den Normalrahmen freier wirtschaftlicher Betätigung und sind als systemkonformes Ungleichgewicht zu akzeptieren. Der Gesichtspunkt unausgewogener Kräfteverhältnisse zwischen zwei Parteien ist für sich genommen nicht geeignet, Zweifel an der Legitimität einer getroffenen Vereinbarung zu tragen. Es wäre eine vollkommene Verkennung der Lebenswirklichkeit und der - eben auch mittels unserer Rechtsordnung - abgesicherten Gesellschafts- und Wirtschaftsverfassung, wollte man ein schematisches Kräftegleichgewicht zum vorrangigen Gradmesser für die mutmaßliche Billigkeit einer Vereinbarung erklären. In Anbetracht unserer Gesellschaftsstruktur, die sich zu unterschiedlichen Veranlagungen und Begabungen seiner Bürger - insbesondere durch ein ausgeprägtes Leistungssystem - offen bekennt, wäre es geradezu absurd, wollte man die daraus entwickelten Machtmechanismen und Statusunterschiede im Rechtsverkehr leugnen oder

---

1) In diese Richtung läßt sich Canaris, Systemdenken, S. 1o7, verstehen: "Es ist zu betonen, daß Systemargumente ex definitione nichts anderes darstellen als das am Gleichheitssatz ausgerichtete "Zuendedenken" der Grundwertungen des Gesetzes und daß sie ihre Legitimität und Durchschlagskraft daher gleichermaßen aus der Autorität des positiven Rechts und der Dignität des Gerechtigkeitsgebots gewinnen". Dieses Verständnis, das sich von einer abstrakt verstandenen materialen Gerechtigkeit ausdrücklich lossagt, muß konsequenterweise auch Stärkepositionen, die auf der Basis des positiven Rechts entstanden sind, nicht nur hinnehmen, sondern sogar als dem positiv-"gerechten" System entsprechend und daher von der Rechtsordnung geschützt ansehen.
Sehr weitgehend in diese Richtung auch L. Raiser, der Drittwirkungen von Verträgen als Problem der Machtbildung begreift und insoweit auch akzeptiert (FS 1oo Jahre DJT, 196o, 1o1 (112)); ähnlich Beling, FS Heck 1931, 1 (3, 16 ff.). In dem hier vertretenen Sinn Weitnauer, Schutz des Schwächeren, S. 16: "Jede von der Rechtsordnung zugelassene Macht kann ihren guten Sinn haben ..., wenn sie mit Verantwortung wahrgenommen wird".

schematisch korrigieren. Gerade in einem demokratischen Staat ist die Rechtsordnung die Frucht seines Systems und seiner gesellschaftspolitischen Vorwertungen und dient damit grundsätzlich auch der Erhaltung legitim gewachsener Machtgefälle[1]. Die Grenze der privatautonomen Regelungsbefugnis ist unter dem Gesichtspunkt ungleicher Vertragspartner deshalb erst erreicht, wenn die Imparität zum Einsatz von Mitteln führt, die aus übergeordneten Erwägungen verboten worden sind[2]. Die "Billigkeit" eines Vertragsabschlusses ist im System der geltenden Privatrechtsordnung demgemäß nicht nur gegeben, wenn eine Regelung abstrakt ausgewogen ist, sondern auch noch, wenn sich die "Unausgewogenheit" aus tatsächlichen, auf dem Boden der geltenden Wirtschaftsverfassung gewachsenen Machtpositionen ergibt, sofern die gesetzlich definierten Verfahrensregeln und Verhaltensschranken nicht verletzt worden sind.

Diese relativ weitgehende Duldung einer materiellen Imparität rechtfertigt sich vor allem aus der Tatsache, daß niemand gezwungen ist, seine Rechtsverhältnisse privat zu regeln, schon gar nicht mit einem wirtschaftlich oder auch nur intellektuell übermächtigen Gegenspieler. Jeder kann sich eines rechtlichen Beistands bedienen, und es genügt ja bereits der Antrag nur einer Seite, um die staatlichen Entscheidungsmechanismen zur Wirkung zu bringen und den Schutz der Rechtsordnung durch die Gerichte zu bekommen.

---

1) Diese Aussage man unter politischen Gesichtspunkten befremden und man mag erhebliche Zweifel hegen, ob dieses System nicht mancher Korrektur bedürfte. Unter juristischen Aspekten kommt man jedoch nicht umhin, die tatsächliche Lage auf dem Boden des geltenden Rechts in der obigen Weise zu konstatieren.

2) Es bleibt dabei immer in der Verantwortung des Gesetzgebers, bestimmte Formen der Macht bzw. ihrer Durchsetzung zu sanktionieren. Ohne die Verletzung einer entsprechenden legislativen Sanktion kann der Gesichtspunkt der Ungleichheit nicht gegen die Zulässigkeit von Verträgen verwertet werden.

Jedes Rechtssubjekt besitzt damit die Möglichkeit, sich auch nur potentiellen Pressionen der Gegenseite zu entziehen. Dem einzelnen Rechtsträger ist damit der Zugang zum "richtigen" Recht innerhalb eines positiv-rechtlich ausgestalteten Verfahrens garantiert. Auf diesem Wege wird eine freie Streitschlichtung in eine "gerechte" Rechtsordnung integriert, auch wenn in diesem privaten Schlichtungsbereich Regelungsvorgaben nicht ausgeformt sind, die allgemeinen Wirksamkeitsschranken einmal beiseite gelassen. Wer sich nun freiwillig auf eine private Streitschlichtung einläßt, muß in seiner Schutzbedürftigkeit demgemäß sehr zurückhaltend beurteilt werden. Hierfür sei noch einmal an die Ansichten zur Richtigkeitsgewähr eines Vertragsschlusses erinnert. Unabhängig von dem Glauben an eine übergeordnete Richtigkeitsgarantie aus dem anzuerkennenden Vorrang der Selbstbestimmung ist allgemein konsensfähig, daß die Freiwilligkeitskomponente der kontrahierenden Parteien eine dezidierte Inhaltskontrolle ausschließt[1].

Selbst wenn man die Imparität und ihre Auswirkungen nicht als systemkonforme Normalbedingungen akzeptieren wollte, ließe sich daraus keine grundsätzliche Abwertung der privatautonomen Konfliktlösungen und ein Zwang zur Einschaltung der Gerichte ableiten. Aus diesem Gesichtspunkt könnte man allenfalls die Notwendigkeit folgern, beratende, vielleicht sogar neutrale Dritte einzuschalten. Diese "Dritten" müssen nicht unbedingt staatliche Institutionen sein, eine inhaltliche Kontrollfunktion kann auch im Rahmen der Privat-

---

1) Vgl. Flume, AT II, §§ 1, 6 a (S. 7 ff.); L. Raiser, FS DJT 196o, 1o1 (119); ähnlich, wenngleich differenzierter zum Zusammenspiel von Selbstbestimmung, Selbstbindung, Vertragsgerechtigkeit (im Sinne einer objektiven Äquivalenz): Bydlinski, Privatautonomie, S. 124: "... je freier das Versprechen gegeben wurde, um so stärker fordert der Grundsatz der Vertragstreue Beachtung ...". Vgl. zu einer ähnlichen Wertung FN 1 auf S. 162.

autonomie wahrgenommen werden. Eine gewissermaßen qualifizierte privatautonome Konfliktbereinigung läßt sich z.B. über die Begründung von Formzwängen erzielen. Bereits das Erfordernis der einfachen Schriftform bewirkt vielfach das Hinzuziehen rechtlicher Berater (z.B. Anwälte) und wirkt damit etwaigen Gefahren der Imparität entgegen. Unter dem Druck der Beweisbarkeit von Vereinbarungen ist de facto diese unterste Stufe des Formzwanges bei den meisten privatautonomen Vereinbarungen ohnedies schon relevant. Schließt man Vereinbarungen sogar in notarieller Form ab, was auch bei materiell nicht formbedürftigen Verträgen ohne weiteres zulässig ist[1)], wird nicht nur eine Haftung des beurkundenden Notars für die Richtigkeit seiner Beratung begründet, es wird auch eine unparteiische Aufklärung des Sachverhaltes und der rechtlichen Möglichkeiten sichergestellt. Durch die Wahrung bestimmter Formen läßt sich damit die Ausgewogenheitsvermutung von privaten Vereinbarungen über das oben dargelegte Maß hinaus steigern.

C. Zusammenfassung

Die vorstehenden Betrachtungen zum Verhältnis zwischen staatlicher und privater Streitschlichtung erlauben die Feststellung, daß privatautonome Vereinbarungen gegenüber einer gerichtlichen Klärung weder im Hinblick auf die inhaltliche Richtigkeit noch im Hinblick auf die Modalitäten des Zustandekommens unterlegen sind. Vielmehr ist die private und gütliche Klärung von Interessenkonflikten die Grundform jeder Streitschlichtung. Staatliche Ordnungsformen

---

1) Entsprechend § 15 Bundesnotarordnung darf ein Notar nur unter engen Voraussetzungen seine Mitwirkung bei der Beurkundung ablehnen (vgl. § 14 Absatz 2 Bundesnotarordnung).

legislativer oder judikativer Art kommen erst zum Zuge, wenn die privatautonome Lösung scheitert.

In Anbetracht des Stellenwertes, den der Rechtsfrieden einnimmt - "Rechtsordnung ist Friedensordnung"[1] - stellt sich sogar die Frage, ob die gütliche Einigung im Wege eines Vergleichs nicht eine besondere Geltungspräferenz verdient, die auch im Bereich zwingender Rechtsbefehle Wirkungen zeitigt.

Dafür spricht zum einen das Ziel, staatliche Mechanismen nur dort zur Anwendung zu bringen, wo die autonome Bereinigung durch die Betroffenen versagt. Eliminierung der Subordination Staat - Bürger, Behandlung von Rechtssubjekten als mündig und selbst handlungsfähig sind gleichermaßen Postulate einer freiheitlichen Verfassungsordnung wie zeitgemäßer Rechtspolitik. Zum anderen intendiert ein Merkmal des Vergleichs eine Sonderbehandlung dieses Instituts innerhalb sonstiger vertraglicher Vereinbarungen: das per definitionem notwendige Nachgeben jeder Partei. Selbst wenn dieses Tatbestandsmerkmal zum Teil stark entwertet worden ist[2] - nach h.M. genügt bereits ein Entgegenkommen bei ausgesprochenen Nebengesichtspunkten wie Kosten oder Zinsen[3] - könnte in diesem Ausgleichselement ein Ansatzpunkt für eine höhere Akzeptanz bei Vergleichen liegen als es für andere Vertragstypen vertretbar ist. Dies gilt insbesondere auch deshalb, weil das Nachgeben der Kontrahenten nicht auf reiner Willkür beruht, sondern die gesetzliche Ordnung als steuerndes Element durchaus spürt. Auch bei

---

1) Coing, Rechtsphilosophie, S. 138.

2) Vgl. etwa die restriktiven Formeln in BGHZ 1, 57 (59 ff.); 39, 6o (64 f.) oder bei Martini, MDR 1961, 731 (732).

3) Für die allgemeine Ansicht: RGRK-Steffen, § 779, Rdnr. 19; Palandt-Thomas, § 779, Anm. 3 a.

einem durch Nachgeben ausgelösten Vertrag handeln die Parteien aufgrund einer subjektiven Interpretation der Rechtsordnung, so daß es zu einer strengen Antithese Privatregelung/Gesetzesinhalt gar nicht kommt.

2. Teil: Zur Bedeutung des Vergleichs innerhalb der rechtlichen Entscheidungssysteme

Das grundlegende Bedürfnis für privatautonome Bereinigungen von Rechtsstreitigkeiten dokumentiert der in § 779 BGB eigens dafür geschaffene Vertragstyp. Der Vergleichsvertrag ist zugleich augenfälliger Beleg für die Friedensfunktion unserer Rechtsordnung. Das wesentlichste Tatbestandsmerkmal dieses Vertragstyps, das den Vergleich vom üblichen Austauschcharakter gegenseitiger Verträge abgrenzt und ein gemeinsames Ziel bei den Vertragsparteien erkennen läßt, ist das gegenseitige Nachgeben. Um der Bedeutung des Vergleichsvertrages innerhalb der Rechtsordnung gerecht werden zu können, soll im folgenden dieses Charakteristikum des gegenseitigen Nachgebens etwas näher untersucht werden.

A) Die Bedeutung des Nachgebens

I. Das Recht zum Nachgeben, Rechtsverfolgungszwang

Das Tatbestandsmerkmal des gegenseitigen Nachgebens verdeutlicht zunächst, daß unsere Rechtsordnung keinen Rechtsverfolgungszwang kennt. Jeder Rechtsträger besitzt die Freiheit zu entscheiden, ob und wie er seine Interessen verfolgen will. So kann sich jedermann vollständig passiv verhalten und z.B. auf streitige Durchsetzung vorgestellter Rechte einfach verzichten. Diese Form eines einseitigen Nachgebens gelangt vorwiegend im Bagatellbereich zu nennenswerter Relevanz, wenn etwa die Belästigung durch ein Gerichtsverfahren oder damit verbundene Risiken[1] in keinem lukrativen Verhältnis zu dem erstreitbaren Rechtserfolg stehen.

Ein Rechtsverfolgungszwang, ein Gebot, die im Gesetz zugestandenen Rechte auch geltend zu machen, hat in unserer Rechtsordnung keinen Raum. Davor sichert die Handlungsfreiheit, die auch in ihrer negativen Ausgestaltung in Art. 2 Abs. 1 GG verankert ist. Selbst wenn man Art. 2 Abs. 1 GG nur unter einen einfachen Gesetzesvorbehalt stellt[2], kann dem Bürger die Verfolgung eigener Rechte nicht mit einer generellen oder pauschal gefaßten Regelung aufgezwungen werden. Zum einen fehlt es schon an einfachem Gesetzesrecht diesen Inhalts. Aber selbst wenn man diese Klippe noch damit umschifft, daß man einem Normenkomplex - z.B. den Vorschriften über die Wettbewerbsregeln - durch entsprechende Auslegung und Festlegung des Regelungszwecks einen derart starken ordnungspolitischen Charakter[3] verleiht, bleibt Art. 2 Abs. 1 GG gegen einen solchen Versuch resistent. Wegen

---

1) Das zumindest hinsichtlich der Kosten eines Verfahrens besteht; zu immateriellen Unannehmlichkeiten s. z.B. S. 25 ff.

2) So BVerfGE 6, 32; 12, 341 (347); 25, 371 (4o7); ebenso Schmidt-Bleibtreu/Klein, Art. 2 Rdnr. 9; einschränkend die überwiegende Literatur, vgl. von Münch/Niemühlmann, Art. 2 Rdnr. 24 ff.; Maunz/Dürig/Herzog, Art. 2 I, Rdnr. 18.

3) Zu einem solchen Gedankenansatz Lutter, ZGR 1978, 347 (349 ff.) und später S. 63 ff.
Allgemein zur Ordnungsfunktion von UWG und GWB Baumbach/Hefermehl, Wettbewerbsrecht, Allg., Rdnr. 79, 84.

Art. 19 Abs. 2 GG kann nicht global, gleich für einen ganzen Rechtsbereich, die Disposition über eigene Rechte beseitigt werden, sonst würde Art. 2 Abs. 1 GG in seinem Kernbereich verletzt[1]. Eine derartige - die eigene Disposition eines Rechtssubjekts vollständig ausschließende - Interpretation einer Norm muß den Grundsätzen der Verhältnismäßigkeit und der Güterabwägung folgen. Derart weitreichende Einschränkungen der Handlungsfreiheit können sich daher nur im Einzelfall ergeben. Im Grundsatz bleibt die Freiheit eines Rechtssubjekts hinsichtlich der Verfügung über seine Rechte unangetastet. Als Zulässigkeitsparameter greift hier allein die Verzichtsfähigkeit ein, die im Einzelfall die Preisgabe einer Rechtsposition versagen kann[2].

Mit dem Nachgeben existiert somit eine Verhaltensweise, derer sich die Rechtssubjekte beliebig und ohne Reglementierung der Rechtsordnung bedienen können.

---

1) Zutreffend Fikentscher, Wettbewerb, S. 87.

2) Grenzen können sich dabei z.B. aus den Sittengesetzen und der Dispositionsbefugnis ergeben. S. dazu das insoweit parallele Problem bei der rechtswidrigkeitsausschließenden Einwilligung im Strafrecht. Zu den Grenzen der individuellen Verfügbarkeit s. Schönke/Schröder/Lencker, vor § 32 Rdnr. 33 ff. und Lackner, vor § 32 II 5 a cc und dd, jeweils mit ausführlichen Nachweisen. Beispielhaft auch BGHSt 23, 261, wo einer Einwilligung in eine Gefährdung nach § 315 c StGB wegen des Allgemeinschutzes dieser Norm die Wirkung versagt wird. Vgl. ebenso Art. 1 GG oder eine Vorschrift wie § 14o8 II S. 2 BGB, wo ein besonderer Schutz statuiert werden soll (ehevertraglicher Versorgungsausgleichsverzicht). Vgl. noch S. 2o6 ff.

II. Gegenseitiges Nachgeben

Insbesondere in gegenseitiger Form ist das Nachgeben der Grundbaustein jeder Kompromißformel. Seine phänomenologische Bedeutung reicht daher weit über die Dimensionen eines juristischen Bezugsrahmens hinaus und liefert Stoff für ein fakultätsübergreifendes Symposion von Soziologen, Philosophen, Psychologen, Anthropologen und letztlich auch Juristen. Im Rahmen dieser Arbeit muß sich auf die Erscheinungsformen des Nachgebens beschränkt werden, die der Abwägung widersprechender Interessen und Rechte entspringen und in der Regel zweckorientiert sind. Die Gesamtbedeutung dieser Verhaltensform ist jedoch im Auge zu behalten, um die Wichtigkeit des Vergleichsvertrages einschätzen zu können. Nachgeben - sei es auf der Basis von idealistischem oder emotionsgesteuertem Altruismus, sei es aus kalkulierter Berechnung - vollzieht sich in nahezu jedem Lebensbereich. Es stellt ein geradezu urtümliches menschliches Verhalten dar, und es besteht deshalb auch ein ausgeprägtes Bedürfnis, dieser Verhaltensweise im rechtlichen Bereich ein umfassendes Wirksamwerden zu ermöglichen.

Ein Auslösemoment des Nachgebens läßt sich anhand der Unterscheidung zwischen "Recht" und "Gesetz" verdeutlichen, die z.B. auch in Art. 2o Abs. 3 GG enthalten ist. Die Trennung zwischen "Recht" und "Gesetz" enthält ein Bekenntnis zu übergeordneten Wertprinzipien ("Recht"), die in einzelnen Normen ("Gesetz")[1] nicht unbedingt angemessene Berücksichtigung gefunden haben müssen. Es zeigt sich darin die Erkenntnis, daß das Vorhandensein

---

1) bzw. bei der Umsetzung dieser Normen auf konkrete Fälle.

eines Gesetzes noch nicht die Umsetzung von "Recht" garantiert und auch den einzelnen nicht von entsprechenden Kontrollüberlegungen freistellt. In der möglichen Abweichung einer im Gesetz vorgesehenen Regelung von dem, was einzelne Rechtssubjekte als "Recht" empfinden, liegt eine wesentliche Motivation zum Nachgeben.[1] Privatautonome Lösungen, die das Gesetz korrigieren, setzen dabei zumindest von Seiten des nach der gesetzlichen Regelung Bessergestellten zwingend ein Nachgeben voraus. Hier weist das Nachgeben auf einen Wesenszug, der insbesondere geistig und moralisch geschulten Menschen zu eigen ist: eine Verunsicherung in bezug auf eigene Berechtigungspositionen. Mit der Anerkennung der Mitbürger als gleichwertig und der Fähigkeit, sich in die Position anderer einzudenken,[2] ist der Grundstein gelegt, eigene Verhaltensmöglichkeiten unabhängig von formalen Rechtspositionen kritisch zu hinterfragen, gegebenenfalls auch preiszugeben. Hier wirken Überlegungen der Selbstkontrolle und Zweifel an eigenen, andere möglicherweise negativ tangierenden Stärkeposi-

---

1) Zu anderen wesentlichen Motiven, der problematischen Prognose der Ergebnisse eines Rechtsstreits und dem Zeitfaktor, s. S. 54 ff.; s. auch die Erwägungen zu einer allgemeinen teleologischen Schranke zwingenden Rechts, S. 130 ff.

2) Diesen Gedanken hält offenbar auch Weitnauer, Schutz des Schwächeren, S. 1o f. gerade im Zivilrecht für wesentlich, da hier regelmäßig die Vorteile des einen Nachteile für einen anderen bewirken. Auf S. 11 zitiert er dafür das altbekannte: "Was du nicht willst, daß man dir tu', das füg' auch keinem anderen zu". Etwas wenige populär zur "Goldenen Regel" Spendel, FS v. Hippel 1967, S. 491 ff. ("Quod tibi fieri non vis, alteri ne feceris"); vgl. auch schon Jung, AcP 118, 1 (16, 112, 119 ff.): "Alles Recht ... nimmt letztlich seine Begründung aus dem persönlichen Rechtsgewissen" (S. 112).

tionen als eine Art Gewissen, das auch durch die Zuweisung kodifizierter Positionen nicht vollständig ausgeschaltet oder überlagert werden kann. Der subjektive Rechte begründende Gesetzesrahmen ist zwar Stütze und Indiz für die Angemessenheit eigenen Verhaltens. Die kodifikatorische Zuweisung von Rechtspositionen oder Vorteilen an generell-abstrakt vorbestimmte Rechtssubjekte (das "Gesetz") wird dennoch nicht schlechterdings zu "Recht". Das "Gesetz" ist nur eine ordnende Komponente des "Rechts", die formal angelegt ist und Konflikte als letzte Instanz regulieren soll. "Recht" umfaßt hingegen eine subjektive, für den einzelnen höchst maßgebliche, Kontrollwertung. Diese subjektive Komponente wird zu einem Gutteil von außerhalb der reinen Logik liegenden Gesichtspunkten gesteuert und variiert die allgemein vordefinierte Konfliktlösung aus dem Gesetz.

Der eben geschilderte Mechanismus soll anhand einiger Beispiele verdeutlicht werden: Sowohl in demokratischen wie auch in autoritären Staatssystemen zeigt sich eine Tendenz, individuelle Verantwortung von Einzelpersonen auf kollektive Instanzen zu verlagern. In Demokratien ist der Repräsentationsgedanke übermächtig ausgebaut, in Diktaturen geschieht diese Verlagerung durch Zwang und Anweisung. Dennoch finden sich in der Geschichte immer wieder Beweise für den Versuch, dieser Verlagerung individueller Verantwortung auf einen Autoritätsträger - der gleichermaßen in einem Gesetz wie in einer Staatfsführung gesehen werden kann - zu widerstehen.

Illustrativ sind hier die Vorkommnisse im Dritten Reich: Trotz Befehlszuweisung und einer damit gegebenen Rückendeckung durch eine delegierende und die Verantwortung übernehmende Staatsautorität haben sich immer wieder Menschen diesem Diktat entzogen und ihr höchstpersönliches Rechtsempfinden übergeordnet. In diese Kategorie gehört jede Befehlsverweigerung aus humanitären oder Gewissensgründen. Dabei ist die Durchführung auch von unmenschlichen Befehlen juristisch ohne weiteres zu rechtfertigen: Nach dem Muster der aus NS-Prozessen hinlänglich bekannten und in vielen Schattierungen vorgetragenen "Befehlsempfänger"- und "Werkzeug"- Argumentationen kann z.B. jeder Bomberpilot geltend machen, daß ihm mangels relevanten Verursachungsbeitrages, wegen seiner Austauschbarkeit, keine Verantwortung treffe. Entweder war er in einem juristischen Sinne nicht condicio für das Geschehen, da es ohne seinen Tatbeitrag vermittels einer anderen Person zum identischen Geschehensablauf gekommen wäre. Oder es sei seine persönliche Verantwortung durch den schuldigen Gehorsam auf den Weisungsgeber übergegangen. In dieser Weise läßt sich die persönliche Verantwortung durch die juristische Konstruktion eines hypothetischen Kausalverlaufs oder einer vorgefertigten Entlastungswertung beseitigen. Gleichwohl können die Rechtsordnung bzw. die in ihr möglichen juristischen Zurechnungsmechanismen die lebensnahme Betrachtung des Individuums letztlich eben nicht obsolet machen. Die Maßgeblichkeit eigenen Rechts- und auch Moralempfindens ist nicht durch generell-abstrakte (gesetzlich vorformulierte) Ersatzwertungen auszuschalten.

Das Prinzip individueller Kontrollwertungen findet auch auf einer weniger spektakulären Ebene statt. Ein Beispiel dafür sind die im Erbrecht verankerten Pflichtteilsansprüche. Obwohl der Gesetzgeber in §§ 23o3, 2325 BGB den direkten Abkömmlingen und dem Ehegatten klare Ansprüche zuweist, haben die Pflichtteilsansprüche sich niemals von dem Ruch der Unanständigkeit freimachen können. Die §§ 23o3 ff. BGB sind nun seit Jahrzehnten geltendes Recht, und dennoch hat dieser Umstand nicht vermeiden können, daß ein Mitglied der (gesetzlich vorgesehenen) Erbengemeinschaft, der den Pflichtteil verlangt und einen anderweitigen letzten Willen nicht respektieren will - was ja sein gutes Recht ist! - immer noch als Störenfried und beinahe als Frevler empfunden wird[1].

Die geschilderte Fähigkeit und Veranlagung zu autonomen Gerechtigkeitsempfindungen unterstreicht die eminente Bedeutung des Nachgebens auch im Rechtsleben. In der Selbstbeschneidung von Rechten liegt ein privilegierungswürdiges Verhalten, da es einen Ausgleich zwischen den Rechtssubjekten bezweckt, der auf Dauer am ehesten verwirklicht werden kann, wenn der "Stärkere" (bzw. der sich in einer entsprechenden Position Wähnende) freiwillig der anderen Seite entgegenkommt. Gleichzeitig ist dieser Hang zur

---

1) Die geschilderte Beobachtung läßt sich naturgemäß nicht aus dem Gesetz oder Gerichtsentscheidungen belegen, sie ist jedoch ständige Praxis in den Notariaten und dem Verfasser empirisch bekannt geworden. Die Negativität von Pflichtteilsbegehren wirkt dabei je nach Einzelfall unterschiedlich stark und entfällt eigentlich nur, wenn der Erblasser einen letzten Willen begründet hat, der seinerseits auf sittliche Bedenken stößt (Benachteiligung der Kinder zugunsten einer Geliebten u.ä.).

autonomen Rechtsgestaltung eine Konsequenz des Umstandes, daß die Rechtsordnung nicht genügend Zwischentöne produziert, sondern weitgehend mit Schwarz-Weiß-Rastern arbeitet.

Besonders deutlich wird das etwa im schadensersatzrechtlichen "grausamen" Alles-oder-Nichts-Prinzip[1], an dem gleichzeitig die Reaktionsschwerfälligkeit der Gesetzgebung gegenüber individuellen Vereinbarungen augenfällig wird. Die Kritik an einer Totalreparation existiert immerhin schon seit der Jahrhundertwende[2]. Aber wo ist ein kodifiziertes Ergebnis ?

Ebenso gibt es bei Verträgen fast immer nur ein "wirksam" oder "unwirksam"[3]. Das Rechtssystem funktioniert insoweit

---

1) Zum Grundsatz der Totalreparation vgl. Larenz, Schuldrecht AT, § 31 I e; Lange, Gutachten zum 43. DJT, z.B. S. 1, 16 f., 2o, 33; Palandt/Heinrichs, Vorb. § 249 Anm. 3; Allerdings wurde dieses Alles-oder-Nichts-Prinzip von jeher heftig kritisiert, vgl. dazu die ausführlichen Nachweise bei Lange, aaO, S. 22 in FN 78, sowie die Bestrebungen zur Einführung einer schadensersatzrechtlichen Reduktionsklausel (als ein neuer § 255 a BGB); dazu Stoll, RabelsZ 197o, 481 ff. m.w.N.

2) Vgl. Jhering, Das Schuldmoment im römischen Privatrecht (1867), S. 55 ff.; Gierke, Entwurf eines BGB (1889), S. 198, 266 f.

3) Die daraus resultierenden rigorosen und deshalb gelegentlich unbefriedigenden Ergebnisse waren ein Anlaß für Pawlowskis umfängliche Untersuchung über "Rechtsgeschäftliche Folgen nichtiger Willenserklärungen", in der er für die Milderung verschiedener Nichtigkeitsfolgen plädiert, aaO z.B. S. 1, 4, 161 ff., 333 ff. Bezeichnend auch die Regelung in § 41 AO, wo die Steuerpflicht nicht an die Wirksamkeit des Vertrages anknüpft, sondern an den wirtschaftlichen Realtatbestand. Krit. zu einer schematischen Nichtigkeit des Vertragsinhalts für den bereicherungsrechtlichen Wertbegriff Ehlke, WM 1979, 1022 ff.

nahezu binal: Es gibt nur ein "ja" oder "nein". Die Milderungen der Rechtsordnung, Vorschriften wie § 254 BGB oder § 139 BGB sind grob, Generalklauseln wie §§ 242, 157 BGB zu unbestimmt, um die Ergebnisse der Rechtsordnung mit Abstufungen anzureichern, wie sie dem individuellen Rechtsempfinden selbstverständlich sind. Dort gibt es zwischen den Extremen: in toto wirksam oder unwirksam, schillernde Urteile wie "anstößig", "nicht völlig korrekt", "unvorteilhaft", "unausgewogen", "unglücklich" usw., Begriffe die die Rechtsordnung auf der Rechtsfolgenseite kaum jemals produziert, die nur über die privatautonome Rechtsfindung zur Geltung gelangen.

Zum Ganzen noch ein der Wirklichkeit entlehntes Beispiel:

> In einer an sich mit einem Baustop belegten Straße in einem Landschaftsschutzgebiet befindet sich eine Häuserreihe, deren letzte Lücke mittels Sondergenehmigung durch ein Appartementhaus geschlossen wird. Wegen einer Tiefgarage wird das Projekt so dicht an das nächste Haus herangesetzt, daß die einzige sich auf dieser Seite befindliche Ein-Zimmer-Wohnung erheblich an Reiz verliert. Zwar fällt noch genügend Licht ein, so daß Enteignungsüberlegungen nicht Platz greifen, jedoch sind die Belästigungen erheblich: Der Neubau hat dort seinen Hauseingang mit Gegensprechanlage, es droht Einsicht aus den höhergelegenen Fenstern, der ehemals freie Heideblick ist verstellt.

Vor Gericht hat der Eigentümer der betreffenden Wohnung gleichwohl keine Chance. Die Baugenehmigung ist formal in Ordnung, bloße ästhetische Störungen lösen keinen Rechtsschutz aus[1]. Gleichwohl verbleibt ein ungutes

---

1) Zur minderen Rechtsrelevanz "ästhetischer Störungen" vgl. nur BGH, NJW 1975, 170 (dort für §§ 1004, 906); zu einer vorsichtigen Aufwertung des ästhetischen Gesichtspunkts vgl. BGHZ 73, 272 ff.

Gefühl, da das Gericht allgemein-abstrakt entscheiden muß. Es wird deutlich, daß eine Gerichtsentscheidung in derartigen Fällen durch die Verallgemeinerungswirkungen eines Urteils geradezu belastet wird. Weiter treten auf der Tatsachenebene die durch den kalkulierten Parteivortrag entstehenden Lücken auf[1]. Vor allem trägt die Publizitätswirkung eines Prozesses dazu bei, die vorzutragenden Sachdaten zu filtern[2]. So fällt unter den Tisch, daß die Baugenehmigung auf den maßvollen Druck einer Lobby erteilt wurde, der Antragsteller des Neubaus bei einer Ermessensentscheidung schlicht über die beseren Beziehungen verfügt hat. Weiter wird nicht beachtet, daß die einzige betroffene Wohnung winzig, damit ohne großen Aufwand zur Ersatzbeschaffung an anderer Stelle geeignet wäre. Die Fragestellung des Streites vor Gericht bleibt auf Schwarz-Weiß-Positionen verengt: Neubau ja oder nein, Baugenehmigung rechtswidrig oder nicht, Enteignung nein oder ja?

Derartige Konstellationen rufen geradezu nach einer billigkeitskonformen Lösung, die Abstufungen zuläßt. Der Neubauherr wird normalerweise die Kalamität für die Gegenseite erkennen. Derartige Beeinträchtigungen wollte er umgekehrt für sich auch nicht. Außerdem kennt er die Hintergründe. Er kann die Augen vor den Drähten, die er selbst gezogen hat, nicht verschließen. Dies relativiert vielfach eine rechtlich abgesicherte Stärkeposition. Hier

---

1) Siehe S. 15 f.

2) Siehe S. 25 ff.

besteht die Möglichkeit, die kategorische Entscheidung der Rechtsordnung durch eine Privatlösung zu korrigieren. Das subjektive - oft durchaus verallgemeinerungsfähige - Rechtsempfinden ist da von größerer Überzeugungskraft als eine ausschließlich machtorientierte Lösung, die auf einmal bejahten subjektiven Rechtspositionen (hier Baugenehmigung) fußt und dementsprechend kaum mehr zur Rücksicht verpflichtet.

Das konkrete Nachgeben in einer Situation (auch nur vermeintlicher) Stärke ist gleichsam das Fundament einer zivilisierten Rechtsordnung. Das Primat der Gleichachtung aller, Fikentscher spricht von einer Gleichgerechtigkeit[1], die Anerkennung wichtiger, zum Teil über das positive Recht hinausweisender Rechtsprinzipien führt zur Bildung verschiedener Abstrakta wie Achtung, Rücksicht, Humanität, Freiheit, Gleichheit[2]. Derartige Abstrakta stellen Grundwerte dar, auf die man sich in einer Art Moralkodex - abgesichert durch das positive Recht - geeinigt hat. Jedes Rechtssubjekt bringt mit der Anerkennung dieser Grundwerte, die ihm in concreto Respekt vor einem Schwächeren abnötigen, pauschal ein Nachgeben ein, als a-priori-Verzicht auf rücksichtslose Durchsetzung von Machtpositionen in den Fällen eigener Überlegenheit. Dieses Nachgeben ist - wie meist im Recht - allerdings kaum altruistisch, steht der Einzelne doch in der ziemlich sicheren Erwartung, daß er in den Fällen eigener Schwäche und Schutzbedürftigkeit ein Äquivalent erhält.

---

1) Fikentscher, Methoden IV, S. 179 ff., 188 ff.

2) Dazu Larenz, Richtiges Recht, S. 23 ff., 45 ff.; vgl. auch oben S. 18.

Dieses auf einer relativ hohen Ebene angesiedelte pauschalierte Nachgeben, das erst die Schaffung einer Rechtsordnung ermöglicht, die gewisse Grundwerte für alle verbindlich absichert, findet eine entsprechende Ausgestaltung für konkrete Einzelfälle in der Rechtsfigur des Vergleichs. Die hier angestellten Überlegungen zum Stellenwert der Kompromißbereitschaft innerhalb eines sozialen Ordnungsgefüges verleihen dabei diesem Interessenausgleichsinstitut auf vertraglicher Ebene ein besonderes Gewicht.

B. Zu den historischen Wurzeln

Da dem Vergleich mit dem Nachgeben eine ganz wesentliche Komponente menschlichen Sozialverhaltens zugrundeliegt[1], kann es nicht verwundern, daß diese Rechtsfigur bereits im römischen Recht[2] und in den partikularistischen Vorläufern des Bürgerlichen Gesetzbuchs[3] bekannt war. Die

1) Dies betrifft nicht nur § 779 BGB, sondern z.B. auch die §§ 13o a HGB, 5o AktG, 112 a GenG, 54, 1o7 ArbGG, 1 ff. VerglO, 53 a FGG usw. Alle diese Normen greifen materiell eben auf den Vergleich zurück, wie er in § 779 BGB geregelt ist. Dies gilt im materiellen Teil auch für den in seiner Struktur streitigen Prozeßvergleich. So schon Lehmann, Prozeßvergleich (1911), S. 43 (heute allgemeine Auffassung); zu dem früher vehementen Streitstand Bonin, Prozeßvergleich, S. 1 ff.

2) Zur transactio s. die Zusammenstellung bei Ebel, Berichtigung, S. 5o ff.; einige Nachweise auch bei Oertmann, Vergleich S. 7 ff.

3) Die Entwicklung des Vergleichs aus der transactio zur im BGB kodifizierten Form findet sich in einer ausführlichen Darstellung bei Ebel, Berichtung, S. 53 - 92.

vor der Entstehung des BGB angesammelten Streitstände über Inhalt und Wirkung des Vergleiches wurden allerdings mit der Kodifikation des § 779 BGB Makulatur[1]. Oertmann nimmt schon 1895 zu der Qualität der bis dato bekannten Rechtsbeiträge zum Institut des Vergleichs derart vernichtend Stellung[2], daß es sich verbietet, über ein Dreivierteljahrhundert später allenfalls rechtshistorisch belangvolle Dispute neu zu beleben.

Deshalb sollen die Probleme des Vergleichs nur insoweit beleuchtet werden, als sie für die beabsichtigte Untersuchung unmittelbaren Nutzen abzuwerfen versprechen. So kann offenbleiben, ob Ebel mit seinem etwas resignierenden Resumé[3] Recht hat, wonach es eine einheitliche Vergleichslehre nicht mehr gibt, sondern nur noch eine Vielzahl inhomogener Problemfelder[4]. Ebenso ist für den vorliegenden Bezug unbedeutend, ob der Vergleich immer ein gegenseitiger Vertrag ist oder nur in der Regel[5], und ob ein Vergleich rein schuldrechtlich wirkt oder auch und

---

1) In Erfüllung des klassischen Wortes von Kirchmanns in seinem Traktat über die Wertlosigkeit der Jurisprudenz als Wissenschaft: "Drei berichtigende Worte des Gesetzgebers und ganze Bibliotheken werden zu Makulatur" (S. 23).

2) Oertmann, Vergleich, S. 2: "Was in all' jenen Dissertationen Gutes gesteckt hat - allzuviel wird es ... nicht gewesen sein, ist Gemeingut geworden: das übrige aber kann nur Grausamkeit dem wohltätigen Deckmantel der Vergessenheit zu entziehen trachten".

3) Ebel, Berichtung, S. 218 f.

4) Ebel, Berichtung, S. 219.

5) Letzteres wird von Esser/Weyers betont (SchR II, BT, § 42 III 2 c); anders die h.M., vgl. Staudinger/Brändl, § 779 Rdnr. 9; Enneccerus/Lehmann, SchR, § 189 II.

ausschließlich aus Verfügungen bestehen darf[1]. Diese Aufzählung von allgemeinen - aber hier ertraglosen - Streitpunkten ließe sich fortsetzen.

C. Der Vergleich als notwendige Ergänzung gesetzlicher Regelungsvorgaben

Die Bedeutung des Vergleichs und das pragmatische Bedürfnis für diesen Vertragstyp wird auch nicht durch die zunehmende Normenflut beeinträchtigt. Im Gegenteil ist der Vergleich als eine notwendige Ergänzung des formellen und materiellen Rechts anzusehen. Es bedarf dieses privatautonomen Korrektivs der Gesetzeslage, damit einige in der Struktur des formellen und materiellen Rechts angelegte Fehlverläufe abgewendet werden können.

So muß man das Instrument des Vergleichs unter anderem als eine notwendige Konzession an die Komplexheit der Gesetze und die - insbesondere für Laien - schwierige Vorhersehbarkeit von Prozeßergebnissen begreifen, ganz sicher auch als eine Konsequenz der prozessualen Regeln eines Gerichtsverfahrens, die es dem Anspruchsteller auferlegt, das Vorliegen der tatsächlichen Voraussetzungen seiner Forderung nachzuweisen[2]. Motivation für eine außergerichtliche Problemklärung sind demnach sowohl die Unsicherheiten bei der Interpretation des Gesetzes als auch die Schwierigkeiten,

---

1) Dazu Jauernig/Vollkommer, § 779 (3 c); Breetzke, NJW 1969, 14o8.

2) Zu den Grundsätzen der Beweislastverteilung s. Rosenberg, Beweislast, S. 98 ff.; vgl. die Nachweise zur h.M. bei Leipold, Beweislastregeln, S. 31, FN 1 mit kritischer Würdigung auf S. 31 ff., 1o5 f.

den zur Anspruchsbegründung notwendigen Lebenssachverhalt vor Gericht glaubhaft zu machen[1]. Wenn hinsichtlich der anspruchsbegründenden Voraussetzungen Beweisschwierigkeiten eintreten, bedeutet ein Vergleich für die (objektiv) im Recht befindliche Partei oftmals die letzte Rettung: A befindet sich in einer Kontroverse im Recht, was sein Gegenspieler B, der alle Umstände kennt, auch weiß. Dennoch wird A vor Gericht ohne weiteres abgewiesen, wenn er die tatsächlichen Verhältnisse, die seine berechtigten Ansprüche stützen, nicht beweisen kann. B wird da erfahrungsgemäß nicht helfen. A hat nur über ein eigenes Nachgeben noch die Chance, wenigstens einen Teilerfolg zu erzielen. Gerade wenn B um die Berechtigung der Forderungen des anderen weiß, könnte er sich einer teilweisen Regulierung auf der Grundlage eines Vergleichs aufgeschlossen zeigen[2]. Das Wissen um die mangelnde Berechtigung für den eigenen Vorteil erzeugt möglicherweise einen ausreichenden psychologischen Druck.

Weiter ist der Zeitfaktor ein Gesichtspunkt, der sicherstellt, daß das Bedürfnis für Vergleichsverträge auch nicht durch eine noch so ausgefeilte und umfassende gesetzliche Regelung entfällt. Es gibt Fälle, in denen es für die Streit-

---

1) Dazu auch Breetzke, NJW 1969, 14o8 (1411).

2) Die Wahrscheinlichkeit einer solchen Chance läßt sich zwar nicht wissenschaftlich exakt bemessen, sie entspricht jedoch einer offensichtlich nachvollziehbaren Lebenserfahrung, wie eine ähnliche These bei Breetzke, NJW 1969, 14o8 (1411f.) mit Verweis auf BVerwGE 17, 187; BSGE 4, 31 zeigt. Zu diesem Thema unter dem Gesichtspunkt des persönlichen Rechtsgewissens schon S. 44 ff.

kontrahenten nachteiliger sein kann, einen Urteilsspruch abzuwarten, auch wenn beide Parteien auf diesem Wege die Chance behalten, in vollem Umfange zu obsiegen. Insgesamt kann es dann günstiger sein, unter einem teilweisen Verzicht auf eigene Forderungen die Gegenseite zu einem teilweisen Nachgeben zu bewegen. Das wird bei Streitfällen besonders plastisch, die sämtliche Instanzen zu durchlaufen drohen. Nimmt man die reale Auslastung der Gerichte hinzu[1)], können bis zu einem rechtskräftigen Urteil leicht mehrere Jahre vergehen[2)].

Das Warten auf ein Gerichtsurteil ist vor allem bei wirtschaftsrechtlichen Fragen oftmals unzumutbar. Dies wird offensichtlich, wenn die kontroverse Frage bzw. ihre Klärung die Prämisse für weitere wesentliche Belange ist, z.B. für unternehmerische Entscheidungen (Investitionen, Rationalisierungen, Betriebsverlagerungen oder ähnliches), von denen die finanzielle Zukunft vieler Arbeitnehmer oder anderer Teilnehmer am Wirtschaftsverkehr abhängen kann.

---

1) Die sich besonders peinlich in dem Umstand dokumentiert, daß sogar der Versuch unternommen wurde, in der Überlastung der Gerichte einen Grund zu konstruieren, die in § 121 StPO begrenzte Untersuchungshaftdauer zu verlängern (so regelmäßig OLG Hamm, NJW 1968, 12o3; 1973, 72o, weitere Nachweise über die beschämende Praxis bei Bartsch, NJW 1973, 13o3). Dazu auch kritisch Roxin, § 3o F I 3; Löwe/Rosenberg/Dünnebier, § 121 Rdnr. 43 ff.; in diesem Sinne dann auch BVerfGE 36, 264.

2) Zur problematischen Dauer von Zivilprozessen, s. etwa Baumann/Fezer, Beschleunigung des Zivilprozesses; Redeker/Seliger, ZRP 1968, 1o8 ff.; weitere Nachweise bei Stötter, NJW 1968, 421 (FN 1, 2) und F. Baur, Vergleich, S. 1 (FN 1); Nachweise über die jahrhundertelange (!) "Tradition" der Prozeßverschleppung bei Vollkommer, ZZP Bd. 81 (1968), 1o2 (121 ff.). Ausführliches (rechtstatsächliches) Material bei Baumgärtel/Mes und Baumgärtel/Hohmann, Rechtstatsachen 1. und 2. Instanz.

Es besteht unter wirtschaftlichen Gesichtspunkten ein unübersehbares Bedürfnis, Zeiträume zu beschleunigen und Fragen der oben geschilderten Art in einem abgekürzten Verfahren, d.h. in Ansehung der schwerfälligen prozeßtechnischen Möglichkeiten[1], im Wege privatautonomer Vereinbarungen regeln zu dürfen[2].

Der Zeitfaktor birgt allerdings auch eine Mißbrauchsgefahr, wenn es nur eine Seite eilig hat, die andere Seite dies erkennt und damit Zugeständnisse erpressen möchte. Diese Gefahren regeln sich jedoch über die Anfechtung eines Vergleichs sowie über die Möglichkeit, gleichzeitig gerichtlich vorzugehen und einen bloß vorläufig regelnden Vergleich zu schließen. Bei Parteien, die sich des öfteren als Kontrahenten gegenüberstehen (z.B. Arbeitgeber- und Arbeitnehmervertreter), regeln sich diese Gefahren auch durch den Gesichtspunkt partnerschaftlicher Verhaltenszwänge. Bei längerfristig angelegten Verhandlungskontakten führt die rigorose Ausnutzung einer Drucksituation der Gegenseite doch lediglich zu einer entsprechend unangenehmen Reaktion, sobald sich die Kräftesituation verändert hat.

D. Zusammenfassung

Die vorstehenden Betrachtungen belegen erneut, daß der

---

1) Für die anstehende Problematik weisen die herkömmlichen Schnellverfahren, etwa der §§ 916 ff., 935 ff. ZPO keine Lösung auf. Alle diese Kurzverfahren sind auf anders gelagerte Problemlagen zugeschnitten, s. auch S.132.

2) Zu dem dogmatischen Aspekt, den die Praktikabilität für die Auslegung von Gesetzen begründet s. noch S. 130 ff.

Vergleich innerhalb des rechtlichen Entscheidungssystems einen überaus bedeutsamen Platz einnimmt. Mit der den Parteien gegebenen Möglichkeit, den Streit und die Ungewißheit über ein Rechtsverhältnis durch gegenseitiges Nachgeben zu beseitigen, hat das Gesetz in § 779 BGB den institutionellen Rahmen geschaffen, um in privatautonomer und unmittelbarer Weise den Rechtsfrieden zu bewahren bzw. wiederherstellen zu lassen.

3. Teil: Die Regelungsmöglichkeiten des Vergleichs im Bereich des zwingenden Wettbewerbs- und Mitbestimmungsrechts

A. Die Kollision mit zwingendem Recht

Es fragt sich, ob und inwieweit sich die oben gefundene Einschätzung von Vergleichsregelungen verschiebt, wenn die Vereinbarungen in einem Bereich mit zwingenden gesetzlichen Regelungen getroffen werden. So existieren vornehmlich im Bereich des Wirtschaftsrechts eine ganze Reihe von Normen, mit deren Hilfe der Gesetzgeber versucht, die Verhaltensformen innerhalb des Marktgeschehens verbindlich festzulegen. Hier gilt es zu entscheiden, inwieweit derartige Regelungen einer vergleichsweisen Rechtsgestaltung Grenzen setzen.

Da es sich bei einem Vergleich um einen gegenseitigen Vertrag handelt, kommen ihm alle Wirkungsmöglichkeiten zu, die sich aus der Privatautonomie herleiten lassen und die daher zunächst untersucht werden müssen.
Ob der Vergleich darüber hinaus noch weitergehende

Möglichkeiten besitzt, weil er neben dem Prinzip der Privatautonomie auch noch die Friedensfunktion der Rechtsordnung repräsentiert, wird im Anschluß daran zu betrachten sein.

I. Die Geltung der Privatautonomie

Grundsätzlich ist davon auszugehen, daß die Privatautonomie auch im Wettbewerbs- und Mitbestimmungsrecht ein gültiges Prinzip darstellt. Zwar ist die Privatautonomie zunächst im Zivilrecht anzusiedeln[1]. Im Wettbewerbs- und Mitbestimmungsrecht werden hingegen derart grundlegende Weichen für die gesamte Gesellschaftsverfassung gestellt, daß man diese Bereiche kaum schlicht dem Zivilrecht zuordnen kann[2]. Andererseits führt die etwaige Einordnung von Wettbewerbs- und Mitbestimmungsrecht in ein autonomes Wirtschaftsrecht oder in das öffentliche Recht nicht zur Unwirksamkeit der Privatautonomie[3]. Vielmehr wird im Wettbewerbsrecht so stark mit zivilrechtlichen Begriffen gearbeitet[4], daß man

---

1) "Die Privatautonomie ist das selbstverständliche Grundprinzip einer jeden Zivilrechtsordnung, welche die Gestaltung von Rechtsverhältnissen durch die einzelnen kennt." So Flume, FS 1oo Jahre DJT, S. 135 (141). Vgl. auch Lehmann/Hübner, AT, § 24 I; Larenz, AT, § 1 I a.

2) Vgl. dazu Rinck, Wirtschaftsrecht, Rdnr. 16 ff.

3) Zur Verschmelzung von öffentlichem und privatem Recht, Brohm, Wirtschaftsverwaltung, S. 41; Rinck, Wirtschaftsrecht, Rdnr. 21 am Ende.

4) So geht es dort z.B. um Handlungen, gute Sitten, Unterlassungen, Schadenersatz, geschäftlichen Verkehr - alle diese Termini finden sich allein in § 1 UWG. Zentralfiguren des Wettbewerbsrechts sind - grundsätzlich den allgemeinen zivilrechtlichen Regeln unterliegende - "Verträge".

auch dort im Interesse einer einheitlichen Rechtsordnung die wesentlichen Grundzüge des Vertragsrechts zur Anwendung bringen muß[1]. Dementsprechend ist in diese Bereiche auch die Figur des Vergleichs im Grundsatz so zu übernehmen, wie sie in § 779 BGB konzipiert ist[2]. Dies gilt auch für das Mitbestimmungsgesetz, obwohl dort die begriffliche Anlehnung nicht so ausgeprägt ist wie im Wettbewerbsrecht. Gleichwohl ist dieses Gesetz ebenfalls in engem Zusammenhang mit dem bürgerlich rechtlichen Rechtssystem zu sehen. Dies belegen z.B. verschiedene Versuche, im Mitbestimmungsgesetz auftretende Regelungslücken durch die Anwendung originären Zivilrechts zu schließen[3].

---

1) Zu einer im Grundsatz gegebenen Einheit der Rechtsordnung, s. BVerfGE 9, 2o1 (2o6 ff.); 13, 331, 34o; 18, 224 (232 ff.).

2) In BVerfGE 13, 331 (34o) ist ausdrücklich die "Ordnungsstruktur des Zivilrechts" durch weitmögliche Anerkennung und Übernahme seiner Institute ausgesprochen. Dementsprechend sind auch in das öffentliche Recht verschiedene "zivilistische" Institute übernommen worden, wie z.B. die öffentlich-rechtliche Verwahrung. Vgl. Forsthoff AT, § 9, S. 176; Wolff/Bachof, Verwaltungsrecht, § 44 I b mit weiteren Nachweisen, der öffentlich-rechtliche Bereicherungsanspruch, der allerdings inzwischen als öffentlich-rechtlicher Erstattungsanspruch von dem zivilrechtlichen Parallelinstitut abgenabelt ist, vgl. Wolff/Bachof, Verwaltungsrecht, § 44 I b 6 oder der öffentlich-rechtliche Vertrag, hierzu die Nachweise bei Meyer/Borgs-M., VerwVerfG, § 54; Forsthoff, AT, § 14 (S. 173 ff.).

3) So die Bewältigung des Interessenkonfliktes eines Arbeitnehmers im Aufsichtsrat, in den dieser im Falle eines Arbeitskampfes geraten kann, wenn er einerseits dem Unternehmensinteresse, andererseits der Solidarität mit den streikenden Arbeitnehmern verpflichtet ist. Ein Lösungsweg für dieses Dilemma wird in der Einführung von Stimmrechtsverboten gesehen, zu deren Legitimation die §§ 34, 181 und 242 BGB herangezogen werden. Vgl. Redding, NJW 1956, 48 (49 f.); Hanau, RdA 1975, 23 (24 f.); Säcker, DB 1977, 1791 (1794); ähnlich auch Baumbach/Hueck, AktG, § 1o8 Rdnr. 4. Krit. zu Stimmrechtsverboten Mertens, AG 1977, 3o6 (31o); K.P. Martens, ZGR 1977, 422 (429 f.).

Daß die Privatautonomie auch im Bereich der Wirtschaftsverfassung als ein taugliches Regelungsinstrument angesehen wird, verdeutlicht die Konzeption des Tarifvertragssystems[1]. Obwohl hier sozial- wie wirtschaftspolitisch bedeutsame Fragen ausgehandelt und entschieden werden, hat sich der Gesetzgeber nahezu vollständig seiner Rechtsetzungsmacht begeben[2].

Allerdings läßt sich hieraus nur ein Tendenzargument ziehen, da das Tarifvertragssystem einige Besonderheiten aufweist, die nicht jedem privatautonomen Abschluß zuerkannt werden können. Als Korrelat für die fehlende staatliche Kontrolle wird im Bereich der Tarifautonomie die Gleichgewichtigkeit der Verhandlungspartner intensiv geschützt. Das von der Rechtsprechung auf dem Boden von Art. 9 Abs. 3 GG entwikkelte Zusammenspiel von Streik und Aussperrung mit

---

1) Zur verfassungsrechtlichen Garantie der Tarifautonomie als Bestandteil der in Art. 9 Abs. 3 GG geschützten Koalitionsfreiheit s. BVerfGE 4, 96 (1o6); 18, 18 (26).

2) Zwar kann der Gesetzgeber die äußeren Grenzen der Tarifautonomie festlegen (vgl. Biedenkopf, Tarifautonomie, S. 152 ff.; Säcker, Koalitionsfreiheit, S. 45 ff.). Jedoch sind diese legislativen Schranken höchst maßvoll. Überdies erfaßt Art. 9 Abs. 3 GG auch die Tarifautonomie (BVerfGE 18, 18 (28); 2o, 312 (317) und garantiert einen Mindestgestaltungsspielraum für die Tarifpartner, der dem Gesetzgeber verschlossen bleibt (Coester, Vorrangprinzip, S. 8o ff.; Säcker, Koalitionsfreiheit, S. 89, 92; Zöllner/Seiter, Paritätische Mitbestimmung, S. 46). Die exakte Grenzziehung für ein Primat der Tarifparteien ist streitig (vgl. Wiedemann/Stumpf, Einleitung TVG, Rdnr. 41 ff. mit Nachweisen).

seinen recht subtilen Rechtmäßigkeitsvoraussetzungen[1] dient einer Ausgewogenheit, die die Funktionsfähigkeit des Systems trotz der gegebenen Privatautonomie erhält. Daß hierbei nur eine Komponente der Privatautonomie zum Tragen kommt - eine Abschlußfreiheit existiert hier praktisch nicht [2], es gibt nur die Gestaltungsfreiheit -, entwertet die Parallele keineswegs. Denn mit der inhaltlichen Gestaltungsfreiheit wird den Parteien gerade jener Spielraum eröffnet, dessen Ausfüllung in anderen Fällen durch den Erlaß zwingenden Rechts erfolgt. Das Tarifvertragssystem liefert daher trotz seines spezifischen Schutzes der Ausgewogenheit der Tarifpartner einen allgemeinen Beleg für die Zulässigkeit eines "normalen" Vertrages über wirtschaftsbezogene Themen. Ein "normaler" Vertrag findet für das Merkmal der Ausgewogenheit eine gewisse Kompensation in dem jederzeit möglichen Zugriff auf ein Gerichtsverfahren. Diese Rückgriffsmöglichkeit verschafft den Parteien grundsätzlich eine gleichberechtigte

---

1) Zu den Rechtmäßigkeitsvoraussetzungen eines Streiks etwa BAGE 1, 291 ff.; BAG AP Nr. 32, 34, 41 zu Art. 9 GG "Arbeitskampf". Zur Aussperrung und ihrer Zulässigkeit s. BAGE 23, 292 ff.; BAG NJW 198o, 1642 ff.; 1653 ff. Besonders plastisch manifestiert sich das Erfordernis der Gleichgewichtigkeit tariffähiger Koalitionen in Merkmalen wie Gegnerfreiheit oder Gegnerunabhängigkeit, was z.B. für die Rechtstellung des Betriebsrats bei Entscheidungen des Arbeitgebers im Streik zu beachten ist (vgl. Seiter, Streikrecht, S. 371 m.w.N.).

2) Im Tarifrecht steht zumindest faktisch fest, daß eine Vereinbarung zustandekommt und auch wer sie schließt.

Stellung und sorgt dafür, daß nur noch legitime Mittel und systemkonforme Machtpositionen[1] zum Einsatz gelangen. Die Ausgewogenheit von vertraglichen Vereinbarungen im wirtschaftsrechtlichen Bereich wird darüber hinaus durch die besondere Qualität der Vertragspartner verstärkt. Bei ihnen handelt es sich regelmäßig nicht um "Laien". Wer im Wettbewerbs- und Mitbestimmungsrecht Verträge schließt, ist mit der Materie im allgemeinen bestens vertraut. Ob sich Unternehmen über den Wettbewerb einigen oder ob sich Gewerkschaften und Arbeitgeber (bzw. ihre Dachverbände oder Vereinigungen) über mitbestimmungsrechtliche Probleme auseinandersetzen, in jedem dieser Fälle prallt geballter Sachverstand aufeinander. Damit entfällt die Grundvoraussetzung der meisten Schutzmechanismen: die Unterlegenheit einer Seite. Auch die im Mitbestimmungsrecht am ehesten schwache Seite der Arbeitnehmer ist durch historisch gewachsene und perfektionierte Kollektivierung zu einem gleichwertigen Verhandlungspartner erstarkt[2]. Es ist ein in der Rechtsordnung an verschiedenen Stellen nachweisbarer Grundsatz, daß Abschlüsse unter vergleichbaren "Insidern" einen freieren Gestaltungsraum genießen als Geschäfte, an denen mangels hinreichender Kenntnisse leicht übervorteilbare Personen beteiligt sind. Exemplarisch sind insoweit die zahlreichen Durchbrechungen der zivilrechtlichen Regeln für Kaufleute[3]. Dieses Argument für die Erhaltung der

---

1) Dazu schon S. 35 ff.

2) Vgl. dazu die Ausführungen von Zachert, AuR 1977, 1 ff., der bereits über eine "gewerkschaftliche Übermacht" nachdenkt; s. auch Rüthers, DB 1973, 1649 ff.

3) Dies beginnt schon mit § 346 HGB, der in der Auslegung der Rechtsprechung besondere konkrete Rechtspflichten begründet. S. außerdem §§ 347 - 35o, 362, 366, 377, 378 u.a.; oder auch § 24 AGBG, § 8 AbzG.

Privatautonomie gilt allerdings nicht uneingeschränkt. Im Wettbewerbsrecht kann dieser die Schutzbedürftigkeit relativierende geballte Sachverstand auch als Alarmsignal wirken[1]. Hier sind auf jeden Fall die einschlägigen Verbotsnormen zu beachten. Dies besagt aber nichts für eine grundsätzliche Restriktion der Privatautonomie. Daß ausdrückliche Verbotsnormen ihr Schranken setzen, ist der Regelfall, der andererseits aber auch den Rückschluß erlaubt, daß die Privatautonomie im übrigen gilt.

II. Die Ordnungsfunktion wirtschaftsrechtlicher Gesetze

Die Geltung der Privatautonomie wird auch nicht durch einen allgemeinen Ordnungsgehalt wirtschaftsrechtlicher Normen beseitigt, wie es von Lutter für den Einzelfall der Abfindung von Aktionären zum Zwecke der Vermeidung einer Anfechtungsklage angenommen wird[2]. Unabhängig davon, ob dieser konkrete Fall sachlich richtig entschieden ist[3], läßt sich daraus

---

1) Dies gilt zumindest, wenn ein Zweiparteiengeschäft Dritt- oder Allgemeinwirkungen zeitigen kann bzw. die Beeinträchtigung Dritter bezweckt.

2) Lutter, ZGR 1978, 347 ff.; 349 ff. (FN 11).

3) Zumindest bestehen Zweifel an der Argumentation aus § 3o6 AktG insofern, als Lutter nicht deutlich machen kann, warum die durch § 3o6 AktG möglicherweise institutionell garantierte Kontrolle des Vorstandes ausgerechnet durch ein Abfindungsverbot erhalten werden muß. Ebenso wäre ein Klagezwang aller Aktionäre für den Fall der Kenntnis von irgendwelchen Anfechtungsgründen

jedenfalls kein gesamtes Ordnungskonzept des wirtschaftsrechtlichen Bereiches folgern, das die Geltung der Privatautonomie dort insgesamt in Zweifel ziehen könnte. Derartige Grenzen - sei es auch nur aus dem Gesamtzusammenhang von Normen und einem entsprechend definierten Ordnungscharakter - können allenfalls in einzelnen Fällen begründet sein.[1)]

Insbesondere läßt sich aus dem wettbewerbs- und mitbestimmungsrechtlichen Gesetzesmaterial kein dermaßen strenges ordnungspolitisches Element ableiten, das die Privatautonomie grundsätzlich in Frage zieht. Dies bedeutet zwar nicht, daß der privaten Rechtsgestaltung damit überhaupt keine Grenzen gezogen werden. So enthalten z.B. die §§ 1, 3, 4, 7 c, 8, 1o, 16 UWG, 1, 15 bis 19, 25, 35 GWB Tatbestände, die bestimmten Gestaltungsformen der Privatautonomie die Wirksamkeit versagen bzw. diese sanktionieren. Diese Vorschriften erlauben damit aber auch den Umkehrschluß, daß jenseits der einschränkenden Tatbestände die Privatautonomie Geltung beanspruchen kann.

---

geeignet, die Kontrollfunktion aufrechtzuerhalten. Es erweist sich insoweit als höchst problematisch, aus einem allgemeinen Ordnungszweck ein konkretes Verhaltensgebot abzuleiten. Überzeugender erscheint die Begründung eines Abfindungsverbotes aus § 157 AktG und dem Nichtvorliegen einer Ausnahme nach § 71 AktG (Lutter, ZGR 1978, S. 354 ff.). Dies braucht jedoch für die hier diskutierte Problematik nicht vertieft zu werden.

1) S. dazu schon S. 41 f.

III. Zwischenergebnis

Auch im Bereich des Wettbewerbs- und Mitbestimmungsrechts gilt somit der Grundsatz der Privatautonomie, der nur bei Vorliegen konkreter gesetzlicher Regelungen (zwingendes Recht) ausgeschaltet wird. Demzufolge sind die Gesetze im Wettbewerbs- und Mitbestimmungsrecht auf zwingende Normeninhalte zu untersuchen, ob eine ausdrückliche Vorschrift, die Normenauslegung, der Normenzusammenhang oder vielleicht die Natur der Sache[1] einen Ausnahmevorbehalt

---

1) Der in seiner methodischen Substanz und Aussagekraft umstrittene Terminus der "Natur der Sache" wird hier im Sinne Dernburgs (Pandekten I, S. 87) verstanden: "Die Lebensverhältnisse tragen ... ihr Maß und ihre Ordnung in sich. Diese ... nennt man Natur der Sache. Auf sie muß der Jurist zurückgehen, wenn es an einer positiven Norm fehlt oder wenn dieselbe unvollständig oder unklar ist." Bei richtiger Anwendung führt die Natur der Sache damit auch nicht zu einem Zirkelschluß, bei dem das abzuleitende Ergebnis in das Kriterium der Natur der Sache hineindefiniert wird (zu dieser Gefahr Larenz, Methodenlehre, S. 4o8). Zur Natur der Sache als einer streng rationalen Methode, Radbruch, Natur der Sache, S. 14; zur Natur der Sache als treibende Kraft der Wandlungen im Rechtsverständnis, ders. S. 35 f. Die Natur der Sache ist demgemäß in der modernen Methodenlehre als Hilfsinstrument anerkannt, wenn der positiv-rechtliche Rahmen nicht eindeutige und angemessene Ergebnisse erzeugt. Vgl. Diesselhorst, Natur der Sache, S. 244; Larenz, Methodenlehre, S. 4o8 ("objektiv-teleologisches Auslegungskriterium"). Zu weitgehend sicherlich Kaufmann, S. 272 ff., der darin einen Schlüsselbegriff für die Rechtsfindung, gleichermaßen für Legislative und Judikative, erblickt. Zur neueren Literatur s. die ausführlichen Verweise bei Larenz, Methodenlehre, S. 137 (FN 35); vor allem die ausführliche Ausarbeitung von Diesselhorst, a.a.O., S. 3 - 31, 2o6 - 244 m.w.N.

erkennen läßt, der die Betroffenen zwingend an das Gesetz und die Entscheidungen der Gerichte verweist und etwaigen konkurrierenden Aktivitäten die Wirksamkeit versagt. Im Anschluß daran ist dann zu prüfen, inwieweit diese Einschränkungen auch einen Vergleich betreffen.

B. Zur Abgrenzung zwingenden Rechts

Um festlegen zu können, inwieweit das Wettbewerbs- und Mitbestimmungsrecht zwingende Gebote enthält, bedarf es der Entwicklung eines Verfahrens zur Abgrenzung zwischen ius dispositum und ius cogens.

Bei dieser Abgrenzung handelt es sich um ein von jeher als schwierig angesehenes Problem. So klagt Kohler schon im Jahre 19o5[1]: "Recht unvollkommen ist die Gesetzestechnik in der Art, wie man das zwingende und nachgiebige Recht voneinander unterscheidet. Nirgends ist hier die Ausdrucksweise präzis ... . Es wäre dringend notwendig gewesen, eine bestimmte Bezeichnung zu gebrauchen, wodurch das zwingende Recht charakterisiert wäre". Bierling hat im Jahre 1911 sogar Zweifel angemeldet, ob sich für die klare Kennzeichnung von zwingenden und nachgiebigen Rechtsnormen überhaupt eine angemessene Form finden läßt[2]. Zu einer ähnlich kritischen Betrachtung von ius cogens kommt Stammler, der in der zwingenden Anordnung eines rechtlichen Wollens

---

1) Kohler, AcP 96, 345 (366).

2) Bierling, Prinzipienlehre IV, S. 43o, vor allem S. 452 (FN 17) gegen Kohler, AcP 96, 345 (366).

nur ein bedingtes Mittel sieht, um für besondere Rechtsfragen das sachlich beste Ergebnis zu erzielen[1]. Seine Überlegungen stehen sogar unter der Denkprämisse, ob man zwingendes Recht nicht überhaupt abschaffen könne[2]. Methodische Klarheit für die Reichweitenbestimmung zwingenden Rechts findet sich auch bei Stammler nicht.

Auch in der Gegenwart ist die Behandlung von zwingenden Rechtsnormen in der Methodenlehre nicht wesentlich vorangekommen. So findet sich in nahezu allen anerkannten Methodenrechtslehrbüchern der Begriff "zwingendes Recht" nicht einmal im Stichwortverzeichnis[3]. Allgemeine zivilrechtliche Lehrbücher bieten nur die schlichte Begriffserläuterung von ius cogens und ius dispositum und gelangen über die Zuordnung einzelner Vorschriften zur einen oder anderen Kategorie nicht hinaus[4]. Und so kann es auch

---

1) Stammler, Theorie der Rechtswissenschaft, S. 442.

2) Stammler, Theorie der Rechtswissenschaft, S. 442.

3) Das gilt für ausgesprochene "Klassiker" wie Larenz, Methodenlehre, oder Fikentscher, Methoden des Rechts. Andere Werke enthalten dieses Stichwort zwar, bleiben jedoch auf einer Stufe nichtssagender Allgemeinformeln, soweit es eine Methodik des zwingenden Rechts betrifft. Vgl. z.B. Troller, Prinzipien derRechtswissenschaft, S. 75; Noll, Gesetzgebungslehre, S. 194, zu "ius strictum": Dort solle der Gesetzgeber "nach Möglichkeit" alle Entscheidungen selber treffen (was heißt "nach Möglichkeit"?); dürftig insoweit auch Dahm, Deutsches Recht, S. 529; ohne methodische Ergebnisse auch Burckhardt, Methode, S. 172 ff. und jetzt wieder Bydlinski, Juristische Methodenlehre, 1982.

4) Vgl. z.B. Larenz, AT, S. 27 ff., 48, 377; Fikentscher, Schuldrecht, S. 95; Enneccerus/Lehmann, AT, S. 272, 3o3 f., 331 f. (dort immerhin mit einem ganz vagen Ansatz zur Rechtstechnik), 651, 722, 8o4, 1oo5 f.; spärliche methodologische Überlegungen finden sich in älteren Quellen, vgl. Kohler, AcP 96, 345 (366), der über Kritik allerdings nicht hinausgeht; Bierling, Prinzipienlehre IV, S. 43o f.; 452; Stammler, Theorie der Rechtswissenschaft, S. 354, 441 ff.

nicht überraschen, daß der Begriff ius cogens in der rechtswissenschaftlichen Literatur unterschiedlich und teilweise auch unsauber verwendet wird. So ist z.B. die Frage, ob das oder ein Mitbestimmungsgesetz zwingendes Recht darstellt, [1] in dieser pauschalen Form falsch gestellt. Daß das gesamte Mitbestimmungsrecht von der Intention her als verbindliche Begründungsbasis von Sonderrechten zugunsten der Arbeitnehmerschaft anzusehen ist, ist nicht zweifelhaft. Gleichwohl wird damit nicht "das Mitbestimmungsgesetz" zwingend, diese Überlegung steckt lediglich den Rahmen, in dem es die konkrete Regelungsweite einzelner Normbefehle herauszuarbeiten gilt. Es existiert eine gewisse Ungenauigkeit im allgemeinen juristischen Sprachgebrauch. Vielfach spricht man von ius cogens, wenn überhaupt eine verbindliche und unabänderliche Regelung in einem Gesetz enthalten ist und bezieht dabei den Terminus "zwingendes Recht" etwas unsauber auf die ganze Norm, die eine bindende Anordnung zumeist nur unter anderem enthält [2]. Insofern ist etwa die Aussage: § 1 GWB ist zwingend, ungenau. In Anbetracht der vielfältigen Durchbrechungen dieser Norm - gleichgültig, ob sie als Ausnahmen bei bestimmten Kartellformen oder ganzen

---

1) In diesem Sinne die pauschalen Formulierungen bei Fitting/ Wlotzke/ Wißmann, MitbestG, (1. Aufl.), Vorb. Rdnr. 8, § 1 Rdnr. 2; Raiser, BB 1977, 1461; deutlich Ulmer in Hanau/Ulmer, MitbG, Einl. Rdnr. 36 "die zwingende Geltung des MitbestG 1976 ist ...".

2) Als typisches Beispiel Fitting/Wlotze/Wißmann, MitbestG, Vorb. Rdnr. 41; dort heißt es: "Die §§ 76 ff. BetrVG 1952 sind zwingendes Recht". Gleichwohl zählt der Kommentar im folgenden eine Reihe praktizierter Modifikationen auf, so daß man richtigerweise doch nur sagen könnte: §§ 76 ff. BetrVG 1952 enthalten (nicht: sind) zwingendes Recht.

Bereichen schon im GWB selbst angelegt sind [1] oder sich aus einer Interessen- und Güterabwägung ergeben [2] -, ist nur der nach Abzug aller zulässigen Kartellformen verbleibende Verbotsbereich ius cogens.

Das eigentliche Problem bei der Bestimmung von ius cogens besteht daher weitgehend in der Abgrenzung des unzugänglichen und des dispositiven Gesetzesinhalts innerhalb einer Norm. Herauszuarbeiten und einzugrenzen ist der jeweils konkrete (enge) Normbefehl, der nicht mehr anderen Regelungswegen zugänglich ist. Denn ius cogens definiert sich als der Regelungskern eines Gesetzes, der gegen alle Einwirkungen privatautonomer Art immun ist. Nur eine dermaßen klare Definition von ius cogens führt zu einer dogmatisch sauberen Antithese zu ius dispositum, der Gesetzesform, von der Parteien vollständig abweichen können. Aus diesem Grunde ist es auch nicht vorstellbar, daß es ius cogens mit unterschiedlichen Wirkungsstufen gibt. Sobald man eine privatautonome Regelung für zulässig erklärt, stellt man damit automatisch fest, daß bezüglich dieses Regelungsgegenstandes kein zwingendes Recht existiert. Die Überlegungen, die zur Zulässigkeit der privatautonomen Vereinbarung geführt haben, verstehen sich dann als Begrenzungsgesichtspunkte für zwingendes Recht.

Abgesehen von dieser definitorischen Vorgabe ist bei der Gegenüberstellung von zwingendem und dispositivem Recht

1) Vgl. §§ 2 ff., 98 ff. GWB.

2) Zu diesen Fällen s. S. 191 f.

im Grunde nur ein Fixpunkt gesichert: Es handelt sich bei diesen Kategorien nicht um Gesetze verschiedenen Verbindlichkeitsgrades[1]. Diese Feststellung läßt sich treffen, ohne auf allgemeine Grundfragen der Wirkungsweise von Gesetzen ("Befehle" oder "Geltungsanordnungen"[2]) eingehen zu müssen. Wenn ein Gesetz zur Anwendung kommt, hat es unabhängig von seiner Klassifizierung als dispositiv oder zwingend bindende Regelungskraft. Wann eine Norm zur Anwendung gelangt, ist allerdings für dispositives und zwingendes Recht unterschiedlich zu beurteilen. Die Kategorien ius cogens - ius dispositum unterscheiden sich also allein bei den Vorbedingungen, aufgrund derer ein Gesetz zur Wirkung gelangt. Diese Unterscheidung ist allerdings auch problematisch genug. So wurde bislang niemals eine allgemeingültige Abgrenzungssystematik für zwingendes Recht entwickelt. Dies liegt u.a. sicherlich an dem Umstand, daß diesbezügliche Abgrenzungsüberlegungen eine Reihe von Vorfragen aufwerfen, die ihrerseits kaum schematisch entschieden werden können. Es beginnt schon bei dem Begriff des Gesetzes. Verstünde man unter dem anzuwendenden Gesetz lediglich den formalen, durch widerspruchsfreie Wortinterpretation gewonnen Inhalt[3], erhielte man eine vergleichs-

---

1) So schon richtig Bierling, Prinzipienlehre I, S. 139 (dort FN 1).

2) Zur sog. "Imperativentheorie" vgl. Thon, Rechtsnorm, S. 3; Jhering, Zweck im Recht, S. 33o; Binder, Philosophie, S. 7o2 ff.; Engisch, Einführung, S. 22 ff., 2oo f.; kritisch dazu - im Verständnis einer Geltungsanordnung - Larenz, Methodenlehre, S. 235 ff.; ähnlich schon Zitelmann, Irrtum und Rechtsgeschäft, S. 2o4, 222; weitere Nachweise dazu bei Larenz, a.a.O., FN 5.

3) Zu dem Unterschied zwischen Form (Gesetzestext) und Inhalt (Gesetzessinn, -wille) vgl. Germann, Probleme, S. 296; Betti, Allgemeine Auslegungslehre, S. 49 f.; Lampe, Juristische Semantik, S. 12; Ebsen, Gesetzesbindung, S. 31 ff.

weise operable Basis, auf der sich allgemeine Kriterien zur Bestimmung zwingenden Rechts entwickeln ließen. Nach völlig herrschender Auffassung beinhaltet der Begriff des Gesetzes jedoch mehr. Er verkörpert die vom Gesetzgeber intendierte Regelungsidee[1)], die durch den Wortlaut allerdings ganz vorrangig wiedergegeben wird. Andererseits nimmt der Wortlaut innerhalb der Auslegung von Gesetzen einen je nach Standpunkt[2)] unterschiedlichen Verbindlichkeitsgrad ein. Es herrscht jedoch Konsens, daß er jedenfalls nicht den alleinigen Interpretationsmaßstab bildet[3)]. In der allgemeinen Methodenlehre erweist sich immer mehr der Zweck, das telos eines Gesetzgebungsaktes, als die zentrale Komponente für die Auslegung eines Gesetzes[4)]. Die einzelnen anerkannten Auslegungsmodalitäten - Rückgriff

---

1) Allerdings nicht im Sinne rein subjektiv-historischer Erforschung des legislativen Willens (so etwa Nawiasky, Allg. Rechtslehre, S. 13o), sondern mit einer "normativen" am Gesetz ausgerichteten Aktualisierung der Regelungsidee; vgl. dazu Larenz, Methodenlehre, S. 299, 3o5; ausführliche Nachweise zur "gegenwartsbezogenen", "objektiven" Theorie, die inzwischen die allgemeine Ansicht darstellt: Larenz a.a.O., S. 37 (FN 37).

2) Zum "Wortlaut" als Auslegungsgrenze vgl. etwa Enneccerus/Nipperdey, § 54 II; BVerfGE 11, 126 (130). Zum "Wortsinn" als Auslegungsgrenze vgl. etwa BGHZ 46, 74 (76); Canaris, Lücken im Gesetz, S. 23.

3) Zum Fehlen eines Rangverhältnisses zwischen den verschiedenen Auslegungsmitteln (semantische, logische, historische, teleologische Methode) BVerfGE 11, 126 (130); BGHZ 46, 72 (76); 49, 221 (223); Siebert, Gesetzesauslegung, S. 45; Coing, Juristische Auslegungsmethoden, S. 12.

4) Canaris, Lücken im Gesetz, S. 28, 34 ff. (u.a.); Larenz, Methodenlehre, S. 321 ff., 432 f., 466 f. m.w.N.; Fikentscher, Methoden IV, S. 364 ("Von allen Auslegungskriterien ist, neben der Bestimmung der Wortsinngrenze, der "Gesetzeszweck" der wichtigste").

auf die Entstehungsgeschichte, Wortlaut, gesetztessystematische Interpretation - sind Hilfsinstrumente zur Ergründung dieses Zentralanliegens einer Norm. Auf sie muß demzufolge auch zurückgegriffen werden, wenn auf den zwingenden Charakter eines Gesetzes geschlossen werden soll. Berücksichtigt man weiter, daß ein Gesetzeszweck keine für alle Zeiten unverrückbare Grenze darstellt, die interpretative Neufassung aufgrund veränderter gesellschaftlicher Verhältnisse und Anschauungen ist mittlerweile völlig anerkannt[1)], werden die Schwierigkeiten methodenrechtlicher Schemata zur Bestimmung zwingenden Rechts evident. Es sieht danach so aus, als müsse die Zuordnung zur Kategorie des zwingenden oder dispositiven Rechts anhand jeder Einzelnorm konkret erfolgen.

Gleichwohl ist kritisch zu vermerken, daß bislang verabsäumt wurde, diese Zuordnungsverfahren und Gesichtspunkte zu systematisieren. Entsprechend haben die Gerichte für die Gestaltbarkeit bei zwingenden Rechtsnormen von Fall zu Fall ganz unterschiedliche Einstufungen vorgenommen, die eine innere Logik vermissen lassen. So verdeutlicht die Rechtsprechung zu § 9 LohnFG und § 13 BUrlG, daß die Abgrenzung zwischen zwingendem und dispositivem Recht eines der schwammigsten Probleme der Rechtsfindung darstellt. Es ist schon erstaunlich, daß das Bundesarbeits-

---

1) In diese Richtung deutlich schon Stammler, Theorie der Rechtswissenschaft, S. 443; zur Zulässigkeit von Entscheidungen contra legem (wo also die Anpassung des telos nicht mehr ausreicht), BVerfG NJW 1973, 1221 (1225 f.); Diederichsen, Flucht des Gesetzgebers, S. 32 ff. u.a.; Ebsen, Gesetzesbindung, S. 50 ff. jeweils m.w.N.

gericht § 13 BUrlG einen rigiden Zwangscharakter zuweist[1], hingegen § 9 LohnFG in einem gewissen Bereich für disponibel erklärt[2]. Beide Normen haben nicht nur eine ähnliche Regelungsintention: sie entziehen sozialpolitisch hochgeschätzten Gegenständen - hier Urlaubsanspruch, dort Ausfallzahlung bei Arbeitsverhinderung - einer merkantilen Verwertung und tragen dafür Sorge, daß diese sozialen Absicherungen nicht zum Verhandlungsposten oder zum Ansatzpunkt für Pressionen geraten können. Die Normen haben in der relevanten Passage auch einen nahezu übereinstimmenden Wortlaut. Beide Normen stehen unter der Überschrift:"Unabdingbarkeit"[3]. In beiden Fällen wird geregelt, daß von den Vorschriften des jeweiligen Gesetzes zu Ungunsten der geschützten Person "nicht abgewichen werden kann". Im Gegensatz zu anderen arbeitsrechtlichen Unabdingbarkeitsnormen[4] enthalten beide Vorschriften auch keinen Hinweis auf eine zeitliche Grenze ihres Bindungscharakters. Gleichwohl bringt sie die Rechtsprechung mit unterschiedlicher Härte zur Wirkung[5]. Darüber hinaus wird der Anspruch aus § 8 LohnFG in seinem Zwangscharakter gesondert behandelt, obwohl § 9 LohnFG alle Vorschriften des Lohnfortzahlungsgesetzes ohne Abstufung

---

1) BAG NJW 1967, 2376 (2377); bestätigt in BAG DB 1978, 2323 (2324).

2) BAG AP Nr. 2 § 9 LohnFG, wo zumindest ein nachträglicher Verzicht für zulässig erklärt wird.

3) Wobei diese Überschriften in diesem Falle selbst im Gesetz stehen (vgl. BGBl 1969 I, S. 948 und BGBl 1963 I S. 4) und es sich nicht nur um redaktionelle Ergänzungen der veröffentlichenden Verlage handelt.

4) Z.B. § 62 Abs. 4 HGB, § 619 BGB; außerhalb des Arbeitsrechts etwa § 276 II, § 1614 Abs. 1 BGB.

5) BAG AP Nr. 2 § 9 LohnFG, wo zumindest ein nachträglicher Verzicht für zulässig erklärt wird.

für unabdingbar erklärt. Nach praktisch einhelliger Auffassung führt die Anwendung des § 9 LohnFG in diesem einen Fall zu einem uneinschränkbaren Ausschluß vertraglicher Vereinbarungen[1)], wie es bei § 13 BUrlG die Regel ist. Ohne darüber befinden zu müssen, ob nicht die differenzierte, insgesamt etwas liberalere Rechtsprechung bei § 9 LohnFG aus dem telos und der Entstehungsgeschichte gerechtfertigt werden kann[2)], läßt sich dieser Gegenüberstellung entnehmen, wie interpretierbar und interpretationsbedürftig zwingendes Recht selbst dann noch behandelt wird, wenn das Gesetz seinem Wortlaut nach die Verfügungsmöglichkeit ohne Einschränkung entzieht.

Das methodische Dilemma der Abgrenzung von zwingendem und disponiblem Recht läßt sich auch noch an anderen Details innerhalb der arbeitsrechtlichen Unabdingbarkeitsnormen aufzeigen: Unter dem Eindruck einer willkürverdächtigen, im Einzelfall kaum noch kalkulierbaren Grenzziehung hat

---

1) So im Anschluß an die noch vor Inkrafttreten des LohnFG ergangenen Entscheidungen BAG AP Nr. 1 und Nr. 2 zu § 25 HAG. Schmatz/Fischwasser, Vergütung der AN, S. C 9o5; Brecht, LohnFG, § 9 Rdnr. 6; Kaiser, LohnFG, § 9 Rdnr. 5. Zu einer weiteren Differenzierung der Abdingbarkeit vgl. AP Nr. 1 zu § 6 LohnFG (Voraussetzung ist Fälligkeit, die mit den üblichen Lohnfortzahlungsterminen eintritt).

2) In diesem Sinne kommt Hofmann, FS BAG 1979, 217 (235, 238) unter Darlegung komplizierter methodischer Ableitungssysteme zu einer - geringfügig eingeschränkten - Disponibilität des § 9 LohnFG i.S.d. BAG. Zustimmend auch Kehrmann/Pelikan, LohnFG, § 9 Rdnr. 3; Lepke, BB 1971, 15o9 (1512 ff.); Frohner, AuR 1975, 1o8 (1o9); B. Müller, BB 1976, 1466 (1468). Kritisch hingegen Heckelmann, SAE 1977, 16o ff.; Trieschmann, RdA 1976, 68 (69 ff.); weitere Nachweise über den Streitstand bei Hofmann, a.a.O., FN 12, 12; Heckelmann a.a.O., FN 1.

Trieschmann eine "monistische" Betrachtungsweise vorgeschlagen, um wenigstens ein Minimum von Rechtssicherheit in den Fällen zu gewinnen, in denen das Gesetz das Abweichen von einer Regelung verbietet. Seine Lösung orientiert sich am Wortlaut und hat damit klare Konturen[1]: Enthalten Unabdingbarkeitsnormen zeitliche Schranken, sind diese zu respektieren (also weder zu erweitern noch wegzuinterpretieren), fehlen derartige Schranken, sind sie nicht interpretativ zu ergänzen, sondern die Unabdingbarkeit ist dann als umfassend hinzunehmen[2]. Trieschmann kommt für § 9 LohnFG und § 13 BUrlG damit zu einer identischen - auch nachträgliche Verzichte generell ausschließenden - Interpretation. Gleichwohl hat er sich mit diesem Versuch der Rückkehr zu dogmatischen Kriterien nicht durchgesetzt[3]. Unter rechtssystematischen Aspekten ist dies bedauerlich[4]. Die gegenwärtig praktizierten Bestimmungsverfahren der Bindungsreichweite dieser Normen werden noch bedenklicher, wenn man die Argumentationsketten in diesem Streitfeld betrachtet. Denn erstaunlicherweise führen sowohl Trieschmann

---

1) Insoweit auch anerkennend Hofmann, FS BAG 1979, 217 (226). Zur erhöhten Bedeutung des Wortlauts für die Festlegung zwingenden Rechts noch differenzierter und ausführlicher S. 100 ff., 109 ff.

2) Trieschmann, RdA 1976, 68 (69); ein ähnlicher Ansatz auch bei Heckelmann, der vornehmlich § 9 LohnFG und § 13 BUrlG parallel wertet (SAE 1977, 26o, 262 f.).

3) Vgl. einige nach Veröffentlichung seines Aufsatzes neu erschienene Autoren wie Doetsch/Schnabel/Paulsdorff, LohnFG, § 9 Rdnr. 2; Schaub, ArbR-Handbuch, S. 534 ff.

4) Methodische Bedenken an der gegenwärtig praktizierten Form der Bestimmung der Unabdingbarkeit äußert auch Reuter, JuS 1977, 56 (57).

wie auch seine Gegner jeweils für ihre Lösung dieselbe Norm, nämlich § 4 Abs. 4 S. 1 TVG, ins Feld. Die Gegner der monistischen Betrachtungsweise entnehmen dieser Vorschrift ein argumentum e contrario. Da der nachträgliche Verzicht dort gesondert behandelt sei, könne dies nur bedeuten, daß alle Unabdingbarkeitsregeln, die den nachträglichen Verzicht expressis verbis verbieten, nur für den vorherigen Verzicht Geltung haben[1)]. Trieschmann hingegen argumentiert, § 4 Abs. 4 S. 1 TVG sei als Ausnahme zu § 4 Abs. 1 S. 1 und § 4 Abs. 3 TVG konzipiert und setze daher gewissermaßen als Normalfall den zeitlich uneingeschränkten Unabdingbarkeitsbegriff voraus[2)]. Beide Argumentationsreihen sind logisch und methodenrechtlich haltbar. Ist es da nicht Aufgabe des Gesetzgebers, sich einer Rechtstechnik zu bedienen, die derart unterschiedliche Folgerungsmethoden ausschließt ?

Ähnlich eklatant ist die Behandlung von § 4 Abs. 1 AktG und § 4 Abs. 2 GmbHG. Beide Normen stimmen in der relevanten Passage[3)] wortwörtlich überein, werden aber dennoch mit unterschiedlichen Rechtsfolgen ausgestattet: Bei § 4 Abs. 2 GmbHG wird vertreten, daß die im Gesetz in Anführungsstriche gesetzte Gesellschaftsbezeichnung abgekürzt in der Firmierung verwendet werden darf[4)]. Bei § 4 Abs. 1 AktG soll dies nicht gestattet sein[5)].

---

1) Vgl. Lepke, BB 1971, 15o9 (151 ff.); Müller, BB 1976, 1466 (1486).

2) Trieschmann, RdA 1976, 68 (7o).

3) Die Firma "muß die Bezeichnung 'Aktiengesellschaft' enthalten", die Firma ..."muß ... die ... Bezeichnung 'mit beschränkter Haftung' enthalten".

4) BGHZ 62, 23o ff., Nachweise über die herrschende Meinung bei Scholz/Winter, GmbHG, § 4 Rdrn. 24.

5) S. die Nachweise zur herrschenden Meinung bei Kraft im Kölner Kommentar § 4 Rdnr. 12.

Die unbefriedigende Gesetzestechnik im Bereich zwingenden Rechts soll weiter an § 15 GmbHG verdeutlicht werden. In § 15 Abs. 1 GmbHG wird geregelt, daß Geschäftsanteile frei veräußerlich sind. § 15 Abs. 5 GmbHG enthält dann eine Einschränkung, nach der die Abtretung von Geschäftsanteilen durch statuarische Regelung von der Zustimmung der Gesellschaft abhängig gemacht werden kann. Ist im Lichte dieser Vorschriften nun auch ein vollständiger Ausschluß der Abtretbarkeit von Geschäftsanteilen als gesellschaftsvertragliche Regelung möglich ?

In § 15 Abs. 5 GmbHG ist ein Ausschluß nicht geregelt, dort ist nur ein Genehmigungsvorbehalt statuiert, der für einzelne Fälle dieselbe Rechtsfolge zuläßt, wie ihn ein Abtretungsverbot für alle Fälle bewirken würde. Methodologisch sind aus § 15 Abs. 5 GmbHG daher zwei Schlüsse möglich: einmal kann man § 15 Abs. 5 GmbHG in seinem Rechtsgedanken erstrecken (gegebenenfalls auch im Wege einer Analogie) und aus der dort konkret geregelten Einschränkungsmöglichkeit folgern, daß grundsätzlich § 15 Abs. 1 GmbHG in der Satzung abbedungen werden könne. Andererseits könnte man aus § 15 Abs. 5 GmbHG ein argumentum e contrario ziehen, daß der Gesetzgeber das Problem der Einschränkbarkeit von Anteilsabtretungen grundsätzlich erkannt, die Beschränkung aber nur durch ein Zustimmungserfordernis zugelassen habe, es im übrigen also bei dem Grundsatz des § 15 Abs. 1 GmbHG verbleiben müsse. Beide Verfahren der Interpretation sind methodenrechtlich haltbar. Nach Wortlaut und Logik des § 15 GmbHG liegt es allerdings wohl näher, § 15 Abs. 5 GmbHG als eine Ausnahmevorschrift anzusehen und damit im Gegenschluß eine ansonsten uneinschränkbare Veräußerungsmöglichkeit anzunehmen. Denn wenn der Gesetzgeber den § 15 Abs. 1 GmbHG grundsätzlich als durch Gesellschaftsvertrag abdingbar gestalten wollte, hätte er dies wesentlich eindeutiger ausdrücken können als durch die Statuierung eines Zustimmungsvorbehalts. Diese Argumentation erscheint zwingend, wenn man von einer durchdachten Gesetzgebungstechnik ausgeht. Gleichwohl wird von der herrschenden Meinung die gegenteilige Ansicht vertreten[1]. Es zeigt sich hier, daß bei gesetzessystematischen Argumenten (Analogie oder Umkehrschluß) oft nur ein sehr schmaler Grad zwischen den unterschiedlichen Verständnismöglichkeiten verläuft, so daß eine Entscheidung für die eine oder andere Seite letztlich vom Glauben getragen ist. Entscheidend ist somit, was der jeweilige Betrachter für rechtspolitisch oder aus sonstigen subjektiven, schwer kontrollierbaren und kaum verallgemeinerungsfähigen Beweggründen für wünschenswert hält[2]. Ein derartiges Methoden-Patt in der Argumentation ist unvermeidlich, solange die Rechtstechnik bei der Statuierung von zwingendem Recht nicht genügend steuernde Anhaltspunkte für die Auslegung liefert,

---

1) RGZ 8o, 175 (179); Hachenburg/Schilling/Zutt, § 15 Anm. 4 ; Scholz/Winter, GmbHG, § 15 Anm. 78 mit ausführlichen Nachweisen auf den Streitstand.

2) Larenz, Methodenlehre, S. 377 stellt für die Entscheidung - Analogie oder Umkehrschluß - zwar fest, daß diese nicht dem subjektiven Belieben des Urteilenden anheimgestellt sei, sondern nach der ratio legis und einer teleologischen Analyse einsichtig zu machen ist. Andererseits zeigt diese Beteuerung ein gewisses Unbehagen an der Durchschlagskraft einer derartigen systematischen Argumentation. Und so sind die angebotenen Kriterien - Teleologie, ratio legis - eben auch keine Größen, die sich in reiner Objektivität gewinnen lassen. Auch hier ist die subjektive Einschätzung des Urteilenden nicht wegzudenken. Zur Abgrenzung Analogie oder Umkehrschluß vgl. auch Bartholomeyczik, Gesetzesauslegung, S. 92: "Logische Mittel versagen, der rechtspolitische Zweck weist den Weg". Zutreffend Canaris, Lücken im Gesetz, S. 44 ("Zwingend ist ein solcher Schluß ... nie").

oder anders gesagt, wenn das bei der Auslegung zur Anwendung gebrachte telos nicht im Einklang steht mit dem sprachlichen und gesetzestechnischen Bestand der Norm.

Der bisher entwickelten Methodenlehre ist insbesondere vorzuwerfen, daß sie die Abgrenzung zwingenden Rechts und die diesbezügliche Auslegung bislang noch nicht als besondere methodenrechtliche Fallgruppe behandelt. Bei der Bestimmung des zwingenden Regelungscharakters handelt es sich um ein Problem, das zwar unter Anwendung des üblichen Kanons der Auslegungsmethoden[1], dabei jedoch unter verschärfter Beachtung des Gesetzeswortlauts angegangen werden muß[2]. Dies rechtfertigt sich aus der besonderen Problemlage, die sich in Bereichen zwingenden Rechts regelmäßig findet. Zwingende Regelungen werden fast immer in ein rechtlich vorstrukturiertes Gebiet erlassen, verteilen damit vorhandene Rechtspositionen neu und verkürzen einem Teil der Normunterworfenen zwangsläufig Rechte[3]. Derart "ordnende" Eingriffe sind nur unter Aufrechterhaltung strenger Rechtsstaatlichkeit legitim, was eine den Normunterworfenen verständliche Kenntlichmachung der Regelungsreichweite impliziert. Da sich zwingendes Recht in seiner Verbindlichkeitsfunktion quasi selbst definiert, kann zumindest eine den Betroffenen unzugängliche Teleologie bei der Auslegung nicht herangezogen werden.

---

1) Nachweise dazu S. 72

2) So ausdrücklich auch für die Feststellung zwingenden Rechts im Bereich des Mitbestimmungsgesetzes 1976: Canaris, DB 1981, Beilage 14, 1; Mertens, AG 1981, 1 (3); Rittner, DB 1980, 2493 (2494); K. P. Martens, ZGR 1983, 237 (239, 242); so auch der BGH in NJW 1982, 1528 (1529).

3) Dies wird besonders deutlich in Bereichen, in denen das Gesetz den Rechtssubjekten besondere Handlungskompetenzen zugewiesen hat, wie zum Beispiel durch eine gesellschaftsrechtliche Satzungsautonomie oder den Grundsatz der Privatautonomie, der praktisch in allen Bereichen des Zivilrechts Geltung hat.

In Anbetracht der Vielfalt, mit der zwingendes Recht im Gesetz vorkommt, sollen dabei die hier getroffenen Aussagen zur Methode der Bestimmung zwingender Regelungsinhalte vorsorglich auf die Bereiche begrenzt werden, in denen das zwingende Recht Verbotswirkungen mit der Folge der Unwirksamkeit entgegenstehender Regelungen entfaltet[1].

I. Das Problem von Interpretation und Rechtstechnik

Zu einer nahezu ausschließlich teleologisch orientierten Inhaltsbestimmung zwingenden Rechts kommt es vor allen deshalb, weil bislang keine systematischen Inhalts- und Gestaltungsformen zwingenden Rechts entwickelt worden sind, die als verallgemeinerungsfähige Typen sowohl de lege lata als auch de lege ferenda die Erkennung bzw. Kennzeichnung zwingenden Rechts verbessern könnten. Es wird nicht genügend beachtet, daß die Statuierung und Anwendung zwingenden Rechts ganz wesentlich eine Frage der Gesetzestechnik darstellt. Bezeichnend für die vorherrschende Blickverengung auf die inhaltliche Komponente ist die Definition des zwingenden Rechts bei Larenz[2]. Danach bezeichnet man als ius cogens die Normen, "die die Voraussetzungen der Privatautonomie und ihrer Ausübung, wie z. B. die Geschäftsfähigkeit, die Anforderungen an eine gültige Willenserklärung und, soweit Typenzwang besteht, die zulässigen Geschäftstypen regeln, ferner Vorschriften, die die Sicherheit des Rechtsverkehrs gewährleisten, das Vertrauen Dritter schützen wollen, und endlich Vorschrif-

---

1) Zur Verbotsfolge noch unten ("Nichtgeltungsanordnungen"), S. 98; s. auch die Auslegungsfolgen in Abhängigkeit von einer "Gebots"- oder "Verbots"technik, S. 100 ff., als Beispiel s. § 75 GmbHG, der deutlich werden läßt, welche Verstöße bei der Gründung zur Nichtigkeit führen und welche zwingenden Regeln lediglich Haftungsfolgen sowie registergerichtliche Kontroll- und Aufsichtsmaßnahmen auslösen; vgl. dazu Priester, DB 1983, S. 2291 (2294).

2) Larenz, AT, S. 31.

ten, die, um grobe Ungerechtigkeiten zu verhüten oder um sozialen Anforderungen zu genügen, die Privatautonomie einschränken". Diese Definition ist in ihrem Bemühen, möglichst weite Interpretationsspielräume zu erhalten, ein Musterbeispiel für die ausschließliche Ausrichtung auf teleologische Kriterien. Eine derartige Definition ist viel zu unbestimmt, um systematische, allgemein einsehbare und damit im Vorwege kalkulierbare Ableitungen zu ermöglichen. Dogmatische Kriterien für die Abgrenzung zwingenden Rechts müssen auch die Rechtssicherheit beachten und lassen sich aus diesem Grunde nicht ausschließlich auf inhaltlicher bzw. teleologischer Ebene gewinnen. Vielmehr muß hier stärker die Gesetzestechnik herangezogen werden. Nur eine Entsprechung zwischen Wortlaut/ Rechtstechnik und telos kann hier mehr Klarheit bewirken. Wie wenig die rechtstechnische Seite bislang beachtet wird, verdeutlicht die ungewöhnlich vage Aussage bei Larenz[1] zur Abgrenzung zwingenden Rechts: "Für die Frage, ob eine Vorschrift zwingend oder abdingbar sei, kann (!) die Formulierung des Gesetzes von Bedeutung sein. Wenn das Gesetz sagt, daß etwas durch Rechtsgeschäft nicht vereinbart werden "könne" ..., dann deutet das (!) auf eine Einschränkung der Privatautonomie, also auf eine zwingende Vorschrift. Am eindeutigsten (!) ist der zwingende Charakter einer Vorschrift, wenn das Gesetz hinzufügt, daß eine abweichende Vereinbarung unwirksam sei". Daß selbst letztere Feststellung bei der Behandlung zwingenden Rechts nicht immer ernstgenommen wurde, ist schon oben gezeigt worden[2]. Es ist schon erstaunlich, daß es die gegenwärtige Methodenlehre bei einer so wesentlichen

---

1) Larenz, AT, S. 31 f.

2) Siehe die Darlegungen zu § 9 LohnFG, S. 73 ff.

Frage wie der Bestimmung zwingenden Rechts mit so unsicheren Kriterien bewenden läßt.

Im folgenden soll deshalb der Versuch unternommen werden, einen ersten Schritt zur Erarbeitung strengerer Maximen zu unternehmen, indem untersucht wird, welche Inhalte und Regelungsformen bei zwingendem Recht vorkommen und wie diese im Gesetz zum Ausdruck gebracht werden (müssen).

Für die Systematisierung von zwingenden Rechtsnormen bieten sich verschiedene Differenzierungsebenen an[1]. Auf der ersten Ebene ist ius cogens abzugrenzen nach dem jeweiligen Schutzobjekt. Das Schutzobjekt führt unmittelbar auf den Schutzzweck einer Norm, diese wiederum ist die wesentlichste Komponente des Gesetzeszwecks, damit Bestandteil des telos , das als der entscheidende Auslegungsgesichtspunkt bei der Bestimmung des unzugänglichen Regelungskerns herangezogen wird[2]. Auf der zweiten Ebene ist ius cogens nach seiner Funktion abzugrenzen. In diesem Bereich gibt es eine Reihe von Auslegungsproblemen, die im wesentlichen auf das Vorliegen oder Nichtvorliegen einer abschließenden Regelung zurückzuführen sind. Auf der dritten Ebene ist ius cogens abzugrenzen nach der Modalität, wie das Regelungsanliegen im Gesetz zum Ausdruck gebracht wird (oder auch werden sollte) und welche interpretativen Schlüsse daraus gezogen werden dürfen. Letztlich sind eine Reihe von Wirkungsschranken, die die Grenzen von ius cogens festlegen, zu untersuchen.

---

1) Die untereinander keineswegs in einem echten Konkurrenz- oder Alternativitätsverhältnis stehen. Es handelt sich hierbei oftmals lediglich um verschiedene Betrachtungswinkel.

2) Siehe die Nachweise S. 72, FN 4 und S. 81 f.

II. Schutzobjekte des zwingenden Rechts

1. "Sachbezogene" Schutzobjekte

Die strengste aller denkbaren zwingenden Rechtsformen stellt ein Gesetz dar, das ein Schutzobjekt beinhaltet, über das niemand eine Verfügungsbefugnis besitzt. Vornehmlich handelt es sich dabei um Normen, die ein Allgemeingut, ein Abstraktum um ihrer selbst willen schützen. Derartige Vorschriften können auch institutionelle Garantien enthalten, Grundsätze sichern oder Verfahrensregeln bestimmen.

Bei der hier angesprochenen Normengruppe kann man von sachbezogenen Schutzobjekten sprechen, obwohl der Schutz von Abstrakta und grundsätzlichen Werten nicht vorstellbar ist, ohne gleichzeitig auch personenbezogene Wirkungen auszulösen. Letztlich haben sich die Teilnehmer am Rechtsverkehr an derartigen Abstrakta zu orientieren und werden durch die sachbezogenen Schutzgüter reglementiert. Eine Trennung von Sach- und Personenbezogenheit läßt sich daher in absoluter Form nicht durchführen. Die persönlichen Auswirkungen derartiger Abstrakta betreffen jedoch alle Menschen in gleicher Weise. Diese Allgemeinverbindlichkeit hebt die personenrechtliche Wertung innerhalb dieser Kategorie auf und läßt typusprägend nur die Sachbezogenheit durchschlagen.

Sachbezogene Schutzgüter, über die niemand verfügen darf, sind z.B. verankert in Art. 1 und Art. 3 GG. Bei diesen Grundrechten ist dabei zwar zu beachten, daß der zwingende Wirkungsgrad im zivilrechtlichen Bereich nicht unproblematisch ist. Es sei hier an den hinlänglich bekannten

Streit um die "Drittwirkung" erinnert[1]. Dabei geht es jedoch mehr um die dogmatische Begründung der Umsetzung von Verfassungswertungen im Bürgerlichen Recht. Der zwingende Charakter derartiger Grundaussagen als solcher ist nicht zweifelhaft. Weitere Beispiele liefern die §§ 138 Abs. 1 und 242 BGB. In ihnen wird die Anständigkeit des Rechtsverkehrs geschützt. § 137 BGB statuiert den Grundsatz der Verfügungsfreiheit.[2] Die Regeln über die Verjährung, §§ 194 ff. BGB, die über § 225 BGB für unabdingbar erklärt werden, dienen der Rechtssicherheit und dem Rechtsfrieden.[3]

2. "Personenbezogene" Schutzobjekte

Daneben gibt es innerhalb des zwingenden Rechts auch personenbezogene Schutzobjekte. Hierbei werden wiederum regelmäßig Merkmale der Sachbezogenheit und der Personenbezogenheit vermischt. Dabei ist der Aspekt der Personenbezogenheit typenbildend, wenn eine Regelung nicht alle Bürger gleichermaßen betrifft, sondern nach Menschengruppen differenzierte Rechtsfolgen anordnet. Es besteht jedoch kein Ausschließlichkeitsverhältnis zwischen sach- und personenbezogenen Schutzobjekten. Der personenbezogene Einschlag stellt vielmehr eine Ergänzungskomponente für sachbezogene Schutzobjekte dar. Ein sachbezogener Schutzcharakter schwingt eigentlich immer als unabänderlicher - wenngleich erwünschter - Nebeneffekt mit. So wird etwa durch das Minderjährigenschutzrecht eine abschließend beschriebene Per-

---

1) Für unmittelbare Wirkung von Grundrechten Nipperdey, Grundrechte und Privatrechte; Enneccerus/Nipperdey, AT, S. 91 ff. mit ausführlichen Nachweisen (insb. S. 93, FN 62); sehr zurückhaltend z.B. Flume, AT II, § 1 X b; Pawlowski, AT, S. 82.

2) Liebs, AcP 175, 1 (1o, 39).

3) V. Feldmann in MK, § 194 Rdnr. 6; Palandt/Heinrichs, Überbl. v. § 194, Anm. 2.

sonengruppe in ihrer Rechtstellung von den übrigen Rechtssubjekten abgetrennt. Das maßgebliche Schutzobjekt der §§ 1o4 ff., auch § 827 f. BGB, ist eindeutig die Personengruppe der nicht oder beschränkt Geschäftsfähigen. Daß hierbei auch eine gesetzliche Regelung des Rechtsverkehrs im Hinblick auf Anstand und Ausgewogenheit einhergeht, ist (angenehmer) Nebeneffekt.[1] Als anderes Beispiel mögen die arbeitsrechtlichen Unabdingbarkeitsnormen wie §§ 9 LohnfG, 13 BUrlaubG, 4 TVG, 62 Abs. 4, 63, 75 d HGB, 619 BGB, 1o SeemG, 22 ArbNErfG, 133 c GewO dienen, die eine zu Ungunsten der Arbeitnehmer ausfallende Vereinbarung verbieten. Hauptanliegen ist der Schutz der Arbeitnehmer, die eine prinzipiell schwächere Verhandlungsposition haben, da in derartigen Fällen nicht kollektivrechtlich, sondern individual-arbeitsrechtlich kontrahiert wird. Beiläufig ist damit das Sozialstaatsprinzip verwirklicht und auch das Prinzip der Vertragsparität geschützt. In diese Kategorie gehören auch die ganzen Mieterschutzvorschriften wie §§ 547 a, 549 Abs. 2, 55o a, 554 Abs. 2, 554 b, 556 a ff., 557 Abs. 4, 557 a Abs. 2 BGB, die den "schwachen" Einzelmieter schützen und damit zugleich verdeutlichen, daß in diesem Bereich der persönlichen Daseinsvorsorge der Sozialgedanke die marktwirtschaftlichen Handlungsmöglichkeiten einengt. Ähnliches gilt auch für die Abzahlungskäufer, s. z.B. §§ 1 Abs. 1 Satz 2, 2 Abs. 1 Satz 3 AbzG.

Beim Zusammenspiel zwischen Sach- und Personenbezogenheit kommen alle denkbaren Variationen vor: Der personenbezogene Charakter kann eindeutig überwiegen (s. die gerade angeführten Beispiele), er kann auch in einem etwa gleichgewichtigen Verhältnis zu einem abstrakten Wert stehen (dies ist etwa bei § 1 UWG der Fall[2]). Als dritte Möglichkeit ist

---

1) Zu anderen "Nebeneffekten" s. etwa Gitter in MK, vor § 1o4 Rdnr. 2, 3.

2) Vgl. FN 2 auf S. 4.

auch denkbar, daß der Personengruppenschutz so gering ausgestattet ist, daß er als marginaler Nebeneffekt keine Typisierung trägt, so daß in dieser Variante die Sachkomponente allein durchschlägt. Ein derartiger Fall ist bei den oben genannten - und entsprechend zugeordneten - §§ 138 Abs. 1, 242 BGB gegeben. Obwohl diese Normen alle gleichermaßen betreffen, ergibt sich ein Personengruppeneinschlag durch den Umstand, daß diese Normen gleichzeitig Mechanismen zum Schutze Schwächerer (also eines abzugrenzenden Personenkreises) gegen Mißbräuche der Vertragsfreiheit enthalten[1]. Jedoch ist der Personengruppenschutz hier in allgemeiner, nicht a priori konkretisierbarer Form ausgestaltet. Man weiß zwar, daß diese Normen "Schwächere" schützen, diese Schwächeren bleiben jedoch anonym und nur statistisch kalkulierbar. Sie sind nicht durch irgendeine konkretisierungsfähige Beschreibung oder besondere Tatbestandsmerkmale determiniert. Aus allem ergibt sich deshalb, daß §§ 138 Abs. 1, 242 BGB vorrangig ein abstraktes Schutzobjekt beinhalten. Personengruppenschutz setzt einen aufgrund des Normeninhalts zu treffenden Ausgrenzungsprozeß voraus, wie er auf der Basis des § 138 Abs. 2 BGB schon eher möglich ist, weil dort die Mechanismen der "Schwäche" spezifiziert werden (Zwangslage, Unerfahrenheit, mangelndes Urteilsvermögen, Willensschwäche).

§ 138 Abs. 2 BGB wirft dabei gleichzeitig die Frage auf, ob auch ein "Vorgang" bzw. eine bestimmte "Verhaltensmodalität" als eigenständiges Schutzobjekt in Betracht kommt. So ist es in § 138 Abs. 2 BGB die "Ausbeutung der Zwangslage" usw., also eine verwerfliche Handlungsweise, die sanktioniert wird. Obwohl sich damit in dieser

---

1) Dazu Weitnauer, Schutz des Schwächeren, S. 34 ff.

Norm der Personenschutz erst als Folgemoment der Verfahrenssanktion darstellt, wird mit diesem Anknüpfen an ein Verhalten kein eigenständiges Schutzobjekt begründet, vielmehr verwirklicht sich das Schutzergebnis bei den betroffenen Personen. In anderen Fällen als § 138 Abs. 2 BGB kann sich das Schutzergebnis entsprechend auch in einem Abstraktum verwirklichen. Da unsere zivilistische Rechtsordnung keine abstrakte Moral erhalten will, kann der Gesichtspunkt des "Verfahrens"schutzes allein niemals zwingendes Recht tragen.[1)]

Der angesprochenen Komponente des Personenschutzes kommt dabei für die Reichweitenbetrachtung zwingenden Rechts erhebliche Bedeutung zu: Bei einem personenbezogenen Schutzobjekt besteht einmal die Möglichkeit, daß der Regelungsgegenstand der Disponibilität des geschützten Personenkreises unterliegt. Andererseits gibt es auch Personenschutz, der gegen den Zugriff bzw. die Gestaltung durch die begünstigten Gruppenmitglieder immun sein soll. Bei einem im Interesse einer Personengruppe geschützten Abstraktum stellt sich daher immer sofort die Frage nach dem Eigenwert des Allgemeinguts und dem Zweck des Personenschutzes. Häufig wird dabei dieser Konflikt zugunsten des abstrakten Schutzgutes gegen die Verfügbarkeit der bevorzugten Personengruppe entschieden[2)]. Grundsätzlich aber stellt der Zielgruppenschutz einen Ansatzpunkt zur Begrenzung zwingender Rechtswirkungen dar. Prinzipiell können vom Gesetz zugewiesene Vorteile von den Begünstigten

---

1) Der hier angesprochene "Verfahrensschutz" ist nicht mit dem Verfahrensschutz (Verfahrensgarantie) im Prozeßrecht zu verwechseln, wo dieser Verfahrensschutz als Rechtsweggarantie grundsätzlich Gegenstand zwingender Regelungen ist. Vgl. auch S. 93.

2) S. z.B. die Entscheidungen zu §§ 9 LohnFG, 13 BUrlG, dazu im Text S. 73 ff. und FN 1, 2 auf S. 75.

nicht angenommen, d.h. es kann auf sie verzichtet werden[1]. Andererseits will der Gesetzgeber u.U. gerade die Bevormundung dieser geschützten Personengruppe bewirken. Der Gesetzgeber will also entweder bloß eine Begünstigungs-chance oder aber einen Begünstigungserfolg. Je nach Wirkung des personenbezogenen Einschlags verbleibt es entweder bei absolut zwingendem Recht (über den Gegenstand darf niemand verfügen), oder der Personengruppenschutz bringt relativ zwingendes Recht zur Entstehung (es ist nur für den nicht geschützten Personen"rest" bindend)[2].

III. Funktionen des zwingenden Rechts

Neben dieser mehr deskriptiven Betrachtung der Schutzobjekte läßt sich eine andere Systematisierung nach der Funktion der zwingenden Rechtsbefehle treffen. Die Kategorien der Schutzobjekte stehen dabei nicht als ein beziehungsloses aliud neben dieser Typisierung. Beide Verfahren ordnen denselben Bereich, allerdings unter abweichenden Gliederungsaspekten.

1. Grenznormen

Relativ häufig sind zwingende Vorschriften, deren Regelungsanliegen darauf abzielt, bestimmte Mindest- oder

---

1) S. die Rechtslage bei § 613 a BGB, wo eine an sich zwingende Rechtsfolge von dem Widerspruch der geschützten Personengruppe (Arbeitnehmer) beeinflußt wird (s. BAG AP Nr. 1, 8 und 1o zu § 613 a BGB).

2) Diese Unterscheidung wird ansatzweise gesehen bei Kammann/Hess, BetrVG, § 77 Rdnr. 35 f.; ähnlich Wiedemann/Stumpf, TVG, Einl. Rdnr. 9o, mit der Unterscheidung nach einseitig und zweiseitig zwingendem Recht.

Höchstbedingungen festzulegen. Derartige "Grenznormen" können als Schutzobjekt sowohl primär einen sachbezogenen als auch einen personengebundenen Einschlag aufweisen. Grenznormen begründen einen eigenständigen Ansatzpunkt für relative Wirkungen zwingenden Rechts: Jenseits dieser Höchst- oder Mindestbedingungen bleibt die privatautonome Disponibilität uneingeschränkt erhalten.

Unter diese Kategorie fallen ausgesprochen grundlegende Normen, wie z.B. § 138 Abs. 1 BGB. Dort werden Mindestmaßstäbe der Sittengemäßheit festgelegt, Exzesse also in eine Richtung begrenzt. Selbstverständlich können sich Parteien im Wirkungsfeld von § 138 Abs. 1 BGB in die andere Richtung privatautonom betätigen. Es ist ihnen z.B. unbenommen, untereinander - vielleicht durch einen Geschäftsbeziehungsrahmenvertrag - schärfere sittliche Pflichten zu vereinbaren, als es § 138 Abs. 1 BGB als eine bloße Schrankennorm gebietet. Die Norm wird dadurch nicht "abbedungen", weil der zwingende Rechtsbefehl über die Grenzmarkenbestimmung gar nicht hinauswirkt.

Für § 138 Abs. 1 BGB ist diese Auslegung als Grenznorm relativ leicht zu treffen, da die Vorschrift den rechtsgeschäftlichen Bereich gegen Exzesse schützt, in dem ansonsten unstreitig Vertragsfreiheit herrscht. Im Einzelfall kann es schwierig sein festzustellen, ob eine Norm die Rechtslage bloß in eine Richtung zwingend gestalten oder einen Tatbestand umfassend regeln will[1]. Auch mit der Zuordnung eines Gesetzes in die Kategorie der Grenznormen wird darüber befunden, ob der Gesetzgeber absolut

1) S. dazu schon die oben (S.78f.) als Beispiel dargelegte Behandlung des § 15 V GmbHG und die dort im Lichte der Textfassung und der Systematik der Norm durchaus angreifbare Interpretation der h.M.

oder relativ zwingendes Recht erlassen hat. Nur geht es hierbei nicht darum, wer sich über den Normeninhalt hinwegsetzen darf, sondern um die inhaltliche Frage, im Rahmen welcher unumstößlichen Vorgaben privatautonome Verhaltensmöglichkeiten bestehen.

Als Beispiel für eine Grenznorm sei hier § 5 Abs. 2 WEG genannt. Nach dieser Norm sind bestimmte Teile des Gebäudes nicht Gegenstand des Sondereigentums, d.h. sie sind gemeinschaftliches Eigentum. § 5 Abs. 3 WEG stellt nunmehr klar, daß die Wohnungseigentümer zwar weitere Bestandteile des Gebäudes, die Gegenstand des Sondereigentums sein können, zum gemeinschaftlichen Eigentum erklären können, umgekehrt läßt sich aber dieser Norm entnehmen, daß die in § 5 Abs. 2 zum Gemeinschaftseigentum erklärten Teile nicht durch Vereinbarung der Wohnungseigentümer zum Sondereigentum erklärt werden können[1].

Ein anderes Beispiel liefert § 225 BGB. Dort wird nur die Erschwerung der Verjährung durch Rechtsgeschäft verboten, die Erleichterung ausdrücklich für zulässig erklärt. Als Grenznormen stellen sich auch sämtliche Vorschriften dar, die ein Schriftformerfordernis enthalten, z.B. §§ 566, 766, 78o, 781 BGB.[2] Die zur Wirksamkeit der Rechtsgeschäfte verlangte Schriftform stellt nur eine Mindestanforderung dar. Selbstverständlich sind diese Geschäfte auch wirksam, wenn eine höherrangige Form eingehalten ist. Dies ergibt sich ohne weiteres aus §§ 126 Abs. 3, 127 a BGB.

---

1) Dies gilt trotz aller methodologischer Bedenken gegenüber einem Umkehrschluß (dazu schon S. 79).

2) Zur Eingruppierung der Formvorschriften unter einem anderen Funktionsaspekt s. S. 98.

In allen diesen Fällen weist die Bestimmung des zwingenden Gesetzesinhalts in ein schwieriges Interpretationsproblem, auf das im Rahmen der Modalitäten zwingenden Rechts noch zurückzukommen ist: Die Feststellung abschließender gesetzlicher Regelungen.

2. Festschreibung eines Regelungs<u>ziels</u> oder eines Regelungs<u>verfahrens</u>

Eine Unterscheidung zwischen relativ und absolut wirkendem zwingenden Recht läßt sich auch danach treffen, ob eine Norm ein Ziel oder ein Ergebnis anordnet und damit nur ein garantierter Rechts<u>erfolg</u> den Inhalt eines zwingenden Normbefehls ausmacht, oder ob das Gesetz auch das Verfahren mit regelt, also auch den Weg vorschreibt, auf dem sich der erwünschte Erfolg zwangsläufig einstellt. Wenn der Gesetzgeber sowohl ein Regelungsziel wie auch ein Regelungsverfahren vorschreibt, kann dies einmal als eine abschließende Regelung des gesamten Problemkreises verstanden werden. Es kann aber auch nur der Rechtserfolg den zwingenden Regelungskern darstellen, dann ist das mitgeregelte Verfahren eine Reserveregelung für Zweifelsfälle, neben der gleichwertige Wege zu dem unantastbaren Regelungserfolg akzeptiert werden. Die hier angesprochene Unterscheidung läßt sich ausschließlich anhand teleologischer Überlegungen treffen, sofern der Wortlaut keine Klarstellung enthält.

Häufig wird der Rechtserfolg und ein zur Herbeiführung geeignetes Verfahren gleichermaßen zwingend konzipiert. Ein Beispiel dafür liefern Rechtsbegründung und Übertragung im Sachenrecht. Es gibt dort nicht nur den Numerus Clausus der Sachenrechte[1], sondern es herrscht auch

1) Palandt/Thomas, Einl. v. § 854, Anm. 2 b;
Quack in MK, Einleitung vor § 854, Rdnr. 29;
Baur, Sachenrecht, § 1 II 2 a.

für die verfahrensmäßige Behandlung ein Typenzwang[1].

Im Sinne der Anordnung eines bloßen Rechtserfolges läßt sich hingegen § 181 BGB verstehen. Dort hat man sich aufgrund teleologischer Überlegungen von dem Ordnungsnormverständnis freigemacht. Nach geläuterter Auffassung soll § 181 BGB nur Geschäfte außer Wirkung setzen, bei denen eine inhaltliche Wertung einen Interessenkonflikt in der Person des Selbstkontrahierenden ergibt.[2] (Nur) diesen negativen Erfolg einer Interessenkollision will die Norm also vermeiden, obwohl sie klare Tatbestandsmerkmale nennt, deren Vorliegen die ausgelobte Rechtsfolge auslösen sollen. Gleichwohl genügt es eben nicht, daß diese im Gesetz beschriebenen Merkmale ("Verfahren") tatbestandlich erfüllt sind. Es ist heute einhellige Auffassung, daß es nicht auf den formalen Aspekt, sondern allein auf den verbotenen Erfolg (Interessenkonflikt) ankommt[3].

Bei dieser Abgrenzung Regelungsziel oder Regelungserfolg gibt es noch eine besondere Mischform, in der ein Verfahrensweg - im Interesse irgendeines Regelungsziels oder zur Aufrechterhaltung abstrakter Grundsätze - zwingend vorgeschrieben wird, es den Parteien aber grundsätzlich überlassen bleibt, ob sie diesen Weg überhaupt betreten. So kann beispielsweise das Gesetz mehrere Wahlverfahren zur freien

---

1) Palandt/Thomas, Einl. v. § 854, Anm. 2 b.

2) BGHZ 56, 97, 1o2; 59, 236 (239 f.); zust. Thiele in MK, § 181 Rdnr. 9; Staudinger/Coing, § 181 Rdnr. 3 d; Erman/Westermann, § 181 Rdnr. 1; Soergel/Leptien, § 181 Rdnr. 5 f.

3) Im Grunde gehört jede Vorschrift, die trotz klarer Tatbestandsmerkmale unter teleologischen Aspekten restriktiv angewendet wird, in diese Kategorie; s. hierzu auch die Ablehnung von reinen Verfahrensgeboten als Schutzzweck für zwingendes Zivilrecht (S. 88 f.).

Auswahl vorgeben, für jede einmal getroffene Entscheidung dann aber im Interesse des ausgewogenen Ablaufs und zur Sicherung der Ordnung alle denkbaren Verfahren detailliert und zwingend vorregeln. Eine derartige Regelung findet sich z.B. in § 17 MitbestG. § 17 Abs. 1 Satz 1 MitbestG ist im Prinzip dispositiv. Macht man jedoch von der dort angebotenen Verfahrensmöglichkeit Gebrauch, sind die in den anschließenden Sätzen normierten Voraussetzungen zwingend. Ähnliches gilt für § 9 MitbestG. Auch dort sind die beiden ersten Absätze dispositives Recht. Wird jedoch in der Weise disponiert, daß ein entsprechendes Wahlverfahren zur Durchführung gelangt, enthält § 9 Abs. 3 MitbestG einen Katalog zwingender Voraussetzungen für das Wahlverfahren (qualifizierter Antrag, geheime Abstimmung, Mindestwahlbeteiligung, notwendige Stimmenmehrheit).

3. Zwingendes Verfahrensrecht

Es gibt im Gesetz noch in einem anderen Zusammenhang als dem eben dargelegten zwingendes Verfahrensrecht. Gemeint sind die gesamten prozeßrechtlichen Vorschriften (ZPO, VwGO, StPO u.a.), die jedem Bürger in bestimmten Fällen institutionelle Rechtsweg- und Rechtsverfahrensgarantien verbürgen. Derartige Vorschriften sind grundsätzlich zwingend. Dies gilt an sich auch für "Ordnungsvorschriften", die Verfahrensabläufe z.B. beim Handelsregister oder beim Grundbuchamt regeln. Diese Vorschriften sind jedoch im materiell-rechtlichen Sinne nicht zwingend, da ihre Verletzung einen im übrigen ordnungsgemäß zustandegekommenen Rechtsvorgang nicht beeinträchtigt[1)].

Die prozessualen Verfahrensnormen und die Ordnungsvorschriften spielen allerdings im vorliegenden Themenzusammenhang

---

1) S. z.B. die Wirksamkeit einer Eintragung im Grundbuchamt unter Verletzung der §§ 17, 45 GBO, s. BGHZ, 186 (191).

keine Rolle, da die hier in Angriff genommene Systematisierung zwingenden Rechts im Hinblick auf die Bereiche erfolgt, in denen grundsätzlich von einer privatautonomen Gestaltungsmöglichkeit auszugehen ist.

4. Definitionsnormen

Eine besondere Kategorie des zwingenden Rechts kann man als "Definitionsnormen" bezeichnen. Hierbei handelt es sich um Vorschriften, die kein unmittelbares Schutzobjekt der oben beschriebenen Art beinhalten, sondern quasi neutral einen im Gesetz verwendeten Begriff (oder auch Sachverhalt) erläutern. Einmal kann das Gesetz dabei schlicht erklären, was mit einem verwendeten Begriff gemeint ist. Zum anderen läßt sich auf diesem Wege auch zum Ausdruck bringen, was jedes Rechtssubjekt unter einem Begriff zu verstehen hat und nicht umdefinieren darf.

Daß auch die schlichte Erläuterung eines im Gesetz verwendeten Begriffs letztlich immer zwingend ist, mag das Beispiel des § 276 Abs. 1 Satz 2 BGB verdeutlichen. Danach handelt fahrlässig, wer "die im Verkehr erforderliche Sorgfalt" außer acht läßt. Insbesondere in Anbetracht der in § 276 Abs. 1 Satz 1 BGB enthaltenen Einschränkungsformel ("sofern nicht ein anderes bestimmt ist") wäre es jedoch vorstellbar, daß Parteien untereinander einen davon abweichenden Fahrlässigkeitsbegriff vereinbaren. Die inhaltliche Betrachtung einer derartigen Vereinbarung ergibt jedoch, daß damit weniger die Definition der Fahrlässigkeit modifiziert wird (das mag bei ungeschickter Formulierung allenfalls so klingen), sondern vielmehr die konkrete Ausgestaltung des Haftungsmaßstabs, also die Frage, welche Abstufung der Fahrlässigkeit zu einer Ersatzpflicht führt, den dispositiven Charakter bewirkt. Darauf begrenzt sich der Wirkungsvorbehalt in § 276 Abs. 1 Satz 1 BGB. Die Definition der Fahrlässigkeit als solcher ist unter allen Umständen bindend.

Ein vielleicht noch problematischeres Beispiel liefert § 858 Abs. 1 BGB, die Definition der "verbotenen Eigenmacht". In § 858 BGB wird diese Tatbestandsvoraussetzung des Anspruchs aus § 861 BGB erläutert, gleichwohl könnten auch hier Parteien sicherlich untereinander Abmachungen treffen, die ein anderes Verständnis einer "verbotenen Eigenmacht" zwischen ihnen begründet. Allerdings könnte dies nur den Terminus der "verbotenen Eigenmacht" außerhalb des Systems des possessorischen Rechtsschutzes variieren. Sofern eine Partei Rechte aus §§ 858 ff BGB geltend macht, ist die vom Gesetz vorgegebene Definition verbindlich. Diese Überlegung verdeutlicht, daß es sinnlos ist, Definitionen aus dem rechtsspezifischen Zusammenhang im Gesetz zu lösen. Im rechtsfreien Raum mag ein beliebiges Verständnis von "verbotener Eigenmacht" zulässig und die Definition des § 858 Abs. 1 BGB insoweit nicht zwingend sein. Da dieser Terminus aber eben nur beim possessorischen Rechtsschutz rechtlich bedeutsam ist, muß die Definition in § 858 Abs. 1 BGB letztlich doch als verbindlich interpretiert werden. Dispositionsmöglichkeiten existieren bei Definitionsnormen immer nur abstrakt, im gesetzlichen Zusammenhang kommt Disponibilität in dieser Kategorie praktisch nicht vor, dies verdeutlichen auch Definitionsnormen wie § 1 und § 2 BGB, wo Rechtsfähigkeit und Volljährigkeit für die zivilrechtliche Rechtsanwendung allgemeinverbindlich definiert werden. Als weitere Beispiele seien hier genannt: §§ 7 Abs. 1, 9 Abs. 1, 91, 92, 94, 98, 99, 1oo BGB. Sprachlich besonders deutlich ist § 9o BGB durch die Einfügung des Wortes "nur" abgefaßt.

Beispiele "negativer Definitionsnormen" enthalten die §§ 93, 95, 96, 97 Abs. 2 BGB. Sie gehören ebenso wie die Vorschriften, die als Rechtsfolge die Nichtigkeit anordnen, zu den Verbotsvorschriften, die man funktionsmäßig nur zum Teil bei den Definitionsnormen, überwiegend bei den unten noch anzusprechenden "Nichtgeltungsanordnungen" ansiedeln kann.

5. Geltungsfiktionen

Eine den Definitionsnormen identische Wirkungsweise besitzen die im Gesetz verwendeten "Geltungsfiktionen". Wenn eine Norm anordnet, daß bei Vorliegen einer Voraussetzung X diese als Y gelten soll (oder wie Y behandelt werden soll), so ist dieser letzte Teil eine definitorische Aussage, unabhängig davon, wieviel gestalterischer Freiraum bei der Herbeiführung der Voraussetzung X besteht.

Als Beispiel dafür soll § 5 AbzG dienen: Ob ein Verkäufer eine auf Raten gekaufte Sache zurücknimmt oder nicht, unterliegt seiner beliebigen Disposition. Wenn er es aber tut, knüpft die Geltungsfiktion des § 5 AbzG daran in verbindlicher Weise die Rechtsfolge der Rücktrittserklärung, auf den Willen des Verkäufers kommt es dabei nicht an.[1)]

Ähnlich bestimmt § 142 Abs. 1 BGB für die fakultative Ausübung der Anfechtung, daß das Geschäft im Falle der wirksamen Anfechtung als von Anfang an nichtig gilt. § 15o BGB setzt in ähnlicher Weise fest, als was rechtlich verspätete Annahmen oder Annahmen unter Änderungen anzusehen sind: Sie "gelten" als neue Anträge oder Ablehnungen verbunden mit neuen Anträgen. Weitere Beispiele enthalten etwa die §§ 1o8 Abs. 2 Satz 2, 275 Abs. 2, 415 Abs. 2 letzter Halbsatz, 416 Abs. 1 Satz 2 BGB. Hierher gehören auch Vorschriften wie §§ 114, 117, 127, 127 a, 174o f Abs. 1 BGB, nach denen ein bestimmter Fall mit den Rechtsfolgen einer anderen Konstellation zu behandeln ist. Die in diesen Paragraphen genannten Gegenstände gelten daher für die rechtliche Behandlung wie Gegenstände der verwiesenen Norm.

---

1) Westermann in MK, § 5 AbzG, Rdnr. 1 ff.;
Palandt/Putzo, § 5 AbzG, Anm. 2.

6. Nichtgeltungsanordnungen

Häufig finden sich im Gesetz Vorschriften, die ein bestimmtes Verhalten oder eine rechtliche Erklärung mit der Unwirksamkeitsfolge belegen. Diese Fallgruppe weist Berührungspunkte zu den Geltungsfiktionen auf, da nach ihnen das sanktionierte Rechtsgeschäft als nicht vorgenommen gilt. Die Nichtgeltungsanordnungen grenzen sich gegenüber den Geltungsfiktionen durch ihren rein destruktiven Charakter ab. In ihnen wird nur festgestellt, was nicht sein darf. Sie sind sowohl inhaltlich als auch sprachlich der Grundtyp eines Verbotsgesetzes. Die Normen dieser Kategorie sind in völliger Übereinstimmung von Wortlaut und telos darauf ausgerichtet, einzelne Rechtsfolgen zu verhindern, so daß sich ihr zwingender Charakter ohne weiteres ergibt.

Beispiele für Nichtgeltungsanordnungen finden sich in den §§ 105, 111, 116 Satz 2, 117, 118, 125, 306 BGB.

7. Formvorschriften

Die im Gesetz vorkommenden Formvorschriften wie z.B. §§ 313, 766, 780, 781, 925 BGB enthalten Wirksamkeitsvoraussetzungen für die betreffenden Rechtserklärungen, soweit sie materiell-rechtlichen Charakter besitzen und nicht nur als formelle Ordnungsvorschriften angelegt sind (vgl. etwa § 29 GBO). Derartige Formgebote begründen damit keine selbständige Fallgruppe, sondern werden hier nur wegen ihrer praktischen Bedeutung gesondert angesprochen. Es handelt sich dabei um positiv formulierte (Formgebote) Nichtgeltungsanordnungen: ein Verstoß gegen die festgelegten Erfordernisse führt zur Nichtigkeit, § 125 BGB.

8. "Tendenz"normen, Auslegungsgrundsätze

Es gibt eine weitere Gruppe zwingender Rechtsvorschriften, die ähnlich wie die Definitionsnormen keine eigentliche Rechtsfolge anordnen. Andererseits treffen sie jedoch zwingende Bestimmungen im Hinblick auf die Auslegung anderer Normen oder Rechtserklärungen. Derartige Vorschriften enthalten eine Verständnis"tendenz". In ihnen wird ein grundlegender Regelungsgedanke (telos) eines ganzen Normensystems zum Ausdruck gebracht, der in Zweifelsfragen bei der Auslegung herangezogen werden muß. Derartige Normen enthalten unter Umständen auch den Auftrag an die Rechtsprechung, die in ihnen festgelegten Grundsätze in konkrete Einzelfälle umzusetzen, so daß sich mit ihnen eine gewisse Rechtsfortbildungskompetenz der Gerichte ergeben kann[1].

Typische Beispiele hierfür sind die §§ 157, 242 BGB. In diese Kategorie gehören auch § 2084 BGB, § 346 HGB und § 9 AGBG.

9. Folgeanordnungen

Die letzte Funktionsgruppe zwingender Rechtsbefehle kann man als schlichte Folgeanordnungen überschreiben. Hierunter fallen alle Normen, die in der üblichen Konditional-Technik (wenn.., dann..) verfaßt sind, für eine bestimmte Tatbestandsvoraussetzung genau eine Rechtsfolge anordnen und nicht schon zu den spezielleren, bisher aufgeführten Typen gehören. Diese Gruppe ist sprachlich nicht von disponiblen Regelungen abzugrenzen. Hier wird der zwingende Charakter allein dem telos entnommen, sofern nicht eine sprachliche Schärfung hin-

1) Zu der ansonsten gebotenen Zurückhaltung der Judikative bei der Fortbildung zwingenden Rechts s.S. 114, f., 318 f, 337 f.

zutritt, etwa durch die Hinzufügung des Wortes "nur" oder andere Sprachformeln, die auf eine Ausschließlichkeitswirkung deuten wie z.B. "jeder, der.., kann.." (§ 856 ZPO [1]); "ist nur zulässig, wenn.." (§ 864 Abs. 2 ZPO); "darf nur" (§ 866 Abs. 3 ZPO); "können nicht" (§ 865 Abs. 2 ZPO). Die Einordnung in die Funktionsgruppe der "Folgeanordnungen" bietet ohne inhaltliche oder sprachliche Auslegungshilfen keinen Anhaltspunkt für die Begründung zwingenden Rechts.

IV. Rechtstechnische Gestaltung und interpretative Bewältigung des zwingenden Rechts

Die eigentliche Schwierigkeit bei der Begründung zwingenden Rechts liegt in der technischen Umsetzung der angesprochenen Typen in gesetzliche Regelungen und umgekehrt in einer methodenrechtlich sauberen Ableitung dieser Kategorien aus dem vorhandenen Gesetzesmaterial. Nun wirft jede Auslegung von Normen Probleme auf. Im Lichte der Rechtssicherheit sind dabei alle Gesetzestexte, bei denen der Wortlaut bzw. Wortsinn erst durch eine Reihe zusätzlicher interpretativer Elemente zu einem geschlossenen Verständnis führt, bedauerliche Fehlleistungen. Da die Rechtssicherheit einen wesentlichen Grunderwert unserer Rechtsordnung darstellt[2],

---

1) Da es hier nur um die sprachliche Fassung zwingender Normen geht, können an dieser Stelle Beispiele aus dem Prozeßrecht herangezogen werden, das ansonsten keine Auslegungshilfen für den zivilrechtlichen Bereich zur Verfügung hält.

2) Nachweise über diesen allenthalten als wesentlich beschworenen Argumentationspunkt bei Wiedemann, FS Larenz (1973), S. 199 ff., 205 ff.; dort auch die treffende Umkehrung des Wortes von Kirchmanns (FN 5) "Drei unklare Worte des Gesetzesgebers und ganze Bibliotheken sind nötig zur Remedur" (S. 212). Zur Rechtssicherheit auch schon S. 18, 24 f.

sollte bei der Abfassung von Gesetzen darauf geachtet werden, daß der intendierte Gesetzesinhalt bereits einem sprachlich eindeutigen Text entnommen werden kann und es nicht erst auslegungstechnischer Kabinettstücke bedarf, um eine Norm mit Sinn zu füllen. Insoweit birgt die vorhandene Tendenz zu einer übermächtigen teleologischen Auslegung unter Minderachtung des Wortlauts erhebliche Gefahren.

Andererseits kollidiert die Rechtssicherheit - zwar nicht notwendig, aber doch häufig - mit einem anderen wichtigen Ziel der Rechtsordnung: der Einzelfallgerechtigkeit. Diese Kollision läßt sich nicht schematisch lösen. Je nach Regelungsbereich und -gegenstand kann dabei die eine oder die andere Komponente stärker wiegen. Für den Bereich des Zivil- und Wirtschaftsrechts, in dem den einzelnen Rechtssubjekten mittels der Privatautonomie eine grundsätzliche Gestaltungsbefugnis überantwortet wird, die das Gesetz nur ausnahmsweise einschränkt, verlangt der Gesichtspunkt der Rechtssicherheit erhöhte Beachtung. Wesentlich ist hier eine <u>Orientierungswirkung</u> des zwingenden Rechts. In Bereichen mit weitgehender privatautonomer Gestaltungsfreiheit unterliegt der Gesetzgeber einer besonderen Hinweispflicht, wenn er das Grundprinzip durchbrechen will und nunmehr eine unabweisliche Orientierung an dem Inhalt einer Kodifikation verlangt. Dies ist nicht nur ein Gebot der Rechtssicherheit, sondern auch der Rechtsstaatlichkeit. Ebenso wie die öffentliche Hand in die Rechte der Bürger nur aufgrund einer gesetzlichen Ermächtigungsgrundlage eingreifen darf,[1] kann sich der Gesetzgeber ein Regelungsmonopol durch zwingende Normen nur verschaffen, wenn das

---

1) Zu diesem Grundpfeiler des Rechtsstaatsprinzips (Art. 1 III, 2o III, 19 IV GG) Maunz/Zippelius, Dt. Staatsrecht, § 12 IV 4; v. Münch/Schnapp, GG, Art. 2o Rdnr. 38; Schmidt-Bleibtreu/Klein, GG, Art. 2o Rdnr. 1o.

Gesetz diese Wirkung gegenüber den Normunterworfenen in verständlicher Weise zum Ausdruck bringt. Dieses Erfordernis bezieht sich dabei nicht nur auf den Inhalt, sondern auch auf die Reichweitenkennzeichnung des zwingenden Regelungsgehalts. Die Parteien des Rechtsverkehrs haben nicht nur einen Anspruch auf eine klare Fassung, "wie" der Gesetzgeber regelnd eingreift, sondern auch auf Klarstellung der Frage, "wie weit" seine ausschließliche Kompetenz reicht. Es darf keine Unklarheit darüber verbleiben, in welchem Rahmen Parteien selbst Regelungen treffen können. Das Damoklesschwert einer drohenden Nichtigkeit darf über einer zwischen ihnen geschlossenen Abrede nur schweben, wenn sie sich in vorwerfbarer Weise in den Regelungsbereich zwingenden Rechts hineinbegeben haben.

Es ist daher geboten, Kriterien zu benennen, die die Abgrenzung von ius cogens nicht zu einem unkalkulierbaren Objekt richterlicher Einzelverdikte entarten lassen. Der erste Schritt dazu muß darin bestehen, die zum Teil unerträgliche rechtstechnische Ausbildung von Normen nicht mehr ohne weiteres zu akzeptieren und durch weitausholende Auslegungsverfahren zu "heilen". Der Gesetzgeber ist grundsätzlich beim Wort zu nehmen und gegebenenfalls durch unerwünschte Ergebnisse zu zwingen, Kodifikationen zu überdenken bzw. zu ändern. So ist es ein Unding, wenn innerhalb der arbeitsrechtlichen Unabdingbarkeitsnormen der völlig identische Wortlaut in zwei Vorschriften als "zufällig" apostrophiert wird[1]. Selbst wenn diese Aussage sich unter Berücksichtigung der Gesetzgebungsmotivationen als richtig erweist,[2] hat der Gesetzgeber mit der gleich-

1) So Hofmann, FS BAG 1979, 217 (227).

2) S. den komplizierten Nachweisversuch bei Hofmann, FS BAG 1979, 217, 235, 238, der in dieser Weise allenfalls dem Rechtswissenschaftler möglich ist, niemals aber einem normalen Normadressaten.

förmigen Abfassung einen interpretativen Anschein gesetzt und ein darauf aufbauendes Parteiverständnis legitimiert. Dies gilt zumindest dann, wenn sich die Form des Rechtsbefehls in ihren signifikanten Anordnungselementen wiederholt. Beispiele dafür liefern §§ 9 LohnFG und 13 BUrlG und §§ 4 Abs. 1 AktG, 4 Abs. 2 GmbHG.
Die weitreichende gesetzestechnische Parallelität der Vorschriften wurde oben schon dargelegt[1]. Hiergegen läßt sich auch nicht etwa einwenden, daß es sich um Anordnungen in unterschiedlichen Gesetzen handelt. Daß gleichlautende Formulierungen in verschiedenen Gesetzen (nicht bloß verschiedenen Normen) vorkommen, widerlegt für sich noch nicht das Systemargument [2]. Bei einem Wortlautvergleich im Gesetz muß die Einheit der Rechtsordnung als Interpretationshilfe herangezogen werden. Für die Argumentation aus verbalen Übereinstimmungen ist jedoch in gewissem Umfang die Zeitkomponente zu beachten. Auch wenn man grundsätzlich von einer Kontinuität der Gesetzessprache ausgehen darf, kann die Übereinstimmung im Wortlaut an Gewicht verlieren, wenn die verglichenen Kodifikationen Jahrzehnte auseinanderliegen <u>und</u> keinerlei inhaltlichen Bezug zueinander haben. Regeln sie hingegen einen verwandten Gegenstand, ist davon auszugehen, daß dem Gesetzgeber diese "Vorlage" bekannt war und Übereinstimmungen damit beabsichtigt und argumentativ verwertbar sind.

---

1) S. S. 74 f. und S. 77 f.

2) Hofmann, FS BAG 1979, 217 (225), der allerdings <u>grundsätzlich</u> von einer unabhängigen Interpretation von Normen in unterschiedlichen Gesetzen ausgeht. Selbst als Basisaussage ist dies unzutreffend. Damit würde die Verantwortung der sprachlichen Gestaltung von Gesetzen vom Gesetzgeber fortgeschoben und verkannt, daß die Ausdrucksformen systematische Normenunterteilungen überlagern.

Da zwingende gesetzliche Regelungen im Geltungsbereich der Privatautonomie nicht den Normaltypus einer Norm darstellen, fällt die "Beweislast" für das Vorliegen eines legislativen Regelungsmonopols an den, der sich auf den zwingenden Charakter beruft. Dies bedeutet, daß für die Annahme einer abschließenden, Privatregelungen ausschließenden Kodifikation unzweifelhafte Ansatzpunkte aus dem Gesetz vorgewiesen werden müssen. Für die Auslegung zwingenden Rechts ergibt sich somit, daß die allgemein für austauschbar und unterschiedlich wertbar gehaltenen Verfahren bei der Gesetzesinterpretation [1] nicht ohne weiteres übernommen werden können. Bei der Frage, ob die Rechtssubjekte privatautonom regelnd tätig werden dürfen oder nicht, müssen die Ansprüche an die Spitzfindigkeit einer Auslegung zurückgeschraubt werden. Hier kommt dem Wortsinn als Auslegungskriterium eine vorrangige Bedeutung zu. Der für ein Normenverständnis letztendlich immer entscheidende Gesetzeszweck darf bei der Reichweitenbestimmung zwingenden Rechts nur soweit in Ansatz gebracht werden, wie er sich in dem Wortlaut eines Gesetzes oder gleichermaßen evidenten Erkenntnisquellen widerspiegelt. Potentielle Vertragspartner müssen ein eventuell entgegenstehendes Gesetz selbst im Sinne einer zugänglichen oder verbindlichen Regelung einschätzen können. Dafür können ihnen selten Kenntnisse der Entstehungsgeschichte oder komplizierte teleologische Verwindungen - so richtig diese letztlich auch sein mögen - abverlangt werden. Es kann ihnen nicht zugemutet werden, daß erst die raffinierte Interpretation durch ein Gericht Charakter und Umfang einer zwingenden Rechtsnorm verdeutlicht und damit alle Vereinbarungen für unzulässig und unwirksam erklärt, die nach einem Laienverständnis des Gesetzes in nicht vorwerfbarer Weise und im Vertrauen auf die eigene Rechtsgestaltungsmacht geschlossen wurden. Nur

---

1) S. dazu FN 3 auf S. 72.

dieses Verfahren entspricht dem elementaren Gebot des Rechtsstaates, Gesetze inhaltlich so abzufassen, daß ihre Ergebnisse im wesentlichen vorhersehbar sind[1].

Diese tendenzielle Hochschätzung der Wortlautinterpretation bei der Bestimmung zwingenden Rechts ist zur Erhaltung einer rechtsstaatlichen Gesetzgebung ein notwendiges Mittel. Zwar wäre auch denkbar, das Problem vom Bürger unerkannter zwingender Normen durch eine Rechtsfolgenkorrektur zu beheben. Man könnte z.B. vertreten, daß die Parteien im Hinblick auf einmal getroffene Vereinbarungen nur rückwirkend zu schützen seien, de futuro aber die privatautonome Regelung außer Kraft gesetzt werden könnte. Bei einer Norm, deren zwingender Charakter sich nicht ohne weiteres aus dem Wortlaut erschließt, würde eine davon abweichende privatautonome Vereinbarung dann immer nur ex nunc unwirksam. Letztlich ist dies jedoch keine ernsthafte Lösungsmöglichkeit. Wird etwa in einem höchstrichterlichen Urteil der zwingende Charakter einer Norm festgestellt, so gilt dies zunächst nur für den konkret entschiedenen Fall. Es ist unklar, inwieweit ein Einzelurteil für alle anderen Fälle verallgemeinerungsfähige Folgen auslösen kann. Die gerichtliche Normeninterpretation kann den Mangel einer unklaren Kodifikation nicht beseitigen. Der Bekanntheitsgrad einer richterlichen Normeninterpretation ist erheblich geringer als das Erscheinungsbild und der Sinngehalt des Gesetzes, wie er sich aus dem Wortlaut erschließt, so daß den Parteien aus Gerichtsurteilen keine kodifikationsgleiche Kalkulationsbasis erwachsen kann. Die Reichweite zwingenden Rechts ist ein Problem des Gesetzgebers, der sich in derartigen Fällen einer besonderen Normierungsweise bedient. Man sollte ihn deshalb auch vorrangig in der Verantwortung belassen, für

---

1) Vgl. BVerfGE 7, 89 (92 f.); 21, 72 (79 f.); 25, 216 f.; vor allem 37, 132 (Leitsatz 2).

die Durchführbarkeit und inhaltliche Klarheit Rechnung zu tragen[1].

Allerdings darf der Verweis auf den Wortlaut den Parteien auch nicht im anderen Extrem die Möglichkeit gewähren, sich quasi dumm zu stellen und mit einer ausschließlich sprachlich abgeleiteten Argumentation fast schon absichtlich am Zweck eines Gesetzes "vorbeizuverstehen". Wortlautinterpretationen haben immer unscharfe Randzonen[2]. Dieses Risiko kann von den Parteien nicht vollständig abgewehrt werden. Zudem sind in der - daher auch besser so zu benennenden - Wortsinninterpretation alle im Gesetz angelegten und zum Ausdruck gekommenen Regelungsintentionen zu berücksichtigen. Entscheidend stellt sich damit die Frage nach dem Ausmaß der Entsprechung zwischen Wortlaut und Auslegungsergebnis und der dafür erforderlichen Offenkundigkeit. Bei dieser Wortlautbetrachtung für die Reichweitenbestimmung zwingenden Rechts handelt es sich um ein qualifiziertes Interpretationsverfahren. Es geht nicht bloß um die Erläuterung undeutlicher Begriffe unter Abwägung verschiedener semantischer Verständnismöglichkeiten nach dem mitunter variationsreichen Bedeutungshof eines verwendeten Terminus. Es geht vielmehr um ein syntaktisches Problem: die Erfassung einer gesetzlichen Regelung in ihrem Gesamtcharakter. Inhaltlich geht

---

1) In diesem Sinne auch Wiedemann, BB 1978, 5 (12): "Der moderne Gesetzgeber ist verpflichtet, die innere Folgerichtigkeit seiner Reformen zu überdenken und sich den Normenunterworfenen verständlich machen". Diese Aussage gilt sicherlich nicht nur für "Reformen", sondern für alle Gesetze.

2) So ausdrücklich Canaris, Lücken im Gesetz, S. 22; zum "Bedeutungskern" und dem weniger klaren "Bedeutungshof" eines Begriffs schon Heck, Begriffsbildung, S. 52; ders., Gesetzesauslegung, S. 173; vgl. auch Arndt, NJW 1963, 1273 (1283); Larenz, Methodenlehre, S. 298.

es bei dieser Bestimmung zwingenden Rechts damit um die Frage, ob eine ausdrückliche Vorschrift, die Normenauslegung, der Normenzusammenhang oder vielleicht die Natur der Sache einen Ausnahmevorbehalt erkennen läßt, der die Betroffenen zwingend an das Gesetz und die Entscheidungen der Gericht verweist und etwaigen konkurrierenden Aktivitäten die Wirksamkeit versagt. Diese inhaltlichen Überlegungen sind nun aber auch in einer für den Bürger erkennbaren und damit rechtsstaatlichen Weise im Gesetz zum Ausdruck zu bringen. Dabei hängen die Anforderungen an einen zwingendes Recht begründenden Wortlaut entscheidend von den rechtsrechnischen Gestaltungsmitteln und -formen ab, in denen ius cogens erlassen werden kann.

1. Anordnungsformen des zwingenden Rechts

Hauptsächlich stehen drei rechtstechnische Mittel zur Verfügung, eine bindende Regelung zu kodifizieren[1].

a) Die "Verbots"technik

Der Gesetzgeber kann sich eines "Verbots" bedienen. "Etwas darf nicht", "etwas ist verboten", "etwas ist unwirksam", "etwas ist nichtig" sind typische Ausdrucksformen für negativ angeordnetes zwingendes Recht. Sie finden vornehmlich Verwendung in den "Nichtgeltungsanordnungen". Die dort konkret angeordneten Rechtsfolgesanktionen bezwecken den Ausschluß bestimmter Vorgänge oder Erfolge, also ein "Verbot". Es ist jeweils "verboten" (nichtig, unwirksam, unerlaubt) was sich unter die negativ ausgewiesenen Tatbestandsmerkmale subsumieren läßt.

---

1) Rein deskriptiv wird eine rechtstechnische Unterscheidung ("Verbot", "Anordnung") von Enneccerus/ Nipperdey, AT, S. 3o3 gesehen. Folgerungen für die Auslegung werden daraus allerdings nicht gezogen (dazu hier S. 1o9 ff.)

Das Mittel des Verbots ist auch typisch für die Ausgestaltung der "Grenznormen". Bei ihnen läßt sich regelmäßig eine Verbotsrichtung bestimmen, die den zwingenden Rechtsbefehl auf einen Bereich begrenzt. Außerhalb der Verbotsrichtung bleibt die Disponibilität erhalten.

b) Die "Gebots"technik

Als zweites rechtstechnisches Mittel zum Erlaß eines zwingenden Rechtsbefehls gibt es das "Gebot". "Etwas hat", "dann gilt", "etwas ist", "dann kann jemand" sind sprachliche Beispiele für positive Anordnungen im Gesetz.

Der zwingende Charakter eines Gebots ist zunächst immer undeutlich. Denn die Mehrzahl der dispositiven Normen bedient sich desselben rechtstechnischen Mittels. Eine stärkere Anbindung an einen zwingenden Charakter erreichen allenfalls Gebotsformulierungen, die auf der Rechtsfolgenseite Worte wie "müssen" oder "haben zu" verwenden und dabei keine weiteren Voraussetzungen nennen, die ihrerseits abdingbar sein könnten. Im Bereich der Gebote ist die Auslegung - auch über den bloßen Wortlaut hinaus - von erhöhter Bedeutung[1)].

c) Die "Darstellungs"technik

Als dritte Form eines rechtstechnischen Mittels gibt es die schlichte Schilderung oder sprachliche Erläuterung eines Begriffs oder Zusammenhangs. Diese Modalität der Rechtstechnik betrifft praktisch ausschließlich die "Definitionsnormen".

---

1) Dazu auch schon bei den "Folgeanordnungen" auf S. 98 und ausführlich S. 115 ff.

2. Auswirkungen der rechtstechnischen Formen auf die Auslegung von zwingenden Rechtsnormen

Die rechtstechnischen Mittel des Verbots, Gebots oder der Darstellung sind in ihrer Anordnungsstringenz nicht gleichwertig und demzufolge für die Auslegung und die Erkenntnisrisiken der Parteien hinsichtlich der zwingenden Reichweite von Normen unterschiedlich zu bewerten.

a) Die Bedeutung des Wortlauts bei einem "Verbot"

Der Anspruch des Gesetzgebers auf seine ausschließliche Regelungskompetenz teilt sich den Normunterworfenen bei Verwendung einer Verbotsform wesentlich deutlicher mit als bei der Verwendung der Gebotsform. Die Verbotsform erfüllt erheblich stärker eine <u>Hinweis</u>- oder <u>Warnfunktion</u>, die zum Ausdruck bringt, daß ausnahmsweise privatautonome Gestaltungsmöglichkeiten ausgeschlossen sind, denn ein Verbot ist innerhalb der Verbotsrichtung immer unmißverständlich zwingend. Es können sich allenfalls Subsumtionsprobleme ergeben, wenn der Verbotstext Begriffe verwendet, deren Anwendung im Einzelfall unklar sein kann. Dies betrifft aber nicht die Frage, <u>ob</u> zwingendes Recht vorliegt, sondern nur die Frage nach seinem Inhalt. Hierbei handelt es sich um ein Problem der schlichten <u>semantischen Auslegung</u>. Denn die durch den Verbotscharakter nach außen dringende Hinweis- oder Warnfunktion wirkt sich zu Lasten der privatautonomen Gestaltbarkeit aus. Steht durch die Verbotsform der zwingende Charakter fest, ist Unsicherheit allein über die konkrete Tatbestandserfüllung möglich. Von dem Risiko derartiger Unklarheiten, dem allgemeinen Subsumtionsrisiko, können Parteien aber nur selten freigestellt werden. Ausnahmsweise mag dies der Fall sein, wenn der Gesetzgeber einen ungeeigneten

Allgemeinbegriff verwendet, der keine präzisierungsfähigen Ansatzpunkte enthält[1]. Normalerweise gilt etwas anderes: Wer im Bereich zwingender Verbote Verträge schließt, muß damit rechnen, daß diese unter das Gesetz subsumiert und von der zwingenden Rechtswirkung erfaßt werden. In diesem Fall ist zwar der Wortsinn einer Vorschrift die Schranke für derartige Folgen. Jedoch ist für diese Konstellation eine Reduktion der Wortlautrelevanz im Sinne der Andeutungstheorie[2] zu befürworten. Dies bedeutet, daß Parteien die Nichtigkeit eines privatautonomen Abschlusses wegen einer Kollision mit zwingendem Recht schon dann hinnehmen müssen, wenn der Wortlaut einer Verbotsnorm auch nur irgendeine Andeutung dafür enthält, daß das Geschäft von der gesetzlichen Regelung erfaßt sein soll. Die Hinweis- oder Warnfunktion des Verbotscharakters rechtfertigt diese Betrachtungsweise.

Allerdings ist bei Verbotsgesetzen der Regelungsgehalt zum Teil sehr unterschiedlich. Es läßt sich hier vornehmlich nach Einzelregelungen und Generalklauseln unterschei-

---

1) Dann könnte sich ein Verstoß gegen das elementare Gebot des Rechtsstaates ergeben, Gesetze inhaltlich so zu gestalten, daß ihre Ergebnisse im wesentlichen vorhersehbar sind; vgl. BVerfGE 7, 89 (92 f.); 21, 73 (79 f.); 25, 216 f.; vor allem 37, 123 (Leitsatz 2).

2) Canaris, Lücken im Gesetz, S. 22 f. faßt diese Theorie in die Worte: Soweit sich die Auslegung "noch irgendwie mit dem Wortlaut des Gesetzes vereinbaren läßt, reicht auch die Autorität des vom Gesetzgeber Angeordneten". Zur Andeutungstheorie weiter Heck, Gesetzesauslegung, S. 138 ff.; Enneccerus/Nipperdey, AT, S. 325: "Maßgebend für die Auslegung ist ... der im Gesetz zum Ausdruck gelangte Wille des Gesetzgebers ... vorausgesetzt, daß er in den Worten auch einen (wenngleich unvollkommenen) Ausdruck gefunden hat"; vgl. Meyer-Hayoz, Richter als Gesetzgeber, S. 42; weitere Belege S. 73 FN 1.

den. Einzelregelungen enthalten in stärkerem Maße konkret formulierte Tatbestandsmerkmale, deren Vorliegen die Nichtigkeitsfolgen auslöst. Generalklauseln sind hingegen auf der Tatbestandsebene meist relativ offen, sie verbieten vielfach nur einen Erfolg, und folgen damit offenkundig einen teleologischen Prinzip. Die Konkretheit von Formulierung und Sinngehalt in stärker kasuistischen Regelungen sind dabei grundsätzlich größere Garanten für ein durchgreifendes Regelungsanliegen als die nur an ein telos gebundenen Rechtsfolgegebote der Generalklauseln. So ist beispielsweise § 1 GWB eine generalklauselartige Norm, die in hohem Maße einzelfallbezogener Subsumtion bedarf, was Restriktionstendenzen von vornherein einschließt. Die Restriktionen ergeben sich jedoch auf der Tatbestandsebene (Subsumtion) und nicht etwa durch Abdingbarkeit des Verbotsgesetzes durch die Normunterworfenen. Die Hinweis- und Warnfunktion bleibt auch in generalklauselartigen Verbotsnormen voll erhalten. Für den Stellenwert der Wortlautinterpretation ergibt sich damit auch bei weitgefaßten Verbotsgesetzen nichts Besonderes, wenn man einmal von der Voraussetzung der Verwendung präzisierbarer, nicht völlig nichtssagender Allgemeinbegriffe absieht.

Abzugrenzen von "reinen", sprachtechnisch sauber durchgeführten Verboten sind sogenannte "inhaltliche" Verbote. Hierbei handelt es sich um Normen, die nur scheinbar eine indifferentere syntaktische Gestaltung als die Verbotsformen enthalten. Dieser Fall ist immer dann gegeben, wenn eine schlichte feststellende Äußerung des Gesetzes ohne Veränderung des Sinngehaltes in eine Verbotsform umformuliert werden kann. Diese Ausgrenzung von Verboten mit logischen Mitteln mag Artikel 54 Abs. 1 GG verdeutlichen. Danach ist zum Bundespräsidenten wählbar, wer das 4o. Lebensjahr vollendet hat. Ohne weiteres läßt sich diese Aussage in eine korrekt den Inhalt widerspiegelnde Verbotsform ummünzen: es ist also verboten, daß Personen, die das 4o. Lebensjahr noch nicht vollendet haben, zum Bundespräsidenten gewählt werden.

Aufgrund dieser logischen Entwicklung von Verbotsformen verwischen sich zum Teil die Grenzen zwischen Verboten und Geboten. Charakteristisch ist etwa die Entwicklung von "Verbotsgesetzen" bei § 135 BGB, die sich zum Teil ganz deutlich von der verwendeten Rechtstechnik ablöst: Ein Beispiel dafür liefert die Entscheidung BGHZ 51, 255 ff.: Ein Mitglied eines Vereins hatte mit einem Nichtmitglied einen Vertrag geschlossen, nach dessen Inhalt ein nur aus Vereinsmitgliedern bestehendes Schiedsgericht zur Entscheidung über strittige Fragen berufen wurde. Diese Vereinbarung und ein nach diesem Verfahren ergangener Schiedsspruch wurde vom BGH als nichtig angesehen. Dabei hat das Gericht nicht das Verbotsgesetz des § 1o25 Abs. 2 ZPO zur Begründung der Nichtigkeitsfolge herangezogen, sondern aus dem Verbot des § 1o25 Abs. 2 ZPO und dem Gebot des § 1o32 ZPO einen allgemeinen Verbotstatbestand der unabhängigen Schiedsgerichtsbarkeit konstruiert[1]. Diese Umformulierung von Geboten zu Verboten kann für die Abgrenzung zwingenden Rechts und die Einhaltung der angesprochenen Hinweis- und Warnfunktion nur akzeptiert werden, wenn dieser logischen Umgestaltung eine gewisse Evidenz anhaftet. Bei derartigen "inhaltlichen" Verboten muß sich der Verbotscharakter ohne weiteres aus dem Sinngehalt der Norm ergeben. Maßstab ist dafür aber nicht das Erkenntnis-

---

1) BGHZ 51, 255 (262); kritisch zu dieser Entscheidung auch Bülow, NJW 197o, 585 ff.

niveau eines Bundesrichters, sondern es ist auf den Erkenntnisstand eines logisch denkenden Normalbürgers abzustellen. Sind diese Voraussetzungen gewahrt, gelten für die "inhaltlichen" Verbote dieselben Regeln wie für die "reinen" Verbote. Die hier angesprochene Form des "inhaltlichen" Verbots bildet gewissermaßen die äußere Grenze der Verbotstechnik, verdeutlicht aber zugleich auch, daß die sprachliche Abfassung als Verbot oder Gebot nicht losgelöst von inhaltlichen Zusammenhängen für eine entsprechende Klassifizierung herangezogen werden kann.

Auf seiner kompliziertesten Stufe kann sich ein "inhaltliches" Verbot nicht nur aus der Umformulierung einer Einzelnorm ergeben, sondern erst aus der Gesamtschau einer ganzen gesetzlichen Regelung. Eine derartige Verbotswirkung wird z.B. für das Mitbestimmungsgesetz 1976 behauptet, wenn man bestimmten gesellschaftsrechtlichen Verhaltensmöglichkeiten die Wirkung versagen möchte, weil anderenfalls die unternehmerische Mitbestimmung ausgeschaltet oder beeinträchtigt würde[1].

Gegenüber dieser Form von Verboten ist zumindest unter den hier angesprochenen rechtstechnischen Gesichtspunkten besondere Skepsis geboten. Eine derartige Verbotswirkung aus dem Gesamtzusammenhang eines Gesetzes kommt nur in Betracht, wenn die eben dargelegten Erkennbarkeitsvoraussetzungen eingehalten sind. Es handelt sich hierbei praktisch um das Problem, inwieweit die Verbotswirkung aus der "Natur der Sache" begründet werden kann und auch als evident einzustufen ist. Daß die "Natur der Sache" einen

---

1) Zu diesem Problem der Zulässigkeit von mitbestimmungsbeeinflussenden Rechtsformwechseln und zwingendem Recht aus dem Regelungszusammenhang ausführlicher S. 244 ff., 256 ff., 333 ff.

durchaus ernstzunehmenden Argumentationsgesichtspunkt darstellt, wurde schon oben dargelegt[1]. Andererseits kann man als grundsätzliche These formulieren, daß die Natur der Sache allenfalls dann zu einer erkennbaren Verbotswirkung führen kann, wenn eine überschaubare Zahl von Einzelregelungen vorliegt, die für einen logisch denkenden Normalbürger nicht verständlich wären, sofern man nicht das entsprechende Verbot (aus der Natur der Sache) ergänzend hineininterpretierte.

Bei der Entwicklung zwingenden Rechts durch Auslegung bzw. aus dem Regelungszusammenhang dürfen die Gerichte das Gesetzesmaterial nicht beliebig weiterentwickeln, sondern dürfen lediglich Regelungslücken (keine bewußten Regelungsoffenheiten) im Wege z.B. einer Analogie schließen. Die oben beschriebene Entwicklung zwingenden Rechts aus der Natur der Sache stellt sich dabei regelmäßig als eine Rechtsanalogie (aus dem Gesamtzusammenhang verschiedener Normen) dar. Denkbar ist jedoch auch die analoge Anwendung einer Einzelnorm.

Eine über die Schließung von Lücken hinausgehende Korrekturkompetenz der Gerichte ist nur gegeben, wenn das Gesetz einen Grundsatz enthält, der den Gerichten zugleich den Auftrag zuweist, den dort niedergelegten Gehalt in Einzelfällen durch verbindliche Urteilssprüche zu sichern. Ein solcher Grundsatz ist etwa in § 242 BGB niedergelegt. Hier wird den Gerichten offensichtlich die Befugnis zugewiesen, die privatautonome Gestaltungsfreiheit nach dem Grundsatz von Treu und Glauben einzugrenzen. Enthält das Gesetz eine derartige Ermächtigungsnorm nicht, haben die Gerichte

---

1) S. FN 1 auf S. 66.

den Gewaltenteilungsgrundsatz zu respektieren und unterliegen bei der Interpretation zwingenden Rechts aus dem Regelungszusammenhang den oben beschriebenen engen Voraussetzungen.

b) Die Bedeutung des Wortlauts bei einem "Gebot"

Die Ableitung des zwingenden Charakters aus einer Gebotsnorm ist (noch) komplizierter als bei einem Verbot. So ist ein Gebot immer nur dann zwingend, wenn der Gesetzgeber eine abschließende Regelung beabsichtigt. Weiter ist regelmäßig zu untersuchen, ob das Gesetz mit dem Gebot eine Ergebnisanordnung trifft oder auch einen Verfahrensweg schützt[1]. Denn hier gilt: ein "positiver" Gebotserfolg kann regelmäßig auf mehreren Wegen erreicht werden, ein "negativer" Verbotserfolg eigentlich immer nur durch den konkret vorgezeichneten Weg: durch Unterlassen.

Der Gesetzgeber trifft selbst die Wahl, in welcher Regelungsform er sein zwingendes Recht erläßt. Von den Möglichkeiten der Formgebung kann er praktisch nach Belieben Gebrauch machen, denn es gibt kaum ein sachliches Regelungsanliegen, das man nicht gleichermaßen in eine Gebots- oder Verbotsform kleiden könnte. Dies bedeutet jedoch nicht, daß die Vorgehensweise - wenn sie für die eigentliche Regelungsabsicht undeutlich oder gar unsachgemäß ist - auf der Auslegungsebene ohne Sanktion und Korrektur bleibt.

---

1) S. S. 92 ff.

Grundsätzlich stehen ausreichend sprachliche Mittel zur Verfügung, zwingendes Recht präzise zu kennzeichnen. Es lassen sich sowohl die Feststellung eines abschließenden Charakters wie auch die Frage, ob ein Regelungserfolg oder auch ein Regelungsverfahren sanktioniert werden soll, durch wenige Worte unmißverständlich klarstellen. Schon von daher rechtfertigt sich die hier vertretene Auffassung, den Gesetzgeber grundsätzlich "beim Worte zu nehmen".

Bei dieser Feststellung wird nicht übersehen, daß es das "perfekte" Gesetz wohl nicht geben kann. Es wird auch nicht verkannt, daß gelegentlich auch unbestimmte Rechtsbegriffe verwendet werden müssen[1]. Diese Schwierigkeiten begründen aber kein Hemmnis, die intendierte Regelungstendenz durch rechtstechnische und sprachliche Mittel zu kennzeichnen. Deshalb gehen im Bereich zwingenden Rechts Unklarheiten hinsichtlich der vom Gesetzgeber beabsichtigten Normenstrenge - also die Probleme der qualifizierten, syntaktischen Auslegung - zu Lasten der Legislative, die sich damit eine besondere, weitgehende Kompetenz schaffen will. Als Faustregel läßt sich daher formulieren, daß im Zweifel eine Auslegung gegen zwingende Rechtswirkungen vorzunehmen ist.

---

1) Dazu richtig Noll, Gesetzgebungslehre, S. 194, der darauf hinweist, daß "die gemeine Sprache keine absolut eindeutigen Begriffe" kenne. Immer seien Fälle denkbar, "in denen die Anwendung einer noch so eindeutig gefaßten Norm zweifelhaft" werde. Ähnlich Betti, Allgemeine Auslegungslehre, S. 268. Andererseits zu den Gefahren zu allgemeiner Normbefehle und einer "Flucht in Generalklauseln", Hedemann, in der gleichnamigen Schrift, S. 66 ff. u.a.; die Funktion vager Gesetze, die der Gesetzgeber benutzt, "um sich in einem sozialen Konflikt einer klaren Stellungnahme zu entziehen", kritisiert Diederichsen, Flucht des Gesetzgebers, S. 25; ähnlich R. Fischer, Weiterbildung des Rechts, S. 22 f.

Dieser Gedanke erinnert an die Celsinische Regel (Unklarheitenregel), die insbesondere im Zusammenhang mit allgemeinen Geschäftsbedingungen eine Renaissance erfahren hat[1]. Diese Unklarheitenregel ist unproblematisch in gesetzlichen Bereichen, in denen die Gesetzgebung regelmäßig eine Verbesserung oder Verschlechterung des Betroffenen gegenüber dem Staat bewirkt, wie etwa im Steuerrecht. Bei einer derartigen Problemlage ist die Gesetzeswirkung uneingeschränkt an der Grenze des Wortsinns zu kontrollieren. Der Gesetzgeber als Urheber einer Lücke oder Unklarheit soll auch das Risiko dieser Verständnisdiskrepanz tragen[2]. Problematischer ist eine derartige Unklarheitenregel in Rechtsgebieten, in denen das zwingende Recht dem Schutze Dritter oder eines abstrakten Wertes dient. Hier ginge die Anwendung der Unklarheitenregel materiell nicht zu Lasten des Urhebers, sondern zu Lasten der Schutzobjekte. Wegen dieses Dilemmas kann die oben formulierte Unklarheitenregel nicht schematisch angewendet werden. Sie ist aber doch als wesentliche Auslegungstendenz heranzuziehen: Für den Fall der Beeinträchtigung Dritter rechtfertigt sich dies auch aus dem Umstand, daß bei Beeinträchtigung personenbezogener Schutzobjekte eine freiwillige Begebung der Schutzposition vorliegt, wenn die geschützten Personen selbst an einer abweichenden Vereinbarung beteiligt sind. Beeinträchtigt ein privatautonomer Abschluß ein sachbezogenes Schutzobjekt, muß zunächst zwar festgestellt werden, daß diese Werte regelmäßig niemandes Verfügungsbefugnis unterliegen. Aber dies gilt eben nur, wenn das Gesetz diese Werte auch in nachvollziehbarer Weise der vertraglichen Beeinträchtigung

---

1) In § 5 AGBG jetzt auch kodifiziert.

2) So für das Steuerrecht, Tipke, S. 44.

entzieht. Insoweit wirkt erst die Gesetzgebung konstituierend. Es wäre eine Vorwegnahme des eben so nicht kodifizierten Ergebnisses und eine Art Zirkelschluß, wollte man die im Gesetz nicht nachvollziehbar und unverrückbar verankerten Wertpositionen zu einer anderen Interpretationsmethode heranziehen. Auch hier wirkt wieder das Rechtsstaatsprinzip: Was infolge Unklarheit im Gesetz nicht konstituiert wird, kann auch nicht zwingend regeln.

Diese Bewahrung der Rechtsstaatlichkeit mag im Einzelfall zu unerfreulichen Ergebnissen führen. Diese sind jedoch hinzunehmen, da nur inhaltliche Mängel durch Interpretation behoben werden können. Die Probleme einer mangelhaften Rechtstechnik sind über die Auslegung praktisch nicht lösbar, sondern verbleiben in der Kompetenz der Legislative.[1] Wäre dies anders, drohte eine Gefahr für das Gewaltenteilungsprinzips. Im Extremfall wäre dann die Judikative in der Lage, durch die Anerkennung zwingenden Rechts Regelungsinhalte verbindlich vorzuschreiben, für die der Gesetzgeber auf der politischen Ebene keine parlamentarische Mehrheit gefunden hat.

Im übrigen relativieren sich die durch die hier vorgeschlagene Interpretationsmethode möglichen Beeinträchtigungen Dritter und abstrakter Schutzobjekte, wenn man berücksichtigt, daß vertragliche Abweichungen immer nur inter partes Wirkungen entfalten und ein abstraktes Schutzobjekt nicht in allgemeiner Weise verdrängen können. Für die Beeinträchtigung Dritter ist zu beachten, daß allen-

---

1) Zu diesem Problem der Auslegungs- und Rechtssetzungskompetenz s. auch noch S. 124 f, 3o5 f, 317 ff.

falls mittelbare Auswirkungen auftreten können, Verträge zu Lasten anderer werden in unserer Rechtsordnung ohnedies nicht anerkannt.[1)]

Es bleibt somit bei der oben geschilderten Auslegungstendenz "im Zweifel gegen zwingendes Recht", die jedoch nur unter sorgfältiger Betrachtung der Einzelfallumstände zur Anwendung kommt.

Damit ergeben sich hinsichtlich der Wortlautinterpretation bei der Verwendung der Gebotsform Abweichungen zu der oben dargelegten Sicht bei Verboten. Wenn der Gesetzgeber zur Anordnung von ius cogens die Gebotsform verwendet, hat er eine gesteigerte Kennzeichnungspflicht innerhalb des Wortsinns. Da eine aus der Rechtstechnik ableitbare Hinweis- oder Warnfunktion bei Gebotsnormen praktisch nicht existiert, ist hier die Anforderung an den Wortlaut höherzuschrauben als bei Verboten. Eine bloße Andeutung reicht hier nicht aus, um die Normunterworfenen auf die kodifikatorische Besonderheit aufmerksam zu machen.

Sind bei einer Verbotsnorm die Risiken der Randzonen von Wortlautinerpretationen den Parteien zugewiesen, so kann dies bei einem Gebotsgesetz nur gelten, wenn eine Verbotsformel damit kombiniert wird (etwa: "von dieser Regelung darf nicht abgewichen werden") oder eine Klarstellung folgt, die eine der Verbotsform entsprechende Hinweis- oder Warnfunktion ausstrahlt (etwa: "Diese Regelung ist

---

1) Zu dieser grundsätzlich unzulässigen Figur des Schuldrechts siehe die ausführlichen Nachweise bei K.P. Martens, AcP 177, 113 (139, FN 67, 68); zu Ausnahmefällen a.a.O. S. 144 ff.

für alle bindend" oder "Von dieser Regelung kann nur zugunsten ... abgewichen werden" oder "Dies gilt ohne Einschränkungsmöglichkeit"). Wird ein Gebot ohne derartige Zusätze statuiert, muß grundsätzlich der sprachliche Gehalt selbst auf einen zwingenden Charakter schließen lassen. Maßstab ist aber auch hier wieder nicht das Erkenntnisniveau eines geschulten Richters, sondern die Anforderungen sind an den Möglichkeiten des durchschnittlichen Normadressaten zu orientieren. Man könnte insoweit von der Verständnismöglichkeit des auch in anderen Bereichen beschworenen "reasonable man" ausgehen.

Zu ergänzen ist die hier herausgestellte Wortlautinterpretation allerdings durch außerhalb des Textes angesiedelte Interpretationshilfen, sofern diese wirkungsmäßig der Hinweis- oder Warnfunktion entsprechen, wie sie durch die Verwendung einer Verbotstechnik begründet wird.[1] Die Auslegungsgrundsätze sind dementsprechend z.B. differenzierungsfähig, wenn die Gebotsnorm in einem Bereich ergeht, den der Gesetzgeber traditionell zwingend verfaßt oder, wenn die Entstehungsgeschichte eines Gesetzes und die dabei bekanntgewordenen Intentionen - etwa aufgrund langwieriger politischer Auseinandersetzungen - eine so starke Publizität gefunden haben, daß sie als allgemein bekannt vorausgesetzt werden können. Letzterer Umstand kann sich naturgemäß mit dem Alter eines Gesetzes verlieren. Ähnliches gilt, wenn die Parteien, die in einem derart durchkodifizierten Bereich kontrahieren, aufgrund ihrer Sachkompetenz über Einsichten verfügen, die über das im Wortlaut unmißverständlich Ausgedrückte hinausreichen. Bei positiv besserer Erkenntnis darf sich niemand auf den Anschein der Wortlautinterpretation berufen.

---

1) Zur Notwendigkeit der Evidenz derartiger außerhalb des Wortlauts gelegenen Verständnisquellen s. schon S. 1o4 ff.

Gleichwohl bleibt letztlich eine interpretative Unterscheidung zwischen Verbots- und Gebotstechnik bestehen, die auch auf den Umstand zurückgeführt werden kann, daß Verbote ein rechtstechnisches Mittel überwiegend zur Begründung von Pflichten, Gebote ein rechtstechnisches Mittel überwiegend zur Begründung von Rechten darstellen.

c) Die Bedeutung des Wortlauts bei der "Darstellungs" technik

Die Definition eines Begriffes, eine bloße - nicht ge- oder verbietende - Darstellung ist in ihrem sprachlichen Gehalt für den eigenen Verbindlichkeitsgrad zunächst neutral. Es kann sich dabei denkbarerweise um einen Verständnisvorschlag oder eine Interpretationsanordnung handeln.

Auch hier läßt sich die oben bereits empirisch festgestellte Regel, daß Definitionsnormen grundsätzlich zwingend sind, durch den Rückgriff auf die Hinweis- oder Warnfunktion des Gesetzeswortlauts belegen: Wenn der Gesetzgeber es für nötig befindet, eine gesetzliche Definition zu erlassen, liegt darin ein außergewöhnliches Verhalten. Die durch diese Definition zum Ausdruck kommende Wichtigkeit des definierten Begriffs hat gegenüber den Normunterworfenen eine dem Verbot nicht unähnliche Hinweis- und Warnfunktion, die dazu führt, Definitionsnormen in ihrem rechtspezifischen Zusammenhang als im Zweifel zwingend anzusehen.

Dieselbe Betrachtungsweise gilt auch für die sogenannten Geltungsfiktionen. Eine Gesetzesregelung des Inhaltes: "Wenn eine Bedingung X eintritt, gilt sie als Merkmal Y" kommt funktional einer Definition gleich. Daß X als Y "gelten" soll, ist eine Regelung auf der Ebene der Fakten, der realen Tatbestandsvoraussetzungen, und stellt selbst keine Rechtsfolge dar. Derartige Geltungsanordnungen im tatsächlichen Vorfeld von Rechtsfolgen entsprechen aber eben Definitionen und beanspruchen damit eine der Außergewöhnlichkeit eines solchen Kodifikationsvorgangs entnommene Warnfunktion, die einen grundsätzlich zwingenden Charakter vermuten läßt.

V. Herkömmliche Einschränkungen des zwingenden Rechts

Im Rahmen dieses Systematisierungsversuchs sind Schranken des zwingenden Rechts schon unter dem Gesichtspunkt des Schutzobjekts, der Funktionen und der Modalitäten von ius cogens angeklungen. Die herkömmlichen und wohl auch kaum streitigen Begrenzungen des zwingenden Rechts lassen sich folgendermaßen unterteilen:

1. Normeninterne Beschränkungen

Einige Gesetze enthalten ausdrückliche Anordnungen, die den zwingenden Rechtsbefehl eingrenzen. So nennen verschiedene Normen zeitliche Schranken. So können z.B. gemäß §§ 276 Abs. 2, 619 BGB oder § 62 Abs. 4 HGB gewisse Vereinbarungen nicht "im voraus" getroffen werden. Ein anderes Beispiel ist Art. I Abs. 3 GG, da dort die Zahl der Bindungsadressaten begrenzt wird[1].

---

1) De facto wird sich dies jedoch nicht auswirken, da die Qualität der genannten Bindungsadressaten eine durchgehende Berücksichtigung des Regelungsziels sicherstellt. Gelangt z.B. irgendein Vertrag vor Gericht, muß der Richter bei der Auslegung oder Wirksamkeitsbestimmung den Inhalt von Art. 1 GG immer maßgeblich berücksichtigen.

Weiter gibt es ausdrückliche Vorbehalte innerhalb der Normen. So steht etwa die Nichtigkeitsfolge des § 134 BGB unter der Bedingung, daß sich "nicht aus dem Gesetz ein anderes ergibt".

Als Typus gehört an diese Stelle auch der in vielen - an sich zwingenden - Grundgesetzartikeln enthaltene allgemeine Gesetzesvorbehalt, der auch ungeschrieben sein kann. Letzteres Beispiel soll dabei nur das Prinzip verdeutlichen, da der verfassungsmäßige Gesetzesvorbehalt sich nicht auf vertragliche Regelungen bezieht und dieses Rangverhältnis sich somit auf einer anderen Stufe bewegt als der Untersuchungsgegenstand dieser Arbeit.

2. Kollisionsschranken

Grenzen für zwingende Rechtsbefehle können sich aus dem Umstand ergeben, daß eine zwingende Rechtsvorschrift auf eine andere zwingende Rechtsvorschrift prallt und zwischen beiden Gesetzeswertungen eine logische Unverträglichkeit entsteht, die eine Rangwertung zugunsten der einen oder anderen Norm erforderlich macht. Engisch bezeichnet einen derartigen Fall treffend als "Kollisionslücke"[1]. Voraussetzung dafür ist allerdings, daß die Rechtsordnung selbst keinen Hinweis für die Auflösung dieser Kollision enthält. Nicht unterfallen dieser Kategorie daher Konflikte zwischen Gesetzen unterschiedlicher Ranghöhe: Insoweit kann auf die im öffentlich-rechtlichen Bereich gefestigte Regelungshierarchie - Grundgesetz, einfaches Ge-

1) Engisch, Einheit, S. 28 f., 47 ff., 5o, 84; ausführliche Nachweise zu dieser Figur bei Canaris, Lücken im Gesetz, S. 65, FN 28.

setz, Rechtsverordnung, Verwaltungsanordnung usw. - Bezug genommen werden. Allerdings liefert diese nur den schematischen Ausgangspunkt. Die schon erwähnten Vorbehalte in ranghöherem Recht für niedrigrechtlichere Ausführungen und Einschränkungen können abweichende Ergebnisse bewirken.

Besteht eine derartige Kollisionslücke, bei der weder der Wortlaut der Normen noch andere Hilfsdaten aus dem Gesetz (z.B. die zeitliche Abfolge der Kodifikationen) eine vom Gesetzgeber intendierte Priorität erkennen lassen, entsteht die Frage, wer im Bereich eindeutiger Normenstrenge über die Kollisionslage entscheiden kann. Normalerweise bleibt dies originäre Aufgabe des Gesetzgebers, der offenbar seine Kompetenz ausweiten wollte. Interessant ist hier, ob auch ein Richter rechtsfortbildend tätig werden kann und ob in einem derartigen Fall nicht sogar privatautonome Regelungen zulässig sind, weil die unklar geregelte Konstellation "im Zweifel" in die Disponibilität der Parteien zurückfällt. Nach der hier vertretenen Auffassung einer prinzipiellen Gleichwertigkeit von judikativer und privatautonomer Lösungsfindung besteht zunächst kein Anlaß, die Parteien von einer Regelung fernzuhalten, die ein Richter treffen darf. Daß dieser sie treffen darf, ergibt sich schon aus Art. 19 Abs. 4 GG. Denn mit einer derartigen Lücke werden die Parteien von der öffentlichen Gewalt in Form schlechter Gesetzgebung betroffen und haben einen Anspruch auf gerichtliche Klärung. Es ist ihnen nicht zumutbar, ein Tätigwerden des Gesetzgebers abzuwarten.

Aus diesem Grunde ist dem Richter die Kompetenz zuzuerkennen, in einem derartigen Fall eine - notfalls rechtsfortbildende - Priorität auszusprechen. Entsprechend ist auch die privatautonome Regelungsmöglichkeit der Parteien zu definieren. In einer solchen Lage steht nämlich fest, daß sie über keine der kollidierenden Rechtsnormen disponieren sollen. Es wäre offensichtlich contra legem, eine Kollisionslücke zwischen per se unstreitig zwingenden Regelungen zum Ansatz für freie Disponibilität zu wählen. Die Unvollkommenheit des Gesetzes begründet für die Parteien keine uneingeschränkte Regelungsbefugnis. Die Unklarheit bezieht sich hier nicht auf die Reichweite des zwingenden Rechts, sondern auf die Frage, welches zwingende Recht gilt. Damit klärt sich auch, was Parteien dürfen: Sie können eine Priorität des zwingenden Rechts untereinander vereinbaren, d.h. sie dürfen eine Regelung treffen, die inhaltlich den Rahmen wenigstens eines der kollidierenden Normbefehle einhält.

3. Immanente Grenzen

Eine der Kollisionslage ähnliche Schrankensetzung zwingenden Rechts ergibt sich aus gesetzesimmanenten Grenzen. Dieser Kategorie unterfallen einmal Kollisionen mehrerer zwingender Rechtsbefehle, wenn sich nicht das oben angesprochene Patt in der Wertigkeitsbestimmung ergibt, sondern im konkreten Fall die Wechselwirkungen zwischen den Normbefehlen deutlich sind, so daß feststeht, welche Restriktionen des einen Normbefehls durch eine andere zwingende Rechtsregelung ausgelöst werden soll. Als Beispiel dafür mag hier die Abstimmung zwischen dem Gesellschaftsrecht und dem Mitbestimmungsgesetz 1976 stehen, wenngleich zum Teil heftig umstritten ist, in welcher Richtung hier Prioritäten existieren.[1)]

---

1) Zu diesem Streit s. noch S. 244 ff.

Immanente Grenzen ergeben sich aber auch, wenn zwingende Rechtsbefehle mit anderen Grundwertungen der Rechtsordnung zusammentreffen. Grundsätzlich können derartige Immanenzen nur durch eine Abwägung im Einzelfall aufgezeigt und entschieden werden. Die Problematik ist dabei nach demselben Verfahren anzugehen wie die Bestimmung immanenter Schranken innerhalb des Grundrechtskataloges[1)].

4. Der Grundsatz der Privatautonomie

Eine Einschränkung des zwingenden Rechts ergibt sich auch aus dem Prinzip der Privatautonomie. Zwar mutet es zunächst seltsam an, daß ausgerechnet der Grundsatz als Begrenzungsgesichtspunkt herangezogen wird, auf dessen Einschränkung zwingendes Recht definitionsnotwendig abzielt. Gleichwohl ergibt sich diese Schrankenwirkung aus der Dignität der Privatautonomie[2)], ihres innerhalb der zivilistischen Rechtsordnung eminenten Stellenwertes.

---

1) Siehe dazu Hesse, Grundzüge, § 1o II (Rdnr. 31o ff.) Stein, Staatsrecht, § 17 II.

2) Zum Gebot staatlicher Zurückhaltung in der individuellen Handlungssphäre und dem Stellenwert der Privatautonomie Küchenhoff, Rechtsbesinnung, S. 198 f.; Kaufmann, Rechtsphilosophie, S. 151 nennt die "Tugend des Maßes" als oberstes Gebot für den Gesetzgeber; s. auch Henkel, Rechtsphilosophie, S. 265 ff.; s. weiter Flume, AT, S. 17 ff.; Larenz AT, § 4 III; Fikentscher, SchR, § 21 II.
Zur verfassungsrechtlichen Absicherung der Privatautonomie s. Laufke, FS Lehmann, S. 145 (163) mit ausführlichen Verweisen auf den diesbezüglichen Streitstand in FN 1 - 3 (S. 145); ebenso Flume, FS 1oo Jahre DJT, S. 135 (136 f.) mit Nachweisen; L. Raiser, JZ 1958, 1 (5).

Es steht durchaus nicht im freien Belieben des Gesetzgebers, in welchem Umfang er dieses Grundprinzip allgemeiner Handlungsfreiheit einengt. Eine Beschränkung der Privatautonomie ist nur unter Berücksichtigung der Verhältnismäßigkeit statthaft. Begrenzungen sind vor allem möglich und nötig, um das Prinzip der Privatautonomie nicht selbst durch ausufernden Mißbrauch gefährden zu lassen[1]. Allgemein gesprochen ist als Schutzobjekt von ius cogens ein Wert von erheblicher Bedeutung zu verlangen, der innerhalb der Wechselwirkungen zwischen Privatautonomie und zwingendem Recht unter dem Gebot der Verhältnismäßigkeit Bestand haben kann. Die Grenze von ius cogens ergibt sich insoweit weniger aus der inhaltlichen Struktur der Privatautonomie als vielmehr dem Stellenwert dieses Prinzips, der durch den Verhältnismäßigkeitsgrundsatz gesichert wird.

5. Zwischenergebnis zu den allgemeinen Abgrenzungsüberlegungen für zwingendes Recht

Bei der Reichweitenbestimmung von ius cogens handelt es sich um ein komplexes Auslegungsproblem, für das sich Schlüsse aus der Art des Schutzobjekts, der Funktion und der verwendeten rechtstechnischen Mittel ziehen lassen. Als ius cogens ist lediglich der aus einem Gesetz isolierte, konkrete Rechtsbefehl zu verstehen, der absolute Geltung beansprucht. Gleichwohl ergibt sich bei entsprechender Gestaltung des Schutzobjektes ("personenbezogener Einschlag") oder des Funktionsauftrages einer Norm (Festlegung von "Höchst- oder Mindestbedingungen")

1) Plastisch in diesem Sinne Dahm, Deutsches Recht, S. 529, der Grenzen erst zieht, wenn die Privatautonomie "sich selbst zu zerstören droht, ... Freiheit in Bindung umschlagen muß".

die Unterscheidung nach absolut zwingendem Recht (die Norm regelt eine Frage abschließend) und relativ zwingendem Recht (Dispositionsmöglichkeit für einen bestimmten Personenkreis oder in eine bestimmte Richtung).

Die Reichweitenbestimmung zwingenden Rechts wirft eigenständige methodenrechtliche Fragen auf. Es handelt sich um ein syntaktisches Auslegungsproblem, das komplexer zu betrachten ist als die rein semantische - auf ein Einzelbegriffsverständnis bezogene - Auslegung. Die Abgrenzung zwingenden Rechts folgt verstärkt dem Gebot der Rechtsstaatlichkeit. Da sich zwingende Normen hinsichtlich ihrer Bindungswirkungen selbst definieren, sind an die Verständlichkeit aus der Sicht der Normadressaten erhöhte Anforderungen zu stellen. Dies gilt zumindest für den Fall, daß sich zwingendes Recht Verbotswirkungen beilegt.

Bei der semantischen Auslegung gehen die unscharfen Randzonen der Interpretation, wie sie in jedem Gesetz vorkommen können, zu Lasten der Normunterworfenen, sofern sich der Gesetzgeber nicht vollständig in seinen Ausdrucksmitteln vergreift, d.h., grundsätzlich ist damit zu rechnen, daß Gerichte parteiautonome Auslegungen korrigieren. Diese Risikoverteilung ist bei zwingenden Regeln nach der verwendeten Rechtstechnik zu differenzieren: Kennzeichnet der Gesetzgeber ius cogens sprachlich durch eine Verbotstechnik, ist eine deutliche Hinweis- und Warnfunktion gegenüber den Normadressaten in der Welt, so daß es bei der Risikoverteilung der semantischen Auslegung verbleibt. Der Wortlaut bildet nur eine Anwendungsgrenze, wenn er keine Andeutung des interpolierten Verständnisses enthält. Benutzt der Gesetzgeber hingegen die für ein zwingendes Verständnis indifferente Gebotstechnik, bringt er ein syntaktisches Auslegungsproblem zur Entstehung, das er selbst durch eindeutige sprachliche Abfassung - abstellend auf die Erkenntnismöglichkeiten des durchschnittlichen Normadressaten - auflösen muß. Geschieht dies nicht, ist die

Annahme zwingenden Rechts unzulässig, sofern nicht weiterführende Rückschlüsse aus Entstehungsgeschichte, Gesetzesbegründung oder anderen außerhalb des Wortlauts gelegenen Erkenntnismitteln möglich sind, die dem durchschnittlichen Normadressaten mit dem Gesetzeswortlaut vergleichbarer Evidenz zugänglich sind.

Definitionsnormen und Geltungsfiktionen sind grundsätzlich zwingend. Die sprachliche Neutralität der Darstellungstechnik wird von der Hinweisfunktion überlagert, die das Vorhandensein einer gesetzlichen Definition als Ausdruck der Wichtigkeit erzeugt.

Den wesentlichsten Typ zwingenden Rechts verkörpern die Nichtgeltungsanordnungen, die in sprachlicher und teleologischer Übereinstimmung Verbotsfolgen (Unwirksamkeit, Nichtigkeit) auslösen. Zu dieser Gruppe zählen auch die gesetzlichen Formvorschriften, die sprachlich zumeist positiv (Formgebote) abgefaßt sind.

Es gibt weiter Normen, die ein Gesetzestelos in Form einer Auslegungsregel oder Generalklausel verbindlich dokumentieren und damit sowohl die Normbetroffenen wie auch die Gerichte anweisen, die dort festgehaltenen Regeln im Einzelfall zu beachten bzw. die Einhaltung zu gewährleisten. Ohne eine derartige Kompetenzklausel sind den Gerichten bei der teleologischen Entwicklung zwingender Rechtswirkungen enge - wortlautbezogene - Grenzen gesetzt.

Allgemeine Grenzen zwingenden Rechts bestehen durch norminterne Wirkungsvorbehalte und Kollisionsschranken: Wenn eine zwingende Norm auf eine andere - inhaltlich entgegenstehende - zwingende Norm trifft oder, wenn eine zwingende Norm mit einem allgemeinen Wertprinzip der Rechtsordnung kollidiert, kann dieser Widerspruch nur zu Lasten zwingender Rechtswirkungen aufgelöst werden.

Als Ausblick läßt sich sagen, daß es wünschenswert ist, wenn sich in der Rechtstechnik eine Typenbildung vollzieht, die nicht nur die inhaltliche Gestaltung, sondern auch die sprachliche Abfassung ergreift. Erst ein Katalog von Sprachformeln, der die relevanten Kriterien für die Reichweite eines Gesetzes festlegt und einzelne Formulierungen eindeutig an bestimmte Funktionen und Absichten bindet, könnte die z.T. grundlegenden Verständniszweifel beseitigen und die Reichweite zwingenden Rechts für die Normunterworfenen erkennbar machen. Dieses Anliegen kann die Rechtsprechung wirkungsvoll unterstützen, indem sie signifikante Kodifikationsformen einheitlich interpretiert und anwendet und dem Gesetzgeber so eine unitäre und damit klarere Sprache abverlangt.

C) Das Wirkungsprivileg des Vergleichsvertrages als Begrenzungsfaktor für zwingendes Recht

I. Güte (Friedens-)funktion und allgemeine teleologische Schranke zwingenden Rechts

Es fragt sich jedoch, ob mit dem bisher Dargelegten alle Grenzen und Möglichkeiten der privatautonomen Gestaltung im Bereich zwingenden Rechts erfaßt werden. Es gibt vornehmlich zwei Gesichtspunkte, die ein weitergehendes Bedürfnis für die Einschränkung zwingender Rechtswirkungen nahelegen.

Zum einen ist die Befriedungsfunktion der Rechtsordnung zu berücksichtigen, die es sehr zweifelhaft erscheinen läßt, ob streitige Parteien im Wirkungskreis zwingender Normen notwendig auf den Instanzenweg verwiesen werden müssen und von jedweder gütlichen Einigung ausgeschlossen sein sollen. Es geht damit um die Frage, inwieweit der Vergleichsvertrag über ein mutmaßlich zwingend geregeltes Rechtsproblem zulässig ist. Zum anderen stellt sich das Problem, ob nicht zwischen der Intention eines zwingenden Gesetzes und seiner Praktikabilität (Umsetzung in die Wirklichkeit, Zeitfaktor) eine Beziehung besteht, die die Annahme einer allgemeinen teleologischen Schranke für zwingendes Recht aus dem Sinn und Zweck einer zwingenden Gesetzesregelung notwendig macht.

Wenn zwingende Regelungen viele Unklarheiten aufweisen und die Parteien mit jedem dieser angeblich zwingend geregelten Rechtsprobleme an die Gerichte und einen langen Instanzenzug verwiesen werden, besteht die Gefahr, daß sich der vom Gesetzgeber intendierte Sinn in sein Gegenteil verkehrt: Verstopfte Gerichte und jahrelang schwebende Verfahren können dann nicht nur die Umsetzung des kodifizierten Regelungsgedankens verhindern. Darüber hinaus wäre den Parteien die Möglichkeit genommen, ihr Rechtsproblem durch eine privatautonome Vereinbarung aus der Welt zu schaffen. Wenn zwingende Rechtsregelungen in dieser Weise schematisch von jedweden privatautonomen Einflußmöglichkeiten freigehalten würden, verkehrte sich das Tätigwerden des Gesetzgebers im Interesse der Normunterworfenen zu einem außerordentlichen Nachteil für die Betroffenen: Es käme zu einer absoluten Handlungsunfähigkeit - die gesetzliche Regelung ließe sich mangels rechtskräftiger Entscheidung (noch nicht) durchsetzen, privatautonome Regelungsmöglichkeiten wären ebenfalls abgesperrt - so daß die Parteien damit schlechter dastünden, als es ohne den Eingriff des Gesetzgebers der Fall wäre. Dies kann keinesfalls im Sinne des Gesetzgebers sein, der mit seinem Tätigwerden den besonderen Stellenwert des Problemkreises gekennzeichnet hat und mit seiner Kodifikation gewiß nicht dazu beitragen wollte, die Regelungssituation noch <u>unter</u> das Niveau eines gesetzlich nicht behandelten, allein der Parteiregelung aufgeschlossenen Streitgegenstandes absinken zu lassen. Aus diesem Grunde muß man eine allgemeine teleologische Schranke des zwingenden Rechts zur Anwendung bringen, die davor schützt, daß ein vorschneller Ausschluß privatautonomer Regelungsmöglichkeiten den angestrebten Gesetzeszweck vereitelt und förmliche Wirkungen des zwingenden Rechts dazu führen, den angestrebten materiellrechtlichen Erfolg in sein Gegenteil zu verkehren.

Soweit sich dieses Problem schematischer Ausschlußwirkungen von strittig gewordenem zwingenden Recht nicht durch die restriktive Anerkennung von Rechtsnormen als zwingend erledigt, kann man diesem Problem nur sinnvoll über die Zulässigkeit von privatautonomen Vereinbarungen beikommen (als Annäherung an den status quo vor Erlaß des strittigen - und damit inhaltlich unklaren - zwingenden Rechts). Die ebenfalls denkbare Lösung über die Möglichkeit des vorläufigen Rechtsschutzes (§§ 935, 94o ZPO) führt in einer Vielzahl der denkbaren Problemfälle nicht weiter und ist als allgemeiner Lösungsansatz deshalb untauglich. Insbesondere bei komplexen Rechtsfragen wird man keiner Seite ein vorläufiges Rechtszugeständnis machen können. Für die jeweils betroffene Seite kann es von gleichrangiger Bedeutung sein, ob der behauptete Anspruch als zunächst zulässig oder zunächst unzulässig behandelt wird. So ist z.B. ein vorläufiger Rechtsschutz kaum vorstellbar, wenn Parteien darum streiten, ob ein Arbeitnehmer-Aufsichtsratsmitglied wegen Vorliegens oder Nichtvorliegens eines Tendenzbetriebes zu wählen ist bzw. entfällt. Hier haben Arbeitnehmerschaft und Unternehmen ein gleich starkes Interesse, daß ihre Ansicht als vorläufig zutreffend unterstellt wird [1].

---

1) Das Interesse der Arbeitnehmerschaft an einer eigenen Aufsichtsratsvertretung liegt auf der Hand, das Interesse des Unternehmens, dies auch nicht vorläufig zuzulassen, liegt z.B. darin, einem Informationsfluß aus der Aufsichtsratsebene in die Arbeitnehmerschaft vorzubeugen.

Der hier entwickelten teleologischen Schranke des zwingenden Rechts kann man gerecht werden, indem man den Vergleichsvertrag - mit den nachstehend entwickelten Einschränkungen - auch als Gestaltungsmittel innerhalb zwingender Rechtsverhältnisse zuläßt und damit einerseits eine entsprechende Wirkungsschranke des zwingenden Rechts begründet, gleichzeitig aber auch dem Friedenscharakter der Rechtsordnung Rechnung trägt, der eben in dem Vergleichsvertrag seinen augenfälligen Ausdruck findet. Eine "Inkraftsetzung" [1] einer zwingenden gesetzlichen Regelung über den Vergleichsschluß statt über einen Gerichtsspruch kann naturgemäß Abstriche gegenüber dem Inhalt zwingender Normen bedeuten. Sie ist aber andererseits erheblich wertvoller als ein zwingend kodifizierter "idealer" Gedanke, der vor staatlichen Instanzen eingefroren wird und damit zunächst gar nicht zur Geltung kommt. Diese Überlegungen zur Verknüpfung von Gesetzesintention und Umsetzbarkeit gesetzlicher Normen verleihen dem Gesichtspunkt der Praktikabilität innerhalb der Abgrenzung zwingender Rechtswirkungen ein erhebliches dogmatisches Gewicht.

II. Die Berücksichtigung von Friedensfunktion und allgemeiner teleologischer Schranke des zwingenden Rechts in der Rechtsprechung der BGH

Die Gefahren einer allzu förmlichen Anwendung zwingenden Rechts hat offensichtlich auch der BGH erkannt. Zwar hat das Gericht nicht in allgemeiner Form zum Verhältnis ius cogens/gütliche Regelung durch die Parteien Stellung bezogen, jedoch stehen einige im Wettbewerbsverbot ergangene Urteile ganz im Einklang mit der hier vertre-

---

1) Dieser Ausdruck rechtfertigt sich aus der Orientierung von Vergleichsinhalten am Gesetzesinhalt, s. auch S. 21 und S. 39 f.

tenen These einer Wirkungsschranke für zwingendes Recht aus der Befriedungsfunktion der Rechtsordnung bzw. einer teleologischen Schranke des zwingenden Rechts oder anders formuliert: einer Einschränkung des zwingenden Rechts durch ein Wirkungsprivileg für den Vergleichsvertrag. Im folgenden sollen daher drei wettbewerbsrechtliche Entscheidungen im einzelnen analysiert werden, um daraus die Begrenzungswirkungen einerseits gegenüber § 1 GWB, andererseits allgemein gegenüber zwingenden Rechtsregelungen ableiten zu können.

In seinen Entscheidungen hatte der BGH über die Zulässigkeit von vertraglichen Vereinbarungen über wettbewerbsrechtliche Ausschlußrechte und über Wettbewerbsverhalten zu befinden. Die beiden älteren Entscheidungen[1] befassen sich mit einem möglichen Verstoß gegen besatzungsrechtliche Dekatellierungsgesetze[2]. Die in den Entscheidungen konkret geprüften Vorschriften entsprechen in ihrer Funktion und in ihrem Regelungszweck weitgehend § 1 GWB, so daß die dort getroffenen Aussagen auch für die gegenwärtige Rechtslage im Hinblick auf § 1 GWB wie eben auch für das systematische Problem der Einschränkung zwingender Rechtswirkungen noch von Bedeutung sind.

1. Die Tauchpumpen-Entscheidung (BGHZ 3, 193)

In BGHZ 3, 193 ff. ließ der BGH eine Vereinbarung über den Schutzumfang eines Patents unbeanstandet, obwohl

---

1) BGHZ 3, 193 ff.; 16, 296 ff.

2) BrMilRegVO Nr. 78 (Art. V c Nr. 7) und AmMilRegG Nr. 56 (Art. V Ziff. 7 und 9).

Art. V c Nr. 7 der Militärregierungsverordnung Nr. 78 den Abschluß von "Abmachungen im Zusammenhang mit der Ausbeutung von Patenten oder anderen ähnlichen ausschließlichen Schutzrechten mit dem Ziele, das Monopol oder das Schutzrecht auf Gegenstände auszudehnen, die in der gesetzmäßigen Erteilung nicht enthalten sind", verbietet. Der Entscheidung lag folgender Sachverhalt zugrunde:

> Der Kläger war Inhaber zweier Patente über Tauchpumpen. Der Beklagte war Abteilungsleiter in der Firma DBK, die Pumpen nach den Patenten des Klägers bis zum 31.3.1944 herstellte und die ausschließliche Herstellungs- und Vertriebslizenz besaß. Nach dem Ausscheiden des Beklagten aus der DBK gründete er im Jahre 1945 einen Betrieb, in dem er u.a. Pumpen, die nach dem Patent des Klägers hergestellt waren, instandsetzte oder durch Einfügung neuer Ersatzteile zusammenbaute. Am 29.5.1946 erwirkte der Kläger gegen den Beklagten eine einstweilige Verfügung, durch die ihm unter Strafandrohung verboten wurde, für die nach den Patenten hergestellten Tauchpumpen die Hauptteile (bestehend aus Elektromotor, Kreiselpumpe, Taucherglocke, äußerem Rohrmantel) herzustellen, in den Verkehr zu bringen, feilzuhalten oder zu gebrauchen. Der Beklagte unterzeichnete am 21.1.1947 eine Verpflichtungserklärung, in der er den Inhalt der einstweiligen Verfügung vollen Umfanges anerkannte und sich für jeden Fall der Zuwiderhandlung zu einer Vertragsstrafe verpflichtete. Der Kläger begehrte nun in dem vom BGH entschiedenen Fall Zahlung von DM 4o.ooo,-- Vertragsstrafe wegen verschiedener Verstöße gegen diese Vereinbarung.

Der BGH hat der Klage stattgegeben und als Anspruchsgrundlage die Verpflichtungserklärung vom 21.1.1947 anerkannt[1]. In diesem Zusammenhang stellt das Gericht fest, daß die Neuentwicklung des Elektromotors, die in der einstweiligen Verfügung untersagt worden war, nicht die Patente

---

1) BGHZ 3, 193 (199).

des Klägers verletzt habe[1]. Damit hat die Verpflichtungserklärung einen über den Patentschutz gemäß § 6 PatG hinausgehenden Inhalt gehabt, so daß ein Verstoß gegen Art. V c Nr. 7 der Britischen Militärregierungsverordnung Nr. 78 geprüft werden mußte. Nach Art. I Nr. 1 der Verordnung sind "übermäßige Konzentrationen der deutschen Wirtschaftskraft" verboten und zu beseitigen gewesen. Nach Art. I Nr. 2 gelten alle Formen von Absprachen und gemeinschaftliche Unternehmungen als übermäßige Konzentrationen der Wirtschaftskraft, wenn der Zweck oder die Wirkung in der Beschränkung des Binnen- oder Welthandels oder anderer wirtschaftlicher Tätigkeit besteht. Obwohl der BGH offenbar dahin tendiert, die zu kontrollierende Vereinbarung unter den reinen Wortlaut der Verbotsnorm zu subsumieren[2], hat er gleichwohl den Vergleich als wirksam erachtet. Da im deutschen Patentrecht der Schutzumfang des Patents durch Auslegung zu ermitteln sei, der Reichweite des Erfindungsgedankens somit nicht die detaillierte Festschreibung - wie im amerikanischen Recht üblich - wirklich feste Konturen verleihe, müsse es genügen, daß Abmachungen sich innerhalb desjenigen Spielraums des Schutzumfanges eines Patents halten, über dessen Abgrenzung ernstliche Zweifel möglich seien[3]. Obwohl das Gericht angeblich offen läßt, ob die dem amerikanischen Antitrustrecht zugrundeliegende rule of reason für die Auslegung der Dekartellisierungsgesetze heranzuziehen ist[4], benutzt es doch an anderer Stelle genau diesen Gedanken, wenn es ausführt, daß die strikte Anwendung der Verordnung Nr. 78 dazu führen müßte, daß in Verletzungsstreitigkeiten, die

---

1) BGHZ 3, 193 (199).

2) BGHZ 3, 193 (196).

3) BGHZ 3, 193 (197, 199).

4) BGHZ 3, 193 (198 f.).

sich auf den Schutzumfang eines Patents beziehen, die Parteien in der Regel überhaupt davon absehen, sich auf gütlichem Wege über eine Abgrenzung des Schutzbereiches zu einigen, um daran den Gedanken zu knüpfen: "Eine so unvernünftige Folge kann von der Verordnung Nr. 78 nicht gewollt sein"[1].

b) Die Herzwandvasen-Entscheidung (BGHZ 16, 296)

In der Entscheidung BGHZ 16, 296 ff. bestätigt das Gericht seine Grundsätze aus dem eben behandelten Urteil: Hier lag der Entscheidung folgender Sachverhalt zugrunde:

> Die Parteien waren Porzellanfabrikanten, die sich seit Jahren mit der Herstellung und dem Vertrieb von Herzwandvasen befaßt haben. Die Klägerin verwendete ausschließlich eine einfarbige korallenrote Glasur. Am 24. Mai 1938 wurde zwischen der Klägerin, einigen anderen Firmen und der Beklagten eine Vereinbarung folgenden Wortlauts getroffen:
>
> > "In der Angelegenheit Herzwandvasen wurde heute in freiwilliger Vereinbarung ohne Prüfung der Rechtslage und des Rechtsstandpunktes nachstehendes vereinbart:
> >
> > Die Firma Gr. verpflichtet sich, die von ihr fabrizierten Herzwandvasen nicht in einfarbigen Aufstrich- oder Unterglasuren zu bringen, ebenso dürfen plastische Dekorationen mit korallrotem Hintergrund nicht gebraucht werden (Selenrot). Gegen die Keramikdekors der Firma Gr., auch mit plastischen Motiven, wird nichts eingewandt. Die von den Firmen F. und Gu. eingeführte Aufhängevorrichtung wird gemäß der Vereinbarung von der Firma Gr. nicht eingeführt. Für den Abschluß dieser Vereinbarung waren vorwiegend kollegiale Gründe maßgebend".

---

1) BGHZ 3, 193 (198).

Die Beklagte wiederholte diese Verpflichtungserklärung am 2.1.195o, nachdem die Klägerin korallenrote Herzwandvasen von der Beklagten im Handel beobachtet und bemängelt hatte. Die Beklagte brachte darauf korallenrote Herzwandvasen mit einem schwarzen Rand auf den Markt, den überwiegenden Teil ihrer Produktion versah sie mit einer einfarbigen uranroten Glasur. Die Klägerin war der Auffassung, daß ihr an der roten Farbe der von ihr hergestellten und vertriebenen Herzwandvasen ein Ausstattungsschutz gemäß § 25 WZG zustünde und sie außerdem für die roten Herzwandvasen einen Kunstschutz in Anspruch nehmen könne. In diese Ausschließlichkeitsrechte habe die Beklagte eingegriffen, und im übrigen läge eine Verletzung des Vertrages vom 24.3.1938 vor. Die Klägerin beantragte demgemäß, der Beklagten die Herstellung und den Vertrieb von Herzwandvasen mit uranroter Glasur oder korallenroter Auf- oder Unterglasur, bei denen lediglich die Ränder etwas geschwärzt sind, zu untersagen.

Als Anspruchsgrundlage für die Ansprüche der Klägerin hat der BGH die Vereinbarung vom 24.5.1938 geprüft, jedoch für unwirksam erachtet[1]. Bedenken an der Wirksamkeit dieses Vergleichs bestanden wegen des amerikanischen Militärregierungsgesetzes Nr. 56, das mit dem britischen Militärregierungsgesetz Nr. 78 praktisch identisch ist. Dort heißt es in Art. I:

"1. Übermäßige Konzentrationen der deutschen Wirtschaftskraft ... sind ... verboten ..."

"2. Kartelle, Interessengemeinschaften, Syndikate, Truste, Verbände und alle sonstigen Formen von Absprachen oder gemeinschaftlichen Unternehmungen von Personen, deren Zweck oder Wirkung in der Beschränkung des Binnen- oder Welthandels oder anderer wirtschaftlicher Tätigkeit, in der Förderung einer monopolistischen Kontrolle derselben oder in der Beschränkung des Zugangs zu Binnen- oder Weltmärkten besteht, wer-

---

1) BGHZ 16, 296 (3o1 f.).

den hiermit für übermäßige Konzentrationen der Wirtschaftskraft im Geltungsbereich dieses Gesetzes erklärt".

In Art. V, 9. dieses Gesetzes heißt es:

"c) Der Ausdruck "Kartelle, Interessengemeinschaften, Syndikate, Truste, Verbände und alle sonstigen Formen von Absprachen oder gemeinschaftlichen Unternehmungen von Personen, deren Zweck oder Wirkung in der Beschränkung des Binnen- oder Welthandels oder anderer Wirtschaftstätigkeit, in der Förderung einer monopolistischen Kontrolle derselben oder in der Beschränkung des Zugangs zu Binnen- oder Weltmärkten besteht", umfaßt folgendes:

7. Abmachungen im Zusammenhang mit der Ausbeutung von Patenten oder anderen ähnlichen ausschließlichen Schutzrechten mit dem Ziel, das Monopol oder das Schutzrecht auf Gegenstände auszudehnen, die in der gesetzmäßigen Erteilung nicht enthalten sind;"

Auch in diesem Rechtsstreit stellt der BGH im Gegensatz zu dem Berufungsgericht klar, daß die privatautonome Festlegung über den Bestand von Ausschließlichkeitsrechten (hier § 25 WZG) nicht schlechterdings unzulässig sei[1]. Grundsätzlich sei ein derartiger Vergleich nicht zu beanstanden, wenn er sich im Bereich der ernsthaften Zweifel, die man objektiv an dem Bestand des Rechtes haben könnte, hielte[2]. Zusätzlich verlangt der BGH die Gutgläubigkeit desjenigen, der unter Berufung auf das Schutzrecht die wirtschaftliche Tätigkeit eines anderen einschränken will[3].

---

1) BGHZ 16, 296 (3o2 f.).

2) BGHZ 16, 296 (297, 3o3).

3) BGHZ 16, 296 (3o4).

Daß die Entscheidung letztlich dennoch die Unwirksamkeit dieser Vereinbarung vom 24.5.1938 ausspricht, steht nicht im Widerspruch zu der grundsätzlichen Bejahung der Zulässigkeit einer Vergleichsvereinbarung über den Bestand eines Ausschließlichkeitsrechts. Das der Klägerin ungünstige Urteil kam lediglich aufgrund der konkreten Subsumtion besonderer Fallaspekte zustande; denn der BGH hat in der Vereinbarung zwischen den Parteien vom 24.5.1938 überhaupt keinen Vergleich z.B. über ein Kunstschutz- oder Ausstattungsrecht erblickt. Nach seiner Auslegung hatte die Abrede den alleinigen und unmittelbaren Zweck, die Beklagte von dem Wettbewerb mit einfarbig-roten Herzwandvasen auszuschließen[1]. Den Wortlaut und die gesamten Umstände legt das Gericht dahin aus, daß die Klägerin sich eine mit dem Sinn und Zweck der Dekartellierungsbestimmungen nicht zu vereinbarende Monopolstellung auf dem Gebiet der Herstellung und des Vertriebes von Herzwandvasen verschaffen wollte[2]. Inzidenter läßt das Gericht damit anklingen, daß es für die Beurteilung erheblich war, ob in der Vereinbarung ein reines Marktregelungsabkommen gesehen werden mußte[3] oder ob die Parteien sich tatsächlich über den Bestand eines Ausschließlichkeitsrechtes vergleichen wollten. Diese Differenzierung läßt auf eine Tendenz schließen, daß im letzteren Falle die Wirksamkeitsprüfung an § 1 GWB milder vorzunehmen sei[4]. Im wesentlichen bestätigt diese Entscheidung damit die in BGHZ 3, 193 ff. ausgesprochenen Grundsätze.

---

1) BGHZ 16, 296 (3o5).

2) BGHZ 16, 296 (3o7).

3) Das ergibt sich aus den relativ breiten Erörterungen in BGHZ 16, 296 (3o5 ff.).

4) Dieser Anklang wird unter dem Gesichtspunkt der Geltungspräferenz eines Vergleichs wiederaufgenommen. Siehe dazu S. 141 ff.; 178 ff.

a) Auswertung der Entscheidungen

Die beiden referierten Entscheidungen sind sich in ihrem Zulässigkeitskriterium einig: Vergleiche über die Reichweite wettbewerbsrechtlicher Ausschlußrechte sind kartellfrei, soweit sie Streitfragen regeln, über die ernsthafte Zweifel möglich sind. Die in der zweiten Entscheidung anklingende subjektive Zusatzvoraussetzung, die Gutgläubigkeit , ist praktisch irrelevant und inzwischen wohl auch schon wieder aufgegeben[1]. Es ist jedoch fraglich, ob diese Entscheidungsformeln das gesamte Urteilssubstrat bilden oder ob sich in diesem Material nicht eine weitergehende, allgemeine Aussage über die Geltungsweise von Vergleichen verbirgt.

aa) Zur Zulässigkeitsformel

Da das Wirksamkeitskriterium des ernsthaften Zweifels auf Kritik gestoßen ist[2], soll zunächst geprüft werden, ob und inwieweit diese Formel geeignet ist, einen tauglichen Maßstab für die Zulässigkeit von Vergleichsabreden über Ausschlußrechte zu liefern.

Der BGH sah sich bei seiner Urteilsfindung vor dem Problem, über die Kollision von zwingenden Rechtsbefehlen und Privatautonomie für den konkreten Bereich der wettbewerbsrechtlichen Ausschlußrechte zu entscheiden.

---

1) Vgl. BGHZ 65, 147 ff., wo dieses Merkmal trotz Beharrens auf sonstigen Punkten schlicht nicht mehr auftaucht.

2) Jauernig, ZHR 141, 224 (225); etwas maßvoller K. Schmidt, Kartellverbot, S. 87; ders. JuS 1978, 736 (74o).

Die Vorschriften Nr. 7 der Art. V c beider Militärregierungsgesetze belassen dem Gericht dabei auf den ersten Blick keinen Entscheidungsspielraum, der eine Wirksamkeit der Verträge annehmen ließe. Es handelt sich hierbei um Gesetze in Verbotsform, sogenannte Nichtgeltungsanordnungen[1], die für unter ihren Tatbestand subsumierbare Vereinbarungen die Nichtigkeitsfolge zwingend anordnen. Und der BGH ist offenbar auch der Auffassung, daß der Tatbestand dieser Verbotsvorschriften dem Wortlaut nach an sich erfüllt ist[2].

Gleichwohl wollte das Gericht der Vielgestaltigkeit des Wirtschaftslebens Rechnung tragen und keine Entscheidung treffen, die jedweden Spielraum privater Gestaltung ausschaltet. Obwohl der BGH die Anwendung einer rule of reason ausdrücklich ablehnt, schränkt er andererseits unter Berufung auf die Vernunft den Wirkungskreis der Dekartellierungsgesetze ein[3]. Der BGH hat hierbei nicht näher erläutert, welche dogmatische Leitvorstellung dieser Restriktion aus Vernunftsgründen zugrundeliegt. Es liegt jedoch der Gedanke nahe, daß hier das Korrektiv der im amerikanischen Wettbewerbsrecht anerkannten rule of reason[4] durch ein grundlegendes Korrektiv der deutschen Rechtsordnung, die Friedensfunktion bzw. den Vorrang des Gütegedankens, ersetzt worden ist. In ihren Aus-

1) Siehe S. 98, 107 f.

2) Vgl. BGHZ 3, 193 (196); 16, 296 (3o2 f.).

3) BGHZ 3, 193 (198 f.). Gegen eine buchstabengetreue, ausnahmslose Anwendung der DekartellierungsG auch Lampert, GRUR 195o, 1 ff., insbesondere S. 7 f., wo er nachweist, daß eine stringente Anwendung von Art. V, 9 c 7 in erster Linie bei der Bezugspflicht von unpatentierten Teilen oder Stoffen zum Tragen kommt, ansonsten nicht ausnahmslos erfolgt. Möhring, GRUR 195o, 496 (5o1, 5o6), erreicht dasselbe Ergebnis vornehmlich unter Berufung auf die rule of reason.

4) Im amerikanischen Antitrustrecht anerkannt seit 1911 (Standard Oil Company of New Jersey, 221 U. S. 1, 31 S. Ct. 5o2). Vgl. Möhring, WuW 1955, 5 (6 ff.); Frankfurter Kommentar, Einl. Anh. A, Tz. 7, 3o; Rinck, Wirtschaftsrecht, Rdnr. 753.

wirkungen kommen sich beide Institute sehr nahe. Wenn man in dieser Weise die Anwendung von Praktikabilitäts- und Vernunftargumenten auf die Friedensfunktion zurückführt, erhält man ein befriedigendes dogmatisches Fundament für die auf den ersten Blick nur von Billigkeitsargumenten getragenen Entscheidungsgründe.

Neben diesem Rückgriff auf den Gütegedanken lassen sich zur Begründung der Entscheidungen noch einige andere Argumente aus der Systematik der wettbewerbsrechtlichen Ausschlußrechte ableiten. So ist bei der Anwendung der Dekartellierungsgesetze in den konkreten Fällen zu beachten, daß die Vorschriften im Bereich wettbewerbsrechtlicher Ausschlußrechte zur Anwendung kommen mußten, damit in einer Zone, in der eine weitreichende privatautonome Gestaltbarkeit anerkannt ist[1]. Bei den wettbewerbsrechtlichen Ausschlußrechten handelt es sich um Rechtspositionen, die in ihrer Zuweisungsfunktion dem Eigentumsrecht (§ 9o3 BGB) nicht unähnlich sind, was eine autonome Verfügbarkeit durch den Inhaber einschließt.[2] Schon von daher ist nicht recht einsehbar, warum dem Inhaber eines wettbewerbsrechtlichen Ausschlußrechts eine Vereinbarung über die Reichweite dieses Rechtes verboten sein sollte. Ein solches Verbot wäre nach Sinn und Zweck der wettbewerbsrechtlichen Ausschlußrechte erst sinnvoll, wenn eine Reichweitenvereinbarung zu einer institutionellen Aushöhlung des konkreten Ausschlußrechtes führen

1) Vgl. BGHZ 3, 193 ff.; 16, 296 ff. Ausdrücklich für Vereinbarungen über den Umfang Möhring, GRUR 195o, 496 (5o6); vgl. auch Ebel, Berichtigung, S. 152 f.; K. Schmidt, JuS 1978, 736 (739); Frankfurter Kommentar, Tz. 33; Pastor, Wettbewerbsprozeß, S. 584 - 599.

2) Axster in GK, Vorb. §§ 2o, 21, Rdnr. 2.

würde, wenn also vertraglich gesetzesuntypische Rechtsformen entstünden, die in dem Katalog der Ausschlußrechte so nicht vorgesehen sind. Grundsätzlich ist jedoch im Bereich der Ausschlußrechte von einer weitreichenden privatautonomen Gestaltungsfreiheit auszugehen. Etwas anderes läßt sich auch nicht etwa den §§ 2o, 21 GWB entnehmen. Zwar werden dort Verträge für nichtig erklärt, in denen einem Erwerber oder Lizenznehmer von Ausschlußrechten Beschränkungen im Geschäftsverkehr auferlegt werden, die über den Inhalt des Ausschlußrechts hinausgehen. Hieraus läßt sich aber nicht die Absicht folgern, Inhaltsbestimmungen von Ausschlußrechten schlechthin abzuschneiden. Das verdeutlicht schon der letzte Halbsatz des § 2o Abs. 1 GWB. Danach gehen dort Beschränkungen hinsichtlich Art und Umfang usw. eben nicht im Sinne des § 2o GWB über den Inhalt des Schutzrechts hinaus. Daß §§ 2o, 21 GWB kein allgemeines Verdikt gegen Verträge über die Reichweite eines Ausschlußrechts bezwecken, zeigt auch der Betroffenenkreis: Die Norm erfaßt nur die Rechtsbeziehungen zwischen Ausschlußrechtsinhaber und -erwerber bzw. Lizenznehmer. Darin verrät sich eine spezielle wettbewerbspolitische Ausrichtung, die lediglich eine Koppelung von verkehrsbeschränkenden Maßnahmen mit der Weitergabe von Ausschlußrechten unterbinden will. Eine weitergehende, allgemeine Sperre für private Vereinbarungen über Inhalt oder Reichweite eines Ausschlußrechts läßt sich §§ 2o, 21 GWB nicht entnehmen.

Soweit die Dekartellierungsgesetze ihrem Wortlaut nach einen vollständigen Ausschluß der Privatautonomie nahelegen, bedürfen sie einer teleologischen Auslegung im Lichte des konkreten Anwendungsbereichs. Das bedeutet für die vorliegenden Fälle, daß die Vorschriften so angewendet werden müssen, daß sie nicht in einen inneren Widerspruch mit dem System der Ausschlußrechte geraten können.

Damit präzisieren sich die kritischen Punkte eines Vertragswerks über wettbewerbsrechtliche Ausschlußrechte: Die Vertragsfreiheit endet (erst), wenn andere Rechte durch eine Interpretation von Ausschlußrechten betroffen werden, wenn die private Übereinkunft ein normativ umrissenes Ausschlußrecht in seinem Kerngehalt verändert, schlimmstenfalls zu einem aliud, einem im Gesetz so nicht vorgesehenen neuen Ausschlußrecht deformiert oder, wenn durch einen derartigen Akt geschützte Bestandteile bzw. abstrakte Grundsätze des Wettbewerbsrechts gefährdet werden.

Eben diese Grenze einzuhalten, bezweckt die vom BGH verwendete Formel über die Zulässigkeit von Vergleichsabreden im Bereich zwingenden Wettbewerbsrechts. Die Voraussetzung ernsthaften Zweifels an einer Rechtslage verhindert, daß privatautonome Vereinbarungen in Geltung erwachsen, die offenkundig vom normativen Kern der wettbewerbsrechtlichen Ausschlußrechte nicht mehr gedeckt sind. Andererseits ist diese Formel aber auch nicht so eng, so daß jeder Güteversuch für die Parteien allzu risikobehaftet und unvernünftig würde. Gleichzeitig verarbeitet diese Formel damit ein Spezifikum der Ausschlußrechte im deutschen Recht: Wettbewerbsrechtliche Ausschlußrechte sind von vornherein auf eine interpretative Umfangsbestimmung angewiesen. Anders als z.B. im amerikanischen Patentrecht kennt das deutsche Patentrecht keine präzisen und akribisch festlegenden Bestimmungsmerkmale[1]. Die wettbewerbsrechtlichen Ausschlußrechte

1) BGHZ 3, 193 (197); weitere Nachweise bei Schulte, Patentgemeinschaften, S. 26 ff.

bedürfen hinsichtlich ihrer Reichweite von vornherein der Auslegung. Die Formel des BGH stellt insoweit nur sicher, daß die Parteien im Vergleichswege kartellfrei vereinbaren dürfen, was auch vor Gericht Gegenstand einer Auslegung des Ausschlußrechtes sein könnte. Der BGH erkennt hiermit im Rahmen eines Vergleichsvertrages die oben bereits aufgezeigte[1] Gleichwertigkeit von staatlich institutionalisierter und privatautonomer Konfliktbereinigung an.

Die vom BGH geprägte Formel ist ausreichend offen, aber auch hinreichend bestimmt. Daß einer Formulierung von "ernsthaften Zweifeln" das Stigma aller Generalklauseln anhaftet, ist unvermeidlich. Man kann einem Gericht andererseits nicht ansinnen, schärfere Abgrenzungskriterien zu benennen, wenn die Formel auf eine Vielzahl von Einzelfallkonstellationen anwendbar sein soll und dem Richter für die konkrete Urteilsfindung den notwendigen Spielraum erhalten muß. Zumindest für den Bereich wettbewerbsrechtlicher Ausschlußrechte hat der BGH damit einen akzeptablen Rahmen für die Zulässigkeit von Vergleichsschlüssen im Lichte kartellrechtlicher Verbotsgesetze (Nichtgeltungsanordnungen) abgesteckt.

Die vom BGH geprägte Formel des ernsthaften Zweifels, die nicht die objektive Sachlage zum Merkmal der Zulässigkeit eines Vergleichs bestimmt, sondern sich mit einer Vorstufe, der vernünftig vertretbaren Ungewißheit über eine objektiv meßbare Situation, begnügt, hat allerdings auch Kritik gefunden. Vornehmlich Jauernig hat im Rahmen seiner Kritik an der Entscheidung BGHZ 65, 147 vertreten, daß es mit dem Charakter eines Verbotsgesetzes unverein-

1) S.S. 23 f.; 38 ff.

bar sei, sich mittels einer derartigen Zweifelsformel über den Inhalt der Norm hinwegzusetzen[1]. Jauernig folgert daraus eine rechtssystematische Umdeutung der einschlägigen kartellrechtlichen Verbotsnorm von einem echten Verbotsgesetz in eine sogenannte Kompetenzregel[2]. Diese Kritik und der von Jauernig vorgeschlagene Lösungsweg sind jedoch abzulehnen[3]. Zum einen ist es methodisch angreifbar, aus der Existenz einiger thematisch eingegrenzter BGH-Entscheidungen auf den generellen Charakter eines Gesetzes rückschliessen zu wollen. Zum anderen schöpft Jauernig die außerhalb eines Verständnisses als Kompetenzregel gegebenen Begründungsgedanken nicht aus, die für die dogmatische Absicherung der BGH-Entscheidung herangezogen werden können. So hat Jauernig offenbar überhaupt nicht im Blickfeld gehabt, daß der BGH von einer Geltungspräferenz des Vergleichsschlusses ausgehen könnte, daß das Gericht aus der Aufgabenstellung der Rechtsordnung als einer Friedensregelung ein allgemeines Primat gütlicher Bereinigungsversuche folgern wollte, nach dem Vergleichsverträgen im Bereich zwingender Rechtsregeln geringere Wirksamkeitsschranken zu setzen sind als anderen Vertragstypen. Daß der BGH sich für die Zulässigkeit von Vergleichen mit der vernünftig vertretbaren Ungewißheit über eine objektiv meßbare Situation begnügt, läßt sich insbesondere im Bereich wettbewerbsrechtlicher Ausschlußrechte nicht kritisieren. Ein Vergleich über die Reichweite eines Ausschlußrechts bewirkt typischerweise keine allgemeine Wettbewerbsverzerrung, die ein Einschreiten der Wettbewerbsschutzvorschriften erforderlich macht. Die Zuweisung eines besonderen Rechts wie Warenzeichen oder Patent stellt im Grunde selbst schon einen erheb-

---

1) Jauernig, ZHR 141, 224 (225).

2) Jauernig, ZHR 141, 224 (225 f.).

3) So auch T. Raiser, BB 1977, 1461 (1466, FN 4o); K. Schmidt, JuS 1978, 736 (739 f.).

lichen "Eingriff" in die Wettbewerbsfreiheit dar[1]. Nun

---

1) Der Terminus "Eingriff" paßt allerdings nur auf dem Boden der Marktformenlehre, die ein statisches Wettbewerbsbild, Wettbewerb als Zustand, voraussetzt (vgl. Eucken, Grundlagen, S. 59 ff.; Grundsätze, S. 245 ff.; vorher schon Böhm, Wettbewerb, S. 12 ff. u.a.; ders. WuW 1953, 178 ff.; Callmann, Kartellrecht, S. 248; ebenso Miksch, Wettbewerb, S. 33 ff.; Lehnich, Wettbewerbsbeschränkung, S. 589 ff.). Stichworte dieses Konzepts: atomisierter Wettbewerb als Leitbild, hohe Anzahl von Anbietern und Nachfragern, marktwirtschaftliches Gleichgewicht durch Marktpreis als Steuerungsfaktor. Dieses Wettbewerbskonzept war auch Basis des GWB, vgl. Begründung zum GWB (abgedruckt in GK, 1. Aufl., S. 1o59): Danach liegt dem GWB ein Wettbewerbsbegriff zugrunde, bei dem "... die Zahl der Marktteilnehmer auf beiden Seiten so groß (scil. ist) daß der Marktpreis für den Unternehmer eine von seinem Verhalten im wesentlichen unabhängige Größe ist". Dieses Denkmodell ist nach der mehr sich an der Wirklichkeit orientierenden neueren Wissenschaft überholt, die von einem unvollkommenen Wettbewerb ausgeht und Monopolrechte organisch, als förderlich für den Wettbewerb in ein Marktkonzept integriert (vgl. die plastische Sprache von Lutz, Ordo JB 1956, S. 32, wo er auf dem Boden der Euckenschen Marktformenlehre von einer "Schlafmützenkonkurrenz" spricht); abweichend von der Regierungsbegründung zum GWB auch das BMW (Arbeitsgruppe Wettbewerbspolitik) zitiert nach Kartte, Leitbild, S. 94: "... Verfasser des Entwurfs zum Gesetz gegen Wettbewerbsbeschränkungen waren ... vom Modell der vollkommenen Konkurrenz beeinflußt ... Inzwischen hat sich in der Wettbewerbstheorie ... die Anschauung durchgesetzt, daß gewisse "Unvollkommenheiten" des Marktes im Sinne des Modells der vollkommenen Konkurrenz nicht nur in der Realität unvermeidlich sind, sondern auch nötig ..., wenn der Wettbewerb seine Leistungen möglichst wirksam erbringen soll." Vgl. auch Fikentscher, Wettbewerb, S. 39 f.; zum "workable" oder "imperfect competition" siehe Clark, AER 194o, 241 ff.; 1955, 45o ff.; ders., Competition as a Dynamic Process; E. H. Chamberlin, The Theory of Monopolistic Competition; J. Robinson, The Economics of Imperfect Competition. Es besteht allerdings Einigkeit, daß die wettbewerbspolitischen "Unvollkommenheiten" zu optimieren, damit auch zu kontrollieren sind, so daß sich für den oben als "Eingriff" angesprochenen Tatbestand eines Ausschlußrechts dieselbe Reichweitenüberlegung ergibt, wie auf der Basis der überkommenen Marktformenlehre von der idealen Konkurrenz.

Zu neuesten Entwicklungen der Wettbewerbstheorien, Gotthold, ZHR 145, 286 ff.

ließe sich allerdings einwenden, eben dieser Eingriff sei auf den gesetzlich zugewiesenen Umfang zu beschränken, ein Vergleich sei in der Lage, diesen Eingriff zu vergrößern. Dieser Einwand kann jedoch nicht überzeugen. Schwerpunktmäßig sollen die wettbewerbsrechtlichen Ausschlußrechte einen kreativen Schöpfer zu einer ungefährdeten Nutzung seiner Leistung ermächtigen[1]. Die Ausstrahlung eines derartigen Privilegs auf den allgemeinen Wettbewerb ist in jedem Einzelfall minimal, allerdings im Grundsatz vorhanden, jedenfalls aber auch in den Willen des Gesetzgebers aufgenommen. Aus dieser Systematik ergeben sich nun Interpretationshilfen, die die Reichweite von wettbewerbsschützenden Verbotsnormen beschränken. Dem Inhaber einer Schutzposition ist automatisch in einem gewissen Rahmen auch die Vergleichsbefugnis zugewiesen. Das bedingt zwar eine mögliche - in praxi nur sehr begrenzte - über den gesetzlichen Kern hinausgehende Beeinträchtigungsmöglichkeit des Wettbewerbs. Diese rechtfertigt sich aber aus der Konzeption des Gesetzes, nur die Hülle eines Ausschlußrechts in zwingender Rechtsform zu begründen und die Reichweitenbestimmung von vornherein mit dem Unsicherheitsmoment einer Auslegung zu belasten. Wegen einer drohenden, im allgemeinen minimalen Verzerrung des jeweiligen Ausschlußrechts durch parteiautonome Auslegung die Privatautonomie vollständig auszuklammern, wäre unverhältnismäßig. Damit würde ein partieller Rechtswegzwang begründet, der unter Betracht des Verhältnisses Richterspruch - Parteivereinbarung überdies in dieser allgemeinen Form wenig sinnvoll wäre[2].

---

1) Baumbach/Hefermehl, Wettbewerbsrecht, Allg. Rdnr. 94 ff. mit Abstufungen nach den einzelnen Ausschlußrechten.

2) Vgl. S. 18 ff., 38 ff.

Grundsätzlich kann man die Auslegung von Ausschlußrechten den Parteien überlassen, wenn man nur sicherstellt, daß sie nicht kollusiv oder aus grobem Unverstand den Wettbewerb beeinträchtigen. Davor aber sichert die Formel des ernsten Zweifels ausreichend.

Das verbleibende Restmoment der Unsicherheit, wie die privatautonome Lückenfüllung in konkreten Situationen funktioniert, kann man als eine der "Unvollkommenheiten" ansehen, die nach geläuterter Auffassung einem Wettbewerbskonzept des "effective", "workable" oder "imperfect competition" inhärent sind[1)]. Die Ausschlußrechte sind insoweit auch nicht mehr als Fremdkörper in einem gedachten System idealer Konkurrenz in einem starren Wettbewerbskonzept einzustufen, sie besitzen vielmehr wettbewerbserhöhende Funktion[2)]. Es ist nach dieser Erkenntnis nur ein weiterer kleiner Schritt auf jener Verständnisebene, die privatautonome Behandlung der Ausschlußrechte im Rahmen dieses "durchführbaren" Wettbewerbs als zweckdienlich zuzulassen, zumal hier die Schranke des Übermaßes durch die Formel des BGH gesichert wird und die Gestaltung sich im Rahmen der im monopolrechtlichen System selbst angelegten Auslegung hält.

---

1) Vgl. die sog. "Gegengifttheorie" von Clark, "Towards a concept of Workable Competition", AER 194o, 241 ff.; "Static Models and Dynamic Aspects", AER 1955, 45o ff.; vgl. dazu auch schon FN 1 auf S. 147; weiter die Überblicke bei Emmerich, Wettbewerbsrecht, S. 9 ff.; Koch, Wirtschaftswissenschaften, S. 137 ff.

2) Vgl. Fikentscher, Wettbewerb, S. 39 f.; sinngemäß auch die in FN 1 auf S. 148 genannten Nachweise zu einem notwendig mit Monopolen durchsetzten Wettbewerbsbild.

bb) Gutgläubigkeit der Vertragspartner ?

In der zweiten Entscheidung hat der BGH neben den ernsthaften Zweifeln die Gutgläubigkeit der Vertragsparteien zu einer zusätzlichen Zulässigkeitsvoraussetzung erhoben[1]. Danach muß derjenige, der unter Berufung auf ein Schutzrecht die wirtschaftliche Tätigkeit eines anderen beschränken will, subjektiv zum Bestand seines vermeintlichen Rechts überzeugt sein.

Von dieser Wirksamkeitseinschränkung eines Vergleichs über die Reichweite von Ausschlußrechten ist in der jüngsten Entscheidung keine Rede mehr, obwohl sonst die Formel der zwei vorherigen Entscheidungen bekräftigt wird[2]. Offenbar hat der BGH dieses Merkmal schon wieder aufgegeben. Dies ist zu begrüßen, denn das subjektive Kriterium ist nicht geeignet, eine Einschränkung für Vergleiche zu bewirken.

Zum einen liegt das daran, daß derartige Bewußtseinsmomente der Parteien in der Gerichtspraxis kaum jemals beweisbar sind. Das offene Eingeständnis, den Vergleich trotz positiver Kenntnis über die fehlende Berechtigung geschlossen zu haben, kommt praktisch nicht vor, so daß die subjektive Haltung der objektiv begünstigten Partei aus der äußeren Sach- und Rechtslage erschlossen werden muß. Subjektive und objektive Voraussetzungen geraten für die prozeßtech-

---

1) BGHZ 16, 296 (3o4).

2) Vgl. BGHZ 65, 147 ff.

nische Bewertung damit zur Deckung[1]. Sind die Umstände aber dergestalt, daß aus ihnen auf eine Bösgläubigkeit einer Vergleichspartei hinsichtlich des Regelungsgegenstandes geschlossen werden kann, so entfällt automatisch die objektive Zweifelhaftigkeit hinsichtlich des Streitgegenstandes, die der BGH für die Vergleichszulässigkeit fordert.

Die Bindung der aus den Umständen rückgeschlossenen subjektiven Parteivorstellung an die objektive Zweifelhaftigkeit gilt uneingeschränkt, weil die Ungewißheit nicht objektiv abstrakt, sondern zwar objektiv, aber aus der Perspektive der Parteien festzustellen ist. Zwar äußert sich der BGH in den Entscheidungen zu diesem Blickwinkel nicht ausdrücklich. Aus der ratio decedendi ergibt sich diese Sicht jedoch zwingend: Wenn das Gericht Vergleiche bei ernsthaften Zweifeln zulassen will, kann es nicht auf einen abstrakt-objektiven Betrachter abstellen, sonst würde der eigene Wirksamkeitsmaßstab inhaltsleer, denn der objektiv-abstrakte Dritte hat praktisch niemals Zweifel an einer Rechtslage. Die Formel ist demgemäß so zu verstehen, daß ein Vergleich zulässig ist, wenn bei objektiver Betrachtung aus dem Blickwinkel der Parteien Zweifel an der Rechtslage bestehen konnten. Auf der Basis

---

1) Ein Vorgang, der unter der Last der Beweisführung nicht selten vorkommt. Beispiel: Subjektiver Wille und mutmaßlicher (objektiv nach der Interessenlage deduzierter) Wille des Geschäftsherrn bei der GoA; ähnlich im Rahmen der GoA auch die Verklammerung zwischen einem objektiv fremden Geschäft und dem (subjektiven) Fremdgeschäftsführungswillen. Das innere Moment beim Geschäftsführer kann der Geschäftsherr an den objektiven Merkmalen vorbei so gut wie nie beweisen, daher ist die Vermutungswirkung eines objektiv fremden Geschäfts prozeßtechnisch praktisch immer eine endgültige Lösung.

dieses Blickwinkels steht damit auch fest, daß der völlig unwahrscheinliche Nachweis der Bösgläubigkeit einer der Vergleichsparteien keinerlei eigenständige Bedeutung erlangen kann. Denn ergeben die vom Gericht ermittelten Erkenntnisdaten bei einer Partei eine subjektive Mißachtung des Gesetzesrahmens, entfällt auch das Zweifelselement, mindestens eine der Parteien ist sich dann nämlich über den relevanten Sachpunkt im klaren.

Eine subjektive Voraussetzung für die Zulässigkeit von Vergleichsabreden besteht damit nicht. Wegen der gezeigten Ankoppelung eines derartigen Elements an das Bestehen des ernsthaften Zweifels erübrigt sich jegliche Kritik an dem in der zweiten BGH-Entscheidung ausgesprochenen Merkmal der Gutgläubigkeit[1], es sei denn, die Rüge betrifft die Entbehrlichkeit des Kriteriums.

b) Zwischenergebnis

Als Resultat läßt sich mithin festhalten, daß der BGH in den geschilderten beiden Entscheidungen über die im Vergleichswege getroffene Reichweitenbestimmung von wettbewerbsrechtlichen Ausschlußrechten eine Privilegierung des Vergleichsvertrages gegenüber anderen, kartellrechtlich relevanten Vertragsformen zur Anwendung gebracht hat. Offen bleibt allein, ob das Gericht hiermit eine Geltungspräferenz von Vergleichsverträgen als einen allgemeinen Gütegedanken der Rechtsordnung begründen will oder ob sich die Einschränkung des an sich zwingenden Kartellrechts aus den oben dargelegten

---

1) Derartige Kritik findet sich bei Jauernig, ZHR 141, 224 ff.; K. Schmidt, JuS 1978, 736 (74o).

Spezifikationen bei wettbewerbsrechtlichen Ausschlußrechten ergibt. Weitere Aufschlüsse über die Verallgemeinerungsfähigkeit des hier zumindest im Ergebnis zur Geltung gebrachten Wirkungsprivilegs von Vergleichsabreden gibt die nachstehend erörterte Entscheidung des BGH zur Verträglichkeit von wettbewerbsrechtlichen Vergleichen mit § 1 GWB, da in diesem Fall das Problem über die Reichweitenbestimmung von Ausschlußrechten hinausweist und den Bereich allgemeinen wettbewerbsrechtlich relevanten Handelns berührt.

3) Die Heilquellen-Entscheidung (BGHZ 65, 147)

Der Entscheidung lag folgender Sachverhalt zugrunde:

> Eine GmbH betrieb mit wasserrechtlicher Genehmigung in einem Badeort eine Heilquelle (Quelle 1) und bewirtschaftete das Kurmittelhaus. 1963 begann der Freistaat Bayern, auf dem Grundstück eines kommunalen Zweckverbandes - nicht einmal 5oo m von der Quelle entfernt - eine weitere Heilquelle zu erbohren (Quelle 2). Aus diesem Vorgehen entstanden eine ganze Reihe von Streitigkeiten, zu deren Beilegung der Freistaat Bayern mit der GmbH einen Vergleich abschloß. Darin verpflichtete sich die GmbH, nichts mehr gegen die Erschließung der Quelle 2 zu unternehmen. Der Freistaat Bayern verpflichtete sich, die Quelle 2 nur als Vorhaltequelle zu betreiben, um Lücken in der Bedarfsdeckung, z.B. bei Ausfällen der Quelle 1, zu schließen. Grundsätzlich sollte der Bedarf aus Quelle 1 der GmbH gedeckt werden. Später übernahm der kommunale Zweckverband anstelle der GmbH das Kurmittelhaus und trat in allseitigem Einverständnis in die Rechte und Pflichten aus dem Vergleich ein. Entgegen der Absprache versorgte der Zweckverband das Kurmittelhaus jedoch nicht etwa mit Wasser aus Quelle 1, sondern mit Wasser aus Quelle 2. Die GmbH klagte daher auf Einhaltung der Vergleichsregelung.

Der BGH hat eine Nichtigkeit des Vergleichs gemäß § 1 GWB geprüft und verneint[1]. Die Begründung entspricht den oben bereits referierten anderen Entscheidungen über Verstöße gegen Dekartellierungsgesetze: Solange sich Parteien über Wettbewerbshandlungen in der Form vergleichen, daß sie Punkte regeln, die bei objektiver Betrachtungsweise ernstlich zweifelhaft sein können, ist das wettbewerbsrechtlich nicht zu beanstanden[2].

a) Analyse der Entscheidung

Das zitierte Urteil fand im Ergebnis allgemeine Zustimmung[3]. Allerdings haben Begründung und Zulässigkeitsformel in der Literatur auch Kritik erfahren[4]. Dies kann nicht überraschen, da der BGH auch in dieser dritten wettbewerbsrechtlichen Entscheidung nicht ausdrücklich sagt, auf welcher dogmatischen Basis und aufgrund welcher Rechtssätze er die zur Entscheidung gestellte Vergleichsvereinbarung gegenüber § 1 GWB wirksam beläßt. Insoweit bedarf das Urteil der Interpretation. Bei diesem notwendigen Interpretationsprozeß gilt es, die Gefahr zu vermeiden, dem Gericht Beweggründe zu unterstellen und aus den Entscheidungsgründen Folgerungen abzuleiten, die über die Intention des Urteilsspruchs hinausreichen. Insofern soll im folgenden der

---

1) BGHZ 65, 147 (149, 152).

2) BGHZ 65, 147 (151 f.); diese Formel ist auch übernommen von LG Dortmund, WRP 1977, 57.

3) K. Schmidt, JuS 1978, 736 (739); ders., Kartellverbot, S. 87: "Das sachliche Anliegen der Rechtssprechung verdient ... volle Billigung"; Ebel, Berichtigung, S. 152: "Die richtige Richtung ist ... damit angedeutet". S. weiter Westrick/Loewenheim, GWB, § 1 Rdnr. 87; T. Raiser, BB 1977, 1461 (1466).

4) Ebel, Berichtigung, S. 152 (Formel "wenig brauchbar"); K. Schmidt, Kartellverbot, S. 87 ("zu weit"); ders. JuS 1978, 736 (74o); vgl. weiter Jauernig, ZHR 141, 224 ff.

Versuch unternommen werden, das Urteil möglichst umfassend zu analysieren. Dies bedeutet insbesondere, daß zunächst sämtliche tatbestandlichen Begründungsmöglichkeiten für die Nichtanwendung des § 1 GWB erschöpft werden müssen, bevor die vorliegende Entscheidung mit Überzeugungskraft als Beleg für ein so weitreichendes Prinzip herangezogen werden kann, wie es das Wirkungsprivileg von Vergleichsverträgen als Begrenzungsfaktor des zwingenden Rechts darstellt.

aa) Differenzierung nach dem Vergleichsgegenstand

Der BGH sieht diesen Fall offenbar auf einer Stufe mit den früheren Dekartellierungsentscheidungen und wiederholt demgemäß die dort begründete Formel. Der vorliegende Vergleich über ein problematisches Wettbewerbsverhalten legt jedoch eine andere Betrachtungsweise nahe als ein Vergleich über die Reichweite individualrechtlich ausgerichteter Ausschlußrechte. An Verträgen über Wettbewerbshandeln, das z.B. § 1 UWG unterfallen könnte, besteht schon per se ein größeres Kontrollinteresse der Allgemeinheit. Dies ergibt sich mittelbar auch aus §§ 28, 29 GWB, in denen für die Aufstellung von Wettbewerbsregeln ein besonderes Verfahren normativ eingerichtet worden ist. Nun rechtfertigt diese Kodifikation nicht den Rückschluß, daß jenseits dieser Grenzen privatautonomen Regelungen jede Wirksamkeit zu versagen ist[1]. Die §§ 28, 29 GWB indizieren jedoch einen gegenüber den wettbewerbsrechtlichen Ausschlußrechten erhöhten Sorgfaltsmaßstab bei der Zulässigkeitsüberprüfung von Wettbewerbshandlungen, die einerseits mit den Grundsätzen der Wettbewerbslauterkeit (§ 1 UWG) und der Wettbewerbsfreiheit (§ 1 GWB) kollidieren könnten.

---

1) Franzen in GK, § 29 Rdnr. 1.

Daß der BGH auf die Unterscheidung nach dem Vergleichsgegenstand nicht näher eingeht, ist ein erster Beleg für die These, daß ein übergeordnetes allgemeines Prinzip zur Anwendung gekommen ist, hinter dem die Spezifika des konkreten wettbewerbsrechtlichen Einzeltatbestandes zurücktreten. Die schlichte Wiederholung der Entscheidungsformel ohne Rücksicht auf den geänderten Vergleichsgegenstand verdeutlicht damit auch, daß die oben angestellten Hilfsüberlegungen zur Begründung der ersten beiden Entscheidungen aus der Systematik der wettbewerbsrechtlichen Ausschlußrechte wohl nicht, zumindest nicht allein, die ratio decedendi bilden.

bb) Materielle Prüfung der UWG-Rechtslage als Vorfrage für die Anwendung von § 1 GWB

Nach dem herkömmlichen Verständnis zum Verhältnis zwischen UWG und GWB überrascht es, daß der BGH in der Entscheidung nicht auf die Lauterkeitsaspekte des im Streit befindlichen Wettbewerbshandelns eingegangen ist. Wenn auch der in der amtlichen Entscheidungssammlung des BGH abgedruckte Auszug des Urteils nicht eindeutig erkennen läßt, daß der Streit Probleme der Wettbewerbslauterkeit berührt, so erscheint die Frage nach der Anwendung von § 1 UWG doch zumindest naheliegend[1]. Immerhin ist das Eingreifen des UWG nach herrschender Meinung Vorfrage für die Anwendbarkeit des GWB. Nach verbreiteter Ansicht greift § 1 GWB erst dort ein, wo die Reichweite des UWG endet[2]. Es ist nahezu einhellige Auffassung, daß Verträge, die unlauteren Wettbewerb beseitigen, kartellfrei

---

1) Vgl. auch die thematische Einbindung der Entscheidung bei K. Schmidt, JuS 1978, 736 ff., dem bei seiner Bearbeitung die vollständige Entscheidung vorgelegen hat.

2) Koenigs, GRUR 1958, 589 (59o); Schmitz, NJW 1961, 2o89 (2o9o); sinngemäß auch Fikentscher, FS Hallstein 1966, 127 (135, 143).

sind[1]. § 1 GWB kommt für derartige Verträge nicht zur Anwendung.

Daß der BGH auf die UWG - Rechtslage mit keinem Wort eingeht, kann zwei Gründe haben: Entweder kam in der konkreten Problemstellung das UWG nicht zur Anwendung oder der BGH ist von der bislang herrschenden Meinung zum Verhältnis UWG-GWB abgewichen. In beiden Fällen ist es bedauerlich, daß der BGH hier seine diesbezüglichen Überlegungen nicht ausgeführt hat. Gerade im Zusammenhang mit einem Vergleichsvertrag, der ein möglicherweise auch unlauteres Wettbewerbshandeln erledigt, gibt es eine Reihe von Variationen, die im Hinblick auf die Anwendbarkeit von § 1 GWB unterschiedliche Rechtsfolgen nach sich ziehen könnten: Die materielle Prüfung eines Wettbewerbsverstoßes kann ergeben, daß in Wirklichkeit keine unerlaubte Wettbewerbshandlung vorgelegen hat, die Parteien sich bei ihrem Vergleichsschluß insoweit im Irrtum befunden haben. Für diesen Fall ist in dem Vergleich zu Lasten mindestens einer Partei eine an sich erlaubte Maßnahme verboten, mithin eine Wettbewerbsbeschränkung begründet worden. In dieser Konstellation verdrängt das UWG das GWB nicht. Die Prüfung des materiellen Wettbewerbsverstoßes kann weiter ergeben, daß das dem Vergleich zugrundeliegende Wettbewerbshandeln in der Tat unlauter war. Diese Alternative kann sich in drei Varianten fortsetzen: Der Vergleich beseitigt die festgestellte Unlauterkeit vollständig, der Vergleich beseitigt einen Teil der Unlauterkeit, der Vergleich beseitigt gar keine Unlauterkeit bzw. er verstärkt sie sogar noch. Bei der ersten dieser Möglichkeiten wäre § 1 GWB nach überwiegender Auffassung unanwendbar[2]. Bei Vorliegen der

1) Müller-Henneberg in GK § 1, Rdnr. 48; Frankfurter Kommentar, § 1 Tz. 31; Lukes, Kartellvertrag, S. 124 f.; Baumbach/Hefermehl, Wettbewerbsrecht, Allg. Rdnr. 87.

2) Vgl. Nachweise in FN 2 auf S. 157, FN 1 auf S. 158, FN 1 - 3 auf S. 159, FN 1 auf S. 160.

zweiten Möglichkeit wäre die Rechtslage weniger deutlich. Es wäre zu entscheiden, ob der konkrete Fortschritt auf dem Wege der Wettbewerbslauterkeit ausreicht, um den Vertrag aus der Kontrollsphäre des § 1 GWB herauszuhalten. Die herrschende Meinung würde dies wohl bejahen[1)]. Möglicherweise hätte die Entscheidung dem BGH die Gelegenheit geboten, zu diesem Problem eine klarstellende Aussage zu treffen. Im Falle der dritten Möglichkeit wäre § 1 GWB ohne weiteres anwendbar. Ein Vertrag, der sich zwar mit unlauterem Wettbewerbshandeln befaßt, inhaltlich jedoch die Redlichkeit nicht fördert, ist wie jede andere Abmachung nach § 1 GWB zu kontrollieren.

Daß der BGH mit der Nichterwähnung der Lauterkeitsproblematik die herrschende Meinung zum Verhältnis UWG-GWB gewissermaßen en passant korrigieren wollte, ist wenig wahrscheinlich. Da jedoch das Eingreifen des UWG einen Ausschlußgrund für die Anwendung des § 1 GWB bilden kann und somit eine Erklärungsmöglichkeit für die besprochene Entscheidung darstellt, soll im folgenden kurz auf diese Konkurrenzfrage eingegangen werden.

aaa) Lösung auf dem Boden der herrschenden Meinung

Nach herrschender Meinung besteht zwischen UWG und GWB ein antinomisches Spannungsverhältnis[2)]. Der Anwendungsbereich des GWB verringert sich, wenn der Wirkungskreis des UWG sich vergrößert[3)]. Zum Teil wird sogar von einer

---

1) So lassen sich z.B. verstehen: BGH JZ 1962, 363 (364); Müller-Henneberg in GK § 1 Rdnr. 48; Frankfurter Kommentar, § 1 Tz. 31; Baumbach/Hefermehl, Wettbewerbsrecht, Allg. Rdnr. 87; Kroitzsch, GRUR 1965, 12.

2) Koenigs, NJW 1961, 1o41 (1o42); Günther, MA 1969, 17o.

3) Koenigs, NJW 1961, 1o41 (1o42).

Subsidiarität des GWB gegenüber dem UWG gesprochen[1].

Fälle, in denen unlauteres Wettbewerbsverhalten vertraglich beigelegt wird, sind kartellfrei. Zu diesem Thema heißt es in der Begründung des Regierungsentwurfs zum GWB unmißverständlich: "Vereinbarungen, die lediglich Maßnahmen des unlauteren Wettbewerbes unterbinden wollen ..., werden durch das Verbot des § 1 nicht erfaßt"[2].

Auch wenn neuere Tendenzen immer mehr eine Synthese von UWG und GWB im Rahmen einer einheitlichen Wettbewerbsordnung anstreben[3], ist dies für die Kartellfreiheit von Unlauterkeitsbeschränkungen bedeutungslos. Es verbleibt bei dem Grundsatz, daß Schutzobjekt des § 1 GWB der lautere Wettbewerb ist[4], so daß es keine von der ratio des GWB erfaßte Wettbewerbsbeschränkung sein kann, wenn der Wettbewerb in seiner Lauterkeit gefördert wird.

Problematisch bleibt damit im Bereich eines lauterkeitsfördernden Vergleiches gleichwohl die oben schon angesprochene Konstellation, in der ein Wettbewerbsvergleich das unlautere Wettbewerbshandeln nur teilweise beseitigt und einen Rest unlauteren Handelns weiterleben läßt.

---

1) Koenigs, GRUR 1958, 589 (59o); Summerer, WRP 1959, 311 (312 f.).

2) Begründung zum Reg.Entw. GWB C § 1 Ziff. 3 d (abgedruckt in GK, 1. Aufl., S. 1o76).

3) So völlig zutreffend Franzen in GK, § 28 Rdnr. 17; tendenziell so schon Schramm, GRUR 1937, 433 (443); vgl. weiter Fikentscher, Wettbewerb, S. 5, 24o, 3o6 ff.; ders. Festschrift Hallstein (1966), S. 127 (135); Hefermehl, FS Nipperdey (1955), S. 283 (299); s. auch Rauschenbach, Wirtschaftsrecht, S. 1o3.

4) BGH WuW/E 451, 455; Möhring, WuW 1954, 387 (388); Müller-Henneberg in GK, § 1, Rdnr. 48; Rauschenbach, Wirtschaftsrecht, S. 121; Hefermehl, JZ 1962, 364; Kellermann, WuW 1965, 551 (561).

Einerseits "fördert" der Vertrag die Lauterkeit, indem er immerhin einige Unlauterkeitstatbestände ausgrenzt, andererseits wirkt er wettbewerbshinderlich. Als Lösung bietet sich zunächst eine Aufteilung dieser Vereinbarung nach dem lauterkeitsfördernden Teil und dem Restbestand an. Ein derartiges Splitting mit der Folge unterschiedlicher Wirksamkeiten muß aber regelmäßig an § 139 BGB scheitern. Die Antwort - Anwendung von § 1 GWB oder nicht - muß also einheitlich gegeben werden. Im Sinne der herrschenden Meinung ist es wohl richtig, auch hier den Versuch, durch eine private Vereinbarung unlauteres Wettbewerbshandeln auszuschalten, zu privilegieren und den Vertrag ohne Anwendung von § 1 GWB wirksam zu belassen. Ein derartiges Abkommen gerät damit dann allerdings außerhalb weiterer wettbewerbsrechtlicher Kontrolle. § 1 GWB greift aus grundsätzlichen Erwägungen nicht ein, auf die Rechte aus dem UWG haben die Parteien durch den Vergleichsschluß konkludent verzichtet[1]. Der in einem derartigen Vergleich enthaltene Restbestand unlauteren Wettbewerbshandelns ist aber hinzunehmen. Es ist zwar Aufgabe der Rechtsordnung, einen Teilnehmer am Marktverkehr in seinen Wettbewerbsmöglichkeiten zu schützen. Wenn dieser sich seine Möglichkeiten jedoch selbst begibt, soll er

---

1) Ein derartiger Verzicht auf das Klagerecht aus § 1 UWG ist zulässig. Zwar schützt die Norm zum Teil auch Allgemeininteressen und Mitbewerber, die am Vergleichsschluß unbeteiligt sind. Daraus ergeben sich aber keine individuellen Verzichtsschranken, da die Vergleichsabrede die Unterlassungsansprüche dritter Personen nicht beeinträchtigt. Das Allgemeininteresse an einem lauteren Wettbewerb reicht nicht soweit, den Parteien den Verzicht auf die Klagemöglichkeiten des § 1 UWG zu untersagen. Ein solcher Verzicht ist - auch wenn er pauschal für die Zukunft getroffen ist - solange unbedenklich, als er einen einzelnen Streitgegenstand betrifft und nicht allgemein jedes Wettbewerbsverhalten zwischen zwei Parteien erfassen soll.

die Folgen ruhig tragen[1]. Der vergleichsweisen Hingabe von wettbewerbsrechtlichen Positionen ist auch deshalb kein Zwangsriegel vorzuschieben, weil in Ansehung der in § 13 Abs. 1 UWG begründeten weitreichenden Klaglegitimationen das allgemeine Interesse an der Ausschaltung unlauterer Wettbewerbshandlungen[2] immer gewahrt bleiben wird.

Das konkrete Problem sei noch an einem Beispiel verdeutlicht:

> Eine Fertighausfirma wirbt mit dem Konterfei dreier Bundesligaspieler für ihre Produkte: "Die Spieler X, Y, Z haben mit Firma A gebaut, und Sie?"[3]. Daraufhin stellt Fertighaushersteller B fest, daß die Werbeaussage unrichtig ist. Z hat in Wirklichkeit mit Firma B gebaut. Die Hersteller A und B vergleichen sich jetzt dahin, daß A an B DM 5o.ooo,-- zahlt und B dafür die sachlich unrichtige Werbung duldet.

Auf dem Boden der herrschenden Meinung könnte § 1 GWB hier zur Anwendung kommen, da der Vergleich unlauteres Wettbewerbshandeln nicht beseitigt. Denn auch nach dem Vergleichsschluß bleibt eine unrichtige, die Kunden damit irreleitende Werbeaussage in der Welt. Andererseits verbessert der Vergleich die UWG-Rechtslage, da der Hauptbetroffene eine Entschädigung erhält. Es handelt sich

---

1) Als Beleg eine ähnliche Wertung bei Schwartz in GK, § 18 Rdnr. 6: dort wird die Zielsetzung von § 18 GWB darin gesehen, "Dritten" den Zugang zum Markt zu sichern, nicht etwa in dem Schutz des (sich selbst!) bindenden Partners, "zumal dieser die ihn beschränkende Bedingung freiwillig auf sich genommen habe" .

2) Dazu Rittner, Wirtschaftsrecht, § 12 B II; Baumbach/Hefermehl, Wettbewerbsrecht, Allg. Rdnr. 79.

3) Dieser Fall lehnt sich an eine im Frühjahr 198o tatsächlich erschienene Werbung im Hamburger Abendblatt an.

somit um einen Wettbewerbsvergleich mit nur teilweise UWG-läuterndem Inhalt, der nach der hier vertretenen Ansicht nicht von § 1 GWB erfaßt ist. Die Schutzmechanismen des UWG reichen aus, um den Störcharakter eines derartigen Vorganges angemessen zu sanktionieren. B ist zwar durch den Vergleich seiner Rechte aus § 1 UWG für die Zukunft verlustig gegangen. Seiner diesbezüglichen Rechte hat er sich jedoch freiwillig - gegen Entschädigung - begeben. Die Interessen der Allgemeinheit an korrekten Werbeaussagen bleiben über § 13 Abs. 1 UWG ausreichend gewahrt. Dritte Fertighaushersteller und die Verbraucherverbände können weiter die unrichtige Werbung unterbinden. Insoweit besteht keine Notwendigkeit, den Vergleich zusätzlich inter partes etwa über § 1 GWB zu sanktionieren, da er ungünstige Drittwirkungen nicht zeitigen kann.

bbb) Die Meinung von Sack

Entgegen der herrschenden Meinung will Sack § 1 GWB auch im Unlauterkeitsrecht anwenden[1]. Er argumentiert mit der Entstehungsgeschichte des GWB, insbesondere den kartellrechtlichen Ausnahmevorschriften der §§ 2 - 7, 8, 28 ff., GWB und der sich daraus ergebenden Systematik[2]: Die Ausnahmebestimmungen seien abschließend gedacht[3], so daß auch Verträge gegen unlauteren Wettbewerb grundsätzlich § 1 GWB unterfielen[4].

---

1) Sack, WuW 197o, 395 (4oo, 4o3).
2) Sack, WuW 197o, 395 (4oo ff.).
3) Sack, WuW 197o, 395 (4oo).
4) Sack, WuW 197o, 395 (4o5).

ccc) Stellungnahme zur Ansicht von Sack

Die Ansicht von Sack ist abzulehnen. Sein Argumentationsverfahren ist schon formal angreifbar. Sack gewichtet ein Konglomerat von Äußerungen einer Reihe von Ausschußmitgliedern, Abgeordneten usw. zu dem Gesetzesvorhaben in höchst individueller Weise[1]. Die offizielle Begründung des Regierungsentwurfs, die eindeutig gegen seine These spricht, qualifiziert er als überholt. Untersuchungen dieser Art zeichnen sich immer durch ein gehöriges Maß an Willkür und Vorverständnis aus, so daß diesem Verfahren selten zwingende Überzeugungskraft entfließt. Ähnliches gilt für seine gesetzessystematische Argumentation. Es kann daher auch nicht überraschen, daß die These von Sack keine Befürworter gefunden hat.

Es erweist sich vielmehr als unvernünftig und mit den Regelungsvorhaben von UWG und GWB unvereinbar, § 1 GWB rigide zum Maß aller wettbewerbsrechtlichen Fragen zu machen. Plastisch ist insoweit das Beispiel bei K. Schmidt[2]: Hersteller A vertreibt ein System von Plastikbausteinen und verklagt Hersteller B auf Unterlassung, weil dieser durch Nachahmung in seinen Markt eingedrungen ist. Vor Gericht schließen die Parteien einen Prozeßvergleich, in dem A auf Schadensersatz unter Aufhebung der Kosten

---

1) Sack, WuW 197o, 395 (4o1 f.). Vor allem steht die Behauptung einer abschließenden Ausnahmeregelung innerhalb des GWB als unbewiesene und aus dem Gesetz nicht ableitbare These im Raum. "Im Zweifel" enthalten Gesetze keine abschließende Regelung (s. S. 116), insoweit bleibt Sack "beweisfällig".

2) K. Schmidt, JuS 1978, 736.

des Rechtsstreits verzichtet, B sich verpflichtet, das beanstandete Verhalten in Zukunft zu unterlassen.

Wären auf diesen Fall § 1 UWG und § 1 GWB gleichberechtigt anwendbar, ergäbe sich folgendes unsinnige Ergebnis: Hält sich B an das im Vergleich abgegebene Versprechen, begeht er gemäß § 38 Abs. 1 Nr. 1 GWB eine Ordnungswidrigkeit, weil er sich über die Unwirksamkeit einer Kartellabrede hinwegsetzt. Hielte B sich nicht an das Versprechen, wäre auch dies ein verbotenes Verhalten, er könnte dann gemäß § 1 UWG auf Unterlassung und Schadensersatz in Anspruch genommen werden. Vernünftige Folge dieser paradoxen Situation kann daher nur sein, daß ein im Vergleich abgegebenes Versprechen, ein unlauteres und deshalb verbotenes Verhalten zu unterlassen, nicht unter den Kartelltatbestand fallen darf.

ddd) Ergebnis

Die Betrachtung des Verhältnisses zwischen UWG und GWB führt damit zu der Erkenntnis, daß die vom BGH gefundene Entscheidung, § 1 GWB nicht zur Anwendung zu bringen, sich auch aus Konkurrenzgründen zwischen UWG und GWB begründen ließe, sofern der Vergleichsvertrag ein unlauteres Wettbewerbshandeln geregelt und dabei die Unlauterbarkeit beseitigt oder verringert hat. Gleichwohl kann hierin nicht der tragende Gesichtspunkt der BGH-Entscheidung gesehen werden, da der BGH von dieser hier in der Theorie entwickelten Möglichkeit in seinen Urteilsgründen keinen Gebrauch gemacht hat. Die bloße Möglichkeit, die Nichtanwendung des § 1 GWB über Gesichtspunkte der Wettbewerbslauterkeit zu begründen, trägt das Urteil somit nicht.

cc) Nichtvorliegen eines Tatbestandsmerkmals des § 1 GWB

Die Begründung der Entscheidung durch ein allgemeines Rechtsprinzip, wie es das Wirkungsprivileg von Vergleichsverträgen darstellt, kann legitimerweise nur in Erwägung gezogen werden, wenn schlichtere Erklärungsmöglichkeiten auf der Tatbestandsebene des § 1 GWB ausscheiden. Es ist daher im folgenden zu prüfen, ob der kartellfrei gestellte Vergleichsvertrag eine der in dem Verbotsgesetz genannten Voraussetzungen nicht erfüllt.

Es bedarf keiner näheren Erläuterung, daß Vergleiche von Unternehmen geschlossen werden können und wie jeder andere Vertrag grundsätzlich geeignet sind, die Erzeugung oder die Marktverhältnisse für den Verkehr mit Waren oder gewerblichen Leistungen durch Beschränkung des Wettbewerbs zu beeinflussen. Auch in dem konkreten Vergleich der Entscheidung BGHZ 65, 147 ff. sind die Parteien Unternehmen im Sinne des § 1 GWB[1]; der Vertragsinhalt regelt ein Wettbewerbsverhalten, das eine für § 1 GWB relevante Marktbeeinflussung zur Folge haben kann. - Es sei hier unterstellt, daß eine der vorstehend dargelegten Ausschlußkonstellationen durch § 1 UWG nicht vorliegt.

Ernsthaft kommen nur zwei Tatbestandsvoraussetzungen in Frage, die durch den vorliegenden Vergleichsvertrag nicht erfüllt sein könnten: der im Sinne des § 1 GWB zu schließende "Vertrag" und der damit beabsichtigte "gemeinsame Zweck".

---

1) BGHZ 65, 147 (149).

aaa) "Vertrag" im Sinne des § 1 GWB

Auf den ersten Blick bildet das Merkmal "Vertrag" keine Anwendungsklippe für § 1 GWB hinsichtlich eines Vergleichsschlusses. Ein Vergleich gemäß § 779 BGB ist unzweifelhaft ein gegenseitiger Vertrag[1]. Mangels anderer Hinweise ist davon auszugehen, daß der Begriff Vertrag in § 1 GWB dieselbe Bedeutung hat wie im sonstigen Zivilrecht[2].

Es könnte sich jedoch eine andere Betrachtungsweise ergeben, wenn man die inhaltlichen Zusatzvoraussetzungen heranzieht, die einem Vertrag gemäß § 1 GWB nach der "Gegenstands"-[3] "Folge"-[4] oder "Zwecktheorie"[5] abzu-

---

1) Statt aller: Palandt/Thomas, § 779, Anm. 1 a.

2) Siehe die Nachweise in FN 1,2 auf S. 6o zur Rechtsprechung des BVerfG hinsichtlich der Übernahme zivilrechtlicher Begriffe in einer einheitlichen Rechtsordnung.

3) Vgl. dazu (wenn auch mit einzelnen Nuancierungen) Benisch, DB 1957, 789 (79o); ders. DB 1969, 247 ff.; Jäger, Kartellbegriff, S. 1o5; Frankfurter Kommentar, § 1 TZ 26; Müller-Henneberg in GK, § 1, Rdn. 29, 31; Merle, Marktinformationsverfahren, S. 55 ff.; weitere Nachweise zur Gegenstandstheorie bei Emmerich/Gansweid, JuS 1976, 432 (434, FN 21).

4) Für eine Folgetheorie (z. T. mit der Einschränkung auf "typische" oder "adäquate" Folgen) I. Schmidt, WuW 1966, 699 (718); Sandrock, Grundbegriffe, S. 236 ff.; Steindorff, BB 197o, 824 (826); J. Baur, ZHR 134, 97 (118 ff.); Hoppmann, DB 197o, 93 f.; Säcker, Zielkonflikte, S. 56 ff.; Emmerich, Wettbewerbsrecht, S. 37 ff.; weitere Nachweise bei Leube, FS Günther 1976, S. 183 ff. Kritisch zur Folgetheorie K. Schmidt, ZHR 142, 147 (153 ff., 158 ff., 169 f.).

5) Begründet von Fikentscher, WuW 196o, 68o ff.; ders., Interessengemeinschaft, S. 42, 57; ders. FS Westermann 1974, S. 87 (1o3 ff.); zustimmend I. Schmidt, WuW 1966, 699 (717 f.); Säcker, BB 1967, 681 (682, FN 11); in der Rechtsprechung KG WuW/E OLG 1487 (1493) "Gemeinsame Verkaufsstelle"; kritisch Hoffmann, BB 1975, 628 (632 ff.); Beuthien, FS Hartmann 1976, 51 (62 ff.).

fordern sind. Es stellt sich hierbei die Frage, ob ein Vergleich ein wettbewerbsbeschränkendes Verhalten im Sinne der genannten Theorien enthalten kann.

Nun hat dieser alte, nie richtig entschiedene Streit[1] einen Teil seiner praktischen Bedeutung bereits mit der Erweiterung des Anwendungsbereichs auf sogenannte "Frühstücks"-Kartelle[2] und erst recht mit der Einführung des § 25 GWB verloren. Danach erfaßt § 1 GWB auch vertragliche Vorstufen, denen es zwar am Abschlußelement fehlt, die gleichwohl eine Motivation zur Befolgung des wettbewerbsbeschränkenden Verhaltens - etwa durch moralischen Druck, Solidarität, Rücksichtnahme - enthalten[3]. Die kartellrecht-

1) S. zur immer wieder aufflammenden Diskussion Möschel, NJW 1975, 94 ff. (Folgetheorie); Hoffmann, BB 1975, 628 ff. (Gegenstandstheorie). Vgl. vor allem den neuen und wohl auch richtigen Gedankenansatz bei K. Schmidt, der von "einer am Kartellverbot orientierten" Gegenstandstheorie ausgeht (Kartellverfahrensrecht, S. 4o) und damit in gewisser Weise die Vorteile beider Theorien verbindet: Durch die konsequente Abkehr von vertragsstrukturellen Denkwegen und das Verständnis von § 1 GWB als Verbotstatbestand werden die rechtspolitisch erwünschten Ergebnisse der Folgetheorie mit dem dogmatisch soliden Begründungsfundament der Gegenstandstheorie verbunden (vgl. dazu K. Schmidt, Kartellverfahrensrecht, S. 36 ff.; ders., Kartellverbot, S. 24 ff.). In diese Richtung weist auch das jetzt bei Rittner, Wirtschaftsrecht, S. 339, vertretene "kartellrechtlich-funktionale Verständnis", das ebenfalls vom Verbotstatbestand ausgehend eine "Regelung" der Drittwettbewerbsverhältnisse entsprechend den in §§ 2 - 8 GWB typisierten Fällen verlangt.

2) S. dazu die im Ergebnis falsche Entscheidung des BGH WuW/E 1147 "Teerfarben", die allgemeine Kritik fand; vgl. P. Ulmer, WuW 1971, 878 ff.; K.P. Martens, JuS 1977, 455 ff.; ausführliche Nachweise zu der durch die Entscheidung ausgelösten Kontroverse bei K. Schmidt, Kartellverfahrensrecht, S. 3o (FN 119 bis 121).

3) Vgl. Müller-Henneberg in GK, § 1 Rdn. 27; Müller/Giessler, § 1, Rdn. 53; Westrick/Löwenheim, § 1 Rdn. 34; Rinck, Wirtschaftsrecht, Rdn. 783; Willoweit, NJW 1971, 2o45 (2o5o).

liche Kontrolle wird durch die Erweiterung auf abgestimmtes Verhalten (§ 25 GWB) weiter verschärft. Nunmehr liegt das Problem eher in der befriedigenden Abgrenzung zwischen gentleman's agreements und bloß abgestimmten Verhaltensweisen im Sinne des § 25 GWB[1], kaum noch in der Gefahr einer Kontrollücke. Die Antwort auf den Theorienstreit, ob in einem Vertrag nach § 1 GWB die Wettbewerbsbeschränkung der Gegenstand, der Zweck der Vereinbarung sein muß, oder lediglich die Folge, befriedigt daher vornehmlich ein akademisches Interesse: Es geht nurmehr darum, ob ein wettbewerbsbeschränkender Tatbestand von § 1 GWB oder von § 25 GWB erfaßt und sanktioniert wird, also um die Benennung der korrekten Nichtigkeits- bzw. Verbotsgrundlage.

Obwohl die Tendenz sowohl durch die Entwicklung der Rechtsprechung[2] als auch die Abfassung übernationaler Vorschriften[3] wenigstens in den Ergebnissen recht eindeutig zugunsten der Folgetheorie verläuft, braucht der Theorienstreit für die Frage, ob das Merkmal "Vertrag" bzw. das in ihm ver-

---

1) Zur Abgrenzung etwa Rittner, Wirtschaftsrecht, S. 394; sehr viel differenzierter zu den einzelnen Abstufungen der Willensbildung und der Uneinheitlichkeit des Begriffs gentlemen's agreements, s. Benckendorff, WRP 1962, 313, 316 ff.

2) Vgl. BGHZ 65, 3o ("Zementverkaufsstelle Niedersachsen"); im Verständnis dieser Entscheidung wie hier im Text Rittner, Wirtschaftsrecht, S. 34o; ausführlich zum "Abschied von der Gegenstandstheorie" aufgrund dieser Entscheidung Möschel, NJW 1975, 94 ff.; auch Hintze, MA 1975, 4oo ff.

3) Zur Anwendung von Art. 85 EWG-Vertrag auf Konstellationen, in denen der Sanktionstatbestand bloße Folge ist, vgl. Helm, Kartellrecht, Rdn. 265; S. auch den Wortlaut "... verboten sind ... Vereinbarungen ..., welche ... eine Verhinderung, Einschränkung oder Verfälschung des Wettbewerbs ... bezwecken oder bewirken".

wirklichte wettbewerbsbeschränkende Verhalten durch einen Wettbewerbsvergleich erfüllt werden kann, nicht grundsätzlich entschieden zu werden. Auf jeden Fall läßt sich die Feststellung treffen, daß diese Tatbestandsvoraussetzung bei Vergleichen nicht zwangsläufig entfällt. Es ist vorstellbar - und dies war in BGHZ 65, 147 ff. auch der Fall -, daß der Vergleich eine Wettbewerbsbeschränkung sogar als Regelungsgegenstand enthält, womit das Merkmal des wettbewerbsbeschränkenden Verhaltens auch nach der strengsten, § 1 GWB am weitesten zurückdrängenden Theorie gewahrt wäre.

Im übrigen würde eine Ablehnung dieses Merkmals die Wirksamkeit eines Vergleichs auch nur im Hinblick auf § 1 GWB fördern. Unabhängig davon bliebe zu prüfen, ob das im Vergleich angeordnete Verhalten nicht gemäß § 25 GWB verboten ist. Damit wäre das Zulässigkeitsproblem eines Vergleiches nicht gelöst, sondern nur verlagert.

bbb) "Gemeinsamer Zweck" im Sinne des § 1 GWB

Problematischer ist in diesem Zusammenhang, daß der Vertrag zu einem "gemeinsamen Zweck" geschlossen sein muß. Wann ein Vertrag zu einem gemeinsamen Zweck im Sinne des § 1 GWB und nicht nur ein gemäß §§ 15 ff. GWB relevanter Austauschvertrag vorliegt, ist strittig.

(1) "Gesellschaftsvertrag" als Voraussetzung für die Anwendung von § 1 GWB

Ausgangspunkt der Definitionsversuche ist die Meinung, die zur Annahme eines gemeinsamen Zwecks das Vorliegen eines Gesellschaftsvertrages verlangt[1]. Die Befürworter

1) So zunächst die Begründung Reg.Entwurf. Anlage 1 zu BT-Drucks. II/1158, S. 25 f.: "der Kartellvertrag ist stets ein Gesellschaftsvertrag im Sinne des § 7o5 BGB"; BGH WuW/E 359, 361 f. ("Glasglühkörper"); Frankfurter Kommentar, § 1 Tz 8; Hoffmann, BB 1975, 628, 633.

dieser Ansicht stützen sich auf den insoweit identischen Wortlaut in § 1 GWB und § 7o5 BGB[1] sowie auf die historische Entwicklung des Kartellbegriffes[2].

Die historische Argumentation hat dabei - wie auch sonst häufig - keine Überzeugungskraft. Zum einen ist der Kartellbegriff auf einer anderen gesetzlichen Grundlage gewachsen, der KartVO v. 2. 11. 1923[3], bei der sich das durch den "gemeinsamen Zweck" zu lösende Abgrenzungsproblem zwischen § 1 und §§ 15 ff. GWB nicht stellte[4], zum anderen ist gerade im Bereich der Gesetze gegen Wettbewerbsbeschränkungen eine gewaltige Entwicklung mit verschiedenen Neuorientierungen eingetreten. So stellt schon das Reichsgericht nicht mehr allein auf die historischen Kartellformen, sondern auf die Zielsetzung der KartVO ab[5], die mittlerweile von den Zielsetzungen des GWB abgelöst wurde , die ihrerseits weiter im Fluß sind, wie die in rascher Folge vorgenommenen Novellierungen zeigen. Es gibt kaum ein ungeeigneteres Rechtsgebiet als das Kartellrecht, um mit geschichtlichen Aspekten aktuelle Gesetzesinterpretationen in die richtige Richtung zu weisen.

Aussagekräftiger ist die prima facie gegebene Identität zwischen den Formulierungen in § 1 GWB und § 7o5 BGB. Eine

---

1) Hoffmann, BB 1975, 628, 633; Frankfurter Kommentar, § 1 Tz. 8; BGH WuW/E 359, 361 f. ("Glasglühkörper").

2) Frankfurter Kommentar, § 1 Tz. 9.

3) Verordnung gegen Mißbrauch wirtschaftlicher Machtstellungen, RGBl. I, 1o67.

4) K. Schmidt, Kartellverbot, S. 8.

5) RGZ 128, 1 (11).

genauere Betrachtung ergibt jedoch, daß diese verbale Übereinstimmung nicht zu einer Übernahme des § 7o5 BGB in § 1 GWB führen darf: "Der "gemeinsame Zweck" des § 1 GWB ist als Abgrenzungsmerkmal zu den Individual- oder Austauschverträgen der §§ 15 ff. GWB aufzufassen[1]. Zunächst besagt der verlangte "gemeinsame Zweck" also nur, daß ein verbindendes Element der Abschlußpartner hinzutreten muß, wie es in reinen Austauschverträgen normalerweise nicht enthalten ist. Dieses verbindende Merkmal ist aber nicht notwendigerweise das gesellschaftsvertragliche Element des § 7o5 BGB. Die Vertreter dieser Ansicht laufen nicht nur Gefahr, Kartelltatbestände in bedenklicher Form der Enge formaler Begrifflichkeiten aus der Typenordnung des Schuldrechts zu unterwerfen[2], sie lassen sich auch auf dem Boden ihres logischen Systems widerlegen. Wer die Notwendigkeit eines echten Gesellschaftsvertrags aus der Formulierungsgleichheit beim "gemeinsamen Zweck" herausliest, übersieht, daß § 7o5 BGB sich nicht in der Tatbestandsvoraussetzung des gemeinsamen Zwecks erschöpft. Der Gesellschaftsvertrag verlangt nicht nur einen gemeinsamen Zweck, dieser ist für die Anerkennung eines Gesellschaftsvertrages auch noch "zu fördern"[3]. Die aktive - durch den Vertrag festzulegende - Förderungspflicht ist ein weiteres gewichtiges und selbständiges Begründungsmerkmal

---

1) Vgl. BGH WuW/E 1458 (1461) ("Fertigbeton"); Rittner, Wirtschaftsrecht, S. 338, 341; Müller/Giessler, § 1 Rdn. 58; Westrick/Loewenheim, § 1 Rdn. 38; Kartte, WuW 1963, 565 (569).

2) So kritisch K. Schmidt, JuS 1978, 736 (737, 738); vgl. auch die diesbezüglichen Nachweise in FN 1, 2 auf S. 176.

3) Ballerstedt, JuS 1963, 253; Larenz, SchR II, § 6o I a: Es "genügt nicht, ... das Vorhandensein eines gemeinsamen Zwecks"; er muß "gemeinsam verfolgt" und "befördert werden".

eines Gesellschaftsvertrages. Von einer notwendigen aktiven Förderungspflicht ist in § 1 GWB hingegen nicht die Rede. Von daher kann es auch nicht richtig sein, die Voraussetzung eines echten Gesellschaftsvertrages im Sinne des § 7o5 BGB in § 1 GWB zur Anwendung zu bringen. Die verbale Gleichheit betrifft nur den "gemeinsamen Zweck", also nur einen Teil der normativen Merkmale, die einen Gesellschaftsvertrag begründen. Was ein "gemeinsamer Zweck" ist, mag in § 1 GWB und § 7o5 BGB identisch zu bemessen sein, das Vorliegen eines Gesellschaftsvertrages für die Anwendbarkeit von § 1 GWB läßt sich daraus nicht folgern und liefe auch der kaum mehr streitigen Absicht des GWB, möglichst weitgehend den Wettbewerb zu schützen, entgegen.

(2) Zur Notwendigkeit eines "gesellschaftsähnlichen" Verhältnisses

Nach anderer Ansicht wird für einen Vertrag zu einem gemeinsamen Zweck im Sinne des § 1 GWB das Vorliegen eines "gesellschaftsähnlichen" Verhältnisses verlangt[1]. Diese Definition erweckt Zweifel, inwieweit sie überhaupt geeignet ist, bei der Festlegung des Merkmals "gemeinsamer Zweck" Fortschritte zu bewirken.

Will diese Ansicht der Tatsache Rechnung tragen, daß Gesellschaftsvertrag gemäß § 7o5 BGB und § 1 GWB eben nur in diesem Merkmal übereinstimmen und der Kartellvertrag eben diesen Teiltatbestand des § 7o5 BGB erfüllen

---

1) Müller-Henneberg in GK, § 1 Rdn. 35; Helm, Kartellrecht, Rdn. 39; Müller/Giessler, § 1 Rdn. 58; BGH WuW/E 81o (814) ("Zimcofot").

muß, so gerät dieser Abgrenzungsversuch zur Leerformel. Die "Gesellschaftsähnlichkeit" des Verhältnisses wäre dann ein Synonym für den "gemeinsamen Zweck" und würde für den neuen Terminus dieselben Schwierigkeiten aufwerfen, wie sie beim "gemeinsamen Zweck" ohnedies bestehen. Glaubt diese Ansicht allerdings, daß die "Gesellschaftsähnlichkeit" einen eigenständigen, weiterführenden Erklärungswert besitzt, so bleibt unklar, welcher das sein sollte. Entsprechend enthält die Kommentarliteratur als Definitionen für "gesellschaftsähnliche" Verhältnisse sehr globale Formulierungen[1)], die kaum etwas anderes besagen, als daß ein Rechtsverhältnis mit gewissen Ähnlichkeiten zum Gesellschaftsvertrag vorliegen muß[2)]. Damit bleiben die in Betracht kommenden Vertragsverhältnisse zunächst sehr unbestimmt. Grenzt man jetzt den Allgemeinplatz "Gesellschaftsähnlichkeit" im Hinblick auf § 1 GWB und zugeschnitten auf den dort geforderten gemeinsamen Zweck weiter ein[3)], so gewinnt man die Definition letztlich nicht mehr aus dem angeblich maßgeblichen Kriterium der Gesellschaftsähnlichkeit, sondern verfährt im Grunde

---

1) RGRK/Fischer, § 7o5, Anm. 3 nennt sie Rechtsverhältnisse, "die zwar nicht einem gemeinsamen Zweck dienen, bei denen die Interessenverbindung der Parteien jedoch über das bei Austauschverträgen übliche Maß hinausgeht". Staudinger/Keßler, Vor § 7o5, Rdn. 16o: "Ist ein Vertragsverhältnis so gestaltet, daß die Parteien von Vertrauen getragen, ihre Interessen auf längere Zeit verknüpfen, so kann es als gesellschaftsartig bzw. - ähnlich gelten". Wenig weiterführend auch Palandt-Thomas, § 7o5 Anm. 1o.

2) Zu Recht kritisch zu diesem Merkmal Ballerstedt, JuS 1963, 253 (263); besonders deutlich Soergel/Schultze-v. Lasaulx, Vor § 7o5 Rdn. 34.

3) Vgl. die Nachweise bei Emmerich, ZHR 139, 476 (484 ff.) zur höchstrichterlichen Rechtsprechung zum gemeinsamen Zweck.

umgekehrt, man definiert die Gesellschaftsähnlichkeit unter Verwendung des Begriffes, den die Gesellschaftsähnlichkeit erst definieren wollte (Zirkelschluß).

Die Ansicht von der Notwendigkeit eines gesellschaftsähnlichen Verhältnisses führt demgemäß nicht weiter, ermöglicht allenfalls eine vage typologische Assoziation für die in § 1 GWB erforderliche Vertragsgestalt und ist daher abzulehnen.

(3) "Gleichgerichtete Interessen" als Parameter für einen "gemeinsamen Zweck"

Einen neueren Anhaltspunkt für das Verständnis des "gemeinsamen Zwecks" in § 1 GWB hat der BGH in seiner "Fertigbeton"-Entscheidung geliefert[1]. Unter Berufung auf Fikentscher und Lukes[2] führt der BGH aus, daß "es genügt, wenn die Wettbewerbsbeschränkung oder das Ziel der Wettbewerbsbeschränkung und der durch sie zu bewirkende Erfolg einem gemeinsamen Interesse entspricht und gemeinsam angestrebt wird"[3]. Es reiche aus, "wenn die Beteiligten mit der vereinbarten Wettbewerbsbeschränkung gleichgerichtete Ziele verfolgen"[4]. Das Gericht stellt klar, daß das Merkmal "zu einem gemeinsamen Zweck" eigenständig unter Berücksichtigung der auf die Freiheit des Wettbewerbs gerichteten Zielsetzung des GWB auszulegen ist. Damit eröffnet der BGH den Weg zu einer Abkoppelung dieses Tatbestandsmerkmals von bestimmten Vertragstypen, wie sie

---

1) BGHZ 68, 6 ff. = BGH WuW/E 1458.

2) Fikentscher, FS Westermann 1974, 87 (1o7); Lukes, Kartellvertrag, S. 126 f.

3) BGHZ 68, 6 (1o).

4) BGHZ 68, 6 (1o).

besonders von K. Schmidt in konsequenter Weise weiterentwickelt worden ist. Danach grenzt der gemeinsame Zweck in § 1 GWB keinen Vertragstyp, sondern einen Verbotstatbestand ab[1]. Der gemeinsame Zweck definiert sich somit als eine Art Reflex der Wettbewerbsbeeinträchtigung: Jede Absprache, die aktuellen oder potentiellen Wettbewerb unter den Beteiligten beeinträchtigt, ist demgemäß zu einem gemeinsamen Zweck erfolgt[2]. Die herkömmliche Richtung des logischen Deduktionsverfahrens - Rückschluß vom gemeinsamen Zweck auf das Vorliegen einer Wettbewerbsbeeinträchtigung gem. § 1 GWB - wendet sich damit in die Gegenrichtung.

Indirekt nimmt der BGH mit der Formel der gleichgerichteten Interessen auch zum Streit um Gegenstands-, Folge- oder Zwecktheorie Stellung. Denn die Definition des gemeinsamen Zwecks ist mit diesem Theorienstreit in gewisser Weise verzahnt. Diese Wechselwirkung wird deutlich, wenn man einerseits die "Gasglühkörper"-Entscheidung des BGH[3] betrachtet, wonach die Wettbewerbsbeschränkung zwar Gegenstand des Vertrages, aber nicht des gemeinsamen Zwecks sein muß, andererseits Fikentschers Denkansatz zu dem oben angesprochenen Theorienstreit hinzuzieht, der eine vertragliche Vereinbarung der Wettbewerbsbeschränkung nicht für erforderlich hält, aber verlangt, daß sich der gemeinsame Zweck auf eine Wettbewerbsbeschränkung beziehen müsse[4]. Für die hier an-

---

1) K. Schmidt, Kartellverbot, S. 1o, 15 ff., 51 ff.; ein ähnliche Ansatz findet sich schon bei Büttner WuW 1971, 69o (7o5); zustimmend Huber, ZGR 1981, 51o (522 f.)vgl.auch FN 1 auf S.167

2) Vgl. Steindorff, BB 1977, 569 ff.; zustimmend K. Schmidt, Kartellverbot, S. 55 ff.; Westrick/ Loewenheim, § 1 Rdn. 39.

3) BGH WuW/E 359 ff.

4) Fikentscher, FS Westermann 1974, 87 (1o7).

stehende Frage, ob ein Vergleichsvertrag einen gemeinsamen Zweck im Sinne des § 1 GWB enthalten kann, muß die "Fertigbeton"-Entscheidung in diese Richtung jedoch nicht näher ausgewertet werden. Es genügt die Adaption des Kriteriums, das den gemeinsamen Zweck erfüllt: Das Vorliegen von gemeinsamen Interessen, gleichgerichteten Zielen, die die Parteien durch den Vertragsschluß verfolgen. Diese Definition des BGH ist praxisgerecht und entspricht dem nicht zu eng zu fassenden Kontrollzweck des GWB.

Schon damit steht aber fest, daß das Merkmal des "gemeinsamen Zwecks" nicht bereits aus typologischen Gründen bei einem Vergleichsvertrag entfällt.

(4) Werden Vergleichsverträge zu einem "gemeinsamen Zweck" geschlossen ?

Mit der Klärung, was bzw. was nicht mit dem "gemeinsamen Zweck" in § 1 GWB gemeint ist, wird nun die letztlich allein relevante Frage entscheidungsreif, ob ein Vergleich unter Wettbewerbern über ein Wettbewerbshandeln zu einem gemeinsamen Zweck geschlossen ist.

In gewisser Weise weist auch der Vergleich Merkmale eines Austauschvertrages im Sinne der §§ 15 ff. GWB auf. Die Parteien haben gegenläufige Interessen und verfolgen damit divergierende Individualzwecke. Jeder möchte im Rahmen des Vergleichsvertrages seine egoistischen Interessen optimal verwirklichen. Gleichwohl finden sich bei einem Vergleichsschluß innerhalb der Vielzahl von Vertragszwecken und Beweggründen[1) notwendigerweise Absichten,

1) Vgl. zur Pluralität der Vertragszwecke Köhler, Wettbewerbsbeschränkungen, S. 72; ähnlich HansOLG WuW/E OLG 1724 (1725 f.) ("Minigolfanlagen").

die die Parteien gemeinsam verfolgen. Gleichgerichtete Interessen können dabei zwar noch nicht in dem Vertragsschluß als solchen gesehen werden, sonst wäre der gemeinsame Zweck als Abgrenzungskriterium gegenüber den Austauschverträgen völlig entwertet, diese Form des gemeinsamen Zwecks wäre auch dort immer zu bejahen. Die gemeinsamen Interessen müssen sich also schon auf inhaltliche - wenn auch nicht alle - Punkte des Vertrages beziehen. Auf diesen Abschlußkonsens braucht man bei einem Vergleichsvertrag aber auch nicht zurückzugreifen, um ein zusammenwirkendes Moment der Partner zu begründen. Köhler hat zutreffend aufgezeigt, daß bei einem Vergleichsschluß innerhalb einer Anzahl - möglicherweise auseinanderstrebender - Interessen vertragstypusabhängig notwendigerweise auch eine beachtliche Interessengleichschaltung vorliegt.[1] Durch einen Vergleich wollen beide Parteien eine streitige und kostenverursachende Auseinandersetzung vermeiden und eine unter ihnen kontroverse Rechtslage regeln[2]. Insoweit erfüllt ein Vergleichsschluß praktisch immer die Voraussetzung des "gemeinsamen Zwecks" gemäß § 1 GWB und ist daher auch nicht aus tatbestandsmäßigen Gründen kartellfrei. Das bringt der BGH selbst auch an verschiedenen Stellen zum Ausdruck, wenn er § 1 GWB zumindest im Grundsatz auf für Vergleiche anwendbar erklärt[3].

---

1) Köhler, Wettbewerbsbeschränkungen, S. 72.

2) Vgl. HansOLG, WuW/E OLG 1724 (1725 f.) ("Minigolfanlagen"); gerade diese "Regelung" ist Ansatzpunkt für eine kartellrechtliche Kontrolle (vgl. auch Rittner, Wirtschaftsrecht, S. 339); ähnlich K. Schmidt, JuS 1978, 736 (738).

3) Vgl. BGH WuW/E 838 und 1386 (= BGHZ 65, 147 (15o)). Richtig daher K. Schmidt, Kartellverbot, S. 68, wenn er ausführt, es gehe nurmehr darum festzulegen, wann und warum ein Wettbewerbsvergleich kartellfrei ist, obwohl er einen "gemeinsamen" Zweck im Sinne des § 1 GWB enthält.

ccc) Zusammenfassung

Mit dieser Betrachtung der Tatbestandsvoraussetzungen des § 1 GWB steht fest, daß diese Norm kein Tatbestandsmerkmal enthält, das eine Anwendung der Vorschrift auf Vergleiche schlechthin oder den in BGHZ 65, 147 zugrundeliegenden Vergleich ausschließt.

dd) Begründung des Urteils aus dem Wirkungsprivileg von Vergleichsverträgen

Nach dem eben gewonnenen Ergebnis über die Tatbestandsfähigkeit von Vergleichsverträgen im Hinblick auf § 1 GWB läßt sich feststellen, daß die Entscheidung des BGH offensichtlich auf Überlegungen beruht, die mit dem besonderen typologischen Charakter eines Vergleichsschlusses zusammenhängen.

Indem das Gericht Vergleiche schon in einer Grauzone des Zweifels, also unter Verzicht auf eine abschließende materiell-rechtliche Prüfung, aus dem Kontrollbereich des § 1 GWB herausnimmt, erkennt der BGH eine Geltungspräferenz dieses Schuldrechtstypus gegenüber anderen Vertragsformen an. Das Gericht hat damit eine allgemeine teleologische Schranke bei der Reichweitenbestimmung des zwingenden Rechts zur Anwendung gebracht, die ihre Wurzeln nicht nur in der drohenden Zweckverfehlung einer zwingenden Regelung findet[1)], sondern auf dem allgemeinen Prinzip der Friedens- und Gütefunktion unserer Rechtsordnung basiert, was sich auch anhand einiger positiv-rechtlicher Vorschriften nachweisen läßt[2)] und im folgenden noch einmal verdeutlicht werden soll.

---

1) Dazu schon oben S. 130 ff.

2) S. schon S. 28 ff.

aaa) Die Rechtsordnung als Friedensordnung

Die Privilegierung von Vergleichsverträgen im Bereich zwingenden Rechts ist logische Konsequenz des Verständnisses der Rechtsordnung als Friedensordnung. Der Friedensgedanke hat dabei den Inhalt, die Rechtsordnung lediglich als Reservefundus für die Konfliktschlichtung zwischen den Rechtssubjekten präsent zu halten. Vorrangig ist die gütliche, privatautonome Bereinigung von Interessengegensätzen[1]. Die Überordnung des Gütegedankens über die streitige Durchsetzung von Rechten kraft Gerichtsurteil rechtfertigt die besondere Rolle des Vergleichsvertrags.

Als wesentlichste Tatbestandsvoraussetzung weist der Vergleich das gegenseitige Nachgeben aus, damit ein grundlegendes Sozialverhalten[2], das unter rechtspolitischer wie moralethischer Wertung gleichermaßen erwünscht ist und konfliktfreie bzw. konfliktbereinigte Räume eröffnet. Ein derart "wohltätiges" Rechtsinstitut darf nicht mit beliebigen anderen Vertragsformen auf eine Stufe gestellt werden. Zwar enthält jeder Vertragsschluß - von einseitig diktierten Formularverträgen, AGB usw. einmal abgesehen - einen Angleichprozeß, ein Aushandeln, und damit in gewissem Maße eventuell auch ein Nachgeben. Jedoch besteht in der Zielrichtung ein entscheidender Unterschied: Zweck von Austauschverträgen ist die individuelle Maximierung des eigenen, im allgemeinen vermögensmäßigen Vorteils. In diesen Zweck erschöpfen sich regelmäßig die Ziele von reinen Austauschverträgen. Diese Art

---

1) s. S. 23 ff., 38 f.
2) s. S. 43 ff.

von Verträgen kann zwischen Parteien geschlossen werden, die bislang in keinerlei rechtsrelevanten Kontakt getreten sind. Abweichend von derartigen gegenseitigen (Austausch-) Verträgen wird ein Vergleich im Bereich eines bereits schwebenden Konflikts geschlossen. Er vollzieht dort neben der ebenfalls egoistischen Zielverwirklichung zwangsläufig auch etwas, das die Rechtsordnung als die primäre Bereinigung von Streitfällen selbst anstrebt: eine gütliche Einigung. Durch den dafür vorgezeichneten Weg über ein gegenseitiges Nachgeben ist gleichzeitig eine gewisse Absicherung programmiert, daß die Streitschlichtung nicht nur zu Lasten einer Seite ausgeht. Da Vergleiche regelmäßig nur bei rechtlich oder tatsächlich komplexen Sachverhalten geschlossen werden - simple Anspruchs- und Forderungskonstellationen sind in der Rechtslage meist zu überschaubar und reizen nicht zur Bereinigung auf dem Verhandlungswege - verwirklicht diese beidseitige Verteilung der Nachteile innerhalb eines Vergleichs ein außerordentlich sachgerechtes Prinzip. Denn es ist in derartigen Fällen geradezu die Regel, daß an der Kompliziertheit der Situation beide Seiten Verantwortung tragen[1]. Es liegt daher nahe, daß die Rechtsordnung schon grundsätzlich weniger Interesse daran zeigen darf, einen dermaßen auf vernünftigen Ausgleich abzielenden Güteversuch mit der Nichtigkeits- oder Verbotsfolge zu bedrohen als andere vertragliche Vereinbarungen.

---

1) Diese Art mehrschichtiger Verursachungsbeiträge ist auch sonst im Recht nicht ohne Bedeutung. Jüngstes Beispiel ist die Umstellung des Scheidungsrechts vom Verschuldens- auf das Zerrüttungsprinzip, die u.a. auf den Umstand zurückgeht, daß die alte Betrachtungsweise mit ihrer gezielten Schuldzuweisung der Mehrheit von Kausalbeiträgen im Regelfall einfach nicht gerecht werden konnte. Zur Komplexität der Ehe und den Beweggründen der Scheidungsreform s. Wolf in MK, vor § 1564, Rdn. 1 ff.; § 1564 Rdn. 1o ff. mit ausführlichen Nachweisen.

Selbst im Bereich des absolut zwingend ausgestalteten Strafrechts finden sich Nachweise für die Friedensfunktion der Rechtsordnung. So wird z.B. in den Fällen des strafbefreienden Rücktritts (§§ 24, 31 StGB) und über die prozessualen Einstellungsmöglichkeiten eines Verfahrens (§§ 153 ff. StPO) an sich tatbestandsmäßiges Verhalten aus der verwirkten Sanktion herausgenommen. Der Staat verfolgt den Strafanspruch nicht und regelt die Angelegenheit quasi gütlich. Hinter diesen Möglichkeiten stehen neben einer Verhältnismäßigkeitswertung auch rechtspolitische Erwägungen. So soll der strafbefreiende Rücktritt einen Anreiz schaffen, den gefährlichen Erfolg nicht eintreten zu lassen[1]. Mittelbar zeigt sich darin, wieder das Bestreben der Rechtsordnung, konfliktfreies Verhalten der Rechtssubjekte zu fördern. Selbstverständlich ist diese strafrechtsbezogene Konstellation nicht unmittelbar auf den Gütegedanken im Zivilrecht zu übertragen. Aber in einer Hinsicht liefern vor allem die Verfahrenseinstellmöglichkeiten der §§ 153 ff. StPO einen Argumentationsgesichtspunkt, der auch für das Zivilrecht bedeutsam ist. Innerhalb der zwingenden §§ 153 ff. StPO ist den Organen der Rechtspflege einiger Spielraum eingeräumt. Über die Anwendung der zwingenden Strafrechtsnormen entscheidet somit innerhalb der Grenzen der §§ 153 ff. StPO das Ermessen der Richter. In diesem Bereich existiert

---

1) Zumindest war dies die herkömmliche Auffassung. Vgl. RGSt 39, 37 (39); 73, 6o ff.; Maurach/Gössel/Zipf, AT, § 41 A, 2, weitere Nachweise über dieses Verständnis bei Bloy, S. 154; ähnlich noch der "Prämiengedanke", vgl. Baumann, S. 53o f; Dreher/Tröndle, § 24 Anm. 3. Auch wenn vor allem in Anlehnung an die Untersuchung Bockelmanns in NJW 1955, 1417 (142o f.) über die wirklich relevanten Rücktrittsmotive eine differenzierte Betrachtung des Zwecks von § 24 StGB eingekehrt ist, vermag das nichts daran zu ändern, daß dieser "Anreiz" von Gesetzgeber (vielleicht in naiver Weise) intendiert war.

mithin eine relative Unbestimmtheit, wann ein Strafverfahren zu einem einschneidenden Urteilsspruch führt und wann ein Strafverfahren über den Sühneweg der §§ 153 ff. StPO sein Ende findet. Unter diesem Aspekt ergibt ein argumentum a maiore ad minus, daß im Zivilrecht erst recht kein Rechtssatz Geltung beanspruchen kann, der die Eingrenzung zwingenden Rechts von präzisen, kodifikatorisch eng gefaßten Ausnahmesachverhalten abhängig macht. Ohne weiteres kann dann aber ein relativ bestimmter Vertragstypus wie der Vergleichsvertrag der Reichweite zwingenden Rechts Grenzen setzen, ohne besondere systematische Bedenken auszulösen.

Ein ähnliches argumentum a maiore ad minus ergibt sich auch aus § 55 VerwVerfG und § 1o6 VwGO. Das öffentliche Recht wirkt grundsätzlich zwingend. Dies bewirkt vornehmlich Art. 2o Abs. 3 GG, der die öffentliche Hand an Gesetz und Recht bindet. Gleichwohl erlaubt § 55 letzter Halbsatz VerwVerfG, eine ungewisse Rechtslage durch einen Vergleichsschluß zu beseitigen, wenn dieser nur nach pflichtgemäßem Ermessen "zweckmäßig" ist. Hier wird eine - je nach Einzelfall unterschiedlich präzise - durch Gerichtsspruch jedenfalls definitiv aufklärbare Rechtslage zugunsten eines unbestimmten Rechtsbegriffs wie der Zweckmäßigkeit zurückgestellt[1]. Gleichzeitig verdeutlicht § 55 VerwVerfG, daß ein Vergleich auch nach dem Verständnis des Gesetzgebers eine Sonderposition innerhalb des vertraglichen Systems einnimmt, sonst wäre seine gesonderte Erwähnung neben dem in § 54 VerwVerfG geregelten öffentlich-rechtlichen Vertrag entbehrlich gewesen.

---

1) Diese Zweckmäßigkeit deckt dann sogar gesetzeswidrige Vergleichsinhalte, vgl. BVerwGE 14, 1o3 (1o4 f.); bestätigt in BVerwG NJW 1976, 686 (687).

Für die Möglichkeit der Begrenzung zwingenden Rechts durch bestimmte friedensorientierte Vertragsinstitute spricht auch § 1o6 VwGO, der die Zulässigkeit von Vergleichen sogar im öffentlich-rechtlichen Verfahren nur von der Verfügungskompetenz bezüglich des Streitgegenstandes abhängig macht.

Daß sich die Friedensfunktion der Rechtsordnung neben den schon früher dargelegten Beispielen ganz wesentlich in dem Regelungsinstitut des Vergleichsvertrages verwirklicht, läßt sich auch an § 4 Abs. 4 Satz 1 TVG verdeutlichen. Nach dieser Vorschrift kann auf einmal entstandene tarifliche Ansprüche nur verzichtet werden, wenn die Form eines von den Tarifparteien gebilligten Vergleichs - nicht eines beliebigen anderen Vertrages - eingehalten wird. Der Grund für diese Sonderbehandlung eines ganzen Vertragstyps muß wieder in der Friedenskomponente erblickt werden, die in der Tatbestandsvoraussetzung des gegenseitigen Nachgebens zum Ausdruck kommt und per se eine interessenausgewogene und - im Sinne Schmidt-Rimplers[1] - richtigkeitsbewährtere Rechtsfolge erwarten läßt, als es bei anderen Vertragsformen denkbar und auch wahrscheinlich ist.

Ein besonderer Beleg für das hier vertretene Prinzip abgestufter Zulässigkeiten im Hinblick auf die Friedensorientierung des jeweiligen Vertragstyps findet sich in einigen Vorschriften des Gesellschaftsrechts, die den Geschäftsführern von Kapitalgesellschaften den Verzicht auf bestimmte Ansprüche der Gesellschaft - hier ausnahmsweise auch im Wege des rechtsgeschäftlichen Vergleichs - verbieten, gleichwohl aber eine Ausnahme für den Fall des Vergleichs nach der Vergleichsordnung

---

1) s. FN 1 auf S. 19

zulassen. Derartige Regelungen finden sich in den §§ 9 b Abs. 1 GmbHG, 302 Abs. 3, 309 Abs. 3 AktG. Das Gesetz sieht hier eine nach der Befriedungswirkung abgestufte Zulässigkeit innerhalb zweier Vergleichstypen vor. Der "normale" rechtsgeschäftliche Vergleich ist verboten, zulässig ist nur der Vergleich nach der Vergleichsordnung, der wesensmäßig ebenfalls als Vergleich im Sinne des BGB anzusehen ist[1].

Die vom Gesetzgeber vorgenommene Abwägung zwischen dem Verbot des rechtsgeschäftlichen Vergleichs und der Zulässigkeit eines Teilverzichts innerhalb eines VerglO-Vergleichs verdeutlicht wieder die Friedensfunktion der Rechtsordnung. Schutzgut der §§ 302 Abs. 3, 309 Abs. 3 AktG, 9 b Abs. 1 GmbHG sind die Vermögensinteressen der Anteilseigner bzw. Gesellschafter. Dieses Schutzgut wird für den Fall des VerglO-Vergleichs zurückgestellt, obwohl der VerglO-Vergleich ein noch größeres Verlustrisiko beinhaltet als der (hier einmal ausdrücklich verbotene) rechtsgeschäftliche Vergleich. Beim VerglO-Vergleich steht von vornherein fest, daß ein beträchtlicher Teil tatsächlich bestehender Ansprüche verloren geht, während beim rechtsgeschäftlichen Ver-

---

1) Die Vergleichsordnung sieht zwar eine ganze Reihe von detailliert ausgestalteten Voraussetzungen vor (Erfordernisse über Befriedigungsquoten der betroffenen Gläubiger, § 7 VerglO, Beschlußregeln innerhalb der Gläubigerversammlung, § 74 VerglO) im Kern entspricht der Vergleichsordnungsvergleich jedoch § 779 BGB, da er eine gütliche Bereinigung durch gegenseitiges Nachgeben enthält: Die Gläubiger geben hinsichtlich der Forderungshöhe nach, der Schuldner zumindest durch seine in den §§ 56 ff. VerglO festgelegten Verhaltenspflichten und Verfügungsbeschränkungen. Weiter liegt ein drittes Nachgeben der Gläubiger untereinander durch den Verzicht auf individuelle (ev. vorrangige) Vollstreckungsmaßnahmen vor.

gleich das Ausmaß des Nachgebens gegenüber subjektiv vorgestellten Ansprüchen relativ offen ist und bei entsprechendem Verhandlungsgeschick einen recht geringen Umfang annehmen kann.

Die Wertung der §§ 9 b Abs. 1 GmbHG, 302 Abs. 3, 309 Abs. 3 AktG läßt sich daher nur schlüssig machen, wenn man die Friedensfunktion berücksichtigt. Im Vergleichsordnungsverfahren wird eine Vielzahl von streitigen Rechtsverhältnissen unter dreiseitigem Nachgeben[1] bereinigt. Das Verfahren hat dabei nur Aussicht auf Erfolg, wenn der Gesetzgeber die Möglichkeit schafft, daß eine entsprechende Gläubigermehrheit diesen friedlichen Lösungsweg beschreitet. Die in den zitierten gesellschaftsrechtlichen Vorschriften statuierte Verfügungserweiterung der Geschäftsführer im Rahmen eines VerglO-Vergleichs unterstreicht das Güteprinzip, das sich in anderen Fällen nicht durch Privilegierung des VerglO-Vergleichs zum rechtsgeschäftlichen Vergleich, sondern durch Vorrangwirkungen des rechtsgeschäftlichen Vergleichs gegenüber den Austauschverträgen auswirkt.

Überlegungen des Rechtsfriedens liegen auch der hM zur Vereinbarungsfähigkeit bestimmter Grunddienstbarkeiten zugrunde. So können grundsätzlich keine Verpflichtungen im Formtypus des § 1018 BGB dinglich abgesichert werden, die durch das Gesetz ohnehin verboten sind[2]. Von diesem Grundsatz wird bezeichnenderweise jedoch abgewichen, wenn die gesetzliche Regelung Zweifel übrig läßt und die Beteiligten ein berechtigtes Interesse an der Klarstellung der zweifelhaften Rechtslage haben. Dann soll eine

---

1) Siehe vorhergehende Fußnote am Ende

2) So schon RGZ 119, 211 (213); 130, 350 (354 f.); dem folgend die hM, vgl. die Nachweise bei Staudinger/Ring, § 1018 Rdnr. 52

Grunddienstbarkeit zulässig sein, "wenn durch eine vertragliche Einigung bestehende Zweifel über die Tragweite einer Vorschrift beseitigt werden sollen"[1].

Dieselben Überlegungen liegen auch einer ganz anerkannten Durchbrechung der Regelungsgedanken in § 19 II GmbHG zugrunde. Obwohl in dieser Vorschrift Aufrechnungen zwischen Gesellschaft und Gesellschaftern verboten sind, werden Vergleichsschlüsse, die ja durchaus auch einen Verzichts- und Aufrechnungscharakter besitzen, für zulässig gehalten.[2]

bbb) Der Gütegedanke als Ersatz für eine fehlende "rule of reason"

Die Anerkennung der Zulässigkeit von Wettbewerbsvergleichen läßt darauf schließen, daß die Ergebnisse der BGH-Rechtsprechung offenbar für "vernünftig" gehalten werden[3]. Diese Einschätzung fußt bislang weniger auf einer dogmatisch begründeten Überzeugung [4] als vielmehr auf einer

---

1) Staudinger/Ring, § 1018 Rdnr. 52, der damit wie selbstverständlich das Wirkungsprivileg des Vergleichsvertrages anwendet und - wahrscheinlich ohne sich der Parallele bewußt zu sein - nahezu die Terminologie der wettbewerbsrechtlichen Entscheidungen des BGH übernimmt. Staudinger/Ring steht dabei stellvertretend für die hM, vgl. zur Zulässigkeit des klärenden Vergleichs bei Grunddienstbarkeiten RGZ 119, 211 (213); Planck/Strecker, § 1018 (2 b); Westermann, SaR, § 6 V; Wolff/Raiser, SaR, § 53 III und § 106 (8).

2) Scholz/Winter, GmbHG, § 19 Rdnr. 12; Hachenburg/Ulmer, GmbHG, § 19 Rdnr. 26, jeweils mit weiteren Nachweisen.

3) Siehe die Formulierungen bei K. Schmidt, JuS 1978, 736 (739): Man "..ist mehr vom praktischen Judiz überzeugt als von der verwendeten Abgrenzungsformel"; T. Raiser, BB 1977, 1461 (1466): Die "salamonische Lösung .. erscheint .. akzeptabel, weil sie das rechtspolitisch gerechtfertigte Bedürfnis befriedigt .."

4) T. Raiser, BB 1977, 1461 (1466) zweifelt sogar, ob sich eine derartige Lösung überhaupt dogmatisch begründen läßt; vgl. auch K. Schmidt, JuS 1978, 736 (739).

an Praxis, Zweckmäßigkeit und Lebenswirklichkeit sich orientierenden Wertung, die für sich betrachtet im strengen Rechtsdenken wenig Eindruck macht.

Insbesondere im Wettbewerbsrecht hat dieses "Empfinden" einer richtigen oder vernünftigen Entscheidung innerhalb anderer Rechtsordnungen seinen Niederschlag in einer "rule of reason" gefunden[1]. Dahinter steht die Überzeugung, daß man wirtschaftliche Einzeltatbestände normativ nicht so fest regeln kann, daß jedes formal richtig subsumierte Ergebnis als vernünftig oder zweckmäßig angesehen werden könnte. Die "rule of reason" bietet deshalb ein an der Vernunft des Einzelfalls und der Zwecksetzung des Regelungsbereichs sich orientierendes Korrektiv, sofern sich die dogmatisch abgeleiteten Ergebnisse nach einer wertenden Gesamtbetrachtung als unbefriedigend darstellen. Das deutsche Kartellrecht kennt diesen Gedanken nicht[2]. Diese "Lücke" des deutschen Rechts ist über die herkömmlichen - ebenfalls vernunft- und zweckabhängigen - Auslegungsregeln, daneben aber eben durch die Anwendung des Gütegedankens zu schließen.

Genau dies ist in BGHZ 65, 147 ff. auch geschehen. Das Gericht hatte zwischen der Zulässigkeit des Vergleichs und der Nichtigkeitsanordnung des § 1 GWB abzuwägen. Grundsätzlich war eine klare Entscheidung notwendig, die sich nach dem Vorliegen der Tatbestandsmerkmale des § 1 GWB ausrichtet mit der Folge der Unzulässigkeit des Vergleichs. Da

---

1) Zur rule of reason im amerikanischen Antitrust-Recht s. schon FN 4 auf S. 142.

2) Das ist einhellige Meinung, vgl. die Stellungnahmen zu einem werdenden eigenen Kartellrecht in Deutschland: Mestmäcker, JZ 1953, 329 (332); Andreae, WuW 1953, 397 4o7; Würdinger, DB 1953, 226 ff.; Isay, WuW 1954, 1oo (1o5); Büntig, BB 1954, 581 f.

dem BGH zur Abwendung dieses Ergebnisses keine rule of reason zur Verfügung stand, um eine kartellrechtliche Gesetzessubsumtion nach übergeordneten Gesichtspunkten zu korrigieren, hat das Gericht sich aus diesem Dilemma befreit, indem es eine Geltungspräferenz von Vergleichsschlüssen angewendet und damit einen Begrenzungsgesichtspunkt für zwingendes Recht begründet hat.

Das vom BGH angewendete Korrektiv und die damit einhergehende Begrenzung zwingender Rechtswirkungen hat funktional die Wirkung der rule of reason übernommen. Dieses Verfahren ist praktizierte Anwendung der verschiedentlich beschworenen Integration einer rule of reason in das deutsche Kartellrecht im Wege einer Auslegungs- bzw. Rechtsanwendungsregel[1].

ccc) Gegenseitige Vertragspflichten als Eingrenzungsfaktoren für die Reichweite von § 1 GWB

Der Gedankenansatz eines Geltungsprivilegs als Eingrenzungsfaktor für § 1 GWB findet eine Parallele bei den Überlegungen von K. Schmidt für die kartellrechtliche Behandlung von Austauschverträgen[2].

Nach überwiegender Auffassung wird für die Anwendung von §§ 15 ff. GWB oder § 1 GWB nach Vertragstypen abgegrenzt[3], so daß sich das Problem der Privilegierung von Vertrags-

---

1) In diesem Sinne Möhring, WuW 1955, 5, 96 ff.; im Rahmen der Zulässigkeit von Wettbewerbsregeln auch Benisch, WuW 1956, 643 (647 ff.); vgl. auch Müller/Giessler, GWB, § 28 Rdn. 15.

2) K. Schmidt, Kartellverbot, S. 8o ff.

3) Nachweise in FN 1 auf S. 172.

pflichten gegenüber § 1 GWB nicht stellt. Nach der eindringlichen Kritik von K. Schmidt an dieser Betrachtungsweise und seinem Nachweis, wie zweifelhaft das Kriterium des "gemeinsamen Zwecks", damit das Vertragstypendenken, als Abgrenzungskriterium funktioniert[1], wird man in Zukunft nicht umhin können, Wettbewerbsverbotstatbestände im Sinne des § 1 GWB grundsätzlich innerhalb aller Vertragsarten aufspüren zu müssen. Da dies nicht dazu führen darf, jedes - z.B. nur aufgrund vertraglicher Nebenpflichten - wettbewerbswidrige Verhalten an § 1 GWB zu kontrollieren, stellt sich nunmehr besagtes Privilegierungsproblem[2]. K. Schmidt geht dabei zunächst sehr weit, wenn er ausführt: "Das Kartellrecht verbietet nicht, was das Vertragsrecht gebietet."[3]. Ähnlich lautet eine These bei Sandrock, wonach § 1 GWB zurücktrete, "wenn eine andere gesetzliche Vorschrift oder eine gesetzlich anerkannte Institution in jedem Falle ihrer Anwendung oder Realisierung zwangsläufig zu einer tatbestandlichen Verletzung des § 1 führt."[4]. Dieses Privileg wird bei K. Schmidt allerdings erheblich differenziert[5]. Darauf soll im vorliegenden Themenzusammenhang nicht im einzelnen eingegangen werden, beweist diese Parallele inhaltlich nichts für die typusbezogene Bevorzugung eines Vergleichs. Sie zeigt jedoch - darin liegt ihr Argumentationswert -, daß die Reichweite des zwingenden Rechts in § 1 GWB unter vertragsrechtlichen Gesichtspunkten begrenzt werden kann - sei es in konkreten

---

1) K. Schmidt, Kartellverbot, S. 22 ff., insbesondere S. 51 ff.

2) K. Schmidt, Kartellverbot, S. 81 f.

3) K. Schmidt, Kartellverbot, S. 81.

4) Sandrock, Grundbegriffe, S. 313.

5) K. Schmidt, Kartellverbot, S. 81 ff.

Einzelfällen wie bei der Privilegierungsproblematik von Austauschverträgen, sei es aufgrund systematischer Überlegungen wie bei der Geltungspräferenz von Vergleichsschlüssen[1].

ddd) Güter- und Interessenabwägung als besondere Schranken bei § 1 GWB

Eine Begrenzung der zwingenden Rechtswirkungen des § 1 GWB lassen auch die nachstehend aufgeführten Schrankengesichtspunkte erkennen. Nach herrschender Meinung steht § 1 GWB unter dem Vorbehalt einer konkreten Güter- und Interessenabwägung[2]. So können mit der Norm kollidierende Vereinbarungen wirksam sein, wenn diese durch andere positivrechtliche Normen, Gewohnheitsrecht, die Sozialadäquanz oder einen übergesetzlichen Notstand gerechtfertigt sind[3]. Ebenso ist anerkannt, daß die Gesichtspunkte technischer Sicherheit und des Gesundheitsschutzes Durchbrechungen des § 1 GWB zulässig machen können[4]. Daneben werden weitere

---

1) Vgl. zu dem Konflikt § 1 GWB/Vertragsinhalt auch Müller-Henneberg in GK, § 1 Rdn. 1o7, 1o8 zur Verträglichkeit von Nebenabreden in Dienst- und Gesellschaftsverträgen.

2) Vgl. die ausführlichen Nachweise bei Westrick/Loewenheim, § 1 Rdn. 88. Ein erster Restriktionsansatz für die Reichweite des § 1 GWB zeigt sich in der Figur des "nur theoretisch denkbaren Wettbewerbs", der keine Reaktion des § 1 GWB auslösen soll (vgl. Müller-Henneberg in GK, § 1 Rdn. 63).

3) Dazu im Anschluß an Spengler, Tatbestandsmäßigkeit, Müller-Henneberg in GK, § 1 Rdn. 1o9 mit weiteren Nachweisen; krit. Sandrock, Grundbegriffe, S. 312 ff.

4) BKartA WuW 145, 149 ("Doppelstecker"); TB 1959, 18; 1976, 79. Wettbewerbsbeschränkende Maßnahmen, die dem Gesundheitsschutz dienen, müssen allerdings erforderlich sein, vgl. Hübner, Außerkartellrechtliche Einschränkungen, S. 53. Zum Streit, inwieweit Umweltschutz als § 1 GWB überlagerndes Rechtsgut zu berücksichtigen ist, s. Freitag/Hansen/Markert/Strauch, S. 77 ff.; dazu auch Friedrich, Möglichkeiten und kartellrechtliche Grenzen umweltschutzfördernder Kooperation zwischen Unternehmen (Diss. Bochum 1977), S. 1o7 ff., 139 ff.

Aspekte diskutiert, die § 1 GWB aufgrund einer Güterabwägung überlagern sollen. Genannt werden in diesem Zusammenhang sozialpolitische Wertungen[1)], moralisch bzw. volkserzieherische Gesichtspunkte[2)], der Umweltschutz[3)], Streikhilfeabkommen[4)] und Selbstbeschränkungsabkommen[5)]. Die hier angesprochenen Begrenzungsgesichtspunkte für § 1 GWB lassen sich jedoch nicht auf jede Form des zwingenden Rechts übertragen. Es ist zu berücksichtigen, daß § 1 GWB - anders als viele andere zwingende Rechtsvorschriften - zwar in seiner Rechtsfolge eindeutig ist (Nichtigkeit, Verbotsgesetz), in seinen Tatbestandsvoraussetzungen jedoch nahezu ausschließlich auf unbestimmte Rechtsbegriffe mit beachtlichem interpretativen Spielraum zurückgreift. Die besondere Beurteilung von § 1 GWB gründet sich daneben auch auf die schon im Gesetz angelegten Einschränkungen, siehe §§ 2 ff., 99 ff. GWB, ebenso auch §§ 28 ff. GWB[6)].

---

1) Vgl. Müller-Henneberg in GK, § 1 Rdn. 111 mit ausführlichen Nachweisen.

2) Vgl. dazu OLG WuW/E 533 (535)("Filmselbstkontrolle"); zustimmend Westrick/Loewenheim, § 1 Rdn. 89.

3) Dafür Müller-Henneberg in GK § 1 Rdn. 113; Müller/Giessler, § 1 Rdn. 117; Kraft/Hönn, ZHR 141, 23o (244 ff.); differenzierend Hendriks, ZHR 141, 1 (14); Säcker, ZHR 137, 455 (475 ff.); ablehnend Westrick/Loewenheim, § 1 Rdn. 93.

4) Dafür Kaiser, NJW 1971, 585 (588); zurückhaltender (Legalisierung nur nach § 8 GWB) Langen/Niederleithinger/Schmidt, § 1, Tz. 47; Müller/Giessler, § 1 Rdn. 118; Biedenkopf, BB 1966, 1113 (1116, 1118 f.).

5) Dafür wohl Sandrock, Grundbegriffe, S. 327; Kaiser, NJW 1971, 585 (588); dagegen die h.M., vgl. Müller/Henneberg, GK, § 1 Rdn. 115.

6) Siehe dazu das Bundeskartellamt in BKartA WuW/E 485: Wettbewerbsregeln dürfen etwas enthalten, "das sich in einem gegenseitigen Vertrag schon als ein Verstoß gegen § 1 GWB darstellen könnte".

Die vorstehend aufgeführten besonderen Wirkungsschranken des § 1 GWB werden nun mit dem Geltungsprivileg von Vergleichsverträgen um ein allgemein gültiges Prinzip zur Begrenzung zwingender Rechtswirkungen erweitert.

ee) Zu den Grenzen des Wirkungsprivilegs von Vergleichsschlüssen

In den referierten drei Entscheidungen des BGH ist das Problem der Grenzen des Geltungsprivilegs nicht ausdrücklich angesprochen, sondern klingt in der Entscheidungsformel und der Anbindung des Wirkungsprivilegs an die spezielle Vertragsform des Vergleichs nur mittelbar an. Es wird zu untersuchen sein, ob die vom BGH geprägte Formel des ernsthaften Zweifels davor schützen kann, daß zwingendes Recht unter mißbräuchlicher Berufung auf eine gütliche Bereinigung unterlaufen wird. Es ist demgemäß sicherzustellen, daß keine Vereinbarungen wirksam werden, die zwar den Deckmantel eines Vergleichs tragen, inhaltlich aber seinen Erfordernissen nicht standhalten.

Der BGH hat zu diesem Problem in allgemeiner Form nicht Stellung genommen, sieht man einmal davon ab, daß in der zweiten Vergleichsentscheidung (Herzwandvasen) ein zusätzliches subjektives Merkmal eingeführt wird[1], das als ein generelles Signal gegen kartellrechtliche Umgehungsgeschäfte auf Vergleichsbasis gedeutet werden kann.

---

1) BGHZ 16, 296 (3o4).

aaa) Umgehung durch Zusatzregelungen

Zur Vermeidung der Umgehung kartellrechtlicher Vorschriften unter dem Deckmantel eines Vergleichs ist ein innerer Zusammenhang zwischen dem unter den Parteien streitigen Rechtsverhältnis und der getroffenen Regelung innerhalb der Vergleichsvereinbarung zu verlangen[1)]. Nur so läßt sich verhindern, daß ein Vergleich mit wettbewerbsrechtlich bedenklichen Zusatzvereinbarungen angereichert wird und diese dann unter dem Privileg der privatautonomen Bereinigung Wirksamkeit erlangen[2)].

Abzugrenzen ist hier vor allem eine besonders unauffällige Vertragsgestaltung, bei der wechselseitig begünstigende Vereinbarungen in Form eines Vergleichs gekleidet sind. Als Beispiel: Zwei Wettbewerber liegen miteinander im Streit. A wirft B unlauteres Verhalten in der Werbung vor, B moniert eine Vertriebsbindung seines Widersachers, die ihn angeblich negativ belaste, und droht mit einem Hinweis an die Kartellbehörde. Jetzt schließen beide Seiten einen "Vergleich". Darin erlaubt A dem B die beanstandete Werbung, B verpflichtet sich dafür, nichts gegen die Vertriebsbindung zu unternehmen.

---

1) Das hier und im folgenden am Beispiel wettbewerbsrechtlicher Vorschriften Ausgeführte gilt entsprechend auch für alle anderen Formen zwingenden Rechts, die durch einen Vergleichsvertrag in ihrer Anwendungsweite begrenzt werden könnten.

2) Diese Grenze zieht der BGH in BGHZ 65, 147 (152): Danach sind Vergleichsregelungen auf die zweifelhaften Streitpunkte zu beschränken (vgl. auch S. 15o) und dürfen "nicht über das erforderliche Ausmaß hinausgehen"; zustimmend Westrick/Loewenheim, § 1 Rdn. 87.

Diese Vertragskonstruktion unterfällt nicht der Geltungspräferenz - und zwar unabhängig von der Entscheidung, ob nicht schon das Drohen mit der Anzeige die Vereinbarung sittenwidrig macht[1]. Zwar haben beide Seiten nachgegeben. Es bestand auch Streit über wettbewerbsrechtliches Verhalten, so daß ein gewisser Zusammenhang zwischen Problem und Lösung bejaht werden muß. Jedoch haben die Parteien damit nicht ein Rechtsverhältnis bereinigt, sondern lediglich zwei streitige Probleme miteinander verbunden. In einem Fall hat A, in dem anderen Fall B nachgegeben. Auf diesem Wege wird aber materiell-rechtlich kein Vergleich über ein streitiges Rechtsverhältnis begründet, sondern ein Austauschvertrag sui generis.[2]

Für das Vorliegen eines privilegierungswürdigen Vergleichsschlusses bildet das Vorliegen eines streitigen Rechtsverhältnisses eine starre Schranke. Auf ein derart singuläres Rechtsverhältnis muß sich auch das gegenseitige Nachgeben beziehen. Für die Feststellung, wieviele Rechtsverhältnisse im Streit sind, ist dabei an konkrete Einzelprobleme anzuknüpfen. Der Terminus Rechtsverhältnis ist in diesem Zusammenhang eng zu fassen und kann nicht etwa auf die gesamten Verpflechtungen zwischen zwei Parteien, was vom Wortsinn noch gedeckt wäre, ausgedehnt werden. Zwar dient eine Vereinbarung der oben geschilderten Art bei globaler Betrachtung ebenfalls dem Rechtsfrieden - es werden sogar gleich zwei Kontroversen bereinigt -, jedoch

---

1) Dies wäre wohl abzulehnen, da keine Verpflichtung zur Anzeige besteht, B wirklich ein wirtschaftliches - nur ihn betreffendes - Opfer erbringt, wenn er eine ihm nachteilige Vertriebsbindung hinnimmt, so daß eine Gesamtschau gegen eine Sittenwidrigkeit spricht.

2) Es soll dabei dahinstehen, ob § 1 GWB hier nicht aus anderen tatbestandsmäßigen Gründen entfällt (gemeinsamer Zweck ?).

verläuft hier die Befriedung nicht in den engen Bahnen, die für die Anwendbarkeit eines Geltungsprivilegs zu verlangen sind, damit das zwingende Recht nicht übermäßig beeinträchtigt wird. Um dem oben geschilderten "Vergleich" eine typusbezogene Geltungspräferenz zugestehen zu können, müßten in ihm die Streitpunkte so geregelt sein, daß jede Bereinigung für sich betrachtet die Tatbestandsvoraussetzungen eines Vergleichs erfüllen: Hätten beide Wettbewerber in jedem Punkt etwas nachgegeben - B variiert die beanstandete Werbung, A lockert die Vertriebsbindung -, stünde einer Anwendung des Geltungsprivilegs nichts entgegen. Es ist unschädlich, wenn eine Vertragsform gewählt wird, die mehrere Vergleiche zusammenschließt.

Gegenüber einem Problemgemenge, das unterschiedliche Regelungen in eine Vergleichsform zwängt, ist das Geltungsprivileg also nur zu gewähren, wenn jeder einzelne Streitpunkt über zwingendes, im Zweifel befindliches Recht für sich genommen den Anforderungen eines Vergleichs genügt. Jede andere Betrachtungsweise würde den Sinn des Friedensgedanken aushöhlen. Das Primat der friedenstiftenden Privatklärung im Bereich zwingenden Rechts stellt in jedem Falle eine Beeinträchtigung der Normenstrenge dar und muß daher kontrolliert und in Grenzen gehalten werden. Geht man aber dazu über, mehrere Vereinbarungen über normativ vorgeregelte Punkte im Rahmen eines "Vergleichs" für aufrechenbar zu erklären, indem man das auf die Parteien verteilte Nachgeben bei unterschiedlichen Teilen für ausreichend hält, mag sich zwar für die Kontrahenten ein Kompensationseffekt hinsichtlich vor- und nachteilhafter Rechtsfolgen einstellen, bezogen auf die gesamtmeßbare Beeinträchtigung zwingenden Rechts ergibt sich dadurch jedoch ein Kumulationseffekt. Diese Überlegungen zwingen zu einer isolierten Betrachtung und Bewertung streitiger, privatautonom geregelter Vertragspunkte.

bbb) Kollision mit anderen Grundwerten der Rechtsordnung (Drittschutz)

Eine Grenze des Geltungsprivilegs ist weiter erreicht, wenn eine Kollision mit anderen Grundewerten der Rechtsordnung eintritt, die konkreter und vordringlicher sind. Bei einen derartigen Zusammentreffen von verschiedenen Grundprinzipien des Rechts ist zu beachten, daß die Geltungspräferenz sich auf das sehr allgemeine Prinzip der Friedensordnung stützt, institutionsabhängig ist und deshalb zwangsläufig den Charakter eines Grundsatzrahmens erhält, was einen Vorrang konkurrierender Grundwerte schon aus methodologischen Gründen zur Folge haben kann.

Eine derartige Nachrangigkeit des Geltungsprivilegs ist z.B. gegeben, wenn eine durch Vergleich erfolgte Ausschaltung einer Kartellvorschrift dritte Marktteilnehmer schutzlos stellt. Ein Vergleich ist dabei unbedenklich und soll inter partes gelten, solange etwaigen beeinträchtigten Dritten aufgrund ihrer subjektiven Rechtsposition eigenständiger Rechtsschutz zusteht, z.B. wenn Unterlassungsgesetze wie § 1 UWG den betroffenen Dritten mit eigenen Ansprüchen ausstatten.

Die Grenze einer akzeptablen Drittbetroffenheit ist aber überschritten, wenn der Vergleich eine drittschützende Kartellvorschrift wirkungslos macht und daneben kein anderer eigenständiger Rechtsschutz besteht. In derartigen Fällen geriete ein über das Geltungsprivileg kartellfrei gestellter Vergleichsschluß zu einem Vertrag zu Lasten Dritter [1], was gerade unter Betracht der zentralen Aufgabenstellung des GWB als eines Instruments des Dritt-

1) Zu dieser schuldrechtlichen - im Grundsatz unzulässigen - Figur vgl. die ausführlichen Nachweise bei K.P. Martens, AcP 177, 113 (139, FN 67, 68); zu Ausnahmen a.a.O., S. 144 ff; zur Unzulässigkeit von Vergleichen bei Beeinträchtigung Dritter auch schon Schorr v. Carolsfeld, Vergleich, S. 5 (FN 14).

schutzes [1] keinesfalls hingenommen werden darf. Es darf keine auf einen Vergleichsschluß zurückgehende Drittbeeinträchtigung entstehen, die der Dritte nach der Wertung der Rechtsordnung nicht hinzunehmen braucht und die nur noch mit dem Mittel der Unwirksamkeit des beeinträchtigenden Rechtsgeschäfts abzuwehren ist. Diese letztere Überlegung beschreibt in allgemeiner Form einen relevanten Falltypus, in dem der Grundsatz eines Geltungsprivilegs hinter ein höherwertiges Prinzip - hier dem Drittschutz - zurücktritt. Ein solcher Fall ist z.B. auch in § 1822 Nr. 12 BGB geregelt. Danach werden Vergleiche für genehmigungsbedürftig erklärt, soweit sie den Wert von DM 300 übersteigen. Die Einschränkung der Vergleichsbefugnis erfolgt hier im Interesse des Mündels (Drittschutz).

ccc) Besondere Zulässigkeitsschranken des Prozeßvergleichs

Bei Privatabkommen im Bereich zwingenden Rechts gerät eine Form des Vergleichs, die sonst eher besondere Anerkennung erfährt, ins Zwielicht: der Prozeßvergleich[2]. Ist es allgemein ein erwünschter Effekt, dem Richter den Urteilsspruch zu ersparen, weil die Parteien ihren Streit vor Gericht gütlich zu Ende bringen, wobei sie regelmäßig eine gewisse gesetzeskonforme Lenkung durch den erkennenden Richter erfahren, so erscheint dies problematisch, wenn der Streitgegenstand gleichzeitig Regelungsgegenstand eines verbindlichen Rechtskomplexes

---

1) Zum Stellenwert des Drittschutzes für das GWB vgl. K.Schmidt, Kartellverfahrensrecht, S. 49 ff. "Entscheidendes Markmal der Wettbewerbsbeschränkung ist ihre Auswirkung auf Dritte ..." (S. 5o); vgl. auch Lukes, Kartellvertrag, S. 15o ff.; Biedenkopf, Wettbewerbsbeschränkung, S. 93 ff.; Säcker, Zielkonflikte, S. 24.

2) Daß dieser Vergleichstyp materiell-rechtlich den Regeln des § 779 BGB folgt, ist inzwischen nahezu unstreitig, vgl. zur sog. "Doppelnatur" des Prozeßvergleichs: BGHZ 28, 171 (172); 41, 310 (311); 46, 277 (278); STJ-Münzberg, § 794 II 1 mit weiteren Nachweisen.

ist. Es drängt sich da die Frage auf, ob ein bereits angelaufenes Verfahren nicht auf jeden Fall zur definitiven Klärung, zur richterlichen Anwendung der zwingenden Rechtsregeln, gebracht werden muß[1].

Diese Frage läßt sich nicht pauschal beantworten, zumindest muß man nach Verfahrensstadien differenzieren. Ein Prozeßvergleich, der in einem Verfahren ergeht, das bis zu einem Urteil noch beträchtliche Zeit beanspruchen würde, ist sicher nicht bedenklicher als ein außergerichtlich vereinbarter Vergleichsschluß. Dieses Ergebnis ist Ausdruck des Beschleunigungsfaktors, der als wesentliches Element dem Vergleich innewohnt. Bereinigen die Parteien einen Rechtsstreit unter dem Einfluß des Zeitfaktors, hat dieses Verhalten soviel Vernunft und eigenständige Berechtigung für sich, daß ein Umgehungsschritt im Hinblick auf zwingende Rechtsregeln nicht naheliegt und die zuvor allgemein für Vergleichsschlüsse entwickelten Erkenntnisse auf diesen Typ des Prozeßvergleichs anzuwenden sind.

Problematischer liegt der Fall, wenn das Verfahren unmittelbar vor der Urteilsverkündung steht und die Parteien mit einer eigenen Regelung eigentlich nur noch einen Vorgriff des Richterspruchs bezwecken können. Die Zulässigkeit eines derartigen Verhaltens ist im Bereich des disponiblen Rechts umfassend anerkannt[2]. Den Prozeßvergleich als solchen wird

---

1) Ein derartiger Rechtswegzwang ist unter historischen Gesichtspunkten nicht einmal aus der Luft gegriffen. Einen Klagezwang gab es im strafrechtlichen Bereich bis zum 16. Jahrhundert in verschiedenen partikularen Rechtsordnungen (s. die ausführliche Darstellung bei Ebel, Berichtung, S. 10 ff.); anders im zivilrechtlichen Bereich: dort ist der Klagezwang die - immerhin aber vorhandene - Ausnahme gewesen (Ebel, S. 18 ff.); bemerkenswert auch die Einschränkungen von Vergleichsregelungen, nachdem ein Gericht mit einer Sache befaßt wurde: dann mußte Klage grundsätzlich durchgeführt werden! (Ebel, S. 18, im folgenden mit vielen Beispielen). In der Folgezeit wurde die Reichweite und Zulässigkeit von Vergleichen dann immer mehr erweitert.

2) S. dazu bereits S. 29 (FN 2)

man auch bei Vorliegen zwingender Rechtsregeln nicht verhindern können. Es fragt sich jedoch, ob ein derartiger Vergleich über einen Gegenstand zwingenden Rechts auch noch allein mit der Begründung, daß objektiv nachvollziehbare und ernstliche Zweifel über die Rechtslage bestünden, z.B. aus der Kontrollsphäre von § 1 GWB herausgenommen werden soll. Die Gründe für ein diesbezügliches Wirkungsprivileg liegen vornehmlich im Friedensgedanken und der wirtschaftlichen Praktikabilität, die über den Zeitfaktor auch den inhaltlichen Schutz der Gesetzesintention bewirken kann[1]. Der Friedensgedanke wird an sich aber schon mit Einleitung eines streitigen Verfahrens verkürzt. Der gütliche Charakter einer Konfliktlösung steht in einem umgekehrt proportionalen Verhältnis zur Ausführlichkeit der Behandlung eines Streitgegenstandes durch die instanziellen Rechtspflegestellen: Je tiefer Gerichte in die Aufklärung eines Streites eingreifen, desto weniger kann noch von einer güteorientierten Lösung gesprochen werden[2]. Wenn alle Differenzen zwischen den Parteien in einem Prozeß offen zutage getreten sind, ist der sich daran in letzter Minute anschließende Vergleich dem Rechtsfrieden kaum dienlicher als ein Urteil. Er verbessert auch nicht mehr nennenswert die wirtschaftliche Praktikabilität bei der Behandlung von Konfliktstoffen.

Diese Betrachtungsweise ist jedoch nur innerhalb einer Gerichtsinstanz schlüssig. Berücksichtigt man, daß ein streitig erfochtenes Urteil rechtsmittelfähig ist, so erweist sich zumindest eine Unterscheidung nach unter- und letztinstanzlichen Prozessen als notwendig. Nur in Verfahren der höchsten Instanz oder in einem Prozeß, in dem es aus anderen Gründen kein übergeordnetes Verfahren geben kann[3], kommt es zu Zweifeln, ob

1) Zu diesem Zusammenhang S. 131 ff.

2) Dies gilt insbesondere im Hinblick auf den Gedanken des Privatsphärenschutzes (dazu S. 25 ff.).

3) Das kann z.B. aus Gründen des Streitwertes der Fall sein (vgl. § 511 a ZPO).

ein Prozeßvergleich kurz vor der Urteilsverkündung noch unter das Geltungsprivileg von Vergleichen fallen kann: Sind in dieser Konstellation noch die Konditionen erfüllt, die diesen Vertragstypus schon bei ernsthaften Zweifeln aus dem Kontrollbereich des zwingenden Rechts herausfallen lassen ? Läßt sich möglicherweise innerhalb eines Prozeßverfahrens ein Zeitpunkt benennen, mit dessen Verstreichen das Wirkungsprivileg entfallen muß ?

Einen derartigen Zeitpunkt global festzusetzen, ist allerdings problematisch und letztlich weder möglich noch notwendig. Zwar könnte man als zeitliche Grenze etwa an den Eintritt in die Beweisaufnahme denken; dies ist aber schon in allen Verfahren, die ohne Beweisaufnahme ablaufen, eine untaugliche Grenzziehung. Bei realistischer Betrachtung der unterschiedlichen Prozeßkonstellationen läßt sich ein abstrakt und im Vorwege verallgemeinerungsfähiger Orientierungspunkt für den Wegfall der Privilegierungswirkung offensichtlich nicht statuieren. Es bleibt Aufgabe des erkennenden Richters, eine derartige - ausnahmsweise - Versagung des Wirkungsprivilegs für einen einzelnen Prozeßvergleich auszusprechen, wenn er die Gewißheit erlangt, daß der Vergleich nurmehr zur Umgehung der gerichtlichen Durchsetzung zwingenden Rechts erfolgt. Diese Feststellung wird regelmäßig auch die Erkenntnis umfassen, daß die Parteien über die offene Rechtsfrage nicht mehr ernstlich im Zweifel sind, so daß regelmäßig auch eine der vom BGH begründeten Voraussetzungen für die vergleichsvertragliche Sonderwirkung entfällt.

In Verfahren unterer Instanzen ergibt sich aus einem Prozeßvergleich im übrigen keine besondere Problematik: Kommen die Parteien hier zu einem autonomen Prozeßabschluß, verwirklichen sie in Ansehung anderweitig drohender streitiger Auseinandersetzungen im Rechtsmittelwege den Friedensgedanken und dienen durch erhebliche Abkürzung des unklaren Schwebezustandes der wirtschaftlichen Praktikabilität. Dies gilt in unteren Instanzen auch noch, wenn der Vergleich erst unmittelbar vor der Urteilsverkündung erfolgt. Prozeßvergleiche, die den dargelegten Erfordernissen genügen, sind daher nach der Zweifelsformel des BGH zu behandeln und unterfallen uneingeschränkt der Geltungspräferenz.

ddd) Das Merkmal des "Nachgebens".

Der Kernpunkt eines Vergleichs und gleichzeitig auch der Ansatzpunkt für die Sonderrolle innerhalb der schuldrechtlichen Typenordnung ist das gegenseitige Nachgeben der Parteien aus vermeintlichen Stärkepositionen. Nur wenn diese Voraussetzung bei inhaltlicher Prüfung erfüllt ist, kann der Gütegedanke mit der Folge einer Geltungspräferenz zur Anwendung kommen. Es ist daher besonders zu kontrollieren, daß Parteien einem Vertragswerk nicht nur die Überschrift "Vergleich" geben, sondern daß sie sich bei materiell-rechtlicher Beurteilung auch so verhalten, wie der Tatbestand eines Vergleichs es erwarten läßt. Vereinbaren Parteien beispielsweise einen Vergleich, indem sie sich irgendwelcher Scheinpositionen "großzügig" begeben,[1] um dann im Restvertrag inhaltlich ein Marktregelungsabkommen zu schließen, so hat hier eine materielle Kontrolle das Geltungsprivileg zu versagen. Es zeigt sich, daß die Abgrenzungsformel von den objektiven und ernsthaften Zweifeln hinsichtlich des verglichenen Grundrechtsverhältnisses auch in dieser Hinsicht einiges leistet. Bei konsequenter Anwendung dieser Formel können die Gerichte Umgehungsversuche entlarven, weil derartigen Vertragsschlüssen das objektiv zu bemessene Zweifelselement fehlen wird.

Wie gut diese Kontrolle in der Praxis auch schon funktioniert hat, zeigt wieder die Herzwandvasen-Entscheidung.[2] Dort hat der BGH zwar seine vergleichsfreundlichen Grundzüge bestätigt, aber im konkreten Fall eben nicht durchschlagen

---

1) Zu einer insoweit korrigierten Objektivierung s.S. 205.

2) BGHZ 16, 296 ff.

lassen, weil nach objektiver Bewertung kein Vergleich über ein Ausstattungsrecht, sondern ein Marktregelungsabkommen vorlag[1].

Es fragt sich in diesem Zusammenhang, wie man Vergleiche behandeln soll, die zwar nicht der Umgehung dienen, bei denen sich aber das Nachgeben ausgesprochen ungleich verteilt. Zu denken ist etwa an den nach allgemeiner Auffassung zulässigen Vergleich, in dem eine Seite praktisch alle Positionen der Gegenseite anerkennt und selbst nur ein winziges Entgegenkommen - z.B. Teil der Verfahrenskosten oder Zinsverzicht - empfängt[2]. Ein so gestalteter Vergleich erscheint im Wirkungsfeld zwingender Rechtsvorschriften bedenklich, bewirkt er doch für die übermäßig nachgebende Seite eine Menge Nachteile: Zum einen ist diese nun mit einer Vertragsschuld belastet, die im Ergebnis dem schlimmstmöglichen Ausgang eines Rechtsstreits sehr nahe kommt, in ihren Korrekturmöglichkeiten dieses Vertrages steht sie aber bedeutend schlechter da als nach einem Gerichtsspruch. Ein Urteil kann durch Rechtsmittel bekämpft werden, ein - auch noch so nachteiliger - Vergleich ist kaum mehr zu beseitigen. Anfechtbarkeit oder gar Nichtigkeit (etwa wegen Sittenwidrigkeit, Wucher o.ä.) kommen nur selten in Betracht. Selbst die Korrektur des § 779 Abs. 1, 2. Satzhälfte verheißt geringe Erfolgsaussichten[3]. Bei diesem Folgenpaket stellt sich die Frage, ob nicht wenigstens im Bereich zwingenden Rechts derartige "Unterwerfungsvergleiche" sanktioniert werden müssen, also ohne das Geltungsprivileg gegenüber der einschlägigen Sanktionsvorschrift bleiben.

---

1) BGHZ 16, 296 (3o7).

2) Nachweise dazu in FN 2 und 3 auf S. 39.

3) § 779 Abs. 1, 2. Satz BGB greift nämlich nicht bei reiner Verkennung der Rechtslage ein. Ein für diese Norm relevanter Irrtum muß Tatsachen mit umfassen; vgl. Erman/H.H. Seiler, § 779 Rdnr. 24; Staudinger/Brändl, § 779 Rdnr. 18; Palandt/Thomas, § 779 Anm. 5 a.

Man kann allerdings nicht leugnen, daß auch ein kraß unausgewogener Vergleich dem Rechtsfrieden dient. Gleichwohl ergeben sich Zweifel an einem Wirkungsprivileg für derartige "Unterwerfungsvergleiche", da die rechtsbefriedende Funktion nicht als der alleinige Gradmesser für die Zuerkennung einer besonderen Geltungsweise angesehen werden kann. Das vergleichstypische Tatbestandsmerkmal des gegenseitigen Nachgebens fingiert in pauschalierter Form auch die Gleichgewichtigkeit der Vertragspartner, die eine privatautonom "richtige" Rechtsfolge erst gewährleistet. Die Gleichgewichtigkeit der Kontrahenten wird mit gutem Grund vornehmlich in den Bereichen geschützt, in dem sich die staatliche Gewalt weitgehend korrigierender Eingriffe enthält, wie z.B. im Tarifvertragsrecht[1)]. Unter diesem Gesichtspunkt ist es auch erforderlich, daß sich das vergleichstypische Nachgeben unmittelbar auf die zwischen den Parteien strittige Rechtsfrage bezieht[2)]. An diesem Erfordernis scheitern "Unterwerfungsvergleiche", die auf einer Seite nur ein Nachgeben in Nebenpunkten ausweisen und der anderen Seite im eigentlichen Streitpunkt vollständig Recht geben. Derartige "Unterwerfungsvergleiche" sind entsprechend ihrer inhaltlichen Struktur, die einen auch nur annähernd ausgewogenen Ausgleich verfehlt, als Verzichts- oder Erlaßverträge bzw. Anerkenntnisse einzustufen und werden nicht vom Wirkungsprivileg erfaßt.

Sofern Parteien im Hinblick auf den Hauptstreitpunkt ungleichwertig nachgeben, hat das auf die Anwendung des Wirkungsprivilegs nur dann Folgen, wenn die Unausgewogenheit kraß ausfällt. Aus praktischen Erwägungen und in Anerkennung legitim gewachsener Machtgefälle[3)] ist diese Einschränkung eng zu fassen. Das krasse Mißverhältnis muß einem objektiven

---

1) Nachweise hierzu in FN 1 auf S. 22

2) Dazu schon S. 194 ff.

3) Siehe dazu S. 34 ff.

Dritten nach Evidenzmaßstäben ins Auge fallen. Letzlich bleibt das Aufspüren derartiger "Scheinvergleiche" damit Aufgabe des konkret entscheidenden Richters.

Unter dem Gesichtspunkt des "Scheinvergleichs" ist auch der an sich subjektive Vorgang des gegenseitigen Nachgebens in gewisser Weise zu objektivieren. So genügen keine abwegigen, von der Rechtsordnung völlig losgelösten Maximalvorstellungen auf Seiten einer Partei, um damit für eine spätere Vereinbarung auf jeden Fall die Tatbestandsvoraussetzung des Nachgebens zu erfüllen. Für den behaupteten und vorgestellten Maximalstandpunkt ist aus dem objektivierten Blickwinkel des Betroffenen eine ähnliche Plausibilitätskontrolle erforderlich, wie sie die Formel der "ernsthaften und objektiven Zweifel" impliziert.

ff) Regelungsgrenzen des Vergleichs

Eine weitere Einschränkung des Wirkungsprivilegs ergibt sich schließlich aus den allgemeinen Regelungsgrenzen des Vergleichsvertrages, die im folgenden darzustellen sind:

aaa) Herkömmliche Grenzen (Verzichtsbefugnis)

Es ist schon bei der Schaffung des § 779 BGB unstreitig gewesen, daß der Vergleich keine Regelungsmöglichkeit für alle denkbaren Streitfälle darstellt. So werden noch nicht entstandene Unterhaltsansprüche und Erbschaftsansprüche aus noch nicht publizierten letztwilligen Verfügungen bereits in den Motiven ausgeklammert[1]. Ebenso wird der Vergleich über rechtskräftig entschiedene Streitgegenstände nicht ohne weiteres zugelassen[2], allerdings auch nicht schlechterdings

1) Mugdan II, S. 365

2) Mugdan II, S. 366

verboten[1]. Derartige Verfügungsgrenzen sind auch von Vergleichsverträgen einzuhalten, sofern hier einzelgesetzliche Schranken errichtet sind[2].

Grundsätzlich bildet der Verzicht ein allgemeines Zulässigkeitsparameter für den Vergleichsschluß. Die Nähe von Vergleich und Verzicht wird nicht nur durch eine Reihe von Vorschriften belegt, die beide Institute praralle1 behandeln[3], sie ergibt sich aus der inhaltlichen Verwandtschaft ohne weiteres: Der Vergleich beinhaltet qua definitione mit dem notwendigen Nachgeben ein subjektives wechselseitiges Verzichten. Ausschließlich subjektiv ist der Verzicht hier insofern, als es nicht darauf ankommt, daß man sich einer objektiv existenten Rechtsposition begibt[4], was beim "Verzicht" des BGB, dem Erlaßvertrag gem. § 397 Abs. 1, zu den Voraussetzungen gehört[5]. Ist ein Verzicht möglich, so darf man mit einem argumentum a maiore ad minus auch einen teilweisen gegenseitigen Verzicht im Rahmen eines Vergleichs als zulässig ansehen.

Der Verzicht begründet dabei in doppelter Hinsicht eine Abgrenzungsüberlegung für die Zulässigkeit von Vergleichsabreden: Zunächst ist festzustellen, ob der Verzichtsgegenstand überhaupt verzichtsfähig (disponibel) ist. Hier können sich

---

1) Mugdan II, S. 1015 f. mit Abstufungen nach der Kenntnis der Parteien.

2) Siehe etwa § 1614 I BGB oder § 312 BGB, in denen thematisch ähnliche Verfügungsgrenzen behandelt werden, wie sie in den Motiven (s.o.) angeklungen sind.

3) So z.B, §§ 130 a III Satz 4 HGB, 50, 302 III, 309 III AktG, 9 b I GmbHG.

4) Zu der Einschränkung dieser Subjektivität für das Wirkungsprivileg s. S. 205.

5) Staudinger/Kaduk, § 397 Rdnr. 3; Soergel/Schmidt, § 397 Rdnr. 7; Palandt/Heinrichs, §·397 Anm. 1b.

inhaltlich Grenzen aus der Verfassung, den Sittengesetzen u.ä. ergeben[1]. Sodann ist zu prüfen, ob die notwendige Identität zwischen dem Verzichtenden und dem Rechtsinhaber des Verzichtsgegenstandes besteht (Verzichtsbefugnis). Hierbei reicht eine Teilidentität gewähnlich nicht aus. Dies zeigen Beispiele einiger als rechtsfolgenlos angesehener Einwilligungen in Verletzungstatbestände, wenn der Einwilligende nicht ausschließliches Schutzobjekt einer Norm ist[2].

Mit dieser Betrachtungsweise wird die Problematik jedoch nicht erschöpft. Die Prüfung von Verzichts- und Verfügungsbefugnis der jeweiligen Rechtssubjekte setzt eine klare Kenntnis des zwingenden Gesetztesinhalts voraus. Eben daran mangelt es vielfach, wenn sich Parteien im Bereich zwingenden Rechts eines Vergleichsschlusses bedienen wollen. Es kann dazu kommen, daß ernsthafte Zweifel auch über das Vorliegen einer Verfügungsbefugnis bestehen, da diese eben nur insoweit eingeschränkt sein kann, wie ein erkennbar zwingendes Regelungsgebot reicht. Die Gedanken, die zur Annahme eines Wirkungsprivilegs geführt haben, begründen deshalb eine Art Annexkompetenz, die zum Zwecke eines Vergleichsschlusses eine Verzichts- und Verfügungsbefugnis fingiert, wenn sich die Zweifel der Parteien an der Rechtslage auch darauf erstrecken.

In vielen Vergleichsfällen entfällt damit eine besondere Grenzwirkung aufgrund der Verzichts- oder Verfügungsbefugnis. Die Einschränkung greift nur in der schwer vorstellbaren

---

1) S. Art. 1 GG, §§ 134, 138 BGB; vgl. auch §§ 1360 a III, 1614 BGB; § 4 IV TVG; § 89 b IV HGB.

2) So wurde etwa der Streit um die Disponibilität der in § 315 c StGB geschützten Rechtsgüter (Nachweise bei Lackner, § 315 c, unter 7.) in BGHSt 23, 261 im obigen Sinn entschieden: "Einwilligung hat grundsätzlich nur dort rechtliche Bedeutung, wo er (der Einwilligende) alleiniger Träger des geschützten Rechtsgutes ist .." (S. 264).

Konstellation, in der das Gesetz zwar inhaltliche Zweifel erlaubt, aber erkennbar jede privatautonome Regelung untersagt.

bbb) Relevanz des Vergleichsgegenstandes

Es fragt sich weiter, inwieweit der Gegenstand eines Vergleichsvertrages zu Differenzierungen hinsichtlich der Privilegierungswirkung führt. Vornehmlich stellt sich das Problem, ob es einen Unterschied macht, daß ein Vergleich über eine Rechtsfrage, eine Regelungsfrage oder über einen tatsächlichen Umstand geschlossen wird.

(1) Rechtsfrage oder Regelungsfrage

Grundsätzlich ließe sich vertreten, daß die parteiautonome Gestaltungsbefugnis im Vergleichswege hinsichtlich eines Rechtsproblems geringer ausfällt als bezüglich einer Regelungsfrage. Als Beispiel für diese Differenzierung sei einerseits auf Tarifabschlüsse verwiesen, die Regelungen über die Ausgestaltung der Arbeitsverhältnisse enthalten, nicht aber die zugrundeliegenden Rechtsverhältnisse (Arbeitsverhältnisse) betreffen. Das Bestehen eines Arbeitsverhältnisses (was eine Rechtsfrage wäre) ist die unbeeinträchtigte Grundlage der Tarifvereinbarung (Regelung). Als anderes Beispiel für eine Rechtsfrage könnte man das Problem heranziehen, wann ein Konzern vorliegt.

Eine Unterscheidung nach Rechts- bzw. Regelungstatbeständen führt jedoch hinsichtlich der Möglichkeiten von Vergleichsvereinbarungen nicht zu weitergehenden Erkenntnissen. Zum einen ist es zweifelhaft, ob diese Abgrenzung überhaupt in ausreichender Schärfe vorgenommen werden kann, zum anderen ist nicht ersichtlich, inwieweit die Zuordnung zur einen oder anderen Kategorie unterschiedliche Wirkungen auslösen sollte.

Wie oben schon ausgeführt wurde[1], gibt es keine "reinen" Rechtsfragen, die vollständig von tatsächlichen Voraussetzungen und Auswirkungen - und damit auch vom Charakter einer Regelung - abgelöst werden könnten. Die fließenden Grenzen zwischen Rechts- und Regelungsfragen mag das Problem verdeutlichen, ob die Zuordnung eines Mitarbeiters zu einer bestimmten Betriebsgruppe, deren Zugehörigkeitsmerkmale gesetzlich festgelegt sind, als Rechts- oder als Regelungsfrage behandelt werden müßte. Diese Zuordnungsproblematik ergibt sich z.B. bei der Einschätzung von Mitarbeitern als leitende Angestellte.[2] Ob man diese Problematik als Rechts- oder Regelungsfrage behandelt, ist vornehmlich eine Frage des Blickwinkels bzw. einer Vorwertung des zur Anwendung zu bringenden Gesetzes, das die Zugehörigkeitsmerkmale festlegt. Zum einen existiert eine Definitionsnorm mit zwingender Wirkung, so daß sich Fragen der Zuordnung unter einen bestimmten Mitarbeitertypus als Rechtsfragen darstellen, soweit man die unter Verwendung allgemeiner Rechtsbegriffe gebildeten Definitionen auslegt. Andererseits sind die arbeitsrechtlichen Parteien befugt, auf die Zuordnung zu einer bestimmten Mitarbeitergruppe durch Vereinbarungen Einfluß zu nehmen (zumindest durch Gestaltung der Arbeitsverhältnisse in einem Sinn, die die definitorischen Merkmale erfüllen oder vermeiden). Insoweit handelt es sich dann nicht mehr um eine Rechts-, sondern um eine Regelungsfrage.

Für die Geltungsmöglichkeiten von Vergleichsschlüssen ist diese Unterscheidung letztlich jedoch belanglos, da die dem Wirkungsprivileg zugrundeliegenden Gedanken auf eine

---

1) s. S. 16 f.

2) S. z.B. §§ 3 MitbG, § 5 BetrVG.

Regelungsfrage ebenso Anwendung finden wie auf eine Rechtsfrage, so daß man die kaum sauber vorzunehmende Abgrenzung zwischen reinen Rechts- und Regelungsbereichen nicht zum Ausgangspunkt für eine differenzierende Wirkung wählen sollte.

(2) Tatsachenvergleich

Es fragt sich jedoch, ob etwas anderes gilt, wenn die Parteien sich nicht über Rechts- oder Regelungsfragen vergleichen, sondern über die den Gesetzen vorgelagerten Fakten bindende Einigungen treffen. Besitzt z.B. ein Arbeitnehmer im Falle der Krankheit einen Lohnfortzahlungsanspruch, der wegen § 9 LohnFG der Disponibilität der Parteien entzogen ist, können sich die Parteien dann zwar nicht über den Anspruch selbst, wohl aber über die Frage, ob der Arbeitnehmer arbeitsunfähig war, vergleichen ?

In der Rechtsprechung wurde eine derartige Vereinbarung als sogenannter Tatsachenvergleich für mit § 9 LohnFG vereinbar erklärt[1]. Lassen sich demzufolge Einschränkungen der Verzichtsfähigkeit durch ein Abkommen über Tatsachen im anspruchsbegründenden Vorfeld umgehen, indem man die faktischen Voraussetzungen vertraglich so gestaltet, daß der Tatbestand der jeweiligen Sperrnorm gar nicht erst erfüllt wird ? Diese prima facie wie eine offensichtliche Gesetzesumgehung wirkende Möglichkeit eines sogenannten Tatsachenvergleiches wird in der Rechtsprechung und von der herrschenden Meinung in der Literatur nicht nur bei

---

1) BAG AP Nr. 1 (Bl. 95, 96) zu § 9 LohnFG.

§ 9 LohnFG, sondern auch für § 13 BUrlG und § 4 Abs. 4 S. 1 TVG bejaht[1]. Allerdings besteht über die Zulässigkeit des Tatsachenvergleichs bei den genannten Vorschriften einiger Streit. Obwohl die Kontroverse um einen Vergleichsschluß über bloße Fakten ausschließlich im Zusammenhang mit arbeitsrechtlichen Unabdingbarkeitsnormen ausgetragen wird, ist das Problem von grundlegender Bedeutung für Vergleiche im Anwendungsbereich aller zwingenden Rechtsregeln, denn es ist nahezu unstreitig, daß der Vergleichsbegriff, der innerhalb der Diskussion um den Tatsachenvergleich bei arbeitsrechtlichen Unabdingbarkeitsnormen verwendet wird, mit dem in § 779 BGB geregelten Institut identisch ist[2], so daß die Ergebnisse dieser Diskussion für die Vergleichswirkungen allgemein gültig sind.

(a) Die Kritik an einem Tatsachenvergleich

Die Zulässigkeit eines Tatsachenvergleichs hat heftige Kritik erfahren. Am weitesten geht Herschel, nach dessen Auffassung es eine Rechtsfigur wie den Tatsachenvergleich aus grundsätzlichen Erwägungen überhaupt nicht geben könne: Der Vergleich gemäß § 779 BGB bedürfe eines zweifelhaften Rechtsverhältnisses, ein streitiges Faktum reiche als Grundlage für einen Vergleich niemals aus[3].

---

1) Vgl. BAG AP Nr. 2 zu § 7 BUrlG Abgeltung; Dersch/Neumann, BUrlG, § 9 Rdnr. 77 m.w.N.; Wiedemann/Stumpf, TVG, § 4 Rdnr. 342 mit umfangreichen Nachweisen.

2) Vgl. Trieschmann, RdA 1959, 87 (92) mit Hinweis auf eine abwegige Mindermeinung hinsichtlich des Prozeßvergleichs; Herschel AuR 1973, 318 (32o); s. auch die einschlägigen Ausführungen auf S. 6o f. und die Nachweise auf die Rechtsprechung des BVerfG zum Begriffsverständnis in einer einheitlichen Rechtsordnung (FN 1, 2 auf S. 6o).

3) Herschel, AuR 1973, 318 (319 f.); ders. BArbBl. 1952, 269 (27o).

Daneben kritisiert er - unterstützt von anderen Autoren - die formalistische und daher unzutreffende Abtrennung der faktischen Voraussetzungen eines rechtsfolgenbewehrten Tatbestandes von der Rechtsfolge selbst[1]. Sofern nicht schon der Tatsachenvergleich als solcher für unzulässig gehalten wird, geht diese Auffassung von der Unwirksamkeit einer derartigen Vereinbarung im Bereich zwingenden Rechts aus[2].

(b) Argumente für die Zulässigkeit eines Tatsachenvergleichs

Die Befürworter eines Tatsachenvergleichs[3] führen kaum dogmatisches Begründungsmaterial in die Diskussion ein. Das BAG hat es bislang nicht für nötig befunden, sich zum Charakter dieser - zumindest nicht gerade typischen Vergleichsform - grundlegend zu äußern oder etwaige Grenzen dieser Figur zu benennen[4].

---

1) Herschel, AuR 1973, 318 (319); ders. BArbBl. 195o, 377 (379); besonders deutlich Trieschmann, RdA 1959, 87 (88 ff.); ders. in Anmerkung zu BAG AP Nr. 1 zu § 9 LohnFG, Bl. 96 R.

2) Kritisch zum Tatsachenvergleich außer den in FN 1 genannten auch Dorndorf, SAE 1974, 116 (119); Zöllner, Arbeitsrecht, S. 293; Hofmann, FS BAG 1979, 217 (239, FN 96).

3) BAG AP Nr. 1 (Bl. 95, 96) zu § 9 LohnFG; Frohner, AuR 1975, 1o8; Dersch/Neumann, BUrlG, § 9 Rdnr. 77; Wiedemann/Stumpf, TVG, § 4 Rdnr. 342, die beiden letzteren jeweils m.w.N.

4) Insofern kann das BAG sich kaum dagegen wehren, daß seine Rechtsprechung als uneingeschränktes Zulassen eines Tatsachenvergleichs gedeutet wird (so Trieschmann, Anm. BAG AP Nr. 1 zu § 9 LohnFG, Bl. 96 R; kritisch zur fehlenden dogmatischen Untermauerung dieses Vergleichstyps Herschel, AuR 1973, 318 (319)).

Dersch/Neumann führen für die Zulässigkeit eines Tatsachenvergleichs die Parteienmaxime ins Feld. Da die Kontrahenten in einem Prozeß nur einen bestimmten Sachverhalt vorzutragen bräuchten, um das Gericht an diesen Vortrag zu binden, müsse es ihnen auch unbenommen sein, sich über die tatsächlichen Voraussetzungen eines Streites zu vergleichen[1].

Wiedemann/Stumpf begründen die Zulässigkeit des Tatsachenvergleichs bei § 4 Abs. 1 S. 1 TVG letztlich mit dem Bedürfnis nach einer gütlichen Einigung, das insoweit dem Schutzbedürfnis der Arbeitnehmer vorgehe[2]. Damit räumen sie mittelbar ein, daß die von ihnen nur noch pauschal referierten Versuche, die teleologische Restriktion der Vorschrift dogmatisch zu begründen, gescheitert seien.

(c) Stellungnahme und eigene Lösung

Beide Auffassungen weisen in ihrer Begründungslogik Bruchstellen auf. Wenn Herschel behauptet, einen Tatsachenvergleich gebe es überhaupt nicht, weil § 779 BGB ein Rechtsverhältnis und kein Faktum regeln soll, dann benutzt er dasselbe Verfahren, das er den Vertretern der Gegenmeinung zu Recht vorwirft, er trennt in lebensferner Weise die tatbestandsbegründenden Fakten von den damit ausgelösten Rechtsfolgen ab.

Gegen die Begründung, die Zulässigkeit des Tatsachenvergleichs folge aus der Prozeßmaxime, läßt sich einwenden, daß es einen erheblichen Unterschied macht, ob man einen Prozeß durch seinen frei gewählten Sachvortrag steuert,

---

1) Dersch/Neumann, BUrlG, § 9 Rdnr. 77.

2) Wiedemann/Stumpf, TVG, § 4 Rdnr. 342.

oder ob man sich über ein Faktum rechtlich bindend vergleicht. Dersch/Neumann sagen im Rahmen ihrer Argumentation selbst, daß "ein Sachvortrag während des Rechtsstreits geändert werden kann"[1]. Diese Möglichkeit beinhaltet ein Tatsachenvergleich aber nicht mehr. In diesem Festschreibungsmoment liegt ein entscheidender Unterschied zu dem, was die Parteienmaxime bewirken und damit auch nur rechtfertigen kann. Aus einem ähnlichen Grund wird auch die Sonderfigur des pactum de non petendo, die systematisch zwischen schlichter Nichtverfolgung von Ansprüchen und Verzicht anzusiedeln ist, im Bereich von Verzichtsverboten allenfalls für eine begrenzte Zeit zugelassen werden können[2]. Es ist ansonsten anerkannt, daß eine unabdingbare Norm nicht dadurch unterlaufen werden kann, daß man zwar nicht auf den Anspruch selbst, aber auf seine Durchsetzung verzichtet[3].

Wiedemann/Stumpf argumentieren mit dem Bedürfnis für eine gütliche Einigung. Das ist insbesondere unter dem Gesichtspunkt der Rechtsordnung als Friedensordnung ein wesentlicher Gesichtspunkt. Es wurde oben bereits gezeigt, daß der Gütegedanke in unserer Rechtsordnung grundsätzlich geeignet ist, die besondere Interpretation einer Rechtsnorm zu tragen[4]. Im Falle des § 4 Abs. 4 Satz 1 TVG, an dem Wiedemann/Stumpf ihre Überlegungen entwickeln, kann dieser Friedensgedanke jedoch nicht mehr zur Begründung herangezogen werden, da der Gesetzgeber mit der Einschränkung des Vergleichsschlusses in dieser Norm den Gütegedanken ausdrücklich geregelt und in seiner Reichweite selbst beschränkt hat. Der dermaßen eingegrenzte Gesichtspunkt kann nunmehr nicht erneut heran-

---

1) Dersch/Neumann, BUrlG, § 9 Rdnr. 77.

2) So Trieschmann, RdA 1959, 87 (89).

3) Herschel, BArbBl 1952, S. 27o; zur unstreitigen Gleichsetzung eines unbefristeten pactum de non petendo und Erlaß Palandt/Heinrichs, § 397 Anm. 3 c.

4) Siehe S. 130 ff.; 179 ff.

gezogen werden, um eine der Beschränkung gegenläufige Interpretation zu rechtfertigen.

Teilweise stützen Wiedemann/Stumpf mit ihrer Begründung die unter (a) angeführte Auffassung. Denn wenn Wiedemann/Stumpf die Zulässigkeit eines Tatsachenvergleichs als teleologische Restriktion des § 4 Abs. 4 S. 1 TVG einordnen[1)], liegt dem doch wohl die Erkenntnis zugrunde, daß man Fakten und Rechtsfolgen nicht beliebig auseinanderdividieren darf und daß ein Vergleich über Fakten an sich contra legem ist, wenn eine Unabdingbarkeit der daran hängenden Rechtsfolge gesetzlich vorgegeben wird.

Diese Sicht, die Wiedemann/Stumpf implizieren und die die Kritiker eines Tatsachenvergleichs ausdrücklich hervorheben, ist richtig. Wollte man einen Tatsachenvergleich mit der Begründung zulassen, daß es darin nur um Fakten, nicht um die der Disposition entzogenen Rechtsfolgen gehe, würde die Begriffsjurisprudenz wahre Urstände feiern. Eine derartige Unterscheidung wäre zwar formallogisch möglich, erneuerte aber ein überwundenes dogmatisches Verständnis, das Begriffe und Differenzierungen ohne Blick auf Intentionen und Hintergrundszusammenhänge zu in sich schlüssigen, aber künstlichen Deduktionssystemen zusammenfaßt, die bei einer Gesamtbetrachtung zu gesetzeszweckwidrigen Ergebnissen führen. Es ist nicht von der Hand zu weisen, daß der Verlagerung des Vergleichsinhalts von der Rechtsfolge auf das rechtsfolgenerzeugende Faktum eine Umgehungstendenz innewohnt, die es zumindest verbietet, Tatsachenvergleiche im Bereich zwingenden Rechts als uneingeschränkt zulässig einzustufen.

---

1) So ausdrücklich Wiedemann/Stumpf, TVG, § 4 in Rdnr. 342.

Andererseits ist sicher auch das Gegenteil, die uneingeschränkte Unzulässigkeit, nicht zutreffend. Die sachgerechte Lösung folgt aus den Tatbestandsvoraussetzungen des Vergleichs unter Berücksichtigung der Tragweite zwingender Rechtsbefehle:

Vergleiche im Sinne des § 779 BGB verlangen Zweifel. Damit fallen schon einmal alle Tatsachenvergleiche aus der Betrachtung als unzulässig heraus, die die Parteien in der Absicht schließen, ihnen bekannte und eindeutige Fakten zu verschleiern. Das Problem der Zulässigkeit eines Tatsachenvergleichs entsteht damit nur bei Unklarheiten und Zweifeln über tatsächliche Umstände, z.B. aus Unkenntnis der Parteien oder weil das Faktum nicht schlicht deskriptiv ist, sondern eine normative Komponente enthält, die auseinanderfallende Deutungen zur Folge haben kann oder, weil sich das Faktum aus tatsächlichen Hindernissen nicht ermitteln läßt.

Bei Fakten, die bei einer der zunächst noch offenen Tatsachenvarianten eine zwingende Rechtsfolge auslösen würden, ergibt sich aus der Natur der Sache, dem zwingenden Regelungswillen des Gesetzgebers, daß die Parteien nicht beliebig auf einer Stufe der Unkenntnis stehenbleiben dürfen, sondern alle Wege zu einer sachlichen Klärung ausschöpfen müssen. Ihnen obliegt insoweit eine Aufklärungspflicht, die im Einzelfall unter Berücksichtigung von Verhältnismäßigkeits- und Zumutbarkeitserwägungen zu bemessen ist. Kriterien hierfür können sein: Die Zeit, die zur Gewinnung weiterer Erkenntnisse erforderlich ist, die Kosten der Nachforschungen, eventuell auch das Verhältnis des Aufklärungsaufwandes zum Wert der durch die Aufklärung möglichen Erkenntnisse und Rechtsfolgen. Erst wenn die Aufklärung der wahren Sachlage ohne Erfolg geblieben ist und einen Betrachtungs- und Bewertungsspielraum von Tatsachen offenläßt, besitzen die Parteien die Befugnis zu einem Tatsachenvergleich, der eine zwingende Rechtsfolge auslösen oder vermeiden kann.

Vergleiche verlangen weiter ein gegenseitiges Nachgeben. Auch daraus ergeben sich Zulässigkeitsschranken des Tatsachenvergleichs. Es ist nämlich durchaus problematisch, eine Tatsachenabstimmung unter gegenseitigem Nachgeben vorzunehmen. Für ein gegenseitiges Nachgeben im Rahmen eines Tatsachenvergleichs ist zu verlangen, daß die Parteien vor dem Vergleichsschluß von dem Faktum eine Vorstellung besessen haben, die für sie günstiger war als die vergleichsweise hergestellte Tatsachenlage.Dies ist etwa der Fall, wenn der Arbeitgeber bei einem Streit um Lohnfortzahlung von der Vorstellung ausgeht, daß der Arbeitnehmer 1o Tage krank war, dieser jedoch von der Vorstellung, er sei 14 Tage krank gewesen, und die Parteien sich nunmehr auf 12 Tage Arbeitsunfähigkeit einigen. Es wird jedoch Tatsachen geben, die alternativ angelegt sind und nur eine Entscheidung für die eine oder andere Auffassung zulassen (krank: ja oder nein). Derartige Fakten sind einem gegenseitigen Nachgeben naturgemäß verschlossen, so daß ein Vergleich für diese Fälle aus tatbestandsmäßigen Gründen ausscheidet. Wichtig ist hierbei - das folgt aus der Natur des hinter dem Faktum stehenden zwingenden Rechts -, daß das gegenseitige Nachgeben sich auf die Tatsache selbst beziehen muß. Es genügt kein Nachgeben einer Seite hinsichtlich des Faktums, wenn die andere Seite bei einem damit zusammenhanglosen anderen Punkt nachgibt, der lediglich in einem gemeinsamen Vertrag geregelt ist. Bei der Annahme eines Tatsachenvergleichs im Rahmen einer Ausgleichsquittung ist das gegenseitige Nachgeben deshalb eine problematische Vergleichsvoraussetzung, und demgemäß ist auch die Entscheidung des BAG AP Nr. 1 zu § 9 LohnFG zutreffend von Herschel kritisiert worden[1)].

Daß ein Tatsachenvergleich allerdings in den verbliebenen engen Grenzen anerkannt werden sollte, mag folgende Überlegung verdeutlichen: Angenommen die beweispflichtige Partei ist bezüglich eines Faktums im Beweisnotstand. Die Kontrahenten wissen jedoch, daß die Sachlage von dem abweicht, was die eine Seite beweisen kann. Beide wissen aber nicht exakt den korrekten Tatsachenstand. Wenn jetzt ein Vergleich untersagt wird, der die beweispflichtige Partei wenigstens etwas besser stellt, wird das Ergebnis der Beweisführung unter Anwendung der Beweislastregeln zwingend zum Inhalt einer Entscheidung. Durch ein derartiges Verfahren würden primär die abstrakten Regeln der Beweislast geschützt, nicht aber das eigentliche Schutzobjekt der zwingenden Rechtsnorm, die auf der Basis der geschaffenen Tatsachenlage zur Anwendung kommt. Auch diese Folgerung legt nahe, daß es zwar ein berechtigtes Anliegen ist, zwingende Rechtsregeln vor einer Unterwanderung durch Tatsachenvereinbarungen zu schützen, daß aber eine undifferenzierte Unzulässigkeit eines Tatsachenvergleichs über dieses Ziel hinausschießen würde.

Aus allem ergibt sich damit, daß es einen Vergleich über Tatsachen geben muß. Die enge Beziehung zwischen tatbestandsrelevanten Fakten und normativ daran gebundenen Rechtsfolgen überspielt die in § 779 BGB enthaltene Grund-

---

1) Herschel, AuR 1973, 318 (319); ähnlich kritisch auch Frohner, AuR 1975, 1o8 (1o9, 11o); Hofmann, FS BAG 1979, 217 (242).

vorstellung, daß ein zweifelhaftes Rechtsverhältnis vorliegen müsse. Der beim Vorhandensein gewisser sachlicher Umstände eintretende Automatismus in der rechtlichen Auswirkung führt dazu, daß faktische Bedingungen gewissermaßen von einer Vorwirkung des § 779 BGB erfaßt werden und in den oben aufgezeigten Grenzen der Tatbestandsmerkmale dieser Norm sowie der Ausstrahlung des Sinngehalts eines zwingenden Rechtsbefehls regelungsfähig sind.

Abschließend sollen die Zulässigkeitsvoraussetzungen an dem oben angesprochenen Beispiel des angeblich Kranken, der Lohnfortzahlung beansprucht, erprobt werden. Grundsätzlich ist § 9 LohnFG gegenüber Tatsachenvergleichen relativ resistent. Eine Tatsache wie das Vorliegen einer Krankheit läßt sich im Regelfall definitiv aufklären, ohne unverhältnismäßigen Aufwand zu betreiben. Dennoch kann es darüber zu ernsthaften Zweifeln kommen, auch wenn die Parteien es nicht auf eine Manipulation anlegen. So können abweichende Atteste mit widersprüchlichen Ergebnissen vorkommen. Oder es kann sich bei dem Arbeitnehmer um einen Trinker handeln, wobei dann vielleicht der Zusammenhang zwischen Arbeitsunfähigkeit, Trunksucht oder Krankheit unklar bleibt[1]. Liegt der Fall dergestalt, muß es den Parteien erlaubt sein, über das unaufgeklärte Faktum privatautonom zu disponieren. Die Parteien haben dann nämlich das zwingende Recht soweit respektiert, wie es in Anbetracht der grundsätzlichen Gleichwertigkeit der Ausübung von Ermessen oder der Ausfüllung von Wertungsspielräumen durch Richter und Private geboten ist. Es handelt sich hierbei nicht um ein zweifelsfrei aufklär-

---

1) Dieses Problem tauchte in BAG AP Nr. 1 zu § 9 LohnFG tatsächlich auf.

bares, rein deskriptives Faktum. Das Vorliegen einer krankheitsbedingten Arbeitsunfähigkeit ist eine normative Tatsache, die auch ein Richter jetzt nur noch durch eine Wertung ermitteln kann, um dann die zweifelhafte Rechtsfolge eintreten zu lassen oder nicht. Das aber dürfen dann die Parteien auch selbst, da - wie oben gezeigt[1] - dem staatlich-institutionalisierten Entscheidungsverfahren gegenüber privatautonomen Vereinbarungen kein grundsätzlicher Richtigkeitsvorrang zukommt. Ab diesem Punkt wird ein Tatsachenvergleich zulässig, wenn jetzt auch noch das Merkmal des Nachgebens erfüllt werden kann, d.h. nicht nur eine Seite der Tatsachenbetrachtung der anderen Seite beitritt.

b) Ergebnis zu 2. (zugleich zu II. und C))

In Fortführung seiner Entscheidung in BGHZ 3, 193 ff., 16, 296 ff. hat der BGH in BGHZ 65, 147 ff. im Rahmen des § 1 GWB eine Geltungspräferenz für Vergleichsschlüsse zur Anwendung gebracht. Das Wirkungsprivileg von Vergleichen knüpft an die typologischen Besonderheiten dieser Vertragsform an und findet seinen Ausdruck in der vom Gericht verwendeten Formel der "ernsthaften und objektiven Zweifel", die bezüglich eines wettbewerbsrechtlichen Streitpunktes vorliegen müssen, damit die Parteien darüber privatautonom - ohne die Nichtigkeitsdrohung des § 1 GWB - Regelungen treffen können.

Die Geltungspräferenz von Vergleichen geht auf ein allgemeines Prinzip der Rechtsordnung zurück - die Dignität des Rechtsfriedens, das Primat einer gütlichen Einigung - und reduziert die Wirkungen zwingenden Rechts in Fällen

---

1) S. S. 23 - 37.

nicht eindeutig anwendbarer zwingender Rechtsbefehle. Gleichzeitig begründet das Wirkungsprivileg eine allgemeinde teleologische Schranke zwingenden Rechts, die davor sichert, daß förmliche, die Privatautonomie zu weitgehend ausschließende Wirkungen des zwingenden Rechts den beabsichtigten Schutz in sein Gegenteil verkehren.

Damit das Zusammenspiel zwischen dem Wirkungsprivileg und der Normenstrenge ausgewogen bleibt, unterliegt die Geltungspräferenz Schranken, die sich aus der vom BGH begründeten Zweifelsformel und den nachstehenden Axiomen ergeben:

- Die den Vertragstypus prägenden Tatbestandsmerkmale des Vergleichs - Zweifel über eine Rechtslage, gegenseitiges Nachgeben - sind exakt einzuhalten. Hierzu gehört auch die Verzichtsfähigkeit des Vertragsgegenstandes sowie die Verzichtsbefugnis der Vergleichspartner, sofern nicht auch gerade darüber objektive und ernstliche Zweifel bestehen und den Parteien aus denselben Gründen, die das Wirkungsprivileg des Vergleichsvertrages tragen, eine entsprechende Verfügungskompetenz zugewiesen werden muß.

  Das präzise Einhalten der Tatbestandsvoraussetzungen muß sich dabei auf die Regelung eines streitigen Problems beziehen. So dürfen nicht mehrere Streitpunkte dergestalt zusammengefaßt sein, daß jeder dieser Punkte mit einseitigen Nachgeben erledigt ist und erst bei globaler Betrachtung ein Vertrag unter gegenseitigem Nachgeben entsteht.

- Es muß zwischen dem in Streit geratenen Problem und der darüber getroffenen privatautomonen Regelung ein enger inhaltlicher Zusammenhang bestehen. Zusatzvereinbarungen, die nicht von dieser Zweifelsfrage betroffen sind, die mehr anläßlich als zur Klärung der konkreten Streitfrage in den Vertrag aufgenommen werden, genießen kein Wirkungsprivileg.

- Das Geltungsprivileg gilt unter Beachtung anderer Grundwerte der Rechtsordnung. Im Einzelfall ist eine Abwägung notwendig. Insbesondere ist dabei das Element des Drittschutzes zu beachten, so daß Vergleichsschlüssen kein Wirkungsprivileg zukommt, wenn dieses Prinzip im Falle der Anwendung dazu führte, daß z.B. der durch Kartellvorschriften angelegte Schutz vereitelt würde und daneben keine andere gleichwertige Abwehrmöglichkeit des Beeinträchtigten existierte.

- Bei Prozeßvergleichen gilt das Geltungsprivileg mit der Einschränkung, daß sich der privatgestaltete Prozeßabschluß im Hinblick auf den Zeitpunkt und etwaige noch ausstehende Rechtsmittel als ein friedensfördernder Schritt auswirkt und nicht nur eine richterliche Entscheidung vermeiden hilft.

"Unterwerfungsvergleiche", bei denen das gegenseitige Nachgeben krass ungewichtig verteilt ist - sei es, weil eine Partei nur in einem marginalen Nebenpunkt nachgibt, der mit der eigentlichen Streitfrage in gar keinem Zusammenhang steht, sei es, daß sich das gegenseitige Nachgeben in einem Hauptpunkt derart ungleichgewichtig verteilt, daß nach Evidenzmaßstäben nicht mehr von Gegenseitigkeit gesprochen werden kann - , sind von dem Geltungsprivileg des Vergleichsvertrages ausgeschlossen, da sie nur scheinbar dem Vertragstyp des § 779 BGB unterfallen, richtigerweise aber als Verzichts-, Erlaßverträge oder Anerkenntnisse einzuordnen sind.

Das Wirkungsprivileg gilt unabhängig vom Gegenstand des Vergleichs (Regelungs- oder Rechtsfrage, Tatsachen). Für die Zulässigkeit eines sogenannten Tatsachenvergleichs ergeben sich Schranken aus den Tatbestandsvoraussetzungen des § 779 BGB (Zweifel über ein Faktum, Nachgeben hinsichtlich des Faktums).

D) Auswirkungen des Wirkungsprivilegs gegenüber den übrigen Vorschriften des GWB

Es stellt sich die Frage, inwieweit die vom BGH zunächst im Rahmen des § 1 GWB angewendete Geltungspräferenz im Zusammenhang mit anderen Vorschriften des GWB Wirkungen zeigt. Im folgenden sollen daher die Normen angesprochen werden, bei denen eine Wirkungsbegrenzung unter dem Gesichtspunkt eines Vergleichsprivilegs in Betracht kommt.

I. Das Genehmigungsverfahren der §§ 2 ff. GWB

Da die Genehmigungspflicht gemäß §§ 2 ff. GWB einen Verstoß gegen § 1 GWB voraussetzt, bewirkt das Geltungsprivileg, daß Vergleichsverträge, die dem Erfordernis der BGH-Formel entsprechen, unabhängig von ihrer konkreten Zuordnung zu den in §§ 2 ff. GWB aufgezählten Fallgruppen anmeldungsfrei sind. Wird ein derartiger Vertrag gleichwohl der Kartellbehörde zum Zwecke der Genehmigung vorgelegt, hat diese das Geltungsprivileg von Amts wegen zu berücksichtigen. Eine diesbezügliche Genehmigung darf nicht wie in einem Normalverfahren ergehen: Wegen der in § 11 Absatz 1 GWB vorgesehenen Regelbefristung derartiger Genehmigungen hat das Kartellamt in einem so gelagerten Fall die grundsätzliche Kartellfreiheit auszuweisen, mindestens jedoch eine unbefristete Genehmigung auszusprechen.

Die nachträglichen Einfluß- und Beschränkungsmöglichkeiten der §§ 4, 12 GWB entfallen entsprechend. Ebenso entfallen die Auflösungsmöglichkeiten, die § 13 GWB insbesondere auch den Vergleichsparteien vorbehalten würde. Etwas anderes kann nur gelten, wenn eine Auslegung des Vergleichs und eine tatsächlich in Angriff genommene Genehmigung durch die Kartellbehörde in dem Sinne ausgelegt werden muß, daß die Parteien auch bei Anmeldefreiheit ihres Vertrages die besonderen Vorschriften des Genehmigungsverfahrens untereinander zur Wirkung bringen wollten. Dann wäre im Hinblick auf § 13 GWB der kartellfreie Vergleich mit einem vertraglich vereinbarten Kündigungsvorbehalt versehen. Im Regelfall wird diese Auslegung jedoch nicht zutreffen, so daß § 13 GWB außer Betracht bleiben muß.

II. Wettbewerbswidriges Verhalten gemäß § 25 GWB

§ 25 GWB regelt im wesentlichen mit § 1 GWB identisches, jedoch nicht vertraglich festgelegtes Wettbewerbsverhalten. Insoweit scheint zunächst ein Konflikt durch das Wirkungsprivilegs eines Vertragstypus ausgeschlossen.

Gleichwohl kann es dennoch zu einer Berührung dieser Vorschriften mit dem Vergleichsprivileg kommen, wenn das nach § 25 GWB sanktionswürdige Verhalten einer Seite zu einem für den anderen Partner nicht sehr günstigen Vergleichsschluß führt, dieser also etwa mit Mitteln, die gemäß § 25 GWB verboten sind, herausgepreßt wird. Dabei kann das Opfer dieses abgenötigten Vergleichs sowohl der Partner dieses abgestimmten Verhaltens wie auch ein durch dieses Verhalten unter Druck gesetzter dritter Marktteilnehmer sein. Das Geltungsprivileg kann außerdem ins Spiel kommen, da ein abgestimmtes Verhalten naturgemäß zwar ohne eine vertragliche Bindung abläuft, gleichwohl durch gegenseitiges Nachgeben im Hinblick auf eine unklare Rechtslage geprägt sein kann.

Der zuerst genannte Fall des abgenötigten Vergleichs steht - beinahe selbstverständlich - einer kartellrechtlichen Nichtigkeitssanktion offen. Das potentiell wettbewerbsbeschränkende Handeln ist dann nicht mehr bloßer Inhalt einer Regelung, sondern Mittel zum Zweck. Man kann das das Versagen des Geltungsprivilegs für diesen Fall exakt an den Voraussetzungen der Geltungspräferenz fest machen: Bei einem Vergleich, der von einer Seite durch wettbewerbswidriges Verhalten erzwungen wird, wird es häufig schon an dem Zweifelselement fehlen. Vor allem aber liegt kein Zusammenhang zwischen dem kartellrechtlich bedenklichen Verhalten und der Vergleichsregelung vor.

Der zweite Fall ließe sich entsprechend der Rechtslage behandeln, die für diese Konstellation gelten würde, wenn eine vertragliche Grundlage bestünde. Wäre das abgestimmte Verhalten das Erfüllungshandeln aus einem Vergleichsschluß, der ernsthaften und objektiven Zweifeln über eine Rechtslage entspringt, käme das Geltungsprivileg zur Geltung, so daß eine Erstreckung auf den Fall des § 25 GWB denkbar erscheint. Denn auch ein bloß nachgiebiges Handeln dient dem Rechtsfrieden und der Konfliktbereinigung. Außerdem entspräche diese Wertung der gesetzlichen Systematik, die der Grundlage für ein wettbewerbsrelevantes Verhalten weniger Bedeutung beimißt als der wettbewerbsrelevanten Folge selbst[1]. Nimmt man aber einen objektiven Verstoß gegen die Wettbewerbsfreiheit auf vertraglicher Grundlage für den besonderen Fall eines Vergleichs aus übergeordneten Gesichtspunkten hin, könnte dieser an sich unerwünschte Erfolg auch auf der Basis des bei § 25 GWB gegebenen schmaleren Verpflichtungsbandes toleriert werden, falls die übergeordneten Gesichtspunkte

---

1) Dies belegt die Einführung des § 25 GWB. S. außerdem die Entwicklung des Anwendungsbereiches bei § 1 GWB (Stichworte: "Frühstückskartelle, Folgetheorie"), auch den Verständnisansatz von K. Schmidt. FN 1 auf S. 176 und FN 1 auf S. 168.

hierbei in gleicher Weise zum Tragen kommen.

Dies ist jedoch nur bei flüchtiger Betrachtung, unter einem essentiellen Aspekt aber eben nicht der Fall. Ein Vergleichsschluß entwickelt wegen seines vertraglichen Charakters kontinuierliche Wirkungen. Der Inhalt des Vergleichs - damit auch die programmierte Konfliktbereinigung - ist einklagbar und vollstreckungsfähig. Das ist ein ganz wesentlicher und qualitativ prägender Gesichtspunkt für die Anwendung des Friedensgedankens. Ein nachgiebiges, güteorientiertes Verhalten, das im Sinne des § 25 GWB bloß abgestimmt, nicht aber inter partes durch entsprechende Bindungsinstrumente vollstreckbar gestaltet wird, stellt ein bloßes "Stillhalten" innerhalb einer Kontroverse dar, von einer durchgreifenden, friedlichen Lösung kann dabei nicht gesprochen werden. Selbstverständlich kann das abgestimmte Verhalten im Einzelfall eine dauerhafte Konfliktbereinigung herbeiführen, weil sich die Kontrahenten konstant in dieser nachgiebigen Weise verhalten. Dies ist dann jedoch ein erst ex post meßbares Ergebnis eines a priori nicht kalkulierbaren Verhaltens. Damit besteht aber im Hinblick auf den Rechtsfrieden eine zu unsichere Ausgangslage, als daß man hierfür eine Privilegierung gegenüber dem Kartellrecht statuieren könnte.

Als Ergebnis ergibt sich somit, daß § 25 GWB kein Anwendungspotential für ein vergleichsbezogenes Geltungsprivileg enthält.

III. Preis- und Vertriebsbindungen nach §§ 15 - 19 GWB

In Fällen einer Preis- oder Vertriebsbindung kommt ein Geltungsprivileg nicht zum Zuge. Zwar können derartige Wettbewerbsabsprachen auch Bestandteil eines Vergleiches sein.

Z.B. ist vorstellbar, daß ein Händler zur Bereinigung eines internen Konflikts sich einem Hersteller gegenüber verpflichtet, an einen mißliebigen Dritten nicht zu liefern. Jedoch ist hierbei zu beachten, daß derartige Absprachen immer wettbewerbsrechtliche Drittbetroffenheiten auslösen, die von den §§ 15 ff. GWB vermieden werden sollen und durch die bloße Hereinnahme in einen Vergleich nicht "geläutert" werden können. Die durch eine Vertriebsbindung ausgelöste Drittbetroffenheit ist auch von durchschlagender Natur: Anders als bei Vergleichen über unerlaubtes Wettbewerbshandeln, bei denen Dritt- oder Viertbetroffenen ein eigenes Klagerecht aus § 1 UWG zusteht oder Inhaber eines gewerblichen Schutzrechts aus dieser Rechtsposition originäre gerichtliche Schritte einleiten können, ist der von einer Vertriebsbindung Betroffene endgültig benachteiligt[1)], falls man ihm den Schutz des § 18 GWB mit der Begründung entzieht, daß der für ihn nachteilige Akt in einem Vergleich begründet wurde, der ein besonderes Wirkungsprivileg beansprucht.

Die Geltungspräferenz kann nur Konstellationen betreffen, in denen ein wettbewerbsrechtliches Grundproblem existiert und dieses auch den Regelungskern eines Vergleichs darstellt. Nicht erstrecken kann es sich auf wettbewerbsbeschränkende Vereinbarungen, die eher anläßlich eines Vergleichs, aber ohne innere Bindung an ein objektiv zweifelhaftes Wettbewerbsproblem unter den Parteien geschlossen sind. Hier liegt eine offensichtliche Grenze des Geltungsprivilegs[2)].

---

1) S. zu dieser Einschränkung des Geltungsprivilegs schon S. 197.

2) Zu dieser Einschränkung s. schon S. 194.

Als Beispiel: Wenn zwei Unternehmen zwecks Bereinigung eines Streits um Gewährleistungsrechte einen Vergleich schließen, in dessen Rahmen die eine Seite als Leistung eine nach dem Wortlaut des § 18 GWB verbotene Vertriebsbindung akzeptiert, so kann der friedensstiftende Charakter des Vergleichs den fehlenden Sachzusammenhang zwischen dem beigelegten Streit und dem Eingriff in die Wettbewerbsordnung in Form der Vertriebsbindung nicht überspielen. Die Verletzung von GWB-Vorschriften darf nicht als bloßes Mittel zur Beilegung eines beliebigen Streitpunktes benutzt werden. Es muß eine wettbewerbsrechtliche Frage existieren, über deren Regelung objektive und ernsthafte Zweifel bestehen, und die Regelung muß den sachlichen Zusammenhang zu dem Problempunkt wahren. Mehr kann ein vertragstypenbezogenes Geltungsprivileg nicht bewirken.

IV. Lizenzbeschränkungen gemäß §§ 2o, 21 GWB

Eine Kollision mit dem Geltungsprivileg von Vergleichen läßt sich auch bei §§ 2o, 21 GWB denken. Es fragt sich, wie z.B. ein Vergleich über den Umfang einer Lizenz zu behandeln ist, in dem sich der Lizenznehmer in einer Weise zur Verwertung der Lizenz verpflichtet hat, die objektiv über den Inhalt eines Patents hinausreicht.

Grundsätzlich ist auch hier die Besonderheit des Vergleichstypus anzuerkennen, wenn über die für § 2o GWB relevanten Inhaltsgrenzen des lizensierten Schutzrechts ernsthafte und objektive Zweifel möglich sind. In der Praxis wird diese Voraussetzung niemals vorliegen: § 21 GWB grenzt Selbstbeschränkungen hinsichtlich Art, Umfang, Menge, Gebiet oder Zeit der Ausübung als <u>nicht</u> außerhalb des Schutzrechts liegend aus. Damit sind die wesentlichen Gesichtspunkte genannt, die überhaupt Vergleichsgegenstand sein können, aber eben offenbar nicht dem Tatbestand unterfallen. Auch wenn die Aufzählung in § 2o Abs. 2, letzter Halbsatz GWB nicht abschließend gemeint sein sollte, läßt sich bei lebensnaher Betrachtung doch sagen, daß die Dinge, die darüber noch hinausgehen, kaum mehr unter dem Deckmantel der Inhaltsbestimmung des Schutzrechts vereinbart werden können. Diesbezüglich werden objektive und ernsthafte Zweifel kaum Anerkennung finden.

Im Ergebnis wird die Geltungspräferenz von Vergleichen in der Praxis für §§ 2o, 21 GWB daher keine Rolle spielen.

V. Die Bedeutung bei § 22 GWB

Die Regelung in § 22 GWB über marktbeherrschende Unternehmen ist auf den ersten Blick kein Gegenstand, der mit dem Wirkungsprivileg eines Vergleichs in Berührung kommen könnte. Dennoch gibt es eine Konstellation, in der es zu einer Kollision zwischen dem Geltungsprivileg und den Sanktionsmöglichkeiten der Kartellbehörde gemäß § 22 Abs. 3, 4 GWB kommen kann: wenn nämlich ein marktbeherrschendes Unternehmen die in Abs. 3 sanktionswürdig erklärte Ausnutzung der Marktstellung zu einem Vergleichsschluß gebraucht. Soll dann die Friedenskomponente dieses Vertragstyps das Kartellamt an der Sanktion hindern ?

Diese Frage kann aus mehreren Gründen mit Sicherheit verneint werden. Es ist schon zweifelhaft, ob die Eingriffsbefugnisse der Kartellbehörde überhaupt durch ein Wirkungsprivileg berührt werden. Denn es ist nicht selbstverständlich, daß ein Privileg im Rahmen vertraglicher Wirkungen gleichzeitig gegenüber andersgearteten Maßnahmen des GWB zur Marktregelung eine identische Präferenz auslöst. Diese Frage kann aber dahinstehen, da - die Anwendbarkeit auf die Sanktionsmöglichkeiten des Kartellamtes argumendi causa unterstellt - das Geltungsprivileg aus anderen Gründen ausscheidet. Es wird im Regelfall schon an Zweifeln fehlen, die mit der Ausnutzung der marktbeherrschenden Stellung in Zusammenhang stehen. Weiter wird es an einer inhaltlichen inneren Bindung zwischen der im Vergleich getroffenen Regelung und der Ausnutzung einer marktbeherrschenden Stellung mangeln, die aber Voraussetzung wäre, um die heilende Wirkung des Vergleichs auszulösen. Entscheidend ist vor allem aber, daß mit der Sanktionsmöglichkeit des § 22 Abs. 3, 4 GWB keine Regelung infrage steht, über die Parteien individuell verfügen können. Hier geht es um abstrakte, nicht Einzelnen zustehende Grundwerte der Marktverfassung. Aus diesem Grunde ist hier auch nicht ein Unterlassungsanspruch dritter Marktteilnehmer, der individualistische Einschläge ausweisen würde, die Rechtsfolge, sondern ein behördliches Einschreiten. Den Parteien fehlt hinsichtlich des für eine Privilegierung zu diskutierenden Verhaltens gemäß § 22 GWB schlicht die Vergleichsbefugnis.

Damit ist festzuhalten, daß die Geltungspräferenz gegenüber § 22 GWB insoweit indifferent bleibt.

Fraglich könnte hier allerdings noch sein, inwieweit zwischen der Kartellbehörde und den Unternehmen Vergleiche abgeschlossen werden, durch die die der Kartellbehörde in § 22 Abs. 3 und 4 GWB zustehenden Sanktionen modifiziert werden. Hierbei handelt es sich jedoch nicht um ein Problem des Wirkungsprivilegs im behandelten Sinne, sondern um eine Frage der Vergleichszulässigkeit im öffentlichen Recht. Die Kartellbehörde nimmt ihre Aufgaben als Teil der Exekutive wahr und unterliegt damit hinsichtlich ihrer Eingriffsmöglichkeiten öffentlichrechtlichen Bindungen. Etwaige Einschränkungen oder Möglichkeiten gehen demgemäß nicht auf das Wirkungsprivileg des Vergleichs zurück, das hier ausschließlich unter privaten Rechtssubjekten untersucht wird.

VI. Zusammenfassung zu D)

Das bei § 1 GWB entwickelte Geltungsprivileg von Vergleichen bleibt innerhalb des GWB auf diese Norm beschränkt. Zwar ist das Wirkungsprivileg ein Gedanke, der grundsätzlich bei allen zwingenden Rechtsnormen zu erwägen ist. Die Einzelbetrachtung von Vergleichskonstellationen bei den §§ 15 ff., 2o f., 22, 25 GWB hat jedoch ergeben, daß in diesen Fällen die entwickelten Schranken einem Wirkungsprivileg entgegenstehen; die Genehmigungspflicht der §§ 2 ff. GWB setzt einen Verbotstatbestand gemäß § 1 GWB voraus, so daß sich die Folgen des Wirkungsprivilegs ausschließlich auf der Ebene der Tatbestandserfüllung des § 1 GWB niederschlagen. Diese Folgen sind allerdings von Amts wegen zu berücksichtigen, sofern eine Genehmigung gemäß §§ 2 ff. GWB für eine Regelung eingeholt wird, die als Vergleichsvertrag kartellfrei gestellt ist.

E) Der Wettbewerbsvergleich nach dem Recht der Europäischen Gemeinschaft (Art. 85 f. EWG-Vertrag)

In Anbetracht der zunehmenden Bedeutung internationaler Bezüge in Wettbewerbs- und gewerblichen Rechtsschutzfragen[1)] soll abschließend untersucht werden, ob sich für die Vergleichszulässigkeit auf dem Boden des europäischen Gemeinschaftsrechts Besonderheiten ergeben.

In Art. 85 EWGV existiert ein Verbotsgesetz, das ähnlich § 1 GWB Verträge für nichtig erklärt, die "den Handel zwischen Mitgliedsstaaten zu beeinträchtigen geeignet sind und eine Verhinderung, Einschränkung oder Verfälschung des Wettbewerbs innerhalb des Gemeinsamen Marktes bezwecken oder bewirken". Dieser Generalklausel folgt die Auflistung einiger typischer Tatbestandsformen.

1) Diese Tendenz bestätigen außer den Art. 85 ff. EWGV und den dazu ergangenen VO (Nachweise in FN 2, 3 auf S. 233, FN 1 auf S. 235) die in FN 1 auf S. 2 am Ende zitierten Gesetze.

In Art. 86 EWGV findet sich dann eine Erstreckung des Verbots auf die "mißbräuchliche Ausnutzung einer beherrschenden Stellung auf dem Gemeinsamen Markt ..., soweit dies dazu führen kann, den Handel zwischen Mitgliedsstaaten zu beeinträchtigen".

Art. 86 EWGV kann jedoch für das anstehende Problem - die Geltungspräferenz im Rahmen des Gemeinschaftsrechts - schon im Vorwege ausgeschieden werden. Die einzige denkbare Kollisionsmöglichkeit entsteht, wenn die Ausnutzung der beherrschenden Stellung in einen durch die Überlegenheit diktierten Vergleich mündet. Insoweit kann auf die bei § 22 GWB angeführten Überlegungen verwiesen werden: Über den Mißbrauch einer beherrschenden Stellung besteht regelmäßig kein Zweifel, es fehlt im allgemeinen am inneren Zusammenhang zwischen dem sanktionsträchtigen Verhalten und dem Vergleichsinhalt, im übrigen fehlt es den Parteien insoweit an der Vergleichsbefugnis über den Schutzgegenstand.

Als Parameter für die Bemessung der Vergleichszulässigkeit bleibt es somit allein bei Art. 85 EWGV.

Art. 85 EWGV ist unmittelbar bindendes und durchsetzbares Recht[1]. Der frühere Streit um die Rechtsnatur der Norm ist spätestens mit dem Erlaß der Verordnung Nr. 17 im Jahre 1962[2] gegenstandslos geworden[3]. Gleichwohl kann noch immer nicht

---

1) Steindorff, BB 1958, 89 f.; ders. ZHR 142, 525 (526 ff.); Mestmäcker, Europ. Kartellrecht, S. 115 f.; P. Ulmer, Neue Entwicklungen, S. 69 ff.; 77 f.; aus der Rechtsprechung WuW/E EWG/MV 2o1 (2o4 f.) ("Farbenhersteller"); 269 (267) ("Farbstoffe").

2) Erste DurchführungsVO zu den Art. 85 und 86 des Vertrages vom 6. Februar 1962 (BGBl. II, S. 93 / ABl. S. 2o4).

3) Mailänder in GK, EWGV Art. 85, Rdn. 2; ausführliche Nachweise zu dem früher heftigen Streit um die Wirkung dieser Normen in Frankfurter Kommentar, Vorbem. Art. 85 ff. VEWG, Rdn. 35 - 41.

von einer effizienten und aktuell regelnden Wettbewerbsordnung des Gemeinsamen Marktes gesprochen werden[1]. Dafür ist Art. 85 EWGV in seiner inhaltlichen Ausgestaltung zu unbestimmt[2]. Die gemäß Art. 87 EWGV vorgesehene Konkretisierung durch Rechtsverordnungen ist relativ schleppend angelaufen. Die bislang ergangenen Verordnungen beziehen sich entweder auf Verfahrensregeln - so die oben schon angesprochene Verordnung Nr. 17 -, regeln kontrollfreies Marktverhalten im Sinne des Art. 85 Abs. 3 EWGV[3] oder behandeln bloße Teilausschnitte[4] denkbaren wettbewerbsmäßigen Handelns. Die Rechtsverordnungen enthalten damit eine Zielsetzung oder sind in einer Form abgefaßt, daß daraus keine über Art. 85 EWGV hinausweisenden - womöglich definitiven - Erkenntnisse für die Behandlung von Wettbewerbsvergleichen gewonnen werden können.

Da es nur eine Frage der Zeit sein dürfte, daß eine umfassende europäische Regelung der Wettbewerbsfreiheit weit-

1) Mailänder in GK, EWG-Einf. Rdn. 1.

2) Vgl. Rittner, Wirtschaftsrecht, S. 278 und natürlich alle Vertreter, die früher eine unmittelbare Geltung des Art. 85 EWGV - u.a. wegen seiner Unbestimmtheit - ablehnten, Nachweise Frankfurter Kommentar, VEWG, Art. 85 ff. Vorbem. Tz. 37.

3) VO Nr. 19/65/EWG über die Anwendung von Art. 85 Abs. 3 (ABl., S. 533) regelt den Negativattest hinsichtlich der Anwendung des Art. 85 auf Gruppen von Vereinbarungen und aufeinander abgestimmte Verhaltensweisen; derselbe Regelungsgegenstand wird ergänzend in der VO Nr. 2821/71 (ABl. L 285/46) behandelt. VO Nr. 67/67 EWG (ABl. S. 849) regelt die Anwendung des EWGV auf Gruppen von Alleinvertretungsvereinbarungen.

4) So VO Nr. 26 (BGBl. II, S. 762/ABl. S. 993/62), die die Anwendung des EWGV auf Produktion und Handel bei bestimmten landwirtschaftlichen Gütern regelt.

reichende Bindungen entfaltet, ist es von Interesse zu untersuchen, wie die für das deutsche Wettbewerbsrecht entwickelte Geltungspräferenz von Vergleichen mit Art. 85 EWGV verträglich ist. Gleichzeitig findet durch die Bezugnahme auf derartige übernationale Vorschriften eine Richtigkeitskontrolle bezüglich des national deduzierten Ergebnisses statt.

Helm[1] vertritt dabei die Ansicht, daß die Anwendung des Art. 85 EWGV im Hinblick auf wettbewerbsrechtliche Vergleichsschlüsse rigider erfolgt als es der BGH praktiziert. Art. 85 EWGV soll danach ohne weiteres auch bei vergleichsweise zustandegekommenen Vereinbarungen zum Zuge kommen. Ein Geltungsprivileg entsprechend der BGH-Rechtsprechung würde damit entfallen. Diese Aussage erhärtet Helm mit drei Entscheidungen der EWG-Kommission[2]. Da derartige Verlautbarungen anders als bloße Stellungnahmen oder Empfehlungen die Adressaten binden[3], wäre es unerfreulich, wenn sich international eine von der deutschen Rechtspraxis abweichende Entwicklung feststellen ließe.

Eine derartige Divergenz wäre um so bedauerlicher, da es keinen sachlichen Grund gibt, die internationalen Wettbewerbsschutzvorschriften anders auf Vergleiche anzuwenden als die Vorschriften des GWB. Die Gedanken für ein Geltungsprivileg im deutschen Recht gehen auf allgemeine Gerechtigkeitsvorstellungen und Verhaltensmuster zurück . Der angewendete Friedensgedanke ist Bestandteil jeder Rechtsordnung - zumindest soweit er die EG-Länder betrifft -, so daß die Ab-

---

1) Helm, Kartellrecht, Rdn. 131.

2) S. die auf S. 236 - 241 besprochenen Entscheidungen.

3) v.d.Groeben/v.Boeckh/Thiesing, EWGV II, S. 122 ff., 348 ff. (Art. 189).

grenzung ius cogens/friedensstiftende Privatautonomie durch die Erweiterung vom deutschen Rechtskreis zu übernationaler Geltung keine neue Gewichtung erfährt.

Denkbar wäre eine andere Betrachtungsweise bei Art. 85 EWGV, wenn diese Norm einen von § 1 GWB signifikant verschiedenen Regelungsinhalt hätte, oder wenn etwa schon in der Abfassung der EWG-Vertragsnorm die Ergebnisse, die das GWB in Verbindung mit der Geltungspräferenz von Vergleichen erzielt, vorweggenommen und eingearbeitet wären, oder wenn der Ordnungsgehalt der EWG-Vertragsnorm so stringent angelegt wäre, daß der Friedensgedanke dahinter zurücktreten müßte. Vergleicht man die Regelungsziele des GWB und der Art. 85 ff. EWGV, muß man jedoch feststellen, daß unabhängig von Detailabweichungen die Zielrichtung identisch ist. Es soll der funktionsfähige Wettbewerb vor beeinträchtigenden Absprachen und Maßnahmen geschützt werden, die Regelungen treffen lediglich territorial verschiedene Ebenen und nennen abweichende Bezugsparameter - so ist von einer "Verfälschung" des Wettbewerbs im GWB nicht die Rede. Diese Unterschiede haben aber auf den Ordnungsgrad der Normen und ihre gleichwertigen Regelungsintentionen keinen Einfluß. Eine straffere und stringentere Wirkung der EWG-Vorschriften gegenüber dem deutschen Kartellrecht läßt sich aus dem Gesetzesmaterial nicht herleiten. Im Gegenteil zeigt die historische Entwicklung von internationalen Kartellvorschriften, daß supranationale Wettbewerbsregelungen regelmäßig restriktiver greifen als die Normen zum Schutze des inländischen Marktes[1].

---

1) So ging man im Rahmen verschiedener multilateraler Verhandlungen über eine internationale Wettbewerbskontrolle (Vereinte Nationen / Havanna-Charta / GATT / Europarat) davon aus, daß eine Internationale Regelung nur der Bekämpfung von Auswüchsen gelten könne; vgl. Frankfurter Kommentar, Einl. Anh. C 2, Tz 3, s. auch Stellungnahme der internationalen Handelskammer, abgedr. WuW 1952, 93o ff.

Insoweit wäre eine abweichende Behandlung von Vergleichen nach Art. 85 ff. EWGV logisch nicht folgerichtig und es keimt der Verdacht auf, daß die von Helm behauptete konsequentere Rechtspraxis der EWG-Kommission auf einer unrichtigen Auswertung der Belegstellen beruht. Im folgenden sollen daher die Kommissionsentscheidungen analysiert werden, die sich mit der Verträglichkeit von Vergleichen und Art. 85 EWGV beschäftigen.

I. S.A. Julien / van Katwijk N.V.[1]

> Die S.A. Julien hatte der van Katwijk N.V. technisches Wissen über die Fertigung von Papphülsen übertragen. Aufgrund späterer Streitigkeiten schlossen beide Unternehmen eine "Kompromißlösung"[2], die folgende Regelungen vorsah: Alle früheren Vereinbarungen sollten als aufgelöst betrachtet und das eingeleitete Gerichtsverfahren abgebrochen werden; die S.A. Julien verpflichtete sich, den niederländischen Verbrauchern weder mittelbar noch unmittelbar mehr als 2o % des Inlandsbedarfs eines bestimmten Artikels zu verkaufen. Die van Katwijk N.V. verpflichtete sich, keine Rohre mehr nach Belgien zu verkaufen und eine Pauschalgebühr an die S.A. Julien zu entrichten.

1. Die Entscheidung der EWG-Kommission

Die EWG-Kommission sah in dieser Vereinbarung einen Verstoß gegen Art. 85 EWGV. Es handele sich hierbei nicht um eine Verlängerung des früheren Vertrages über die Weitergabe von technischem Wissen. Die Beschränkungen stünden dazu in keinerlei Beziehung. Die Vereinbarung sei als ein reines Marktaufteilungsabkommen einzustufen[3].

---

1) ABlEG 197o, L 242, 18.

2) Dieser Ausdruck fällt auf, S. 18, ABlEG 197o, L 242.

3) ABlEG 197o, L 242, S. 2o.

2. Auswertung

Diese Entscheidung bestätigt einen Widerspruch zwischen der Handhabung von Art. 85 EWGV und der deutschen Gerichtspraxis nicht. Auch nach der BGH-Rechtsprechung ist nicht jeder Vergleich über wettbewerbsrechtliche Ausschlußrechte kartellfrei. Dafür sorgt schon die Formel des objektiven und ernsthaften Zweifels. Unter Zugrundelegung der deutschen Gerichtspraxis könnte der hier referierte Vergleich kartellfrei bleiben, wenn er zur Bestimmung des Umfangs eines Ausschlußrechts geschlossen wäre (Übertragung von technischem Wissen) und die Vergleichsregelungen einen Ausdruck des Zweifels über den Umfang des Ausschlußrechts darstellten. So aber lag der Fall eben nicht, so daß auch nach den vom BGH entwickelten Grundsätzen hier eine Geltungspräferenz der getroffenen "Kompromißlösung" nicht infrage kommt. Die Vereinbarung hat zu dem früheren Vertrag, der die Übertragung von technischem Wissen zum Gegenstand hatte, keinen hinreichenden Bezug mehr[1]. Unabhängig von der Bezeichnung als "Kompromißlösung" handelte es sich nicht mehr um eine im gegenseitigen Nachgeben getroffene Regelung eines alten Rechtsverhältnisses, sondern materiell um ein reines Marktregelungsabkommen, das keinen inneren Bezug mehr zu dem alten Rechtsgeschäft zwischen den Parteien aufwies. In seiner Herzwandvasen-Entscheidung hat der BGH einen ähnlich gelagerten Vergleichsvertrag ebenfalls für nichtig erachtet[2]. Helms These einer rigideren Kontrollpraxis gemäß Art. 85 EWGV wird durch diese Entscheidung der EWG-Kommission nicht belegt.

---

1) Zu diesem Merkmal s. S. 194 ff.

2) BGHZ 16, 296 (3o4).

II. Sirdar Ltd. / Les Fils des Louis Mulliez S.A.[1)]

Die Kontrahenten dieser Entscheidung - beides Unternehmen der Textilbranche - stritten sich um Warenzeichen. Die Sirdar Ltd. wollte verhindern, daß zugunsten der Les Fils des Louis Mulliez S.A. das Warenzeichen "Phildar" eingetragen würde, da angeblich eine Verwechslungsmöglichkeit mit dem von ihr benutzten Warenzeichen "Sirdar" bestand. Beide Warenzeichen waren zur Kennzeichnung von Strickwolle bestimmt. Im Zuge dieser Auseinandersetzung trafen die Unternehmen eine Regelung, in der sich die Louis Mulliez S.A. verpflichtete, das Warenzeichen "Phildar" nicht für Strickwolle im Vereinigten Königreich zu benutzen. Darüber hinaus wurde auf einen Widerspruch der Eintragung entsprechender Warenzeichen verzichtet. Außerdem wurde eine Verpflichtung begründet, in den geregelten Gebieten kein anderes Warenzeichen zu verwenden, das auf der Silbe "dar" ende. Letztendlich verpflichteten sich die Unternehmen, Dritten keine Erlaubnis für irgendein verwechslungsfähiges Zeichen zu erteilen.

1. Die Entscheidung der EWG-Kommission

Die EWG-Kommission sah in dieser Vereinbarung einen Verstoß gegen Art. 85 EWGV. Die Entscheidung erging aufgrund der Aufklärung der Sachlage nur vorläufig[2)]. Die Kommission begründete die Anwendung von Art. 85 EWGV damit, daß es sich bei der Vereinbarung zwischen den beiden Unternehmen um eine territoriale Marktaufteilung gehandelt habe[3)]. Bei Würdigung der Gesamtsituation ergäbe sich bei Einhaltung dieser Vereinbarung die Folge, daß ein gebietsmäßig einzugrenzender Kundenkreis von der Versorgung mit einem bestimmten Produkt abgeschnitten würde[4)].

---

1) ABIEG 1975, L 125, 27.

2) ABIEG 1975, L 125, S. 19; dieser Umstand ist jedoch für die nachfolgende Integration der Entscheidung in das entwickelte Privilegierungskonzept ohne Bedeutung.

3) ABIEG 1975, L 125, S. 29 unter II, 5.

4) Wie FN 3.

2. Auswertung

Auch diese Entscheidung, in der einem Vergleich die Wirksamkeit aufgrund einer kartellrechtlichen Verbotsvorschrift versagt wird, steht nicht im Widerspruch zu der in der deutschen Gerichtspraxis entwickelten Geltungspräferenz eines privatautonomen Bereinigungsvertrages. Auch hier handelt es sich wieder um eine Konstellation, bei der eine Geltungspräferenz aus den oben entwickelten Grenzen abzulehnen ist. Zwar existiert hier mit dem Streit um das Warenzeichen "Phildar" ein wettbewerbsrechtliches Problem, das zu dem Inhalt des Vergleichs auch einen gewissen inneren Bezug aufweist. Andererseits aber führt ein derartiges Marktaufteilungsabkommen zu einer unvermeidbaren Drittbetroffenheit, die im Falle des Verzichts auf eine kartellrechtliche Sanktion für diese Vereinbarung zu einer endgültigen Marktverfälschung führen würde. Den Drittbetroffenen selbst steht nämlich keine rechtliche Abwendungsmöglichkeit gegenüber dieser Marktbeeinflussung zu Gebote, wenn die kartellrechtliche Kontrolle ihnen den Schutz verweigert. Hier kommen dieselben Gesichtspunkte zum Tragen, wie sie bei der Ablehnung einer Geltungspräferenz bei Vergleichen mit dem Inhalt einer Preis- oder Vertriebsbindung ausgeführt worden sind[1].

Auch diese zweite referierte Entscheidung führt demgemäß nicht zu einer inhomogenen Anwendung von Kartellrechtsvorschriften auf nationaler und internationaler Ebene.

---

1) S. dazu S. 226 ff.

III. Bronbemaling / Heidemaatschappij Beheer N.V.[1]

Die Heidemaatschappij Beheer N.V. reichte zwei Patentanmeldungen für ein Verfahren zum Anbringen von Entwässerungsanlagen ein. Daraufhin erhoben drei Unternehmen Widerspruch, da Heidemaatschappij damit eine Monopolstellung erhalten würde, die Verfahren allgemein als frei angesehen würden und in Anwendung wären. Eines der Unternehmen stellte für dieses Verfahren sogar schon Spezialmaschinen her.

Nach einem Beweissicherungsverfahren kam es zwischen Heidemaatschappij und den beschwerdeführenden Unternehmen zu einer Vereinbarung, wonach die Beschwerden unter der Bedingung zurückgenommen wurden, daß Heidemaatschappij jedem der Unternehmen eine Lizenz erteile. Dies geschah später auch. In dem maßgeblichen Vertrag heißt es, daß Heidemaatschappij sich verpflichte, an dritte Firmen in den Niederlanden gleiche oder ähnliche Lizenzen nur aufgrund eines Mehrheitsbeschlusses der Vertragsparteien zu erteilen. Als später zwei Drittfirmen Lizenzen beantragten, wurde die Erteilung durch einen Mehrheitsbeschluß abgelehnt.

1. Die Entscheidung der EWG-Kommission

Auch in diesem Fall hat die EWG-Kommission der Vereinbarung die Wirksamkeit im Hinblick auf Art. 85 EWGV versagt. Sie sah in der Beschränkung, für das patentierte Verfahren Lizenzen zu erteilen, einen Verstoß gegen die Kartellvorschriften[2]. Die Kommission führt in diesem Zusammenhang aus: "Die Bindung des Patentinhabers, seine Freiheit bei der Erteilung der Lizenz zu beschränken, gehört nicht zum Bestand des Patentrechts".[3]

---

1) ABlEG 1975, L 249, 27.

2) ABlEG 1975, 2249, S. 29.

3) ABlEG 1975, 2249, S. 29.

2. Auswertung

Auch diese Entscheidung der EWG-Kommission läßt sich ohne Schwierigkeiten in die Geltungspräferenz von Vergleichsabreden integrieren. Auch hier kommt wieder nicht zum Ausdruck, daß nach der EWG-rechtlichen Lage ein Geltungsprivileg des Vergleichs nicht in Betracht kommt. Vielmehr handelt es sich nur um eine Vertragsgestaltung, die den Rahmen eines derartigen Wirkungsprivilegs sprengt.

Die Entscheidung der EWG-Kommission fußt zum einen darauf, daß die Parteien sich überhaupt nicht über den Umfang eines Patentrechts verglichen haben, Bindungen für die Erteilung von Lizenzen gehören eindeutig nicht zum Bestand des Patentrechts. Schon insoweit unterscheidet sich der hier entschiedene Fall von der Konstellation, die dem BGH bei einem patentrechtlichen Vergleich vorgelegen hatte[1]. Zum anderen sind es hier wieder die unabweisbaren Drittbeeinträchtigungen, die der Bejahung eines Geltungsprivilegs im Wege stehen. Im vorliegenden Fall kommt hinzu, daß zwar die Erteilung von Lizenzen an die widerspruchsführenden Unternehmen noch in einem inneren Zusammenhang mit dem patentrechtlichen Grundsatzstreit steht, auf jeden Fall aber nicht mehr das vereinbarte Verfahren, Dritte von der Lizensierung auszuschließen. Für diesen, andere Firmen in ihren Wettbewerbsmöglichkeiten maßregelnden Akt, war der patentrechtliche Streit und der daraufhin geschlossene Vergleich nurmehr Anlaß, diese Regelung dient nicht mehr der Klärung objektiver und ernsthafter Zweifel über die Berechtigung der Patenterteilung. Demgemäß ist auch hier nicht ersichtlich, inwieweit die Anwendung des Art. 85 EWGV durch die EWG-Kommission mit der deutschen Kartellrechtspraxis in Widerspruch stehen sollte.

---

1) Vgl. BGHZ 16, 296 ff.

IV. Zusammenfassung zu E)

Die Untersuchung einiger Entscheidungen der EWG-Kommission zu Art. 85 EWGV hat ergeben, daß das Problem einer Geltungspräferenz von Vergleichsschlüssen dort zwar nicht expressis verbis behandelt und in einem bejahenden Sinne entschieden worden ist, es läßt sich diesen Entscheidungen entgegen der Ansicht von Helm[1)] allerdings auch nichts entnehmen, was der Anwendung dieses Prinzips entgegenstünde. Die jeweils ausgesprochene Vergleichsnichtigkeit läßt sich auf Gesichtspunkte zurückführen, die auch auf dem Boden der BGH-Rechtsprechung zu einem identischen Ergebnis geführt hätten. Es existieren mithin keine präjudiziellen Schwierigkeiten, die besondere Rolle des Vergleichsschlusses auch in das Kartellrecht der Europäischen Gemeinschaft zu integrieren.

---

1) Helm, Kartellrecht, Rdn. 131.

F) Auswirkungen des Wirkungsprivilegs auf das Mitbestimmungsgesetz 1976

Im letzten Kapitel soll untersucht werden, inwieweit das vorstehend entwickelte Wirkungsprivileg und die Überlegungen zur Erkennung und Behandlung zwingenden Rechts bei der Behandlung des Mitbestimmungsgesetzes von 1976 hilfreich sind. Hinsichtlich dieses relativ jungen Gesetzes existiert ein besonders heftiger Streit über Regelungsgehalt und -umfang.

Innerhalb kurzer Zeit kam es zu einer Fülle wissenschaftlicher Veröffentlichungen, die sich mit den Regelungsinhalten und den Wirkungen des Mitbestimmungsgesetzes auseinandersetzen und dem Gesetz dabei zum Teil weit auseinanderliegende Ergebnisse entnehmen.[1] So werden aus dem im Gesetz nicht ausdrücklich geregelten Zusammenspiel zwischen Mitbestimmung und gesellschaftsrechtlicher Gestaltungsfreiheit ganz unterschiedliche Folgen für die Zulässigkeit mitbestimmungsvermeidender Umstrukturierungen auf der gesellschaftsrechtlichen Ebene abgeleitet. Weiter wird diskutiert, inwieweit gesellschaftsrechtliche Regelungen Einfluß auf die Entscheidungen im Aufsichtsrat nehmen dürfen (so etwa über die statuarische Verankerung persönlicher Qualifikationen für die Aufsichtsratsmitglieder, Kompetenzbeschneidungen oder direkte Anweisungen der Gesellschafter an die Geschäftsführung) und in welchem Umfang das Mitbestimmungsgesetz zwingende Regelungen über die Beschlußfassung des Aufsichtsrates enthält (§ 28 MitbestG), die nicht durch anderslautende gesellschaftsvertragliche Bestimmungen beeinträchtigt werden dürfen.

---

1) Nachweise dazu im folgenden bei den einzelnen Problembereichen.

Die nachstehende Aufarbeitung einiger wesentlicher Streitfragen zur Reichweite des Mitbestimmungsgesetzes erfolgt auf der Basis der hier vertretenen Auffassung zur Abgrenzung zwingenden Rechts und soll zum einen die Grenzen der bisher vertretenen Meinungen verdeutlichen, gleichzeitig aber auch die absoluten Grenzen der Ableitung zwingenden Rechts aus dem Mitbestimmungsgesetz 1976 aufzeigen, um dann die Überlegung anzuschließen, inwieweit das Wirkungsprivileg von Vergleichen zur Lösung der durch das Mitbestimmungsgesetz aufgeworfenen Unklarheiten beitragen kann. Der letztere Gesichtspunkt gewinnt dabei an Bedeutung, wenn man davon ausgeht, daß die Rechtsprechung ihre methodisch unübersichtliche und in den Ergebnissen schwer kalkulierbare Interpretation zwingenden Rechts auf den Bereich des Mitbestimmungsgesetzes erstrecken könnte.

I. Gesellschaftsrechtliche Gestaltungsfreiheit als Schranke der Mitbestimmung oder Mitbestimmungsgesetz als Schranke der gesellschaftsrechtlichen Gestaltungsfreiheit ?

Das wohl grundlegende Problem des zwingenden Mitbestimmungsrechts stellt sich bei der Zulässigkeit von mitbestimmungsrechtlichen Vermeidemaßnahmen, die unter Benutzung des gesellschaftsrechtlichen Instrumentariums ergriffen werden. Da das Gesetz die Mitbestimmung rechtsformspezifisch verankert hat[1)], stellt sich hier in erster Linie das Problem der Zulässigkeit mitbestimmungsvermeidender Rechtsformwechsel. Aber auch die anderen oben aufgezählten gesellschaftsrechtlichen Maßnahmen mit Einfluß auf die Mitbestimmung gehen auf die Frage zurück, inwieweit ein Vorrang des Gesellschaftsrechts gegenüber dem Mitbestimmungsgesetz

---

1) Ulmer in Hanau/Ulmer, MitbG, Einleitung, Rdnr. 5, 1o sowie Nachweise in FN 1 auf S. 255.

besteht bzw. umgekehrt, inwieweit das Mitbestimmungsgesetz den Gebrauch (bislang anerkannter) gesellschaftsrechtlicher Mittel verbietet.

Es ist anerkannt, daß die Abstimmung gesellschaftsrechtlicher und mitbestimmungsrechtlicher Berührungspunkte durch das Mitbestimmungsgesetz nur unvollkommen durchgeführt wird, um es ganz vorsichtig auszudrücken[1]. Das Mitbestimmungsgesetz nimmt zur Frage der gesellschaftsrechtlichen Umgehungsmöglichkeiten ausdrücklich nicht Stellung. In der Literatur wird es kontrovers beurteilt, ob durch die Anordnung der Mitbestimmung die potentiell beeinträchtigenden gesellschaftsrechtlichen Maßnahmen gleichsam mitverboten sind oder ob die Mitbestimmung zu den Ergebnissen der gesellschaftsrechtlichen Gestaltungsfreiheit akzessorisch ist. Besonders exemplarisch zeigt sich der Streit um den zwingenden Gehalt des Mitbestimmungsgesetzes und die Wirkungen eines etwaigen Mitbestimmungstelos an der Frage des mitbestimmungsbeeinträchtigenden Rechtsformwechsels.

1. Zu einer "Prävalenz" des Gesellschaftsrechts

Auf der einen Seite wird eine "Prävalenz" des Gesellschaftsrechts vertreten[2], die scheinbar alle Möglichkeiten der Aus-

---

1) Zu den Bruchstellen zwischen Gesellschafts- und Mitbestimmungsrecht: K.P. Martens, AG 1976, 113 (114, 115 f.); Ballerstedt, ZGR 1977, 131 (158); Wiedemann, ZGR 1977, 16o (161 ff.); ders., BB 1978, 5 (12); Reuter/König, ZHR 14o, 494 (495); Richardi, AG 1979, 29 (32), der offen eine "Unfähigkeit des Gesetzgebers" in Erwägung zieht.

2) K.P. Martens, AG 1976, 113 (119) in Fortführung der Ansätze in ZHR 138, 179 ff., 225 f.; ähnlich - wenngleich weniger deutlich - Hölters, BB 1975, 797 ff., 8o3; so läßt sich auch noch Wiedemann, ZHR 1975, 385 (432) verstehen; zu seinen späteren - in andere Richtung gehenden Präzisierungen im folgenden.

hebelung der Mitbestimmung durch gesetzeskonforme gesellschaftsrechtliche Maßnahmen legitimiert.

Vor allem K.P.Martens kommt zu dem Ergebnis, daß das Mitbestimmungsgesetz "im formalen verhaftet" bleibe, "von seinem Selbstverständnis her und den darin aufgegriffenen Regelungen ein formales Organisationsgesetz" darstelle, "das Mitbestimmungspostulat ... in keiner Vorschrift materialisiert worden" sei und daher auch nur "ein sehr formales Interpretationsverfahren" ermögliche[1]. Wesentlich beruft K.P. Martens sich auf eine Äußerung in den Vorbemerkungen zum Regierungsentwurf des Mitbestimmungsgesetzes, in dem es heißt: "Durch den Entwurf soll die Mitbestimmung der Arbeitnehmer unter weitgehender Beibehaltung des geltenden Gesellschaftsrechts geregelt werden"[2].

Die demgemäß vertretene Geltungsprävalenz des Gesellschaftsrechts zielt allerdings nicht pauschal auf eine rangmäßige Unterordnung des Mitbestimmungsgesetzes ab, sondern greift nur in den Fällen, in denen die mitbestimmungsgesetzliche Regelung unvollständig und lückenhaft ist[3]. Unter diesem Aspekt ist die "Prävalenz" nicht geeignet, dem Mitbestimmungsgesetz gesellschaftsrechtliche Schranken zu setzen, da der Vorrang des Gesellschaftsrechts erst wirksam wird, wenn das Mitbestimmungsgesetz keine Regelung erkennen läßt. Gleichwohl

---

1) K.P. Martens, AG 1976, 113 (119).

2) K.P. Martens, AG 1976, 113 (119); a. A. Richardi, AG 1979, 29 (32), der die in den Gesetzesmaterialien betonte "Wahrung der Prinzipien des geltenden Gesellschaftsrechts" als "nicht zutreffende Feststellung" bezeichnet.

3) K.P. Martens, AG 1976, 113 (119): "... soweit ... Regelungen mitbestimmungsrechtlich abgesichert worden sind, ist die Gestaltungsautonomie der Gesellschafter blockiert." "In allen ungeregelten Konfliktlagen besteht ein eindeutiger Regelungsprimat der Gesellschafter".

grenzt die Ansicht von K.P. Martens die Wirkungsweite des Mitbestimmungsrechts ein, da sie dem Mitbestimmungsgesetz einen engen Inhaltsrahmen zieht und eine Vielzahl von Lücken feststellt. Nach dieser Ansicht wird ein Schweigen des Mitbestimmungsgesetzes bereits hinsichtlich gesellschaftsrechtlicher Verhaltensmöglichkeiten bejaht, bei denen andere Autoren noch eine entgegenstehende Auswirkung der mitbestimmungsgesetzlichen Regelung annehmen.

Ohne zur Prävalenz des Gesellschaftsrechts ausdrücklich Stellung zu beziehen, vertritt Lutter eine ähnliche Auffassung. Danach gibt es nach dem Mitbestimmungsgesetz mitbestimmungsfreie Rechtsformen, die frei gewählt werden dürfen[1]. Eine analoge Anwendung der Mitbestimmungsnormen scheitere an der fehlenden Planwidrigkeit der Gesetzeslücke[2], die Mitbestimmungsregelung sei zwar weitreichend, aber "planmäßig punktuell[3]. Ein Umstrukturierungsverbot läßt Lutter nur unter ganz engen - praktisch niemals beweisbaren - Voraussetzungen der Sittenwidrigkeit greifen[4].

Der Auffassung von K.P. Martens stimmt Bayer ausdrücklich zu[5]. Auch Reuter/König tendieren in diese Richtung, wenn sie als

---

1) Lutter, ZGR 1977, 195 (199 ff.).

2) Lutter, ZGR 1977, 195 (2oo f.).

3) S.o. FN 2 .

4) Lutter, ZGR 1977, 195 (2o1 f.); zum Korrektiv der Sittenwidrigkeit greifen auch Reuter/König, ZHR 14o, 494 (5oo), die jedoch gegenüber der Effizienz des § 138 Abs. 1 BGB zweifelnd bleiben und das Prinzip der Sozialverfassung mit heranziehen. Diese Zweifel bestätigt eine erste - das Merkmal der Sittenwidrigkeit aufgreifende - Entscheidung des LG Düsseldorf, BB 198o, 854 f., mit dem dort verwendeten Argumentationsverfahren (insbesondere S. 855), das die Kontrollfähigkeit dieses Merkmals gegen Null streben läßt.

5) Bayer, ZGR 1977, 173 (179).

mitbestimmungsrechtliches Prinzip einen "Vorbehalt der gesellschaftsrechtlichen Gestaltungsfreiheit" statuieren[1]. Allerdings wird diese These später wesentlich differenziert und im Ergebnis teilweise zurückgenommen[2].

2) Zu einer das Gesellschaftsrecht stärker eingrenzenden mitbestimmungsrechtlichen Gesetzeswirkung

Als Gegenpol zu der Auffassung einer gesellschaftsrechtlichen Prävalenz ist vornehmlich Naendrup aufgetreten. Nach seiner Ansicht ist es falsch, dem Mitbestimmungsgesetz jedes inhaltliche telos abzusprechen, das eine Beschränkung gesellschaftsrechtlicher Betätigungsfreiheit auslösen könnte[3].

Nach Naendrups Auffassung lassen die Materialien zum Mitbestimmungsgesetz erkennen, daß eine einheitliche Mitbestimmungsform in allen erfaßten Unternehmen - unabhängig von gesellschaftsrechtlichen Spezifika - angestrebt wird[4]. Das Gesellschaftsrecht soll hierbei als Mittel zur Ergänzung eines einheitlichen Organisationsrechts eingreifen. Es sei "Mittel" zum Zweck einer institutionellen Entscheidungsteilhabe der Arbeitnehmer und liefe im Verständnis der Vertreter einer Prävalenz des Gesellschaftsrechts Gefahr, sich zum

---

1) Reuter/Körnig, ZHR 14o, 494 (495).

2) Reuter/Körnig, ZHR 14o, 494 (5o7 f.).

3) Naendrup, AuR 1977, 225 (23o ff.).

4) Naendrup, AuR 1977, 225 (231); ähnlich auch Ballerstedt, ZGR 1977, 131 (134 ff.); zweifelnd Wiedemann, ZGR 1977, 16o (163). Zu rechtsformunabhängigen Mitbestimmungsüberlegungen s. auch Bericht der Unternehmensrechtskommission, Tz 947 - 971 und vor allem Tz 972 - 1114.

"Ziel eines möglichst weiten Aufrechterhaltens mitbestimmungsfreier Rechtsorganisation" zu deformieren[1)].

Naendrup differenziert dabei drei Formen eines gesellschaftsrechtlichen Eingriffs in die Mitbestimmung: Die "tatsächliche Erschwerung"[2)], "organspezifisches Unterlaufen[3)] und als schwerste Form die "mitbestimmungsausschließende Umorganisation"[4)]. Für die tatsächliche Erschwerung folgert er Grenzen aus § 26 S. 1 MitbestG, den er als Ausdruck eines "gesetzespositiv gesteigerten Mitbestimmungstelos" versteht[5)]. Für das organspezifische Unterlaufen greift er auf dieses telos zurück und lehnt unter Berufung auf § 37 Abs. 3 S. 2 MitbestG eine dem Aktienrecht folgende Satzungsfreiheit zum Zwecke der Mitbestimmungseinschränkung ab[6)]. Hinsichtlich der folgen-

---

1) Naendrup, AuR 1977, 225 (23o f.); zu diesem Vorwurf beabsichtigter Restriktion der Mitbestimmung s. auch seine Nachweise (S. 225) auf verschiedene Managementkurse zum Zwecke des Erlernens von Mitbestimmungsvermeidungsstrategien. Vgl. auch Meilicke/Meilicke, MitbG, Einl. S. 48 den Titel "Vermeidung und Abmilderung der Mitbestimmung".

2) Naendrup, AuR 1977, 225 (226, 296 f.) faßt darunter arbeitnehmerunfreundliche Ausschußbesetzungen im Aufsichtsrat sowie unterschiedliche Vergütungen für Arbeitnehmer- und Anteilseignervertreter.

3) Naendrup, AuR 1977, 225 (227, 27o ff.) faßt darunter in der Satzung verankerte Weisungsbefugnisse direkt an die Geschäftsführung (ohne Einwirkungsmöglichkeit des Aufsichtsrats), personelle Auswahlkriterien in der Satzung für Personen, die der Aufsichtsrat bestellt sowie ganz allgemein aufsichtsratsferne Machtverteilung innerhalb der Gesellschaftsorgane.

4) Naendrup, AuR 1977, 225 (227 f., 273 f.).

5) Naendrup, AuR 1977, 225 (269 f.).

6) Naendrup, AuR 1977, 225 (27o ff.).

schwersten Konkurrenzmöglichkeit zwischen Mitbestimmungs- und Gesellschaftsrecht, der Ausblendung der Arbeitnehmerbeteiligung an der unternehmerischen Entscheidungsfindung durch Wechsel der Rechtsform, räumt Naendrup allerdings ein, daß das Mitbestimmungsgesetz indifferent bleibe, so daß eine normenbezogene, quasi objektive Argumentation ausscheide und lediglich "wertsubjektive", aus einer Gesamtschau des Mitbestimmungsregelungsanliegens plausibel begründbare Lösungen möglich seien[1]. Unter Berufung auf den arbeitsrechtlichen Schutzcharakter des Mitbestimmungsgesetzes, Gedanken des Rechtsmißbrauchs und der Umgehung kommt Naendrup für diese Konstellation zu einer Beweislastumkehr, die ein mitbestimmungspflichtiges Unternehmen treffe, das eine mitbestimmungsrelevante Umorganisation plane, die notwendigen betriebswirtschaftlichen Sachgesichtspunkte dafür darzulegen[2].

Ähnliche Ergebnisse weisen Steindorff und Reich/Lewerenz aus. Unter Zuhilfenahme der politischen Zwecksetzung des Mitbestimmungsgesetzes lehnen sie eine allgemeine Prävalenz des Gesellschaftsrechts ab[3]. Steindorff betont dabei das "Nebeneinander" beider Rechtsbereiche, das es im Einzelfall

---

1) Naendrup, AuR 1977, 225 (273 f.) mit dem Schlußsatz: "An seiner (sc. Gesetzestelos) Rangzumessung scheiden sich die interpretierenden wie die politisierenden Geister".

2) Naendrup, AuR 1977, 225 (274).

3) Steindorff, FS Ballerstedt 1975, 127 (136 ff.); ders. zum Auslegungstopos der "Politik des Gesetzes" in FS Larenz 1973, 217 ff.; Reich/Lewerenz, AuR 1976, 261 (263 ff.). Ausdrücklich gegen eine Prävalenz auch Fitting/Wlotzke/Wißmann, MitbG, Vorb. Rdn. 9o; Säcker, DB 1977, 1845 (1846, 185o), T. Raiser, BB 1977, 1461 (1462); Wiedemann, ZGR 1977, 16o (166); ders. BB 1978, 5(8); Richardi, AG, 1979, 29 (32 ff.); Rehbinder, ZGR 1979, 471 (474); Boewer, DB 198o, 673.

aufzulösen gelte[1]. Reich/Lewerenz entwickeln ein originäres Mitbestimmungstelos in Form der "Einheit von formalen Mitbestimmungsvorschriften und ihrer inhaltlichen Verwirklichung im Unternehmen" sowie der "Anerkennung des Pluralismusgedankens im mitbestimmten Unternehmen"[2] und gelangen unter Verweis auf § 243 AktG und die Fiktion eines durch das Mitbestimmungsgesetz veränderten Satzungsinhalts zu einer Einschränkung gesellschaftsrechtlicher Handlungsfreiheit für mitbestimmungspflichtige Unternehmen[3].

Mit gewisser Vorsicht[4] vertritt Ballerstedt ein gesellschaftsrechtlich einheitlich zu fassendes[5] Mitbestimmungstelos der "Gleichberechtigung und Gleichgewichtigkeit"[6]. Auf dieser Basis will er die gesellschaftsrechtliche Vertragsfreiheit und Satzungsautonomie wenigstens für "offenkundige" Umgehungsversuche des Mitbestimmungsgesetzes ausklammern[7], setzt aber sonst auf den Regulierfaktor der Vernunft und des drohenden Unfriedens[8].

---

1) Steindorff, FS Ballerstedt 1975, 127 (128 FN 5, 136 ff.).

2) Reich/Lewerenz, AuR 1976, 261 (263).

3) Reich/Lewerenz, AuR 1976, 261 (268).

4) Ballerstedt, ZGR 1977, 131 (139, ansatzweise auch 136).

5) Ballerstedt, ZGR 1977, 131 (133).

6) Ballerstedt, ZGR 1977, 131 (134 ff.), ähnlich Richardi, AG 1979, 29 (32).

7) Ballerstedt, ZGR 1977, 131 (139 f.).

8) Ballerstedt, ZGR 1977, 131 (14o, insbesondere 139, FN 13): "In Wahrheit sollte man erkennen, daß es im Umgang mit sozialpolitischen Ordnungsmodellen gesetzlicher Art Gebote des Taktes und der Klugheit gibt - eine für beide Seiten des Interessengegensatzes in gleicher Weise bedeutungsvolle Regel i.S. des honesty is the best policy". Eine einleuchtende These. Gleichwohl enthebt sie nicht der Antwort auf die Frage, was gelten soll, wenn jemand aus diesen Bahnen des "Taktes" ausschert!?

Noch vorsichtiger betrachtet Wiedemann die Möglichkeit, ein ausbaufähiges Mitbestimmungstelos aufzuspüren[1]. Die gesellschaftsrechtliche Gestaltungsfreiheit will er nur in dem Umfang eingeschränkt wissen, als es ein vom Gesetzgeber angeordneter Interessenschutz ausdrücklich gebietet[2]. Allerdings erkennt Wiedemann das Verbot des Rechtsmißbrauchs grundsätzlich an[3] und verlangt für Rechtsformwechsel einen sachlichen Grund, anderenfalls drohe ein Verbot wegen Umgehung, ohne daß es auf eine subjektive Umgehungsabsicht ankomme[4]. Diese Auffassung, die auf die allgemeine Meinung zur Gesetzesumgehung (Eintritt eines Verbotserfolges und Gleichartigkeit mit einer durch Verbotsgesetz sanktionierten Lage) [5] zurückgreift, kann gegenwärtig wohl als die herrschende Meinung angesehen werden[6].

3) Eigene Wertung zum Umfang des zwingenden Mitbestimmungsrechts

Die dargestellten Meinungen argumentieren untereinander in vielen Details kontrovers. Besonders scharf, z.T. polemisch[7] verläuft die Diskussion gegenüber dem

---

1) Wiedemann, ZGR 1977, 16o (161 ff.).

2) Wiedemann, ZGR 1977, 16o (164); ähnlich - wenngleich beschränkt auf die GmbH - Vollmer, ZGR 1979, 135 (151).

3) Wiedemann, ZGR 1977, 16o (166 f.).

4) S. o. FN 3).

5) Vgl. dazu grundlegend Teichmann, Gesetzesumgehung, S. 15 ff., 5o ff., 89 ff.; RGRK-Oegg (1o. Aufl.), § 134 Anm. 1, mit Differenzierungen Mayer-Maly in MK, § 134 Rdnr. 11 - 2o.

6) Vgl. Ulmer in Hanau/Ulmer, MitbG, § 1 Rdnr. 28 m.w.N.

7) Vgl. insbesondere Naendrup, AuR 1977, 225 (231 i.V.m. FN 34 sowie FN 33, 45, 46, 53 u.a.).

von K.P. Martens in die Diskussion eingebrachten Reizwort von der gesellschaftsrechtlichen "Prävalenz". Dabei ist der methodische Denkansatz hinsichtlich des Vorranges von Mitbestimmungs- und Gesellschaftsrecht bei den Kontrahenten durchaus gleichartig. Alle Autoren gehen zu Recht davon aus, daß das Mitbestimmungsgesetz auf ein bestehendes Gesellschaftsrecht aufgepfropft worden ist [1], eine unternehmensrechtliche Eingliederung vermissen läßt und von vielen Lücken und - in einem rechtstechnischen Sinn zu verstehenden - Regelungsschwächen durchsetzt ist[2]. In diesem Punkt sind die Unterschiede der Auffassungen nur graduell.

Auch hinsichtlich des Zusammenspiels von Mitbestimmungs- und Gesellschaftsrecht gehen die Ansichten im wesentlichen konform, ohne sich dessen immer bewußt zu sein. So wird auch von K.P. Martens durchaus nicht bestritten, daß das Mitbestimmungsgesetz der gesellschaftsrechtlichen Handlungsfreiheit Grenzen setzt, soweit dem Gesetz ein entsprechender Normbefehl zu entnehmen ist[3]. Insofern ist der Ausdruck

---

1) Wlotzke/Wißmann, DB 1976, 959 (96o); Reich/Lewerenz, AuR 1976, 261 (262); Naendrup, AuR 1977, 225 (229); Herschel, AuR 198o, 117 (118).

2) Dazu K.P. Martens, AG 1976, 113 (114); T. Raiser, BB 1976, 145 (149 f.); Ballerstedt, ZGR 1977, 131 (132); Säcker, DB 1977, 1845 (1849); Zöllner, ZGR 1977, 319 (325); Wiedemann, BB 1978, 5 (12); Herschel, AuR 198o, 117 (118); H.P. Westermann, FS R. Fischer 1979, 835 (836).

3) In diesem Sinne ausdrücklich auch Wiedemann, ZGR 1977, 16o (164).

einer "Prävalenz" des Gesellschaftsrechts etwas unglücklich gewählt[1]. Er ist nur begrenzt geeignet, den Sachgehalt der Darlegungen von K.P. Martens schlagwortartig zusammenzufassen. "Prävalenz" meint nämlich nicht, wie der Wortsinn intendiert, daß das Mitbestimmungsgesetz dem Gesellschaftsrecht grundsätzlich oder aufgrund eines allgemeinen Vorranges zu weichen hätte. Es bedeutet lediglich, daß im Falle der Indifferenz des Mitbestimmungsgesetzes in einem Sachpunkt gesellschaftsrechtliche Wertungen die Lücken füllen, bzw. das Gesellschaftsrecht in seiner überkommenen Form in Wirkung bleibt. Daß verschiedene Autoren offenbar auch de lege ferenda nicht vom Sinn eines einheitlichen Mitbestimmungskonzepts überzeugt sind und der Rechtsformenvielfalt eine steuernde Funktion erhalten möchten[2], kann dabei für die

---

1) Bayer, ZGR 1977, 173 (179, FN 2o) spricht zutreffend von einer "überformulierten" Auffassung; selbst jetzt etwas vorsichtiger K.P. Martens, ZGR 1983, 237 (S. 243, FN 14)

2) Dies ergibt die gesellschaftsrechtliche Urteilsschelte von K.P. Martens am Mitbestimmungs-Urteil des BVerfG in ZGR 1979, 493 (521 ff.); ähnlich auch Reuter/Körnig, ZHR 14o, 494 (519); in diese Richtung weist auch die um Sachlichkeit bemühte Urteilsauswertung von Rehbinder, ZGR 1979, 471 (474 ff.), der eine "freihändige" Umgestaltung des Gesellschaftsrechts aufgrund der isolierten Mitbestimmungsidee als unvereinbar mit BVerfGE 5o, 29o ff. ansieht, vielmehr die Rechtsformabhängigkeit als einen vom BVerfG abgesegnetenAuslegungstopos des MitbestG anerkennt, was "die Betonung der Rechtsformabhängigkeit als Abbau der Mitbestimmung argumentativ zu diskreditieren" erschwert (S. 476); a.A. offenbar Kunze, FS Gessler 197o, 47 (52 ff., 55 ff.), der rechtsformunspezifisch auf die Größenordnung der Betriebe abstellen will; s. auch ders. ZHR 144, 1oo (135); zum Klassifikationsmerkmal der Unternehmensgröße auch Theisen, DB 198o, 1877 (1878 ff.). Krit. zu den Bestrebungen rechtsformunspezifischer Mitbestimmung unter Verweis auf die einschlägigen Überlegungen im Bericht der Unternehmensrechtskommission, Tz 972 - 1114, Kübler, ZGR 1981, 377 (386 ff.)

insoweit wohl unstreitige Betrachtung einer rechtsformabhängigen Mitbestimmung außen vor bleiben.[1] Eine so verstandene "Prävalenz" vertreten in einem gewissen Rahmen auch die Autoren, die jene überinterpretierte (und nicht richtig verstandene) "Prävalenz" heftig kritisieren. Denn soweit das Mitbestimmungsgesetz nach der konkreten Auslegung keine Regelung ausweist, berücksichtigen die scheinbaren Gegner dieser "Prävalenz" ebenfalls das Gesellschaftsrecht und die dort niedergelegten Prinzipien.

Die Meinungen liegen allein bei der Auslegung des Mitbestimmungstelos und den daraus ableitbaren "mittelbaren" zwingenden Wirkungen des Mitbestimmungsgesetzes zum Teil weit auseinander, was gleichermaßen auf juristische wie auf politische Wertungen zurückgeht. Der Streit der gesellschaftsrechtlich möglichen, mitbestimmungsrechtlich aber vielleicht verbotenen Umstrukturierungen von Unternehmensrechtsformen stellt sich mangels ausdrücklicher Anordnung des Gesetzes als das Problem einer besonderen Form zwingenden Rechts dar, das sich nicht unter die oben entwickelten[2] Einzelkategorien fassen läßt, das man vielmehr als zwingendes Recht aus der Gesamtschau von zusammenhängenden Einzelregelungen oder als zwingendes Recht aus der Natur der Sache oder des Sachzusammenhanges

---

1) Zur Rechtsformabhängigkeit der Mitbestimmung de lege lata: Reich/Lewerenz, AuR 1976, 261 (262); Naendrup, AuR 1977, 225; Reuter/Körnig, ZHR 14o, 494; Wiedemann, BB 1978, 5 (6); Rehbinder, ZGR 1979, 471 (473 f.); Ulmer, BB 1979, 398 (399); ebenso BVerfGE 5o, 29o (323 f.).

2) Siehe S. 67 - 99.

qualifizieren könnte. Fraglich ist, welche Anforderungen an die Normierung eines so gearteten unabweislichen Normbefehls zu stellen sind, und inwieweit das Mitbestimmungsgesetz diesen Erfordernissen genügt.

a) Zwingendes Recht aus dem Regelungszusammenhang

Auch eine Ableitung von zwingendem Recht aus dem Gesamtzusammenhang von Normen ist an den rechtstechnischen Erkennbarkeitsvoraussetzungen anderer zwingender Regelungsformen zu messen[1]. Die Annahme eines legislativen Regelungsmonopols kommt nur in Betracht, wenn das Gesetz dem vernünftigen Betrachter den Eindruck vermittelt, daß eine konkret zur Überprüfung anstehende Maßnahme mit dem Gesamtcharakter anderer zwingender Regelungen schlechterdings nicht vereinbar sei. Bei Vorliegen dieser Aushöhlungs- bzw. Umgehungsprämisse führt ein etwaiger Gesetzeszweck tatsächlich zu zwingenden Wirkungen. Eine derartige, aus der Natur der Sache folgende zwingende Rechtsfolge ergibt sich jedoch niemals aus "wertsubjektiven" Erwägungen[2], sondern nur anhand sachlich-objektivierbarer, logischer Ableitungen, die ein durchschnittlicher Normenadressat zu treffen in der Lage ist.

Um entscheiden zu können, inwieweit der Gesamtcharakter des Mitbestimmungsgesetzes 1976 über die Einzelnormen hinausgehende zwingende Rechtswirkungen entfaltet, sind zunächst die gesetzgeberischen Leitlinien und der Gesetzeswortlaut auf ein erkennbares telos zu untersuchen. Erst danach läßt sich sagen, inwieweit dieses telos geeignet ist, Verbotsfolgen für mitbestimmungsrelevante Vorgänge, hier in der

---

1) S. dazu S. 113 ff.

2) Als solche weist Naendrup seine Überlegungen zum Umstrukturierungsverbot mit beispielhafter Offenheit aus.

Form mitbestimmungsbeeinträchtigender gesellschaftsrechtlicher Maßnahmen hervorzurufen.

b) Leitgedanken der Mitbestimmung

Die Einführung der unternehmerischen Mitbestimmung bezweckt die Herstellung eines Gleichgewichts zwischen Kapital und Arbeit.[1] Die Mitbestimmung dient weiter der Würde des ar-

---

1) So ist in der amtlichen Begründung zum MitbestG bei den Prämissen dieser Grundsatz der "gleichberechtigten und gleichgewichtigen Teilhabe von Anteilseignern und Arbeitnehmern an den Entscheidungsprozessen im Unternehmen; zum Ausdruck gebracht (BT-Drucks. 7/2172, S. 17). Der Antrag des Ausschusses für Arbeit und Sozialordnung, spätere Regierungsbegründung (BT-Drucks. 7/4845, S. 1), beginnt mit den Worten: "Die Mitbestimmung der Arbeitnehmer soll in den Unternehmensorganen, ausgehend vom Grundsatz der Gleichberechtigung und Gleichgewichtigkeit von Arbeitnehmern und Anteilseignern ... ausgebaut werden". Zweifelnd an der Aussagekraft speziell dieser zweiten Belegstelle Wiedemann, ZGR 1977, 16o (163). In BB 1978, 5 (7) hat Wiedemann diese Ansicht offenbar modifiziert, wenn er den in der "parlamentarischen Debatte wiederholt ... genannten Grundsatz der Gleichberechtigung und Gleichgewichtigkeit von Arbeitnehmern und Anteilseignern" anführt (wenngleich auf die AG beschränkt). Noch deutlich a.a.O. auf S. 11: "Der Gesetzgeber wollte mit dem Mitbestimmungsgesetz 1976 das Gleichgewicht von Kapital und Arbeit in den Großunternehmen einstellen". Wie im Text Naendrup in GK-MitbestG, § 25 Rdn. 13; ders. AuR 1977, 225 (23o); Reich/Lewerenz, AuR 1976, 261; Ballerstedt, ZGR 1977, 131 (134 ff.); Säcker DB 1977, 1845 (185o); Richardi, AG 1979, 29 (32); Unterhinnighofen in KfP-MitbG, § 25 Rdnr. 17; Fitting/Wlotzke/Wißmann, MitbG, Vorb. Rdnr. 19; Würdinger, DB 1979, 4o5 (4o7); Hanau, ZGR 1979, 524 (542); T. Raiser, JZ 1979, 489 (495); Boewer, DB 198o, 673; zur Antithese Kapital und Arbeit als Grundlage der Mitbestimmung und zur Entwicklung dieses Begriffspaares, vgl. Flume, ZGR 1978, 678 (693 ff., 699); vgl. auch Ulmer in Hanau/Ulmer, Einleitung, Rdnr. 2.

beitenden Menschen in der Ausgestaltung essentieller Selbstbestimmung[1]. Gleichzeitig stützt die unternehmerische Mitbestimmung den sozialen Frieden und langfristig betrachtet und damit eine funktionale und sozial orientierte Wirtschaftsverfassung[2].

Diese in der Lehre, der Rechtsprechung und insbesondere in den Begründungen des Gesetzes zum Ausdruck gekommenen Leitgedanken der Mitbestimmung sind bei der Interpretation des Gesetzes zu beachten. Denn der maßgebliche Erkenntnishorizont der vom Mitbestimmungsgesetz angesprochenen Normadressaten wird über den reinen Gesetzestext hinaus durch zwei - außerhalb des Wortlauts gelegenen - Auslegungshilfen geprägt: Zum einen sind die Motive und Zweckvorstellungen aus dem Gesetzgebungsverfahren zu verwerten, da hier eine weitreichende Publizität aufgrund der brisanten politischen Entstehungsgeschichte gegeben ist und dieses Erkenntnismaterial bei einem Gesetz aus dem Jahre 1976 nicht als veraltet angesehen werden kann. Zum anderen sind erhöhte Kenntnisse über die gesetzgeberischen Intentionen aus der Individualität der Normadressaten zu folgern: Für die Arbeitgeberseite ergibt sich eine gesteigerte Erkenntnisqualifikation aus dem Vorhandensein von juristisch beratenen Arbeitgeberzusammenschlüssen sowie zahlreicher Rechtsabteilungen in den einzelnen Unternehmen sowie der Einflußnahme auf das Gesetz-

---

1) Die mitbestimmungsrechtlichen Regeln (dort in Form des Personalvertretungsgesetzes) sind ein "wichtiges Mittel zur Wahrung der Menschenwürde und der Persönlichkeitsentfaltung in der Dienststelle"; so BVerfGE 28, 314 (323); ähnlich Schwerdtfeger, Unternehmerische Mitbestimmung, S. 69 ff.; dazu auch Hoffmann/Lehmann/Weinmann, MitbG, Einl. Rdnr. 3; mit gewissen Relativierungen Kunze, ZHR 144, 1oo (128).

2) Zur Mitbestimmung als Teil des Sozialordnungsrechts BVerfGE 28, 314 (323); Säcker, DB 1977, 1845 (1849); zur Integrationswirkung vgl. Ulmer in Ulmer/Hanau Einl. Rdnr. 3. Eigentümlich die Rechtfertigung der Mitbestimmung aus § 95o BGB (Fabricius, GK-MitbG, Einl. I, Rdnr. 2o6 f.); krit. dazu Gast, BlStSozArbR 1979, 129 (13o f.).

gebungsverfahren. Für die Arbeitnehmerseite ist ebenfalls eine gesteigerte Erkenntnisqualifikation zu bejahen, da nicht auf den Horizont der einzelnen Beschäftigten abgestellt werden darf, sondern es in dem Bereich kollektivierter Einzelrechte auf die Kompetenz der ebenfalls juristisch beratenen Gewerkschaften ankommt, die im übrigen auch Einfluß auf die Gesetzgebung genommen haben. Dabei wird nicht verkannt, daß die Gewerkschaften selbst nicht Träger des Mitbestimmungsrechts sind. Die Verflechtung zwischen dem direkten Träger der Mitbestimmung, der Belegschaft, und den interessenvertretenden Gewerkschaften ist jedoch so eng, daß der Kenntnisstand der Koalition den einzelnen Belegschaftsmitgliedern quasi zuzurechnen ist. Eine gewisse Gleichschaltung zwischen Gewerkschaften und Arbeitnehmern findet im Mitbestimmungsgesetz selbst Ausdruck: §§ 7 Abs. 2, 16 MitbestG sehen eine maßvolle gewerkschaftliche Vertretung auf der Arbeitnehmerbank im Aufsichtsrat vor, die bei praxisnaher Betrachtung weitreichenden Einfluß garantiert[1].

Den Zielen bzw. Motivationen für die Einführung der unternehmerischen Mitbestimmung lassen sich jedoch unmittelbar noch keine konkreten Ge- oder Verbote entnehmen. Dies gilt um so mehr, als das Postulat der Gleichgewichtigkeit von Kapital und Arbeit im Mitbestimmungsgesetz durch die Regelung der §§ 27 Abs. 2, 29 Abs. 2 MitbestG sowie die Zurechnung der leitenden Angestellten zur Arbeitnehmerbank gemäß § 3 MitbestG nur eingeschränkt verwirklicht ist.

Über den Inhalt der Einzelregelungen hinausweisende zwingende Wirkungen können die Leitgedanken des Mitbestimmungsgesetzes allenfalls in Verbindung mit einer Betrachtung der einzelnen mitbestimmungsrechtlichen Vorschriften auf der Basis der oben benannten Aushöhlungs- bzw. Umgehungsprämisse

---

1) Dazu kritisch unter dem Gesichtspunkt des Außenseiterschutzes bzw. einer Überrepräsentation der Gewerkschaften Höpp, DB 1978, 2318 f.

entwickeln. Keinesfalls läßt sich aus den Leitgedanken ein pauschales Verbot mitbestimmungsvermeidender Maßnahmen ableiten. Eine Verbotsfolge läßt sich damit nur aus Parallelen zu einzelnen Regelungsinhalten (im Wege der Analogie) oder einer Widersprüchlichkeit zu konkret im Mitbestimmungsgesetz geregelten Sachverhalten entwickeln. Im folgenden soll daher ein Überblick über den Bestand der zwingenden Regelungen des Mitbestimmungsgesetzes gegeben werden. Die Auswertung der Normen vollzieht sich dabei nach der oben[1] entwickelten Systematik zwingenden Rechts.

c) Der im Gesetzeswortlaut ausgewiesene Bestand zwingenden Rechts

§ 1 MitbestG ist eine in Gebotstechnik verfaßte Norm, die bei Vorliegen bestimmter Tatbestandsvoraussetzungen die Anordnung der Mitbestimmung als zwingendes Recht enthält.

In gewisser Weise ergibt sich der zwingende Charakter bereits aus der sprachlichen Form. Einmal ist hier zu beachten, daß § 1 Abs. 1 MitbestG lediglich die grundlegende Anordnung des Mitbestimmungsrechts der Arbeitnehmer ausspricht und organisatorische Detailfragen späteren Normen vorbehält. Diese Herausnahme eines Kerns ist ein sprachlicher Kunstgriff, der die Dignität der beabsichtigten Regelung indiziert und der für den Zwangscharakter an sich neutralen Gebotstechnik einen verbindlichen Charakter verleiht. Die zwingende Wirkung der Norm unterstreichen die Absätze 2 bis 4, die den Wirkungskreis einschränken. Absatz 2 enthält eine Subsidiaritätsklausel im Hinblick auf die Montanmitbestimmung. Absatz 3 erklärt das BetrVG 1952 für nachrangig anwendbar. Absatz 4 enthält eine negative Geltungsanordnung für Tendenzbetriebe. Dieser differenzierte Ausnahmekatalog erlaubt - trotz der allgemein gebotenen Skepsis zu einem argumentum e contrario[2].

---

1) S. dazu S. 67 - 129

2) Vgl. dazu schon S. 79 f.; vgl. andererseits aber auch zur Indizwirkung für ein argumentum e contrario, wenn ein Gesetz Nichtgeltungsanordnungen enthält, S. 109 ff.

einen Gegenschluß auf ansonsten uneingeschränkte Geltung.

Der zwingende Charakter der Norm ergibt sich darüber hinaus eindeutig aus dem Zusammenhang und der Entstehungsgeschichte des Gesetzes. Alle Normadressaten bzw. deren kollektive Vertretungen hätten ihren Einfluß auf die Ausgestaltung einer Mitbestimmungsanordnung kaum so vehement geltend gemacht, wenn hier allein ein Vorschlag des Gesetzgebers in Frage gestanden hätte. Die Statuierung der Mitbestimmung als ein garantiertes Mindestrecht der Arbeitnehmerschaft ist zwischen allen Normadressaten niemals streitig gewesen. Dies prägt das Verständnis dieser Vorschrift über den reinen Wortlaut hinaus. Die grundsätzliche Verbindlichkeit des Mitbestimmungsgebotes spielt auch in andere Normen hinein, selbst wenn diese in ihrer sprachlichen Abfassung relativ indifferent bleiben, aber für die Durchführung der Mitbestimmung von essentieller Bedeutung sind, so daß sie nach der Natur der Sache im Grundsatz ebenfalls zwingend sein müssen[1].

Funktional ist § 1 MitbestG eine Grenznorm, die das Mindestmaß der arbeitnehmerischen Mitbestimmung festsetzt. Für eine abschließende Regelung, die eine Ausweitung der Mitbestimmung indirekt verbietet, bietet der Wortsinn der Norm keine Anhaltspunkte[2].

<u>§ 2 MitbestG</u> ist eine gesetzliche Definitionsnorm, die für den Geltungsbereich des Gesetzes den Begriff des Anteilseigners zwingend festlegt.

---

1) Vgl. den § 1 MitbestG funktional verwandten § 4 MitbestG sowie § 6 MitbestG, der zumindest über diesen Normenzusammenhang für die Bildung von Aufsichtsräten als zwingend einzustufen ist.

2) Dazu noch unter dem Gesichtspunkt der Erweiterung der Mitbestimmung in mitbestimmungspflichtigen Unternehmen S. 231 ff. und unter dem Aspekt einer freiwilligen Einführung in mitbestimmungsfreie Unternehmen S. 236.

§ 3 MitbestG ist ebenfalls eine Definitionsnorm, die in zwingender Weise für den Geltungsbereich des MitbestG festlegt, nach welchen Kriterien die verschiedenen Arbeitnehmertypen einzustufen sind.

§ 4 Abs. 1 MitbestG normiert eine zwingende[1] Durchbrechung des Grundsatzes, daß unternehmerische Mitbestimmung in Personengesellschaften grundsätzlich nicht stattfindet. Für den Fall, daß eine KG eine Kapitalgesellschaft als Komplementärin aufweist, begründet § 4 Abs. 1 MitbestG ein Mitbestimmungsrecht der Arbeitnehmer der KG innerhalb der Komplementär-Kapitalgesellschaft, sofern diese weniger als 5oo Arbeitnehmer aufweist. In den letzten beiden Sätzen von § 4 Abs. 1 MitbestG wird diese Regelung auch für Kommanditgesellschaften als verbindlich erklärt, deren persönlich haftender Gesellschafter eine dermaßen mitbestimmte Kommanditgesellschaft ist.

In § 4 Abs. 2 MitbestG wird die Effizienz des dermaßen begründeten Mitbestimmungsrechts durch ein Verbot des Ausschlusses des mitbestimmten Unternehmens von der Geschäftsführung der KG gesichert (sprachlich eindeutig verfaßte Verbotsnormen).
§ 5 MitbestG normiert einen verbindlichen Berechnungsmodus für die Feststellung der Arbeitnehmerzahl des herrschenden Unternehmens in einem Konzern. Die dermaßen gesetzlich festgelegte Fiktion über die Größe der Arbeitnehmerschaft in einem Unternehmen hat eine den Definitionsnormen identische Wirkungsweise (Geltungsfiktion).

§ 6 MitbestG ordnet zwingend[2] die Bildung eines Aufsichtsrats in Unternehmen der in § 1 Abs. 1 MitbestG bezeichneten

1) Zur Begründung s. FN 1 auf S. 261.
2) S. oben FN 1.

Art an. Für das Zusammensetzungsverfahren des Aufsichtsrats erklärt § 6 Abs. 2 MitbestG einige Vorschriften des MitbestG und des AktG für maßgeblich und trifft für die Wählbarkeit von Prokuristen als Aufsichtsratsmitglied der Arbeitnehmerschaft eine Sonderregelung.

In Abs. 1 und Abs. 3 enthält die Vorschrift ausdrücklich normeninterne Wirkungsvorbehalte. In Abs. 1 wird die Verpflichtung zur Bildung eines Aufsichtsrats auf Unternehmen beschränkt, die nicht schon aufgrund anderer gesetzlicher Vorschriften dazu verpflichtet sind, in Abs. 3 werden einige ansonsten gemäß § 6 Abs. 2 MitbestG zwingend vorgeschriebene Modalitätsnormen bei der Zusammensetzung für bestimmte Unternehmenstypen als unanwendbar erklärt.

§ 7 MitbestG regelt in verbindlicher Weise die Zusammensetzung des Aufsichtsrates nach drei in § 7 Abs. 1 MitbestG vorgegebenen Größenstufen, die entsprechend der Zahl der Arbeitnehmer im Unternehmen gebildet sind. In § 7 Abs. 1 S. 2 und 3 ist dabei eine Durchbrechung des Grundprinzips zugelassen, nach der die jeweils kleinste vorgeschriebene Aufsichtsratsgestaltung durch Gesellschaftssatzung auf eine der größeren in § 7 Abs. 1 MitbestG enthaltenen Besetzungsformen erweitert werden kann. Aus den dermaßen eingeengten Möglichkeiten, die Zusammensetzung des Aufsichtsrats zu wählen, läßt sich der Rückschluß ziehen, daß die in § 7 Abs. 1 Nr. 1 - 3 MitbestG vorgegebenen Modelle ein zwingendes Instrumentarium darstellen. Es wäre ohne kodifikatorische Vernunft, wenn in § 7 Abs. 1 S. 2 und 3 MitbestG die Wandelbarkeit innerhalb der vorgeschlagenen drei Aufsichtsrats-Typen einerseits ermöglicht, andererseits beschränkt würde, wenn diese Modelle selbst nicht zwingend gemeint wären.

In § 7 Abs. 2, 3, 4 finden sich verbindliche Regelungen über personelle Qualifikationen der Aufsichtsratsmitglieder bzw. der Gruppierung, die sie entsendet, der zwingende Charakter dieser Absätze ergibt sich zwanglos aus der sprachlichen Form, der Verwendung des Wortes "müssen" (zwingend formulierte Gebotsnorm).

§ 8 MitbestG ist eine Norm ohne innovativen Gehalt, gleichwohl aber zwingend. Die Vorschrift stellt klar, daß das MitbestG hinsichtlich der Bestellung der Aufsichtsratsmitglieder der Anteilseigner über die Reichweite der §§ 6, 7 MitbestG hinaus nicht in das herkömmliche Gesellschaftsrecht eingreift (Normen zur Abstimmung eines Gesetzes mit bestehendem Recht sind traditionell zwingend[1]).

§ 9 MitbestG enthält in seinen ersten beiden Absätzen dispositives Recht. Nach der Größe des Unternehmens differenziert werden in Abs. 1 und 2 jeweils ein unterschiedliches Wahlverfahren - Wahlmänner oder unmittelbare Abstimmung - angeboten, die jedoch durch Mehrheitsentscheid innerhalb eines Unternehmens anders geregelt werden dürfen.

Für diesen Dispositionsakt über das Wahlverfahren enthält § 9 Abs. 3 MitbestG einen Katalog zwingenderVoraussetzungen[2]. Abs. 3 normiert einen qualifizierten Antrag, geheime Abstimmung, eine Mindestwahlbeteiligung sowie die notwendige Stimmenmehrheit.

§ 1o MitbestG enthält in Satz 1 ebenfalls eine dispositive Regelung über die Wahl der Wahlmänner, soweit dies eine nach Arbeitern und Angestellten getrennte Wahl betrifft.

---

1) S. auch S. 120 und S. 275.

2) Zu der in § 9 MitbestG praktizierten Kombination von Disponibilität und zwingend ausgestaltetem Verfahren s. auch S. 93 f.

Bezüglich des Geheimhaltungsgrundsatzes und dem Prinzip der Verhältniswahl enthält § 1o Abs. 1 MitbestG eine zwingende Anordnung. Satz 2 regelt in sprachlich eindeutiger Gebotstechnik ("sind ... anzuwenden") die Behandlung von Nebenbetrieben und Betriebsteilen. Der zwingende Charakter dieses Satzes ergibt sich überdies aus der Funktion des verwiesenen § 4 BetrVG 1972 als Geltungsfiktion bzw. Definitionsnorm.

Abs. 2 nennt in verbindlicher Weise die Voraussetzungen, die für eine Disposition über die in Abs. 1 unverbindlich geregelte getrennte Wahl vorliegen müssen.

Die Absätze 3 und 4 regeln in verbindlicher Weise die Wahlberechtigung und die Wählbarkeit bei der Wahl von Wahlmännern, stellen funktional damit Definitionsnormen dar. Eine identische Wirkung erzielt auch die in Abs. 5 vorgesehene Geltungsfiktion für den Fall eines einzigen Wahlvorschlages.

<u>§ 11 MitbestG</u> legt in seinem 1. Absatz einen verbindlichen Modus für das Abstimmungsverfahren durch Wahlmänner fest. Funktional handelt es sich hierbei wieder um eine Definitionsnorm.

Absatz 2 regelt in verbindlicher Form die Repräsentation der einzelnen Arbeitnehmertypen innerhalb der Wahlmänner. Der verbindliche Charakter ergibt sich hierbei wieder aus der sprachlichen Form, die Verwendung des Wortes "müssen".

Absatz 3 enthält eine der Definitionsnorm wirkungsidentische Fiktion der Zurechnung für den Fall, daß innerhalb eines Betriebes auf jede Arbeitnehmertypengruppe nicht mindestens ein Wahlmann entfällt.

Absatz 4 enthält eine gleichwertige Regelung für den Fall, daß auf einen Betrieb ein Wahlmann entfällt.

Absatz 5 regelt die Rechtslage, die sich ergibt, wenn ein Wahlmann seine Gruppenzugehörigkeit wechselt; inwieweit diese Regelung autonomer Gestaltung verschlossen ist, läßt der Wortlaut nicht erkennen, so daß Disponibilität anzunehmen ist.

§ 12 MitbestG enthält in seinem 1. Absatz Mindestbedingungen für Vorschläge zur Wahlmännerwahl. Funktional handelt es sich hierbei um eine Grenznorm.[1)]

§ 12 Abs. 2 MitbestG ist dispositiv. Dies ergibt sich bereits aus der sprachlichen Abfassung, der Verwendung des Wortes "soll".

§ 13 MitbestG regelt die Amtszeit der Wahlmänner parallel zur Amtszeit der von ihnen zu wählenden Aufsichtsratsmitglieder. Inwieweit hier andere Regelungen möglich sind, läßt der Wortlaut nicht erkennen. Der Normenzusammenhang, die - u.a. auch in §§ 25 Abs. 1, 27 MitbestG zum Ausdruck kommende - zwingende Verfassung des Aufsichtsrats, zu der auch die Amtsdauer der Aufsichtsratsmitglieder gehört, sowie die funktionale Verklammerung zwischen Aufsichtsratsmitgliedern und Wahlmännern prägt jedoch den Wortsinn in eine verbindliche Richtung. In den Absätzen 2, 3 und 4 werden zusätzliche Gründe statuiert, die die Amtszeit der Wahlmänner vorzeitig enden lassen[2)].

---

1) Weder der Wortlaut noch der Normenzusammenhang lassen einen abschließenden Charakter erkennen.

2) S. oben FN 1.

§ 14 MitbestG nennt drei Gründe, die die Amtszeit eines Wahlmannes verbindlich beenden. Ob die Aufzählung dieser Beendigungsgründe abschließend gemeint ist, läßt sich aus dem Gesetz nicht entnehmen (also Grenznorm).

In Absatz 2 legt das Gesetz fest, wie der gemäß Absatz 1 ausgeschiedene Wahlmann ersetzt wird. Eine Verbindlichkeit ergibt sich hier weder aus dem Wortlaut noch aus dem Normenzusammenhang, so daß privatautonome Abweichungen zulässig sind.

§ 15 MitbestG regelt in Absatz 1 und Absatz 3 zwingend das Verfahren der Wahlmännerwahl für die Aufsichtsratsmitglieder der Arbeitnehmer. Der verbindliche Charakter ergibt sich aus der Funktion als Definitionsnorm. Für das MitbestG wird hier das Wahlmännerverfahren in seinem Ablauf definiert. In Absatz 2 statuiert das Gesetz einen zahlenmäßigen Verteilungsschlüssel für die verschiedenen Arbeitnehmertypen. Der zwingende Charakter dieses Absatzes ergibt sich bereits wieder aus der sprachlichen Form, der Verwendung des Wortes "müssen". Derselbe sprachliche Grund verleiht auch Absatz 4 seinen zwingenden Charakter, der für die Wahlvorschläge verschiedene Mindestbedingungen normiert (Grenznorm). Absatz 5 ordnet unter bestimmten Voraussetzungen die Anwendung der Mehrheitswahl anstatt der Verhältniswahl an und stellt somit eine normeninterne Schranke für § 15 Abs. 1 MitbestG dar.

§ 16 MitbestG regelt verbindlich die Wahl der Aufsichtsratsmitglieder der Gewerkschaftsvertreter. Zum zwingenden Charakter gilt das zu § 15 Abs. 1 und Abs. 3 MitbestG Gesagte entsprechend. Abs. 2 S. 1 statuiert dabei das Vorschlagsrecht der Gewerkschaften, das im Zusammenhang mit

§ 7 Abs. 2 MitbestG gesehen werden muß und schon von daher als zwingende Ergänzung der dort verbindlich getroffenen Regelung zu werten ist.

Abs. 2 S. 2 nennt die Voraussetzungen, bei deren Vorliegen von der Verhältniswahl zur Mehrheitswahl übergewechselt werden muß und enthält somit eine normeninterne Schranke zu § 16 Abs. 1 MitbestG. Abs. 2 S. 3 schreibt für den Fall der Mehrheitswahl die für eine Wahl erforderliche Stimmenzahl vor (Grenznorm).

§ 17 MitbestG enthält in Abs. 1 S. 1 eine dispositive Regelung. Wird von dieser dort angebotenen Verfahrensmöglichkeit Gebrauch gemacht, normieren die anschließenden Sätze dafür zwingende Voraussetzungen[1]. Der verbindliche Charakter des Ablaufs eines an sich frei wählbaren Verfahrens ergibt sich aus dem Wortlaut in § 17 Abs. 1 S. 2 und 3, der dort verwendeten sprachlichen Form ("kann nur", "kann nicht" - einmal ein sog. "inhaltliches" Verbot[2], einmal "reine" Verbotstechnik).

Absatz 2 enthält eine definitorisch wirkende Geltungsfiktion (also zwingend).

§ 18 MitbestG regelt im Anschluß an die dispositive Entscheidung, ob die Aufsichtsratsmitglieder der Arbeitnehmer in unmittelbarer Wahl oder über Wahlmänner gewählt werden, das maßgebliche Verfahren für die unmittelbare Wahl. Die Vorschrift erklärt die §§ 15 bis 17 MitbestG für anwendbar, allerdings sind dort die Wahlmänner durch die wahlberech-

---

1) Zu dieser Kombinationsfigur: dispositive Norm / zwingendes Verfahren s. auch § 9 MitbestG und S. 93 f.

2) Zu dieser Verbotsform S. 111 ff.

tigten Arbeitnehmer sinngemäß zu ersetzen. Für die zwingende Ausgestaltung der unmittelbaren Wahl gilt demgemäß dasselbe, was bei den §§ 15 bis 17 MitbestG ausgeführt worden ist.

§ 19 MitbestG verpflichtet das gesetzliche Vertretungsorgan des Unternehmens zur unverzüglichen Bekanntmachung der gewählten Aufsichtsratsmitglieder und regelt Art und Ort der Bekanntmachung. Der zwingende Charakter dieser Vorschrift ergibt sich unmittelbar aus der sprachlichen Syntax, "das ... befugte Organ hat ...", "so ist ... das ... befugte Organ ... verpflichtet". Daß diese Vorschrift durch den begünstigten Personenkreis, die Arbeitnehmer, nicht de futuro dispositiv beseitigt werden kann, ergibt sich aus den Erwägungen zur Verzichtsbefugnis[1], die hier entsprechend zur Geltung kommen.

§ 2o MitbestG enthält in seinen ersten beiden Absätzen Verbote der Wahlbehinderung, die aufgrund ihrer Sprachtechnik zwingend sind. In Absatz 3 bestimmt die Vorschrift, wer die Kosten der Wahlen zu tragen hat und zu wessen Lasten die wahltechnisch bedingten Arbeitsausfallzeiten gehen. Auch hier wirkt gegen die dispositive Gestaltung dieser Norm unter Zustimmung des begünstigten Personenkreises die nicht gegebene Verzichtsbefugnis zur de futuro wirkenden Deformierung gesetzlich zugestandener Rechte[2], zu denen auch Regeln über die Verteilung von Nachteilen gehören.

§ 21 MitbestG weist den in Absatz 2 zur Anfechtung berechtigten Personen zwingend das Recht zu, binnen einer bestimmten Frist die Wahl der Wahlmänner beim Arbeitsgericht anzufechten, wenn gegen wesentliche Vorschriften des Wahl-

1) Dazu S. 286 ff.

2) Dazu S. 286 ff.

verfahrens verstoßen worden ist und der Verstoß Einfluß auf das Wahlergebnis gewonnen hat (Grenznorm)[1].

§ 22 MitbestG regelt ein identisches Verfahren zur Anfechtung der Wahl von Aufsichtsratsmitgliedern der Arbeitnehmer (Grenznorm)[2].

§ 23 MitbestG regelt die Mindestvoraussetzungen, deren Vorliegen zur Abberufung von Aufsichtsratsmitgliedern der Arbeitnehmer berechtigen.

Absatz 1 enthält qualifizierte Antragserfordernisse für ein Abberufungsverfahren, die nach den vier verschiedenen denkbaren Typen der Arbeitnehmervertreter im Aufsichtsrat differenziert sind. Absatz 2 enthält das Verfahren der Abberufung bei einem durch Wahlmänner gewählten Aufsichtsratsmitglied und verlangt eine qualifizierte Mehrheit. Absatz 3 regelt das Abberufungsverfahren für einen in unmittelbarer Wahl gewählten Aufsichtsratsvertreter. Absatz 4 erklärt die vorstehenden Absätze für die Abberufung von Ersatzmitgliedern für entsprechend anwendbar.

Obwohl der Wortlaut des § 23 MitbestG nicht erkennen läßt, ob die Regelung abschließend sein soll oder lediglich eine Grenznorm darstellt mit der Möglichkeit, weitere Abberufungsmöglichkeiten zu statuieren, ergibt hier der Normenzusammenhang einen abschließenden Charakter. Eine beliebig dispositive Erweiterung der Abberufungsvoraussetzungen würde andere allgemein anerkannte Voraussetzungen der Aufsichtsratsfunktion (und damit auch die Mitbestimmung) gefährden wie die Kontinuität der Aufsichtsratsbesetzung und -arbeit sowie eine gewisse Unabhängigkeit der Repräsentanten,

---

1) Weder der Wortlaut noch der Normenzusammenhang lassen einen abschließenden Charakter erkennen.

2) S. oben FN 1.

die eben keinem imperativen Mandat unterliegen, sondern dem Unternehmensinteresse verpflichtet sind.

§ 24 MitbestG enthält in Absatz 1 die zwingende Anordnung, daß ein Aufsichtsratsamt bei Verlust der Wählbarkeit seines Mitglieds erlischt. Der zwingende Charakter dieses Absatzes ergibt sich aus der Syntax: Inhaltlich spricht diese Norm ein Verbot aus, daß ein Arbeitnehmer, der die Wählbarkeitsvoraussetzungen nicht erfüllt, kein Aufsichtsratsmitglied sein darf[1].

Abs. 2 stellt klar, daß ein bloßer Wechsel der Gruppenzugehörigkeit eines Aufsichtsratsmitglieds keine entsprechende Verbotsfolge nach sich zieht. Daß Abs. 2 zwingendes Recht darstellt, ist aus der Norm nicht ersichtlich. Es wird dort auch nicht indirekt verboten, daß die Arbeitnehmer untereinander vereinbaren, daß ein Gruppenzugehörigkeitswechsel eine weitergehende Folge als in Abs. 2 normiert haben soll. Es ist daher von Disponibilität auszugehen.

§ 25 MitbestG regelt die innere Ordnung des Aufsichtsrats, in dem es die detaillierteren §§ 27 - 29, 31 und 32 MitbestG für zwingend erklärt und differenziert nach den unterschiedlichen Gesellschaftsformen Verweisungen in andere Gesetze ausspricht, dabei jedoch den Vorrang der Mitbestimmungsgesetznormen vor den verwiesenen Normen klarstellt. § 25 Abs. 1 S. 2 enthält zusätzlich eine Subsidiaritätsklausel dieser Regelung gegenüber § 4 Abs. 2 des Volkswagenwerks-Gesetzes.

---

1) Zum "inhaltlichen" Verbot s. S. 111 ff. Mit gleichem Ergebnis (ohne Begründung) Hoffmann/Lehmann/Weinmann, § 24 Rdnr. 11.

Abs. 2 der Vorschrift stellt klar, daß alle anderen gesellschaftsrechtlich relevanten Bestimmungen über die innere Ordnung des Aufsichtsrats unberührt bleiben, soweit sie mit Abs. 1 harmonieren. Letztere Einschränkung verdeutlicht erneut, daß es sich bei § 25 Abs. 1 ansonsten um zwingendes Recht handelt.

§ 26 MitbestG enthält ein Verbot der Behinderung von Aufsichtsratsmitgliedern der Arbeitnehmer bei der Ausübung ihrer Tätigkeit sowie ein Verbot der beruflichen Benachteiligung wegen ihrer Aufsichtsratstätigkeit. Der zwingende Charakter dieser Vorschrift ergibt sich aus der Verbotsform. Unklar bleibt dabei zunächst jedoch, ob die geschützte Personengruppe nicht ihrerseits über den qua Gesetz zugewendeten Vorteil verfügen darf. Abgesehen davon, daß diese Fragestellung rein akademisch sein dürfte, ist der geschützten Personengruppe die Verfügungsmöglichkeit über ihren eigenen Schutz zu versagen, da anderenfalls das durch den Personenschutz verbürgte Abstraktum der freien und effektiven Interessenwahrnehmung der Arbeitnehmerschaft im Aufsichtsrat gefährdet würde. § 26 MitbestG ist demzufolge eine unabdingbare Norm.

§ 27 MitbestG ist entsprechend der Anordnung in § 25 Abs. 1 MitbestG eine zwingende Rechtsnorm, die innere Vorgänge des Aufsichtsrates verbindlich regelt. Abs. 1 und Abs. 2 enthalten die Regeln über die Wahl des Aufsichtsratsvorsitzenden. Abs. 3 gebietet die Bildung eines ständigen Ausschusses zur Wahrnehmung der in § 31 Abs. 3 S. 1 MitbestG bezeichneten Aufgaben. Die Verbindlichkeit dieser Anordnung ergibt sich einmal aus der Verbindlichkeitserklärung in § 25 Abs. 1 MitbestG sowie aus dem Umstand, daß das Vorhandensein eines derartigen Ausschusses in einer anderen zwingenden Norm, § 31 MitbestG, vorausgesetzt wird.

§ 28 MitbestG ist gemäß der Anordnung in § 25 Abs. 1 MitbestG eine zwingende Rechtsnorm, die die Funktion einer Grenznorm erfüllt. § 28 MitbestG legt die Mindestanforderungen für die Beschlußfähigkeit des Aufsichtsrats fest.Für einen abschließenden Charakter enthält die Norm keine Anhaltspunkte[1].

§ 29 MitbestG ist entsprechend § 25 Abs. 1 MitbestG ebenfalls eine zwingende Rechtsnorm, die jedoch in Abs. 1 eine normeninterne Schranke, einen Vorrang anderer Vorschriften, enthält. Abs. 2 enthält eine zwingende Regelung zur Auflösung eines Abstimmungspatts. Die dem Aufsichtsratsvorsitzenden zufallende zweite Stimme wird in Abs. 2 S. 3 in verbindlicher Weise präzisiert: Abs. 2 S. 3 enthält ein inhaltliches Verbot der Zweitstimme auch für den Stellvertreter.

§ 3o MitbestG stellt klar, daß die Rechtsstellung des gesetzlichen Vertretungsorgans eines Unternehmens sich nach den gesellschaftsrechtlichen Vorschriften entsprechend der Rechtsform des Unternehmens ergibt, soweit nicht die §§ 31 - 33 MitbestG entgegenstehen. § 3o enthält damit an sich kein eigenständiges Regelungsanliegen, soweit er auf das Gesellschaftsrecht verweist. Er erklärt daneben aber die §§ 31 - 33 für vorrangig wirksam und enthält damit eine zwingende Anordnung.

§ 31 MitbestG enthält entsprechend § 25 Abs. 1 und § 3o MitbestG zwingendes Recht. Abs. 1 verweist auf die §§ 84, 85 AktG, normiert aber gleichzeitig einen Vorrang der Abs. 2 - 5.

---

1) So unzutreffend OLG Karlsruhe, NJW 198o, 2137 (2138); zu recht anderer Ansicht BGH NJW 1982, 153o ff; zu diesem Problemkreis noch ausführlicher S. 313 ff.

Satz 2 enthält eine Nichtgeltungsanordnung dieser Vorschrift für die KGaA. Abs. 2 verlangt für die Bestellung der Mitglieder des gesetzlichen Vertretungsorgans des Unternehmens eine qualifizierte Mehrheit von 2/3 der Stimmen. Ob es sich hierbei um eine Grenznorm handelt, oder ob die Regelung abschließend gemeint ist, läßt das Gesetz nicht erkennen[1].

Abs. 3 regelt ein Hilfsverfahren, das zur Anwendung kommt, wenn das Verfahren gemäß Abs. 2 nicht zu einer Bestellung der Organmitglieder geführt hat.

Abs. 4 regelt das Verfahren, wenn auch eine Bestellung gemäß Abs. 3 fehlgeschlagen ist. Hierfür wird an die in § 29 Abs. 2 MitbestG normierte Pattauflösung durch die Zweitstimme des Aufsichtsratsvorsitzenden angeknüpft.

Abs. 5 unterstellt den Widerruf der Bestellung eines Mitglieds des gesetzlichen Vertretungsorgans den vorstehend verfaßten Regeln.

§ 32 MitbestG weist gemäß §§ 25 Abs. 1, 3o MitbestG in zwingender Form die Kompetenz zur Ausübung gewisser Beteiligungsrechte eines Unternehmens an einem anderen mitbestimmten Unternehmen dem Aufsichtsrat zu. Abs. 2 enthält eine normeninterne Schranke, wenn die Beteiligung des Unternehmens weniger als 1/4 beträgt.

§ 33 MitbestG enthält gemäß § 3o MitbestG ebenfalls zwingendes Recht. Gemäß Abs. 1 ist ein Arbeitsdirektor als gleichberechtigtes Mitglied des gesetzlichen Vertretungsorgans zu bestellen. Satz 2 enthält eine Nichtgeltungsanordnung für die KGaA.

---

1) Gemäß der S. 116 ff. begründeten Zweifelsregelung handelt es sich also wieder um eine bloße Grenznorm.

Abs. 2 wiederholt im Grunde nur den Grundsatz der Gleichberechtigung des Arbeitsdirektors gegenüber anderen Mitgliedern des Vertretungsorgans. Satz 2, die Möglichkeit, nähere Bestimmungen in der Geschäftsordnung zu treffen, stellt einen Wirkungsvorbehalt für ein rangniedrigeres Regelungsverfahren dar.

Abs. 3 enthält eine Nichtgeltungsanordnung von § 9 Abs. 2 des Gesetzes betreffend die Erwerbs- und Wirtschaftsgenossenschaften.

§ 34 MitbestG enthält in den ersten Absätzen Definitionen, wie die verwendeten Begriffe des MitbestG in der Seeschifffahrt zu verstehen sind (also zwingend).

Abs. 4 modifiziert das Abstimmungsverfahren gemäß § 9 MitbestG.

Die Absätze 5 und 6 enthalten weitere Spezifikationen der Aufsichtsratsmitgliederwahl durch Wahlmänner oder in unmittelbarer Wahl, die den Besonderheiten eines Unternehmens, das einen Seebetrieb im Sinne des § 34 Abs. 1 MitbestG enthält, Rechnung tragen.

Die in §§ 35 - 41 MitbestG enthaltenen Übergangs- und Schlußvorschriften sollen nicht mehr im einzelnen besprochen werden. Es handelt sich hierbei durchgehend um zwingende Anordnungen[1], die entweder andere Gesetze ändern oder in definitorischer Funktion die Einführung der Mitbestimmung und ihr Wirksamwerden festlegen.

---

1) Und zwar in Form einer "traditionell" zwingenden Verfassung, vgl. S. 120, mit der der Gesetzgeber in seiner eigenen Materie eine naturnotwendig nicht abdingbare Abstimmung vornimmt (abgesehen davon, daß z.T. zusätzlich ein entsprechend eindeutiger Wortlaut vorliegt).

Der Wortlaut des Mitbestimmungsgesetzes läßt dabei in vielen Fällen offen, ob eine abschließende Regelung beabsichtigt ist. Gleichwohl konnte ein abschließender Regelungscharakter etwa bei § 7 MitbestG ausnahmsweise bejaht werden. Bei der weitaus größeren Zahl der Vorschriften, die Mindestbedingungen normieren (Grenznormen),ist jedoch ein abschließender Charakter aus der Sicht der Normadressaten nicht auszumachen. Sollen z.B. §§ 21, 22 MitbestG die Anfechtungsgründe für eine Wahl abschließend regeln oder bestimmen sie nur Mindestbedingungen, die durch gesellschaftsrechtliche oder privatautonome Vereinbarungen erweitert werden können ? Dieselbe Frage stellt sich regelmäßig bei qualifizierten Beschlußvoraussetzungen, etwa § 28 MitbestG, bei denen zwar klar ist, daß die gesetzlich normierten Voraussetzungen nicht unterschritten werden können, bei denen aber offen bleibt, ob diese Mindestbedingungen nicht weiter verschärft werden dürfen.

Nach der hier vertretenen These der Auslegung: Im Zweifel gegen abschließende Regelungen, weil es der Gesetzgeber selbst in der Hand hat, seinen diesbezüglichen Willen verständlich zu machen, stellen sich eine Vielzahl zwingender Mitbestimmungsnormen damit lediglich als Grenzbestimmungen dar, die der Parteidisposition nur teilweise verschlossen sind.[1)]

Für die praktische Handhabung ist jedoch zu beachten, daß

---

1) So denn auch die Einstufung der §§ 1 I, 1o II, 12 I, 13 II - IV, 14 I, 15 IV, 16 II S. 3, 21 II, 28, 31 III MitbestG.
Zum Rückgriff auf den Wortlaut als maßgebliches Kriterium für die Bemessung zwingenden Mitbestimmungsrechts richtig Rittner, DB 198o, 2493 (2494); Canaris, DB 1981, Beilage 14, 1; Hoffmann, DB 1981, 361; Mertens, AG 1981, 1 (3); zurückhaltend zur teleologischen Ausweitung HansOLG, DB 1981, 359 f.; BGH NJW 1982, 1528 (1529); ebenso K.P. Martens, ZGR 1983, 237 (239, 242)

die sprachliche Indifferenz des Gesetzgebers hinsichtlich eines abschließenden Charakters die erkennenden Gerichte veranlassen kann, eine andere Entscheidung, die untereinander wiederum nicht einmal einheitlich sein muß, zu treffen.

d) Folgerungen

Nunmehr stellt sich die Frage, inwieweit die vorstehend abgehandelten Regelungen aus mitbestimmungsrechtlichen Einzelnormen unter Berücksichtigung der aufgezeigten Leitgedanken des Mitbestimmungsgesetzes in konkrete Ge- oder Verbote gegenüber gesellschaftsrechtlichen Maßnahmen mit mitbestimmungsrechtlichen Folgen umgemünzt werden können. Etwaige aus dem Mitbestimmungsgesetz entnehmbare Verbotsfolgen sollen dabei anhand der einzelnen denkbaren Konstellationen (Rechtsformenwechsel, Erhöhung, Verringerung der Mitbestimmung in mitbestimmungspflichtigen, Einführung in mitbestimmungsfreien Unternehmen; Beeinträchtigung aufgrund gesellschaftsrechtlicher Maßnahmen von seiten der Kapitalgeber allein oder unter Mitwirkung der Arbeitnehmerseite) getrennt erörtert werden.

aa) Mitbestimmungsvermeidende Rechtsformwechsel

Zunächst soll dabei die Regelsituation untersucht werden, in der die Gesellschafter oder Kapitaleigner ohne Beteiligung der Arbeitnehmerseite einen Rechtsformwechsel einleiten.

aaa) Rechtsformwechsel aufgrund autonomer Maßnahmen der Gesellschafter oder Kapitaleigner

Es ist noch einmal festzustellen, daß der Wortlaut des Mitbestimmungsgesetzes kein ausdrückliches Verbot einer "Vermeidung" durch gesellschaftsrechtliche Strukturentscheidungen enthält. Für die Entscheidung der Frage, ob das Mitbestimmungsgesetz nach seinem erkennbaren Sinn und Zweck in diese Richtung eingrenzt, sind bereits eine Reihe von Auslegungskiriterien unter dem Stichwort "Mitbestimmungstelos" referiert [1], die in ihrer Überzeugungskraft zum Teil vom Glauben und rechtspolitischem Vorverständnis getragen werden müssen und teilweise kaum verwertbar sind [2].

Wirklich fest stehen im Grunde nur zwei Prinzipien, die im Zusammenhang mit der Frage des Rechtsformwechsels relevant sind: Zum einen die gesellschaftsrechtliche Fomabhängigkeit der Mitbestimmungskonzeption, die das geltende Gesellschaftsrecht weitgehend respektiert [3]; zum anderen das Streben nach Gleichwertigkeit zwischen Kapital und Arbeit [4]. Diese Prinzipien führen jedoch nicht unmittelbar zu Lösungen [5]. So würde das Aufgreifen des Grundsatzes der Rechtsformabhängigkeit einen Zirkelschluß bewirken, wollte man die Frage der Zulässigkeit der Rechtsformwahl mit dem Hinweis auf die Rechtsformabhängigkeit positiv entscheiden. Der Grundsatz der Gleichwertigkeit zwischen Kapital und Arbeit steht zur Rechtsformwahl überhaupt in keinem argumentativ auflösbaren Zusammenhang.

Will man nun gleichwohl aus der Gesamtschau des Mitbestimmungsgesetzes Begrenzungswirkungen für die Zulässigkeit von gesellschaftsrechtlich an sich erlaubten Maßnahmen

---

1) Siehe S. 248 ff.

2) Dies gilt insbesondere für die auf S. 251 zitierten für konkrete Problemstellungen nichtssagenden Prinzipien von Reich/Lewerenz.

3) Siehe die amtliche Begründung zum MitbestG (BR-Drucks. 2oo/74, S. 16, entspricht inhaltlich dem Antrag des Ausschusses für Arbeits- und Sozialordnung, BT-Drucks. 4787, S. 1): "Durch den Entwurf soll die Mitbestimmung der Arbeitnehmer unter weitgehender Beibehaltung des geltenden Gesellschaftsrechts geregelt werden".

4) S. S. 251 FN 6; S. 257 mit Nachweisen auf die h.M.

5) Erst recht gilt dies für das anerkannte, mit der Frage des Rechtsformwechsels jedoch nicht korrespondierende Prinzip der "Homogenität" des Aufsichtsrats, s. dazu HansOLG, DB 1982, 1765 ff.

folgern, wird die Auslegungsmethode zu einer delikaten Vorfrage, gilt es doch zu vermeiden, die methodische Vorgehensweise in Abhängigkeit von einem erwünschten Ergebnis zu wählen[1]. Die Verbindlichkeitskriterien des Mitbestimmungsgesetzes sind oben mit dem Primat des Wortsinns und der Erkennbarkeit durch die Normadressaten benannt[2]. Da dieses Verfahren in einem allgemeinen Exkurs zur Reichweitenbestimmung allen zwingenden Rechts erarbeitet wurde, ergeben sich hierbei keine Verdachtsmomente für eine gezielte ergebnisorientierte Methode. Danach sind zum Sinngehalt eines Gesetzes auch die Auswirkungen zu rechnen, die eine bestimmte Anwendungsweise der Normen als erkennbare Folgen herbeiführen würde. Derartige Folgen sind demgemäß auf die Verträglichkeit mit den mitbestimmungsrechtlichen Grundzügen zu überprüfen. Setzen sich diese Auswirkungen in Widerspruch zu den Intentionen des Gesetzes, erweist sich die betreffende Anwendungsweise als unzutreffend. Auf diesem Wege einer negativen Verständnisauslese ließe sich gegebenenfalls auch die Notwendigkeit einer Einschränkung des gesellschaftsrechtlichen Handlungsspielraumes durch das Mitbestimmungsgesetz begründen.

Eine völlig freie Rechtsformwahl im Rahmen der gesellschaftsrechtlichen Gestaltungsmöglichkeiten könnte einer erkennbaren Gesetzgebungsidee zuwiderlaufen: Mit dem Mitbestimmungsgesetz hat die Legislative von ihrem auch gegenüber Art. 9

---

1) Dazu das zutreffende Beispiel bei Wiesner, AuR 1978, 73 ff., wo für die Anwendungsweite der Montanmitbestimmungsgesetze durch die Gewichtung einer Auslegungsmethode unter mehreren denkbaren Möglichkeiten (Nachweise bei Wiesner, a.a.O., S. 74) eine Ergebnisvorwahl getroffen wird. Zu dem Vorwurf willkürlicher Methodenauslese auch Esser, Vorverständnis, S. 125; Radbruch/Zweigert, Einführung, S. 165 f. Kritisch zur "Folgenberücksichtigung" bei der Auslegungsmethode Luhmann, Rechtssystem, S. 31 ff.; Wiethölter, FS L. Raiser (1974), 645 (647 ff.); Futter, FS Esser (1975), 37 ff.

2) Siehe S. 109 - 121.

Abs. 3 GG bestehenden Vorrecht Gebrauch gemacht, die unternehmerische Mitbestimmung aus dem Bereich des Tarifvertragsrechts herauszunehmen und insoweit die Wirtschaftsverfassung originär selbst zu regeln[1]. Diese Entscheidung würde revidiert, wenn die Anordnungen des Mitbestimmungsgesetzes durch autonome Entscheidungen der Arbeitgeberseite (Gesellschafter, Kapitaleigner) im Wege der Umorganisation ohne weiteres unterlaufen werden könnten. Es wäre eine lebensfremde Sicht, wollte man davon ausgehen, daß derartige Entwicklungen von der Arbeitnehmerseite, insbesondere den Gewerkschaften, widerspruchslos hingenommen werden könnten[2].Einmal erhaltene Vorrechte würden - das kann man als gesichertes Erfahrungswissen betrachten - von dieser Seite niemals kampflos aufgegeben werden. Auch wenn die Existenz des Mitbestimmungsgesetzes klarstellt, daß unternehmerische Mitbestimmung kein Ziel eines Arbeitskampfes sein darf, würden die Gewerkschaften diesen Punkte auf jeden Fall mittelbar zum Gegenstand arbeitskampfrechtlicher Maßnahmen machen - sei es, daß sie bei tariffähigen Regelungsgegenständen entsprechende Kompromiß- oder Kampfbereitschaft signalisieren, sei es,daß sie sich durch ver-

---

1) S. BVerfGE 5o, 29o ff. (37o ff.); für die unternehmerische Mitbestimmung ist dieses ganz herrschende Meinung, vgl. Beuthien, Juristische Analysen 197o, 13o (133, 135); Biedenkopf, Gutachten, 46 DJT, 97 (156 ff.); Richardi, Kollektivgewalt, S. 181; Wiedemann/ Stumpf, TVG, Einl. Rdnr. 186; Vollmer, JA 1978, 53 ff. stimmt der herrschenden Meinung insoweit zu, als Mitbestimmung nicht erstreikt werden dürfe (S. 57). Zu Überlegungen, Mitbestimmungsprobleme tarifvertraglich auszutragen, Simitis, AuR 1975, 321 ff., 327 ff.; Däubler, Arbeitsrecht, S. 317 ff.; ders. Grundrecht auf Mitbestimmung, S. 325 ff.; zu einem Wandel der Gewerkschaftsfunktion hin zur Kooperation G. Müller, DB 198o, 91 (93 ff.); zur Abkehr von der Klassenkampfantithese Kapital und Arbeit, Flume, ZGR 1978, 678 (699).

2) Diese Gefahr sieht - im Zusammenhang der Mitbestimmungsaushöhlung über GmbH-Satzungen - auch Vollmer, ZGR 1979, 135 (154 f.).

schärfte materielle Forderungen Ersatz für diese Einbuße verschaffen. Auf jeden Fall würde sich das tarifvertragliche Klima infolge derartiger Organisationsmaßnahmen merklich abkühlen. In irgendeiner Form würde die gerade aus dem Arbeitskampfbereich ausgeklammerte Mitbestimmung dann doch wieder zum Gegenstand der "herkömmlichen" Kontroverse zwischen Kapital und Arbeit.

Allerdings ist hinsichtlich dieser Überlegung einzuräumen, daß der Argumentationswert eines faktischen Verhaltens, das überdies nicht der gesetzlichen Entscheidung (Herausnahme der Mitbestimmung aus dem Arbeitskampfrecht) entspricht, bestreitbar ist. Es fragt sich, ob man sich damit nicht in gewisser Weise einer rechtswidrigen Tatsächlichkeit beugen würde. Letztlich kann dieser Einwand jedoch nicht durchschlagen, da sich diese Tatsächlichkeit eben nicht als rechtswidrig erweist, wenn man unterstellt, daß der Gesetzgeber diese relativ offensichtlichen Folgewirkungen realistisch eingeschätzt und darin selbst einen Begrenzungsgesichtspunkt für mitbestimmungsrechtlich einschränkende Maßnahmen gesehen hat.

Das Bestehenbleiben sämtlicher gesellschaftsrechtlicher Gestaltungsmöglichkeiten im Bereich der Mitbestimmung könnte weiter zu einem Eingriff in die gesellschaftsrechtliche Typenvielfalt führen. Grundsätzlich ist davon auszugehen, daß der Gesetzgeber die gesellschaftsrechtlichen Organisationsformen als gleichberechtigte Gestaltungsmöglichkeiten vorgeben will.[1)] In diese Gleichwertigkeit droht das Mitbestimmungsgesetz durch eine "Aufwertung" besonders mitbestimmungsresistenter Gesellschaftsformen einzugreifen. Ein dadurch möglicher Trend weg von den großen Kapitalgesellschaften hin zu Gesellschaftsformen mit unbeschränkter

---

1) s. hierzu auch FN 3 auf S. 278.

persönlicher Haftung oder mitbestimmungsresistenten Mischformen wäre gesamtwirtschaftlich wenig sinnvoll und vertrüge sich nicht mit einem anderen erklärten Ziel des Mitbestimmungsgesetzes: der Erhaltung des herkömmlichen Gesellschaftsrechts. Unter diesem Aspekt könnte die Einführung der Mitbestimmung bei bestehenbleibender gesellschaftsrechtlicher Gestaltungsfreiheit einen Eingriff in das herkömmliche Bild gesellschaftsrechtlicher Rechtsformenvielfalt, die es zu wahren gilt[1)], bewirken, so daß sich unter diesem Aspekt ein gewisser Ansatz für Restriktionen der Gestaltungsfreiheit finden läßt.

Die angeführten Bedenken an einer durch das Mitbestimmungsgesetz überhaupt nicht berührten gesellschaftsrechtlichen Gestaltungsfreiheit sind jedoch ungeeignet, um konkrete Folgerungen abzuleiten, die für jeden Einzelfall eine sichere Prognose hinsichtlich der Zulässigkeit einer Maßnahme gestatten. Es läßt sich hier lediglich eine generalklauselartige Einschränkung formulieren: Das Mitbestimmungsgesetz enthält eine Regelung, die dem Arbeitnehmer auf dem Boden der gegenwärtigen Wirtschaftsverfassung ein effektives Teilhaberrecht an der unternehmerischen Entscheidungsfindung zuweisen soll. Der Gesetzgeber ist dabei stillschweigend, aber doch erkennbar davon ausgegangen, daß dieses Mitbestimmungsrecht nicht zu durchgreifenden gesellschaftsrechtlichen Umstrukturierungen mit dem Ziel der Mitbestimmungsvermeidung und der damit verbundenen Gefahr einer Einbeziehung der Mitbestimmung in das Arbeitskampfrecht führen soll. Insoweit berührt die Einführung der Mitbestimmung die gesellschaftsrechtliche Gestaltungsfreiheit durchaus. Die

---

1) Dazu K.P. Martens, ZGR 1979, 493 (521 ff.); ähnlich Reuter/Körnig, ZHR 14o, 494 (519).

daraus ableitbare Begrenzung für diese Gestaltungsfreiheit reicht jedoch über das pauschale Verbot der Gesetzesumgehung nicht hinaus. Konkret angewendet bedeutet dies: Die Einführung der Mitbestimmung führt nicht zu einem Einfrieren sämtlicher einmal gewählter Gesellschaftsformen. Sachlich motivierte Rechtsformänderungen sind auf jeden Fall zuzulassen. Dies ist wohl auch unstreitig[1]. Es stellen sich hier jedoch zwei Bewältigungsprobleme: Wann liegt eine derartige sachliche Motivation für eine Rechtsformänderung vor und wer soll das Vorliegen dieser sachlichen Motivation bzw. ihr Fehlen beweisen ?

Bei der Prüfung des Vorliegens bzw. Fehlens einer sachlichen Motivation für einen Rechtsformwechsel ist festzuhalten, daß normalerweise die Gesellschafter oder Kapitaleigner völlig willkürlich über die Wahl einer Unternehmensrechtsform entscheiden dürfen. Das Kriterium einer "sachlichen Motivation" spielt insoweit gesellschaftsrechtlich keine Rolle. Aus diesem Grunde ist daher das Verständnis der "sachlichen Motivation" zunächst einmal aus dem Verbot einer Umgehung des Mitbestimmungsgesetzes zu interpretieren: "Sachlich motiviert" ist in diesem Sinne jede Rechtsformänderung, die nicht vorrangig zu dem Zwecke der Vermeidung der Mitbestimmung erfolgt, so daß im übrigen der Nachweis eines aktiven Anreizes für den Rechtsformwechsel entbehrlich scheint. Da Rechtsformwechsel andererseits eine Menge Umstände bereiten und darüber hinaus Kosten verursachen, wird im Falle des Fehlens eines materiell faßbaren Grundes für den Rechtsformwechsel ein Indiz für

---

1) Dies ergibt sich zwingend aus der de lege lata nicht bestreitbaren Rechtsformabhängigkeit. Nachweise dazu bereits S. 244 und insbesondere FN 1 auf S. 255.

Unterschiede bestehen allerdings in den Anforderungen an die sachliche Grundlage der Rechtsformänderung und die diesbezüglichen Nachweispflichten, dazu S. 284 f.

die Umgehung, die Mitbestimmungsvereitelungsabsicht als leitendes Motiv, begründet. Dieses Indiz kann nur damit beseitigt werden, daß die Geschäftsleitung doch einen aktiven Nutzen des Rechtsformwechsels darlegt. Demgemäß wird für das Vorliegen einer sachlichen Motivation über die Vermutungswirkung eines nicht offensichtlich vorteilhaften Rechtsformwechsels[1] das Erfordernis eines echten, materiell faßbaren Nutzens begründet. Der Nutzen muß dabei zu dem Aufwand, den der Rechtsformwechsel verursacht, in einem vertretbaren Verhältnis stehen. Bei der Bemessung dieses Nutzens sind alle die Unternehmensbelange berührenden Auswirkungen einzubeziehen.

Es bleibt jedoch die Frage, wer die Mitbestimmungsumgehung (das Nichtvorliegen einer sachlichen Motivation) nachzuweisen hat. Beläßt man die Beweispflicht auf der die Umgehung behauptenden Arbeitnehmerseite, würde dies den tatsächlichen Verhältnissen kaum gerecht. Die Arbeitnehmerseite ist schwerlich in der Lage, diesen mit genauer Kenntnis der Geschäfts- und Rechtslage verbundenen Nachweis zu führen. Naheliegend ist daher die Idee Naendrups, die Beweislast für den sachlichen Grund der Arbeitgeberseite aufzuerlegen[2]. Dies gilt weniger, weil grundsätzlich von einer Umgehungsabsicht auszugehen sei[3] - in einer derartigen Betrachtung offenbart sich mehr ein politisches Vorverständnis -, sondern weil die Arbeitgeberseite einfach sachnäher und begründungskompetenter ist[4]. Daran ändert auch nichts die mitbestimmungsrechtliche

---

1) wobei die Vermeidung der Mitbestimmung als "Vorteil" nicht zählt, selbst wenn dadurch dem Unternehmen erhebliche Organisationskosten erspart bleiben.

2) Naendrup, AuR 1977, 225 (273).

3) So läßt sich Naendrup, a.a.O. verstehen.

4) Hier handelt es sich um eine Wertung, wie sie § 282 BGB für den Fall des Unmöglichkeitsnachweises festschreibt, die darüber hinaus aber als ein allgemeines Prinzip der Beweislast für andere Fälle (Pflichtenverletzung bei der pFV, Produzentenhaftpflicht, ähnlich auch § 831 I S. 2 BGB) anerkannt wird.

Zuordnung der leitenden Angestellten zur Arbeitnehmerbank. Zwar existiert damit formal auf dieser Seite eine mit Unternehmensüberblick ausgestattete Gruppe. Es ist aber zweifelhaft, inwieweit diese Vertrauenspersonen der Arbeitgeberseite mit ihrem know-how in den Dienst der Arbeitnehmer treten wollen, so daß es bei der Beweispflicht der Unternehmensführung bleiben muß.

Nachdem damit feststeht, daß mitbestimmungsbeeinträchtigende Rechtsformwechsel im Rahmen des Umgehungsverbotes zulässig sind, schließt sich daran die mehr formell-rechtliche Frage, mit welchem Zeitpunkt eine gesellschaftsrechtliche Strukturmaßnahme Auswirkungen auf die Mitbestimmung entfaltet. Grundsätzlich entfällt dabei die Mitbestimmung im Zeitpunkt des Wirksamwerdens der gesellschaftsrechtlichen Umformung, d.h. bei den praktisch wohl wesentlichsten Fällen der Umwandlung und der Verschmelzung mit der Eintragung in das Handelsregister[1)]. Fraglich ist jedoch, ob über diesen Zeitpunkt hinaus eine Fortdauer der Mitbestimmung - etwa unter dem Gesichtspunkt des Bestandsschutzes - in Frage kommt.

Dies ist jedoch abzulehnen. Bei Rechtsformwechseln in eine Personengesellschaft scheitert dies an der Unverträglichkeit der Mitbestimmung mit der Natur einer Personengesellschaft[2)]. Bei der Zerlegung von Kapitalgesellschaften läßt sich eine Fortdauer wiederum nur unter Umgehungsgesichtspunkten vertreten. Wenn die Zerlegung offensichtlich nur den Zweck der Mitbestimmungsvermeidung verfolgt, hat man außer der Sanktion der Verbotsnichtigkeit einer derartigen Maßnahme die Möglichkeit, den Fortbestand der Mit-

---

1) S. §§ 5, 18 Abs. 2, 24 UmwandlG, § 25 Kapitalerhöhungsgesetz.

2) Dies wird überwiegend aus der persönlichen Haftung des bzw. der Gesellschafter gefolgert, vgl. BVerfGE 5o, 29o (348); s. auch die Nachweise bei Raiser, MitbestG, § 1, Rdz 4; Ulmer in Hanau/Ulmer, § 1, Rdz. 32.

bestimmung anzuordnen. Dazu bedarf es jedoch keines institutionalisierten Bestandsschutzes, dafür genügt die angemessene Bewertung der gebildeten Einzelgesellschaften als eines Gesamt-Unternehmens oder eines Konzerns.

bbb) Rechtsformwechsel unter Mitwirkung der Arbeitnehmerseite

Es fragt sich jedoch, ob sich die Gefahr der Unwirksamkeit einer gesellschaftsrechtlichen Strukturmaßnahme nicht durch die Beteiligung der Arbeitnehmer an diesem Entscheidungsprozeß vermeiden läßt.

Diese Denkmöglichkeit verspricht jedoch nur Erfolg, wenn es sich bei der Statuierung der Mitbestimmung um relatives zwingendes Recht im Sinne einer Grenznorm handelt und zumindest die berechtigte Personengruppe das Mitbestimmungsrecht beeinträchtigende Verpflichtungen und Verfügungen vornehmen darf. Für die Beantwortung dieser Frage bedarf es einer Betrachtung der Struktur des Mitbestimmungsrechts.

Als erster Ausgangspunkt ist zu beachten, daß es sich bei dem Mitbestimmungsgesetz um eine Regelung handelt, die mehrere Abstrakta schützt[1]. Zweiter Ausgangspunkt ist die Feststellung, daß dieser Schutz nicht um eines abstrakten Wertes selbst statuiert ist, sondern im Interesse der begünstigten Personengruppe der Arbeitnehmer[2]. Zwar ließe sich bei entsprechend weitsichtiger Betrachtung auch ein

1) S. hierzu die Leitgedanken der Mitbestimmung, S. 258 f. und S. 278.

2) Allgemeine Ansicht, vgl. die Erläuterungen zum Sinn des Gesetzes bei Fitting/Wlotzke/Wißmann, MitbestG (2. Aufl.), Vorb. Rdnr. 1, § 1 Rdnr. 3; Hoffmann/Lehmann/Weinmann, MitbestG, Vorb. Rdnr. 1; Schwegler in KfP. MitbestG, Einl., Rdnr. 126 ff.; Vollmer, Partnerschaftliche Unternehmensverfassungen, S. 13.

personenbezogener Einschlag zugunsten der Arbeitgeber konstruieren. Dieser durch eine konfliktbereinigte Wirtschaftsverfassung und zufriedene Arbeitnehmer unweigerlich eintretende Nutzeffekt[1)] für die Arbeitgeberseite war jedoch so offensichtlich nicht Auslöser für die Mitbestimmungsgesetzgebung, daß dieser Aspekt als marginale Nebenfolge außer Betracht bleiben muß. Hinzu kommt, daß die Arbeitgeberseite durch den Verlust an unternehmerischer Entscheidungsmacht ein Opfer erbringen muß, das als Faktor zu berücksichtigen ist und den "Vorteil" für die Arbeitgeberseite per saldo gegen Null streben läßt. Ein vergleichbares Opfer der Arbeitnehmer für ihre Besserstellung ist in keiner Weise ersichtlich. Zwar birgt die Mitbestimmung auch für die Arbeitnehmerseite nicht nur angenehme Punkte. Beispiele dafür, wie die Verpflichtung - auch der arbeitnehmerseitig gewählten - Mitbestimmungsvertreter auf das Unternehmensinteresse[2)] und das Risiko einer - differenzierungsbe-

---

1) Zu den positiven Auswirkungen der Mitbestimmung insoweit auch Vollmer, Partnerschaftliche Unternehmensverfassungen, S. 158 ff.

2) So T. Raiser, MitbG, § 25 Rdnr. 82 ff.; ders., FS Reimer Schmidt 1976, 1o1 ff.; 113 ff.; Fitting/Wlotzke/Wißmann, MitbG, § 25 Rdnr. 94 ff.; Hoffmann/Lehmann/Weinmann, MitbG, § 25 Rdnr. 125, 134; Mertens in KK zum AtkG, Anh. § 96, Rdnr. 93; G. Hueck, RdA 1975, 35 (36) mit ausführlichen Nachweisen auf die h.M. in FN 7; für den Bereich der Geheimhaltungspflicht so auch BGHZ 64, 325 (33o f.); zustimmend Werner, ZGR 1977, 236 ff.; krit. zur Rationalität des Begriffs "Unternehmensinteresse" Naendrup in GK-MitbG, § 25 Rdnr. 99 ff. 19o ff.; zu den Schwierigkeiten der Bestimmbarkeit eines Unternehmensinteresses Wiedemann, FS Barz 1974, 561 (569 ff., 584); H.P. Westermann, ZGR 1977, 219 (222 ff.); krit. zur Inhaltsleere und der Gefahr, mit der Begriffsdefinition den Weg zur einseitigen Interessendurchsetzung zu ebnen, Laske, ZGR 1979, 173 (179 ff.), der daher gegen ein einheitliches Unternehmensinteresse eintritt, das Unternehmen vielmehr als einen "interessepluralistischen Sozialverband" begreift, in dem kontroverse Auffassungen als Konflikte ausgetragen werden (S. 197 ff.); vorsichtig zustimmend Koller, ZfA 198o, 521 (54o).

dürftigen[1)] - Haftung der Arbeitnehmeraufsichtsratsmitglieder stellen jedoch kein Korrelat dar, das den Eindruck einer die Arbeitnehmer einseitig bevorteilenden Gesetzgebung beeinträchtigen könnte.

Dieser personenbezogene Einschlag läßt es grundsätzlich zu, eine Verfügbarkeit der Mitbestimmung durch die Arbeitnehmer anzunehmen, auch wenn Regelungen in Frage stehen, die unterhalb der gesetzlich statuierten Mitbestimmungsqualität liegen

---

1) Von einer gleichartigen Haftung aller Aufsichtsratsmitglieder gem. §§ 116, 93 AktG gehen aus: z.B. Fitting/Wlotzke/Wißmann, MitbG, § 25 Rdnr. 122 ff.; Hoffmann/Lehmann/Weinmann, MitbG, § 25 Rdnr. 135 ff.; Kallmeyer, BB 1978, Beilage 11, S. 8. Diese nahezu unbestrittene h.M. ist zumindest reichlich undifferenziert: Sie übersieht zum einen eine mögliche Vergütungsdifferenz zwischen Aufsichtsratsvertretern der Arbeitnehmer- und Anteilseignerseite, die sich zumindest in einer allgemeinen vermögensmäßigen Ungewichtung zwischen "professionellen" und nur temporären Aufsichtsratsmitgliedern niederschlägt, selbst wenn ein Unternehmen jeden Aufsichtsratssessel gleich dotiert. Dieser Umstand kann zwar den Haftungsmaßstab nicht tangieren, ließe sich aber beim Haftungsumfang sinnvoll integrieren. Überdies wird der in § 93 I AktG normierte Maßstab des "ordentlichen und gewissenhaften Geschäftsleiters" den konkret ausschlaggebenden Verhältnissen kaum gerecht. Es ist in diesem Bereich von sehr unterschiedlichen Einflußmöglichkeiten der einzelnen Aufsichtsratsmitglieder - insbesondere der Arbeitnehmerseite - auszugehen, die von der konkreten Handhabung von Ausschußbesetzungen, der Informationspolitik gegenüber den Arbeitnehmervertretern usw. abhängen und eine gesamtschuldnerische Einstandspflicht aller Aufsichtsratsmitglieder bedenklich erscheinen lassen. Es wäre darüber nachzudenken, ob es nicht so typische Verursachungsunterschiede bei Fehlverhalten im Aufsichtsrat gibt, daß die Haftung darauf reagieren sollte. Ev. kann man hier dem Status des Arbeitnehmers mit ähnlichen Erwägungen Rechnung tragen, wie es bei "gefahrgeneigte" Arbeit geschieht, ev. im Einklang neuer Tendenzen (Betriebsgefahr als Schadensminderungsposten, vgl. BAG AP Nr. 8 zu § 611 BGB), zusammenfassend Kothe, BB 1983, 1603 ff.

oder liegen könnten. Die Frage, inwieweit Vereinbarungen getroffen werden können, die in Schutzrichtung des Gesetzes über das dort vorgesehene Ausmaß hinausreichen, ist weniger brisant und wird später bei den Möglichkeiten einer privatautonomen Mitbestimmungskonstitution wieder aufgenommen. [1]

Hier geht es also um die Frage, ob der Gesetzgeber den Begünstigten in seinen Verfügungsmöglichkeiten bevormunden will und dies mit dem Gesetz nach den oben angesprochenen Kriterien auch zum Ausdruck gebracht hat. Es ist daher festzustellen, ob die mitbestimmungsbegründenden Normen eine abschließende Regelung enthalten.

Nach herrschender Meinung stehen die durch das Mitbestimmungsgesetz zugesprochenen Entscheidungsbefugnisse nicht zur Disposition der Arbeitnehmer[2]. Richtigkeitsparameter für diese Ansicht ist das Fehlen einer Verzichtsbefugnis für die Arbeitnehmer - unabhängig davon, ob die Idee eines Mitbestimmungsverzichts durch eine Belegschaft überhaupt eine realistische Verhaltensmöglichkeit darstellt. Die Verzichtsmöglichkeiten eines Begünstigten hängen dabei wesentlich von der Art der zugewendeten Position ab. Handelt es sich beispielsweise um ein sogenanntes subjektives Recht, ist die Verzichtsbefugnis des Rechtsträgers der Normalfall. Es ist dann eine klare gegenteilige Auffassung im Gesetz erforderlich, wenn etwas anderes gelten soll.

Bei dem Mitbestimmungsrecht handelt es sich jedoch nicht um ein subjektives Recht des einzelnen Arbeitnehmers, son-

---

1) Siehe S. 323 ff.

2) Fitting/Wlotzke/Wißmann, MitbG, § 1 Rdnr. 3; Rumpff in GK-MitbestG, § 1 Rdn. 36 ff.; Föhr in KfP-MitbG, § 1 Rdnr. 1; Lutter, ZGR 1977, 195 (196); T. Raiser, BB 1977, 1461.

dern um eine Rechtsposition eigener Art. Man könnte hier von einem institutionalisierten Gruppenrecht mit subjektivem Einschlag sprechen. Diese Klassifikation bedingt zur Behandlung der Verfügungsmöglichkeit im Hinblick auf die Verfügungsfähigkeit nichts Besonderes, löst jedoch hinsichtlich der Verfügungsbefugnis einige zusätzliche Probleme aus.

Für die Möglichkeit der Arbeitnehmer, auf ihre durch das Mitbestimmungsgesetz zugestandenen Rechte zu verzichten, gilt der Grundsatz, daß im Zweifel Begünstigungen abgelehnt werden dürfen. Dies gilt gleichermaßen für die Verweigerung durch bloße Passivität wie den vertraglichen Ausschluß mit bindender Dauerwirkung. Im allgemeinen besitzt ein Rechtssubjekt die Freiheit, sich seiner Rechte auch vertraglich zu begeben. § 137 BGB regelt einen Ausnahmefall durch ein unmißverständliches Verbot. Fehlt eine vergleichbare Regelung - zumal im Felde reiner Gebotsanordnungen - ist von vertraglicher Verzichtsfähigkeit auszugehen. Für die Mitbestimmung gilt insoweit nichts anderes: Da innerhalb des Mitbestimmungsgesetzes keine Verbotsanordnung bezüglich einschränkender Vereinbarungen existiert, bleibt den Arbeitnehmern grundsätzlich die freie Verfügbarkeit über ihre Mitbestimmungsrechte erhalten. Es gibt im kodifizierten Wortlaut keinen Anhaltspunkt, daß die Mitbestimmung ein "Pflichtrecht" der Arbeitnehmer darstellt.

Dieser Grundsatz wird jedoch durch das Spezifikum des Gruppenrechts modifiziert. Das Recht auf Mitbestimmung steht jedem Arbeitnehmer eines mitbestimmungspflichtigen Unternehmens zu und ist insoweit subjektiv. Durch die Zuweisung des Mitbestimmungsrechts an die "jeweiligen" Arbeitnehmer eines mitbestimmungspflichtigen Unternehmens wird dieser subjektive Einschlag aber erheblich relativiert. Die Individualität der einzelnen Arbeitnehmer tritt zurück, Träger des Mitbestimmungsrechts ist die Gesamtheit der Arbeitnehmer. Die Mitbestimmung bekommt auf diesem Wege eine institutionelle Tendenz.

Die Struktur eines Gruppenrechts läßt dabei grundsätzlich die Möglichkeit für einen Verzicht durchaus offen. Man könnte bei einem Gruppenrecht hinsichtlich der Meinungsbildung auf demokratische Prinzipien zurückgreifen: Einfache oder qualifizierte Mehrheiten als Legitimationsbasis für den Verzicht auf ein Gruppenrecht. Die Betroffenheit einer überstimmten Minderheit ließe sich aus dem an eine Personengesamtheit gebundenen Charakter dieses eben nur in Grenzen subjektiven Rechts rechtfertigen. Der institutionelle Einschlag steht jedoch einem solchen Verzichtsverfahren entgegen. Da das Mitbestimmungsrecht erkennbar dem jeweiligen - damit auch dem zukünftigen - Arbeitnehmerbestand eines Unternehmens zugesprochen wird, kann eine zufällige Mehrheitenbildung an einem beliebigen Zeitpunkt gegen eine Mitbestimmung oder für ihre Verringerung nicht de futuro - unter Vernachlässigung der wechselnden Individuen innerhalb des Rechtsträgers "Belegschaft"[1] - bindend getroffen werden. Den jeweiligen Arbeitnehmern eines mitbestimmungspflichtigen Unternehmens fehlt die Legitimation zur Verfügung über ein Recht, das unabhängig von der Identität der einzelnen Belegschaftsangehörigen für alle Arbeitnehmer eines Unternehmens auch in aller Zukunft zur Verfügung stehen soll. Zu denken wäre allenfalls an einen auf eine Wahlperiode befristeten Verzicht. Aber selbst dies ist unzulässig, da auch zwischen zwei Wahlen der Arbeitnehmervertreter Einflußmöglichkeiten

---

1) Zur Belegschaft als Rechtsinhaber, s. Ulmer in Hanau/Ulmer, § 1 Rdz. 2.

der Arbeitnehmer existieren - z.B. Abberufung oder Nachwahl[1], die nicht von einer zu diesem Zeitpunkt "früheren" Belegschaft vereitelt werden dürfen.

In gewisser Weise besitzt das Gruppenrecht Parallelen zum Vereinsrecht, bei dem es auch nicht so sehr auf die Identität einzelner Mitglieder ankommt. Dort können allerdings auch Verfügungen mehrheitlich getroffen werden, die de futuro die Rechtsposition jedes Mitglieds gestalten. Neue Mitglieder sind dann über diese Maßnahmen aber informiert und behalten eine freie Entscheidung, ob sie in den Verein mit den geänderten Rahmenbedingungen eintreten wollen. Dieses Korrektiv besitzt das Mitbestimmungsrecht nicht. Die Arbeitnehmer eines mitbestimmungspflichtigen Unternehmens sind wie Mitglieder einer Zwangskorporation zu betrachten, in der jedem eine gewisse Rechtsposition garantiert wird, die potentiellen Mitgliedern in keiner Weise - auch nicht im Wege der Selbstbindung - entzogen werden kann.

Dieses Fehlen einer Verzichtsbefugnis, der Mangel der Legitimation einer Unternehmensbelegschaft zum de futuro bindenden Verzicht auf Mitbestimmung ergibt sich somit aus der "Natur der Sache": dem Charakter der Mitbestimmung als einem institutionellen Gruppenrecht mit begrenztem subjektiven Einschlag.

Insofern ist die herrschende Meinung im Ergebnis zutreffend, nach denen Arbeitnehmer auf ihre Mitbestimmungsrechte nicht verzichten können. Es steht ihnen allein frei, die Teilhabe an der unternehmerischen Entscheidung durch Passivität (Wahlverweigerung usw.) nicht wahrzunehmen. Kein Mitbe-

---

1) vgl. §§ 23, 24 MitbG

stimmungsgesetz begründet eine diesbezügliche Handlungspflicht, aus dem Charakter eines Rechts ergibt sich immerhin für jeden einzelnen Arbeitnehmer die Möglichkeit, mit seinem mitbestimmungsrechtlichen Teilstück nach Belieben zu verfahren. Das bedeutet aber nur, daß jedem Arbeitnehmer sein gegenwärtiges mitbestimmungsbezogenes Verhalten freisteht. Er kann darüber hinaus nicht etwa individuell und für die Zukunft bindend über sein ideelles Teilstück an der Mitbestimmung verfügen. Etwas anderes würde eine unerfreuliche Umgehungsmöglichkeit der Mitbestimmung - etwa "Abkauf" oder "Prämierung von Wohlverhalten" vor allem in arbeitsmarktpolitisch schweren Zeiten - eröffnen. Daß die Mitbestimmung nicht eine derartige als Tauschgegenstand freigegebene Vorzugsposition des einzelnen Arbeitnehmers bezweckt, ist evident. Es ist auch mit dem Charakter eines Gruppenrechts unvereinbar, der hinsichtlich der Verfügbarkeit eine der gesamthänderischen Bindung vergleichbare Wirkung erzeugt. Auch hier setzt die Natur des Mitbestimmungsrechts eine deutliche Grenze.

Insgesamt ergibt sich damit, daß die Beteiligung der Arbeitnehmerseite an gesellschaftsrechtlichen Strukturmaßnahmen (z.B. durch rechtzeitige Information, Mitsprache und Einwilligungserklärungen) scheinbar keinen Nutzen verspricht. Inwieweit im Bereich mitbestimmungsrechtlicher Sachverhalte, hinsichtlich derer die Rechtslage zwischen den Parteien "ernstlich zweifelhaft" ist, etwas anderes gelten kann, wird unten [1] noch untersucht.

bb) Andere mitbestimmungsbeeinflussende Maßnahmen

Das Problem der Beeinträchtigung der Mitbestimmung durch

1) unter II., S. 333 ff.

gesellschaftsrechtliche Maßnahmen stellt sich weiter durch Kompetenzbeschneidung des mitbestimmten Organs, etwa durch zielgerichtete Organisationsregeln, die eine ungleichgewichtige Arbeitsweise festschreiben. Derartige "Eingriffe" in die Mitbestimmung erfolgen gemeinhin durch Satzungsbestimmungen. Denkbar sind derartige Beschränkungen aber auch in der Geschäftsordnung des Aufsichtsrats. Im folgenden werden eine Reihe derartiger Mitbestimmungsvermeidemaßnahmen auf ihre Zulässigkeit untersucht.

aaa) "Gesteuerte" Besetzung und Arbeitsweise der Aufsichtsratsausschüsse

Fraglich ist zunächst, ob das Mitbestimmungsgesetz dazu zwingt, daß vom Aufsichtsrat gebildete Ausschüsse in ihrer Zusammensetzung ein Spiegelbild des Kräfteverhältnisses im Aufsichtsrat bilden müssen oder ob durch Satzung oder die Geschäftsordnung des Aufsichtsrates einseitige Besetzungsschwerpunkte angeordnet werden können. Dieses Problem soll zunächst für die Aktiengesellschaft untersucht werden.

(1) Bei der Aktiengesellschaft

Zu diesem Thema existiert eine ausführliche Untersuchung Säckers[1]. Säcker weist die maßgebliche Bedeutung der Aufsichtsratsausschüsse für die spätere Entscheidungsfindung im Aufsichtsrat auch außerhalb der Fälle, in denen einem Aufsichtsratsausschuß Entscheidungsgewalt übertragen wird,

---

1) Säcker, Aufsichtsratsausschüsse nach dem Mitbestimmungsgesetz 1976, 1979

deutlich nach[1].

Gleichwohl findet sich abgesehen von § 27 Abs. 3 im Mitbestimmungsgesetz keine Norm, die die Zusammensetzung der Aufsichtsratsausschüsse ausdrücklich regelt[2]. Dennoch wäre es in Anbetracht des unmittelbaren Zusammenhanges zwischen der Entscheidungsfindung im Aufsichtsrat und der Besetzung der Aufsichtsratsausschüsse eine sinnwidrige Interpretation des Mitbestimmungsgesetzes, wollte man bei der Zusammensetzung der Ausschüsse die Besetzungsregeln für den Aufsichtsrat vollständig ignorieren. Anderenfalls würde das rechtstechnisch verunglückte Mitbestimmungsgesetz vollends zu einer wertlosen, "leeren" Kodifikation heruntergespielt[3]. Insoweit ist klar, daß die Aufsichtsratsausschußbesetzung aus dem Gesamtzusammenhang der mitbestimmungsrechtlichen Normen eine Lenkung erfahren muß und zumindest Ausschußbesetzungsregeln verboten sind, die die grundlegende Machtverteilung im Aufsichtsrat selbst konterkarieren.

Säcker möchte dieses Problem über eine analoge Anwendung von

---

1) Säcker, Aufsichtsratsausschüsse, S. 13 f.; zweifelnd zur Bedeutung der Ausschüsse Lehmann, DB 1979, 2117. Die Praxisrelevanz dieses Themas verdeutlichen aber gleichermaßen höchst einseitige Satzungsregelungen (s. z.B. der Commerzbank und der Dresdner Bank, Auszüge bei Säcker, DB 1980, 1131, FN 8) wie die empfindlichen Reaktionen einiger "Praktiker" (vgl. in reduziertem Umfange Lehmann a.a.O., vor allem Hönig, DB 1979, 744 ff.).

2) Drastisch Säckers Formulierung, daß "während der gesamten Beratungen des MitbestG 1976 kein einziges Wort je über die personelle Besetzung und Arbeitsweise der Aufsichtsratsausschüsse gefallen ist" (Aufsichtsratsausschüsse, S. 64).

3) So Zöllner, ZGR 1977, 319 (325).

§§ 27, 29 Abs. 3 MitbestG lösen[1] und insoweit einen Grundsatz der paritätischen Ausschußbesetzung - der selbstverständlich nicht schematisch am Eignungsprinzip vorbeiführen darf[2] - statuieren[3]. Dem ist der BGH so nicht gefolgt[4]. Er sieht bei der Ausschußbesetzung keine Lücke des Gesetzes, sondern eine Regelungsoffenheit[5], so daß eine Rechtsfortbildung nicht in Frage kommt. Wahrscheinlich gelangt der BGH damit in konkreten Einzelfällen nicht unbedingt zu grundlegend anderen Ergebnissen als die Meinung, die die Aufsichtsratsbesetzungsregeln per Analogieschluß auf die Ausschußbesetzung erstreckt. Denn in seinem dritten Leitsatz[6] weist der BGH darauf hin, daß Besetzungsregeln unzulässig sind, wenn sie dazu herhalten "zwingendes Mitbestimmungsrecht nach dessen Sinn und Zweck zu unterlaufen oder zu umgehen". Hier liegt die Möglichkeit zu ähnlichen Korrekturen, wie sie über die analoge Anwendung von §§ 27, 29 Abs. 3 MitbestG

---

1) S. Säcker, Aufsichtsratsausschüsse, S. 49 ff.; zustimmend Reuter AcP 179, 509 (533 f.); ähnlich die Autoren in FN 2 auf S. 295.

2) Eine schematische Überlagerung des Eignungsprinzips durch Paritätsgedanken scheitert an dem Prinzip der "Funktionsfähigkeit des Unternehmens", das auch in § 29 MitbG zum Ausdruck kommt, vgl. Ulmer, ZHR 141, 490 (498); zur Funktionsfähigkeit des Unternehmens als Mitbestimmungstelos Reich/Lewerenz, AuR 1976, 261 (269); s. auch Schneider in GK-MitbG, § 29 Rdnr. 61, 66 ff.; zum Eignungsprinzip weiter Lehmann/Heinsius, Aktienrecht und Mitb., S. 35.

3) Grundsätzlich für das Paritätsprinzip Säcker, Aufsichtsratsausschüsse, S. 64; Unterhinninghofen in KfP-MitbG, § 25 Rdnr. 79; Kittner/Fuchs/Zachert, Arbeitnehmervertreter, Rdnr. 1208 ff (Bd. I); Geitner, AG 1976, 210 (211 f.); a.A. Fickel, AG 1977, 135 f.; Lehmann, DB 1979, 2117; Hönig, DM 1979, 744 (745 ff.), der allerdings sehr einseitig auf eine zweifelhafte "Praxis" abstellt (dazu die geistreiche Entgegnung Säckers, DB 1979, 1131).

4) BGH NJW 1982, 1528 f.

5) BGH aaO, S. 1528 (1529)

6) Seiner Entscheidung BGH NJW 1982, 1528

bewirkt werden[1]. Wahrscheinlich wird auch der BGH einen Verstoß gegen Sinn und Zweck der Mitbestimmung bejahen, wenn Ausschußbesetzungsregeln zu Lasten der Arbeitnehmerseite von dem grundsätzlichen Besetzungsmodus des Aufsichtsrates in einer Weise abweichen, die durch individuelle Eignungsgesichtspunkte nicht gedeckt sind.

Die vorstehend dargelegten Begründungen hinsichtlich der in den Ergebnissen gar nicht so strittigen Frage, welche Aufsichtsratsausschußbesetzung innerhalb einer Aktiengesellschaft mitbestimmungsgesetzlich zulässig ist, verdeutlichen erneut die Schwierigkeiten der Reichweitenbestimmung zwingenden Mitbestimmungsrechts. In der angeschnittenen Frage bewegt sich der BGH dabei auf dem hier vorgeschlagenen Weg, Regelungsoffenheiten nicht zum Gegenstand teleologisch begründeter Rechtsfortbildungen umzuformen[2]. Mit der Begrenzung der mitbestimmungsrechtlichen Wirkungen auf die Umgehung von Sinn und Zweck hat er die zwingenden Rechtswirkungen richtigerweise auf das Mindestmaß beschränkt, auf das in Anbetracht des engen Zusammenhanges zwischen Aufsichtsratsausschußarbeit und Aufsichtsratsbeschlüssen nicht verzichtet werden kann. Die bislang vom BGH ausgesprochenen Einschränkungen für Ausschußbesetzungsregeln sind demgemäß auch nicht aus dem Mitbestimmungsgesetz, sondern aus dem Gesellschaftsrecht hergeleitet worden. Obgleich der BGH in einzelnen Fäl-

---

1) Die hier vertretene Vergleichbarkeit der Ergebnisse ist möglicherweise nicht allgemein konsensfähig; aA offenbar K.P. Martens, ZGR 1983, 237 (252 ff.), wenngleich die von ihm benannte Grenze: unausgewogene Ausschußbesetzungen aufgrund machtpolitischer Motive (S. 254), m.E. der Anwendung eines Paritätsprinzips im Ergebnis durchaus nahekommt; vgl. ders., DB 1980, 1381 (1384); aA Rittner, DB 1980, 2493 (2500).

2) Ausdrücklich zustimmend insoweit K.P. Martens, ZGR 1983, 237 (239 f., 256); gegen die Methode der Rechtsfortbildung auch Mertens, AG 1981, 113 (117 ff.); krit. gegenüber dem BGH Steindorff/Joch ZHR 146, 336 (337 f., 343 ff.).

len vielfach nicht zu anderen Ergebnissen kommen wird als die Vertreter einer Analogie, ist sein Lösungsweg vorzuziehen, weil er es vermeidet, Regelungsoffenheiten in gesetzgebungsgleicher Weise nicht nur zur Normierung von Schranken, sondern sogar zu positiven Regelungssystemen umzubilden.

In einem wesentlichen Punkt herrscht überdies vollständige Einigkeit: Bei der Aktiengesellschaft kommen statuarische Regelungen über Aufsichtsratsausschußbesetzungen nicht in Betracht[1]. Dies folgt aus der aktienrechtlich anerkannten Autonomie des Aufsichtsrats, die durch das Mitbestimmungsgesetz grundsätzlich keine Änderung erfahren hat[2]. Weiter ergeben sich hier Grenzen unter dem Gesichtspunkt der Homogenität des Aufsichtsrats[3] und der grundsätzlichen Gleichwertigkeit aller Aufsichtsratsmitglieder[4], die eine Zuweisung von Aufgaben nach der Bankzugehörigkeit verbieten[5].

---

1) Zu diesem Gegenschluß aus §§ 107 III, 23 V AktG (Autonomie des Aufsichtsrates) Säcker, Aufsichtsratsausschüsse, S. 31 ff. mit Verweis auf die hM in FN 73; zust. Ulmer, ZHR 141, 490 (494 ff.), der sonst satzungsautonomiefreundliche Tendenzen zeigt. S. weiter Geitner, AG 1976, 210 (212); Reich/Lewerenz, AuR 1976, 261 (271); Zachert, MitbestGesp 1977, 131 (133); Hommelhoff, BFuP 1977, 507 ff.; bestätigt von BGH NJW 1982, 1525, 1527 f.

2) So noch einmal deutlich BGH NJW 1982, 1525 (1528).

3) Zu diesem Grundsatz s. OLG Hamburg, DB 1982, 1765 ff.

4) S. die hM, Geßler in Geßler/Hefermehl/Eckhardt/Kropff, AktG, § 96 Rdnr. 56 ff.; Mertens in KK, AktG, § 96 Anh. Rdnr. 72; Fitting/Wlotzke/Wißmann, MitbG, § 26, Rdnr. 77, 87; T. Raiser, MitbG, § 25 Rdnr. 89; Naendrup in GK-MitbG, § 25 Rdnr. 168, 176; Hoffmann/Lehmann/Weinmann, MitbG, § 26 Rdnr. 129; bestätigt in BGH NJW 1982, 1525 (1527); 1528 (1529).

5) Gegen ein allgemeines "Bänkeprinzip" ausdrücklich BGH NJW 1982, 1525 (1526); zustimmend K.P. Martens, ZGR 1983, 237 (246); ders. schon DB 1980, 1381 (1383); anders Canaris, DB Beilage 14, 1 (3 f.); Rittner, DB 1980, 2493 (2502); Kallmeyer, DB 1982, 1309 (1310).

Das Problem der Mitbestimmungsbeeinträchtigung über unausgewogene Ausschußbesetzungen stellt sich somit nur auf der Ebene der Geschäftsordnung, die sich der Aufsichtsrat selbst gibt. Man wird hier entsprechend dem vom BGH aufgestellten Grundsatz[1] für die Geltungsdauer einer Amtsperiode[2] alle Regelungen für zulässig halten dürfen, die nicht mit den oben angesprochenen aktienrechtlichen Grundsätzen kollidieren und auch nicht darauf ausgerichtet sind, zwingendes Mitbestimmungsrecht nach dessen Sinn und Zweck zu unterlaufen und zu umgehen. Letzteres bedeutet de facto, daß von der Aufsichtsrechtsbesetzung durchgehend abweichende Ausschußbesetzungen sachlich motiviert sein müssen, wenn sie nicht als Ausdruck unausgewogener Machtverhältnisse zur Unzulässigkeit unter Umgehungsgesichtspunkten führen sollen[3].

(2) Bei der GmbH

Es ist jedoch fraglich, inwieweit die Rechtslage bei der Aktiengesellschaft auf die Rechtslage bei der GmbH übertragbar ist. Die Lage bei der mitbestimmten GmbH und die Probleme des dort zu bildenden Aufsichtsrats bedürfen wegen der gesellschaftsrechtlich stärker ausgeprägten Satzungsautonomie

---

1) BGH NJW 1982, 1528, Leitsatz 3

2) Zu dieser Einschränkung zutreffend Säcker, Aufsichtsratsausschüsse, S. 41; ebenso die hM s. v. Godin/Wilhelmi, AktG, § 107 Rdnr. 16; Mertens in KK, AktG, § 107 Rdnr. 77, Hoffmann/Lehmann/Weinmann, MitbG, § 25 Rdnr. 24.

3) Zu dieser Grenze K.P. Martens DB 1980, 1381 (1384); ZGR 1983, 237 (254).

besonderer Erörterung[1]. Kernfrage ist dabei, ob die im Mitbestimmungsgesetz in § 25 Abs. 1 Nr. 2 enthaltene Verweisung auf das Aktienrecht eine vollständige Gleichschaltung zum aktienrechtlichen Mitbestimmungsmodell bedeutet oder über § 25 Abs. 2 MitbestG eine abweichende Betrachtungsweise erforderlich wird[2]. Die Verweisung in § 25 Abs. 1 Nr. 2 MitbestG nennt zwar ausdrücklich die §§ 107 - 116 AktG, damit also genau die Normen, die Argumentationsgrundlage für die Behandlung des Themas innerhalb der Aktiengesellschaft sind. Nicht verwiesen wird jedoch auf § 23 Abs. 5 AktG, der erst sicherstellt, daß die Satzung dieses Gesellschaftstyps keine Abweichungen enthält, die vom Aktiengesetz nicht ausdrücklich zugelassen werden.

Aus diesem Zusammenhang wird überwiegend eine verstärkte Modifikationsmöglichkeit der Mitbestimmung über die Satzung von Gesellschaften mit beschränkter Haftung geschlossen. Nach

---

1) Vgl. zu dieser Differenzierung P. Ulmer, ZHR 141, 490 (497, FN 24); Vollmer, ZGR 1979, 135 (149 ff.); Wiedemann, ZGR 1977, 160 (161); Reich/Lewerenz, AuR 1976, 261 (272); tendenziell auch Naendrup, AuR 1977, 225 (226); für die Kompetenzbeschneidung des Aufsichtsrats durch Satzung deutlich auch Hölters, BB 1975, 797 (799); a.A. Mertens, ZGR 1977, 270 (283 f.), dessen Gleichschaltung der Satzungsautonomie für AG und GmbH jedoch an Effizienz verliert, da er allgemein dem Kreis der durch den Aufsichtsrat zustimmungspflichtig erklärbaren Geschäfte enge Grenzen zieht (S. 278).

2) Zu einer weitgehenden teleologischen Inhaltsgebung des § 25 II MitbG als einer die verwiesene Norm inhaltlich prägenden Verweisungsnorm s. Steindorff/Joch, ZHR 146, 336 (340, 345); krit. dazu K.P. Martens, ZGR 1983, 237 (241, FN 7).

Vollmer bestehen Grenzen nur insoweit, "wie die einzelnen gesellschafts- oder mitbestimmungsrechtlichen Vorschriften ausdrücklich oder nach ihrem erkennbaren Sinn und Zweck aus Gründen des unverzichtbaren Individual- oder Gruppenschutzes der Gesellschafter bzw. der Arbeitnehmer oder aus Gründen eines sachgerechten, wettbewerblich funktionsfähigen Zusammenhaltens der Mitglieder und Organe des Unternehmens tatsächlich eine der Parteidisposition schlechthin entzogene Regelung enthalten"[1)]. Machen die Gesellschaftsversammlungen von diesem Spielraum Gebrauch, rechnet Vollmer mit arbeitskampfrechtlichen Gegenmaßnahmen[2)]. Das ist gewiß realistisch. Daß eine derartig zwangsläufige Folge einer Anwendung des Mitbestimmungsgesetzes mit dem erkennbaren Ziel, die unternehmerische Mitbestimmung aus der Tarifpolitik herauszuhalten, kollidiert und deshalb ein Indiz für eine falsche Rechtsanwendung darstellen kann, wurde oben schon ausgeführt[3)]. Allerdings kann das Argument des drohenden Arbeitskampfes nicht beliebig für die Auslegung des Mitbestimmungsgesetzes herangezogen werden, sonst würde in jeder nicht eindeutig geregelten Frage immer die maximale Arbeitnehmerinterpretation durchschlagen. Das Argument ist demgemäß auf Konstellationen zu beschränken, in denen eine Prognose - wenn man ein rechtsordnungskonformes Verhalten der Gewerkschaften unter Wahrung der Zweck-Mittel-Relation und nicht eine völlig rücksichtslose und augenmaßfreie Handlungsweise unterstellt - zu einem (eventuell verdeckten) Tarifkonflikt führt. Ein derartiger Fall ist regelmäßig anzunehmen, wenn den Arbeitnehmern einmal ent-

---

1) Vollmer, ZGR 1979, 135 (151).

2) Vollmer, ZGR 1979, 135 (154).

3) Siehe S. 280 ff.

standende Rechtspositionen verkürzt werden. Insoweit ist der Zweck des Mitbestimmungsgesetzes, die unternehmerische Mitbestimmung aus dem Arbeitskampfrecht herauszuhalten, nicht nur für die mitbestimmungsreduzierende Umorganisation von einiger Durchschlagskraft. Dieser Gesichtspunkt hat auch Einfluß auf arbeitnehmerungünstige Ausschußregeln. Derartige Bestimmungen variieren in restriktiver Weise den vom Mitbestimmungsgesetz intendierten Normalfall, der aus dem Betrachtungswinkel eines vernünftigen, durchschnittlichen Normadressaten von einer Entsprechung zwischen Aufsichtsratsbesetzung und Ausschußbesetzung ausgehen muß. Auch in der mitbestimmten GmbH sind demgemäß der Satzungsautonomie Grenzen gesetzt. Gesellschaftsvertragliche Regelungen dürfen jedenfalls nicht zu einer Aushöhlung der Mitbestimmung im Wege einer Beteiligung nur bei Nebenfragen führen[1].

Die Grenze des Zumutbaren zu benennen, ist allerdings höchst schwierig. Einen von politischem Vorverständnis freien und in der Methodenvorwahl unverdächtigen Maßstab könnte die Bestimmung einer "normalen" Aufgabenverteilung in einer betriebswirtschaftlich und gesellschaftsrechtlich "vernünftig" aufgebauten GmbH liefern, die nicht der Mitbestimmung unterliegt. Nur so läßt sich gewährleisten, daß Fragen der Machtverteilung unter den Gesellschaftsorganen nicht durch eine besondere Organisationsstruktur im Lichte der Mitbestimmung

---

1) So könnte man die Vielzahl von Versuchen zusammenfassen, entweder anhand von Wertungen, die aus Einzelnormen abgeleitet sind oder durch die Benennung abstrakter Schranken, der Satzungsautonomie auch in der GmbH Grenzen zu ziehen. S. dazu etwa Säcker, DB 1977, 1845 (1846 f.); Zöllner, ZGR 1977, 319 (325, 328 f.); Schneider, ZGR 1977, 335 (338); Vollmer, ZGR 1979, 135 (153 ff.). S. auch die oben schon angesprochene Entscheidung BGH NJW 1982, 1528 Leitsatz 3.

geregelt werden und nur über eine derartige Parallele läßt sich ein Maßstab für die möglichen Versuche zur Umgehung des Mitbestimmungsgesetzes gewinnen. Allerdings - und dies zeigt wieder einmal das ganze Dilemma der Koordination von unterschiedlichen Rechtsformen in einem einheitlich verordneten Mitbestimmungsträgerorgan - bedarf es hier einer gewissen (fiktiven) Modifikation des gesellschaftsrechtlichen Ist-Zustandes. Der einer GmbH keineswegs urtümliche Aufsichtsrat [1] muß erst einmal sinnvoll in die Unternehmensverantwortung integriert werden. Er darf nicht nur die von Zöllner beschriebene "bescheidene Randrolle" spielen [2], wie es innerhalb einer GmbH ohne weiteres denkbar ist und in der Praxis auch vorkommt. Mit der Konstruktion einer derartigen "Muster-GmbH" ließe sich der Denkfehler des Gesetzgebers korrigieren, die Mitbestimmung innerhalb der GmbH in einem Organ anzusiedeln, dessen Einfluß in der Unternehmenswirklichkeit ganz unterschiedlich ausfällt.

Hiermit sind allerdings Grenzen rein juristischer Erkenntnishorizonte erreicht. Es bedarf einer realbezogenen, auch betriebswirtschaftlich orientierten Untersuchung, um eine Art "Normal-" oder "Durchschnittstypus" einer GmbH zu entwickeln. Das kann an dieser Stelle nicht geleistet werden. Probleme der Arbeits- und Besetzungsdeterminierung der Aufsichtsratsausschüsse in einer mitbestimmten GmbH bleiben damit noch stärker in einer Zone der Ungewißheit als es bei der AG der Fall ist. Es besteht insoweit völlig unbefriedigende Rechtsunsicherheit [3], die dazu führen könnte, eine Regelungsfolge des Mitbestimmungsgesetzes insoweit völlig abzulehnen, wenn man der hier vertretenen Prämisse folgt, daß ein Gesetz im Zwei-

---

1) s. hierzu auch Rittner, GmbH-Rdschau 1981, 277 (289 f.) Wiedemann, GesR I, S. 61o ff.

2) Zöllner, ZGR 1977, 319 (32o).

3) Siehe dazu das wörtliche Zitat von Wiedemann in FN 1 auf S. 1o4: hier hat sich der Gesetzgeber (wieder einmal) nicht ausreichend verständlich gemacht.

fel gegen zwingende Wirkungen auszulegen ist.

Andererseits darf der Ärger über eine mißlungene Gesetzgebungsleistung nicht dazu verleiten, das undeutliche telos gar nicht auszuwerten, auch wenn viele Ungereimtheiten in der Abstimmung Gesellschafts-/Mitbestimmungsrecht dazu reizen, die Legislative beim kargen Wortlaut zu nehmen und jede Unterstützung zu verweigern, das inhaltliche Anliegen des Mitbestimmungsgesetzes z.B. über Folgerungen aus dem Sachzusammenhang mühsam zu präzisieren, um gewissermaßen die rechtstechnischen Schwächen des Gesetzgebers zu beheben [1]. Sowohl im Hinblick auf das Gewaltenteilungsprinzip wie auf die wissenschaftliche Redlichkeit ist es jedenfalls aber bedenklich, Kodifikationsoffenheiten um jeden Preis interpretativ beseitigen zu wollen. Ein solcher Versuch endet unweigerlich in einer Kontroverse persönlicher Meinungen, die an subjektiv entwickelten, aus irgendwelchen wiederum subjektiv vorselektierten vermeintlichen Basispunkten der Mitbestimmung gewonnen werden. Diese Erkenntnis erfordert bei der Behandlung von Offenheiten eine gewisse Selbstbeschränkung, um die Grenze einer Interpretation nicht wissentlich zu überschreiten (oder dann wenigstens als ein Zieldenken de lege ferenda zu kennzeichnen). Mit der hier vertretenen Konzeption soll eine "Interpretationsverweigerung" ebenso vermieden werden wie eine Ermunterung zu mitbestimmungspolitischem Wunschdenken unter dem Deckmantel gesetzestreuer Auslegung.

Es muß deshalb an der Struktur des zwingenden Rechts als eine Ausnahmekompetenz zugunsten des Gesetzgebers festgehalten werden. Es kann nicht hingenommen werden, daß bei einem so jungen Gesetz um einen schweigenden Gesetz-

---

1) Diesen Eindruck vermittelt die Argumentation bei K.P. Martens, AG 1976, 113 (115, 119), wenn er dem MitbestG praktisch jedes inhaltliche telos abspricht.

geber herum ein wechselseitiges Berufen auf vertragszugängliche oder -verschlossene Normen stattfindet. Hier muß sich das "Risiko des Mißlingens" eines Gesetzes zwangsläufig gegen einen Regelungsanspruch des Gesetzgebers auswirken, da nur der zum Ausdruck gekommene Inhalt den Geltungsbereich zwingender Rechtsregeln steuert.

Von daher ist es nicht nützlich, jeden aufgeworfenen Problempunkt mit einer persönlichen Auffassung "zu entscheiden", um damit einem schwer verifizierbaren Sachstand eine weitere Meinung anzufügen. Es ist auch eine Form der Interpretation eines Gesetzes festzustellen, wann es nicht regelt, gerade wenn dieser Befund auf Schwächen der Konzeption und Schwierigkeiten bei der politischen Mehrheitenbildung zurückgeht.[1)] Es liegt geradezu in der Logik der Vorgeschichte des Mitbestimmungsgesetzes, daß die nicht in einem legislativen Konsens festschreibbaren Punkte keinesfalls durch die Hintertür "aufgefüllt" werden dürfen, als hätte der Gesetzgeber diese Schwierigkeiten bei der Abfassung eines - eben auch deshalb unvollkommenen - Gesetzes nicht gehabt. Hier mit klaren Mitbestimmungszielen zu operieren, ist zumindest an den Stellen unredlich, wo die Sachlogik nach einer Regelung verlangt, der Gesetzgeber sie gleichwohl nicht erlassen hat, weil ihm diese Punkte zu brisant oder bei der politischen Willensbildung zu kontrovers waren. Lücken kann man interpretativ füllen, Offenheiten sind lediglich zu konstatieren.

Die hier vertretene Konzeption ist nicht als Reduktionsversuch für die Mitbestimmung zu mißdeuten. In der Mitbestimmung liegt ein ganz wesentliches und langfristig auch notwendiges Friedenselement in einer vom Gegensatz zwischen

---

1) Insoweit vorbildlich die zurückhaltende Entscheidung des OLG Köln zur Frage der Zulässigkeit des Doppelstimmrechts des Aufsichtsratsvorsitzenden, DB 1981, 929 (93o f.) und jetzt auch der BGH, NJW 1982, 1528 (1529), ebenso in der Pressemitteilung DB 1982, 534 (unter 3.)

Kapital und Arbeit beherrschten Wirtschaftsverfassung.[1] Im Einzelfall scheinbar mitbestimmungsunfreundliche Ergebnisse sind demgemäß nicht das Ziel der hier vertretenen Konzeption, sondern nur ein unabwendbarer Zwischenschritt zu einer vernünftigen Gesetzesanwendung und -abfassung, und werden allein als Beleg für die Unerträglichkeit der im Mitbestimmungsgesetz praktizierten Legislativtechnik herausgestellt. Es wäre ein Bärendienst an der Mitbestimmung, würde man, nur um einzelne Inhalte umgehend in ein jeweils genehmes Verständnis wenden zu können, die Gesamtschwierigkeiten aus dem Blickfeld verlieren und den Gesetzgeber in einem so wichtigen Bereich aus seiner Pflicht entlassen, die Mitbestimmung selbst effizienter in Gesetze zu kleiden.

Aus diesem Grunde kann hier nicht in jedem Falle eine Problemlösung "aus dem Gesetz" präsentiert werden, weil sie sich dort eben nicht finden läßt. Man kann nicht mit wenigen globalen Grundsätzen wie etwa der Gleichwertigkeit von Kapital und Arbeit detaillierte Einzelprobleme entscheiden, zumal die Gesetz gewordene Lösung eine Fast-Parität enthält und somit selbst schon im Widerspruch zu ihrem ausdrücklich erklärten Anliegen steht.

Es erweist sich somit als unmöglich, aus dem Gesetz eine exakte Grenze für Ausschußbesetzungsregeln innerhalb der mitbestimmten GmbH abzuleiten,[2] da ein deutlicher zwingender Regelungskern des Mitbestimmungsgesetzes insoweit nicht nachzuweisen ist[3].

---

1) Die Mitbestimmung liegt nach Auffassung des BGH sogar im Interesse der Allgemeinheit, s. BGH NJW 1982, 1525; 1531. S. auch BVerfGE 50, 290 (350 f.)

2) Zur mangelhaften Verankerung der Mitbestimmung bei der GmbH s.auch H.P. Westermann, ZGR 1981, 393 (406 f.).

3) Im Vorgriff auf die Erörterung zum Wirkungsprivileg (unter II.) sei hierbei angemerkt, daß bei der Satzungsgestaltung einer mitbestimmungspflichtigen GmbH insoweit jede Menge objektiver und ernsthafter Zweifel existieren, die aus dem Erkenntnishorizont des Normadressaten nicht sicher entschieden werden können.

Die vorstehend und auch im Nachfolgenden nachzuweisende Zurückhaltung der zwingenden Mitbestimmungsreichweite innerhalb einer GmbH weist im Hinblick auf die gesellschaftsrechtlichen Erscheinungsformen eine gewisse Konsequenz auf: Die GmbH besitzt in vielen Fällen einen stärkeren personalistischen Einschlag als die AG [1]. Die feststellbare Nähe verschiedener GmbH-Formen zu den mitbestimmungsfreien Personengesellschaften unterstreicht auch, daß gewisse Offenheiten des Gesetzes nicht auf ein Versehen des Gesetzgebers zurückgeführt werden können, und somit keine durch den Richter zu schließenden unbewußten Lücken vorliegen.

Derartige Nichtregelungen finden sich auch bei den nachstehend erörterten mitbestimmungsreduzierenden Maßnahmen.

bbb) Andere Maßnahmen, die den Einfluß des Aufsichtsrats beschränken

Nicht nur in der Literatur, sondern auch in der Unternehmenspraxis [2] kommen eine Reihe weiterer Maßnahmen vor, die auf eine Reduzierung der Mitbestimmung über Satzungsregeln hinauslaufen. In einer Gesellschaftssatzung können sowohl für die Aufsichtsratsmitglieder wie auch die gemäß § 31 MitbestG durch den Aufsichtsrat zu bestellenden Geschäftsführer besondere Eignungsvoraussetzungen statuiert werden. Beide Möglichkeiten sind geeignet, die Funktion des Aufsichtsrats zu steuern und gegebenenfalls auch zu beschränken. Qualifikationen für Aufsichtsratsmitglieder können mißliebige Be-

---

1) Vgl. die Zusammenfassung von Reuter in MK, vor § 21, Rdnr. 92 ff. zur Unterscheidung zwischen einer "Vertrags-GmbH" und einer Satzungs-GmbH, dort mit weiteren Nachweisen.

2) Dies zeigt das rechtstatsächliche Untersuchungsmaterial bei P. Ulmer in ZHR 141, 49o (494, 511 ff.); weiteres rechtstatsächliches Material auch bei Säcker/Theisen, AG 198o, 29 (3o ff.). Theisen, Mitbestimmung, Probleme und Perspektiven der empirischen Forschung, 143 ff., dazu auch Wank, GmbH-Rundschau 1982, 84 ff.

werber außen vorhalten, einengende Voraussetzungen für die Geschäftsführer können die Personalkompetenz des Aufsichtsrates aushöhlen.

(1) Personelle Qualifikationen für Aufsichtsratsmitglieder

Personelle Auswahlkriterien für Aufsichtsratsmitglieder sind in einer Satzung jedenfalls soweit unzulässig, als sie auch die Aufsichtsratsmitglieder der Arbeitnehmerschaft betreffen. Eine derartige Vorselektion durch die Anteilseigner würde einer Selbstverständlichkeit, der Funktionsfähigkeit der Mitbestimmung überhaupt, zuwiderlaufen. Denn Mitbestimmung kann nur durch Personen stattfinden, die auch das uneingeschränkte Vertrauen der repräsentierten Gruppe besitzen. In dieses Prinzip darf nicht eingegriffen werden. Insoweit kann auf eine Entscheidung des BGH zu § 76 BetrVG verwiesen werden. Dort wurde für eine GmbH entschieden, daß eine Satzungsbestimmung, die die Wählbarkeit von Personen in den Aufsichtsrat beschränkt, insoweit unwirksam ist, als sie sich auch für die Arbeitnehmervertreter Geltung beilegt [1)]. Es existiert kein schützenswertes Interesse der Anteilseigner, derartige Bestimmungen in der Satzung verankern zu dürfen. Durch die Zahlenverhältnisse innerhalb eines Aufsichtsrats, das Wahlverfahren des Aufsichtsratsvorsitzenden und seine pattauflösende Zweitstimme ist sichergestellt, daß die Interessen der Anteilseigener nicht übergangen werden können. Auch die Gefahr, daß ohne bestimmte Qualifikationsvoraussetzungen Personen in den Aufsichtsrat gelangen könnten, die durch ihr Verhalten ein geordnetes Arbeiten im Aufsichtsrat verhindern, liefert hier keine Gründe. Insoweit kann sich der Aufsichtsrat durch die Verabschiedung einer Geschäftsordnung, die den Aufsschluß etwaiger Störer regelt, mit einem milderen Mittel selbst helfen.

---

1) BGHZ 39, 116, 122; aufgegriffen für das MitbestG vom LG München, DB 198o, 678.

2) Personelle Qualifikationen für Geschäftsführer oder Vertretungsorganmitglieder

Stärker umstitten ist die Frage, inwieweit besondere Auswahlkriterien für die Mitglieder der handelnden Gesellschaftsorgane statuarisch verankert werden können. Eine derartige Regelung wird zum Teil in den Grenzen des offensichtlichen Mißbrauchs für zulässig gehalten[1]. Andere Stimmen leiten aus § 31 MitbestG - die Zuweisung derartiger Personalangelegenheiten an den Aufsichtsrat - eine Unzulässigkeit von präjudizierenden Satzungsbestimmungen ab[2]. Es läßt sich kaum bezweifeln, daß ein legitimes Unternehmensinteresse existiert, daß nur solche Personen zu Organmitgliedern und Geschäftsführern berufen werden, die für eine derartige Tätigkeit die Befähigung mitbringen. Daran sollte auch das Mitbestimmungsgesetz mit Sicherheit nichts ändern. Die Zulässigkeit der Normierung derartiger Mindestanforderungen ergibt sich damit bereits aus dem Unternehmensinteresse, dem auch alle Aufsichtsratsmitglieder verpflichtet sind[3]. Soweit Auswahlkriterien unzweifelhaft diesem Gesichtspunkt dienen, haben sie bloß deklaratorischen Charakter und halten schriftlich fest, was der Aufsichtsrat bei seiner Entscheidung ohnehin zu berücksichtigen hat. Problematisch ist allein, ob eine Satzung über diesen Grundbereich hinausgehen darf, ob und wann sich eine Kollision mit der in § 31 MitbestG begründeten Personalkompetenz des Aufsichtsrates

1) K.P. Martens, AG 1976, 113 (12o f.); Immenga, ZGR 1977, 249 (255).

2) Hommelhoff, BB 1977, 322 ff.; Säcker, DB 1977, 1791 (1792 f.); Föhr, MitbestGespr. 1977, 131 (132); auch gegen Zulässigkeit von Auswahlkriterien in der Geschäftsordnung des Aufsichtsrats Säcker, DB 1977, 2o31 (2o35).

3) Zum Unternehmensinteresse als herkömmliche Grenze der Handlungsfreiheit aller Aufsichtsratsmitglieder die Nachweise bei K.P. Martens, AG 1976, 113 (119, FN 27) sowie ausführlich zu den neuen Tendenzen schon FN 2 auf S.286;für ein Unternehmensinteresse im Sinne eines Gesellschaftsinteresses Rittner, JZ 1979, 743 (747).

ergibt. Für den anstehenden Untersuchungszweck soll es hierbei mit der Feststellung sein Bewenden haben, daß es wieder um eine Grenzziehung zwischen der Rechtslage nach "reinem" Gesellschaftsrecht und der mehr oder minder starken Modifikation aufgrund des Mitbestimmungstelos geht, die jedenfalls aber aus der Sicht der Normadressaten nach dem Inhalt des Mitbestimmungsgesetzes keinesfalls eindeutig ist.

(3) Entmachtung des Aufsichtsrats durch Kompetenzbeschneidung in der Gesellschaftssatzung

Ein besonders brisantes Problem wirft die Frage auf, inwieweit die Anteilseigner über die Satzung einen abschließenden Zuständigkeitskatalog für die Aufsichtsratstätigkeit errichten können. Grundsätzlich regelt § 111 AktG den Aufgabenbereich des Aufsichtsrates. Diese Vorschrift gilt gemäß der Verweisung in § 25 Abs. 1 Nr. 2 MitbestG auch für die mitbestimmte GmbH. Gemäß Abs. 4 des § 111 AktG hat der Aufsichtsrat die Möglichkeit, bestimmte - von ihm selbst zu bestimmende - Unternehmenshandlungen an seine Zustimmung zu knüpfen. Hierin liegt ein besonders wirksames Kontrollinstrument des Aufsichtsrates begründet. Strittig ist, inwieweit die Satzung einer Gesellschaft derartige Zustimmungsvorbehalte im Vorwege ausschließen oder beschränken kann[1].

Nach dem Wortlaut des § 111 Abs. 4 S. 2 AktG: "Die Satzung oder der Aufsichtsrat kann jedoch bestimmen", welche Geschäfte an einen Zustimmungsvorbehalt zu koppeln sind, sind zwei Interpretationen möglich: Zum einen kann man den Schluß ziehen, daß Satzung und Aufsichtsrat in gleichberechtigter Weise Zustimmungsvorbehalte statuieren können,

1) Dafür Wiedemann, FS Barz (1974), 561 (571); ders. BB 1978, 5 (8); Hölters, BB 1975, 797 f; ders. GmbH-Rundschau, 198o, 5o (52 f, 55); aA z.B. Wank, GmbH-Rundschau 198o, 121 (127)mit Nachweisen zur Gegenauffassung.

zum anderen läßt sich die Vorschrift auch so verstehen, daß der Aufsichtsrat nur hilfsweise einen Zustimmungsvorbehalt statuieren kann, sofern die Satzung dies nicht vorsieht und dem auch nicht entgegensteht. Da der Wortlaut ambivalent bleibt, muß auf ergänzende Vorschriften oder andere Prinzipien des Gesellschaftsrechts zurückgegriffen werden. Für die Aktiengesellschaft läßt sich dabei über den Grundsatz der Satzungsstrenge noch relativ leicht begründen, daß über diese für den Aufsichtsrat in § 111 Abs. 4 S. 2 AktG normierte Möglichkeit nicht in irgendeiner Form disponiert werden kann[1]. Für die mitbestimmte GmbH ist dies jedoch schon wieder höchst schwierig: Auf § 23 Abs. 5 AktG, der die Satzungsstrenge trägt, ist in § 25 Abs. 1 Nr. 2 MitbestG nicht mitverwiesen.[2] Insoweit bleibt es eine nicht wertungsfrei zu treffende Entscheidung, welchen Inhalt § 111 Abs. 4 S. 2 AktG ohne § 23 Abs. 5 AktG beanspruchen kann. Eine zwingende Regelung läßt sich dem Mitbestimmungsgesetz insoweit also nicht entnehmen.

ccc) Entmachtung des Aufsichtsrats durch direkte Geschäftsführungsanweisungen der Gesellschafter- und Anteilseignerversammlung

Eine schwerwiegende Beeinträchtigung der Mitbestimmung kann sich weiter ergeben, wenn die Gesellschafter- oder Anteilseignerversammlung von der Möglichkeit Gebrauch macht, den Geschäftsführern bzw. den geschäftsführenden Organen direkte Anweisungen zu geben. An diesem Verfahren, Unternehmensentscheidungen zu treffen, hat der Aufsichtsrat zwangsläufig keinen Anteil.

1) So dann auch die herrschende Meinung: Hoffmann/Lehmann/Weinmann, MitbG, § 25 Rdnr. 9o; Fitting/Wlotzke/Wißmann, MitbG, § 25 Rdnr. 48; Mertens, ZGR 1977, 27o (282, 284); Immenga, ZGR 1977, 249 (261 ff.).

2) Zu methodologischen Problemen der Verweisung s. K.P. Martens, Gruppenabgrenzung, S. 23 ff mwN.

Diese Steuerungsmöglichkeit am Aufsichtsrat vorbei mag noch von relativ geringer Bedeutung sein, solange die jeweilige Gesellschafter- oder Anteilseignerversammlung aus einer Vielzahl von Beteiligten besteht und ihre Anweisungen selbst trifft. Die Umständlichkeit des Verfahrens ist dann gleichsam Garant für einen Ausnahmecharakter. Anderes gilt, wenn nur eine kleine Gruppe von Gesellschaftern oder Anteilseignern vorhanden ist oder das zeitliche Präsenzproblem für die betreffenden Versammlungen dadurch überbrückt wird, daß diese einen Beirat oder ein anderes Gesellschaftsorgan konstituieren, das als direkter Vertreter der Gesellschafter- oder Anteilseignerversammlung die Geschäftsführer fortwährend mit direkten Handlungsanweisungen versorgt. Steht dem nicht aus dem Regelungszusammenhang der Mitbestimmungsnormen ein Verbot zur Schaffung eines besonderen Gesellschaftsorgans, das die Geschäftsführung steuern könnte, entgegen ? Auch diese Frage wird - natürlich - kontrovers beurteilt[1], erfüllt sie doch die für den obligaten Meinungsstreit erforderlichen Voraussetzungen: Die Frage ist relevant für die Wirksamkeit der Mitbestimmung, die Wertungsparameter sind undeutlich, so daß sich die eigene Wertung und das politische Vorverständnis in logische Argumentationsketten einflechten lassen, die dann als Ergebnisse einer scheinbar redlichen Rechtsanwendung präsentiert werden können[2]. Säcker fordert da zu Recht eine loyale Gesetzesanwendung[3]. Wie soll man eine solche jedoch praktizieren, wenn der Gesetzgeber versagt ? Es kann den Normadressaten kaum die Kompetenz zuerkannt werden, zu entscheiden, welches Verständnis einer loyalen Gesetzesanwendung entspricht und welche Interpretation sie als politisch gefärbt meiden müssen.

---

1) Ausführliche Nachweise zur Weisungsbindung in der mitbestimmten GmbH bei Ulmer/Hanau, MitbG, § 3o Rdnr. 19 f.

2) Zu dieser Gefahr Säcker, DB 1977, 1845; Naendrup, MitbG mit 11 einführenden Ausätzen, S. 11o (116 ff); ders. AuR 1977, 225 (273); vgl. auch Wiedemann, BB 1978, 5 (12).

3) Säcker, DB 1977, 1845 (1846).

ddd) Vorschriften über die Beschlußfassung des Aufsichtsrates (§ 28 MitbestG)

Die Schwierigkeiten, die zwingende Reichweite des Mitbestimmungsgesetzes festzulegen, lassen sich weiter exemplarisch bei § 28 MitbestG verdeutlichen. Hauptsächlich besteht hier das Problem, inwieweit über die Satzungen von Gesellschaften das Übergewicht der Anteilseignerseite im Aufsichtsrat durch Beschlußverfahren abgesichert werden kann. Zu diesem Zwecke sind verschiedene Satzungsbestimmungen entworfen und teilweise von den Registergerichten auch eingetragen worden, in denen entweder die in § 28 MitbestG genannte Hälfte der Aufsichtsratsmitglieder zusätzlich gleichgewichtig nach Arbeitnehmern und Anteilseignervertretern besetzt sein muß[1)], die Beschlußfähigkeit nur bei Anwesenheit des Aufsichtsratsvorsitzenden bestehen soll[2)] oder ein voraussetzungsarmes Vertagungsverfahren für den Fall unvollständiger Stimmenrepräsentation im Aufsichtsrat vorgesehen wird[3)]. In der Praxis der Landgerichte sind

---

1) Für zulässig gehalten von LG Mannheim, DB 1979, 1899 ff.

2) Zulässig nach LG Frankfurt, NJW 1978, 2398 (2399); direkt dagegen Wiesner, AG 1979, 205 f.

3) So in HansOLG, DB 1979, 2044 für zulässig gehalten; dafür offenbar auch der ansonsten gegenüber Beschlußregeln in der Satzung kritische Säcker, vgl. JZ 1980, 82 (85, FN 19); im Ergebnis zustimmend auch P. Ulmer, BB 1979, 1368; eine Übersicht über die möglichen Beschlußregeln bei Rittner, DB 1980, 2393 ff.

derartige Bestimmungen im Hinblick auf die Überparität der Anteilseignerseite überwiegend zugelassen worden[1]. Die Landgerichte haben § 28 MitbestG damit als eine Grenznorm ausgelegt, die in einer Richtung der vollen Disposition zugänglich ist.

Diese richtige Einschätzung wird in der Literatur und von einigen Obergerichten nicht immer geteilt[2]. Sehr weit geht hier das OLG Karlsruhe, das § 28 MitbestG ausdrücklich als abschließende zwingende Regelung qualifiziert[3]. Diese Einschätzung ist unzutreffend und wurde auch vom BGH nicht bestätigt[4]. Der Wortlaut des § 28 MitbestG läßt einen abschließenden Regelungscharakter nicht erkennen, und ein solcher läßt sich auch durch andere, für den Normadressaten erkennbare Interpretationshilfen nicht begründen. Hierfür geben weder die Entstehungsgeschichte noch der Normenzusammenhang des Mitbestimmungsgesetzes genügend her. Insoweit ist auch die von Säcker vertretene Argumentation, das Wort "mindestens" sei in § 28 MitbestG nur zur Klarstellung eingefügt worden, um die anderenfalls nahegelegte Leseart zu vermeiden,

---

1) LG Frankfurt, NJW 1978, 2398; LG Mannheim, DB 1979, 1899 f.; LG Hamburg, DB 1979, 2044.

2) Gegen Verschärfungen des § 28 MitbestG per Satzung: Fitting/Wlotzke/Wißmann, MitbestG, § 28 Rdnr. 6; Lux, MitbestG, S. 146; Hoffmann/Lehmann/Weinmann, MitbestG, § 28 Rdnr. 11; Kittner/Fuchs/Zachert, Arbeitnehmervertreter I, Rdnr. 1272; Säcker, Anpassung von Satzungen, S. 22; weitere Nachweise bei Säcker, JZ 1980, 82 (84, FN 16) und Naendrup in GK-MitbestG, § 28 Rdnr. 11.

3) OLG Karlsruhe, NJW 1980, 2137 (2139) unter Berufung auf weitere Stimmen in der Literatur.

4) BGH NJW 1982, 1530 ff.

der Aufsichtsrat sei nur in dem einen Fall beschlußfähig, daß genau die Hälfte seiner Mitglieder an der Abstimmung teilnehme[1], nicht überzeugend. Wenn die Einfügung des Wortes "mindestens" nur geschehen ist, um in § 28 MitbestG das - reichlich sinnwidrige - Verständnis einer exklusiven Beschlußfähigkeit bei Anwesenheit genau der Hälfte aller Aufsichtsratsmitglieder zu vermeiden, so spricht daraus doch jedenfalls das Bemühen um sprachliche Präzision. Dann ist es aber doch kaum vorstellbar, daß man zwar diese spitzfindige, aber letztlich völlig abwegige Verständnisvariante ausräumt, dabei die viel wesentlichere Folge der Wortlautänderung, die durch das Wort "mindestens" klar auf der Hand liegende sprachliche Indizwirkung gegen eine abschließende Regelung, schlicht übersehen haben soll. Dabei wäre es ein leichtes gewesen, zusammen mit der Einfügung des Wortes "mindestens" einen kurzen Satz hinzuzufügen, wie er an anderen Stellen zur Kennzeichnung abschließender Regelungen gebräuchlich ist[2]. Von daher spricht alles dafür, daß § 28 MitbestG von vornherein nur als Grenzregel konzipiert war.

Für das Verständnis von § 28 MitbestG gibt es nach der Einschätzung der Realverhältnisse im Aufsichtsrat zwei differierende Sinngehalte, die für die Interpretation bedeutsam sind, und die jede für sich verdeutlichen, daß für ein Verständnis von § 28 MitbestG als abschließender Regelung kein Anlaß besteht.

---

1) Säcker, JZ 1980, 82 (85); ebenso Fitting/Wlotzke/Wißmann, MitbestG, § 28 Rdnr. 6.

2) Vgl. nur §§ 1 Abs. 1 S. 2, 2 Abs. 1 S. 3 AbzG.

Hält man bei Einzelthemen wechselnde, nicht auf die jeweilige Seite eingeschworene Mehrheiten für möglich, trifft das Risiko abwesender Aufsichtsratsmitglieder Arbeitnehmer wie Anteilseigner gleichermaßen. Dann dient § 28 MitbestG ganz allgemein der Funktionsfähigkeit des Aufsichtsrats und einer gewissen Mindestrepräsentanz seiner Mitglieder, hat aber keinen eigenständigen Regelungsinhalt bezüglich des Mitbestimmungsanliegens selbst. Von daher wäre kein für eine abschließende Regelung ausreichender sachlicher Grund ersichtlich, die Aufsichtsratsbeschlußvoraussetzungen nicht weiter qualifizieren zu dürfen. Allerdings verlangt diese Betrachtungsweise, daß keine diskriminierenden, d.h. ohne nähere Differenzierung allein an der Zugehörigkeit zu einem Lager anknüpfenden Verschärfungen verankert werden. Es sind nur weitere Erfordernisse möglich, die generell-abstrakt die Repräsentanz der Aufsichtsratsmitglieder bei Beschlüssen erhöhen[1]. Das aber ist kein Problem der abschließenden Regelung in § 28 MitbestG, sondern ein Ausdruck des Mitbestimmungstelos in dem hier gewählten Funktionalverständnis einer sachbezogenen, von der Gruppenzugehörigkeit ablösbaren Aufsichtsratsarbeit[2], die immerhin einige der genannten Satzungsgestaltungen zu Beschlüssen des Aufsichtsrates aus nichtmitbestimmungsspezifischen Gründen unzulässig machen würde[3].

---

1) So schon richtig Heinsius, AG 1977, 281 (283 f.).

2) Dahin tendiert die sich bildende hM mit der Abkehr vom "Bänkeprinzip", s. K.P. Martens, DB 1980, 1381 (1383); ders. ZGR 1983, 237 (246 f.); HansOLG, DB 1982, 1765 ff.; BGH NJW 1982, 1525 (1526); aA Kallmeyer, DB 1982, 1309 ff.; Rittner, DB 1980, 2493 (2502).

3) So jetzt auch der BGH NJW 1982, 1530 f.

Eine andere mögliche Betrachtungsweise der Aufsichtsratsarbeit geht davon aus, daß letztlich in allen wichtigen Fragen die Kontroverse zwischen Anteilseignern und Arbeitnehmern im Aufsichtsrat meinungsbildend durchschlägt. Im Rahmen dieser Vorstellung käme § 28 MitbestG die Rolle zu, die Funktionsfähigkeit des Aufsichtsrats dagegen abzusichern, daß durch Fernbleiben der Arbeitnehmervertreter die Beschlußunfähigkeit des Aufsichtsrates herbeigeführt wird. § 28 MitbestG läßt dabei zwar nach seinen zahlenmäßigen Anforderungen die umgekehrte Möglichkeit - ein Fernbleiben aller Anteilseignervertreter mit der Folge einer Arbeitsunfähigkeit des Aufsichtsrates - ebenfalls zu. Da ein derartiges "Ausliefern" des Unternehmens an die Arbeitnehmerseite aber blasse Theorie bleibt und eine Normmotivation nicht trägt, wird deutlich, in welche Richtung § 28 MitbestG bei diesem Verständnis nur wirken kann. Der Gesetzgeber bringt mit dieser Vorschrift jedenfalls auch dann keine neue Wertung zum Ausdruck, die das Faktum der "Fast-Parität" überlagern könnte. Zu diesem Ergebnis käme man aber, wollte man eine Absicherung des Anteilseignerübergewichts bei den Beschlußregeln untersagen, quasi um den Arbeitnehmervertretern eine Hintertür zu öffnen, wie sie trotz kräftemäßiger Unterlegenheit zu einem Abstimmungssieg gelangen können. Bei diesem zweiten Verständnis gehen demzufolge alle Maßnahmen mit der Intention des Gesetzes konform, die die grundlegenden Abstimmungsvorteile der Anteilseignerbank sichern (jedoch nicht ausbauen) [1].

---

1) So etwa das Ergebnis bei Rittner, DB 1980, 2493 (2500).

Die ausufernden und kontroversen Interpretationen bei § 28 verdeutlichen noch einmal, daß es nicht darum gehen darf, persönliche Überzeugungen, hier zu der Frage, wie die Beschlußregeln des Aufsichtsrats in mitbestimmungspflichtigen Unternehmen verfaßt werden sollten, argumentativ zu untermauern. Es kommt allein darauf an, wie das Gesetz in seiner existenten Form unter Anwendung der oben begründeten Interpretationsmaximen für zwingendes Recht aufzufassen ist. Ohne diese Prämisse, auf dem Boden weitreichender teleologischer Erweiterungen des Gesetzesmaterials gelangt man leicht zu einem Argumentationspatt, das man im Grunde nur wertsubjektiv auflösen kann, auch wenn man noch so sehr um Loyalität bemüht ist und die Ergebnisse aus dem Gesetz abzuleiten versucht[1]. Bei der mittelbaren Ableitung von zwingenden Rechtswirkungen gilt es der Gefahr zu begegnen, sich auf eine gleichhohe Ebene mit dem Gesetzgeber zu begeben und

---

1) Dies ist etwa das Anliegen von Säcker, s. DB 1977, 1845 f., erkennbar auch in DB 1977, 2031 (2034, unter 4.). Gleichwohl gelingt es auch einem "geneigter" Rechtsanwendung gewiß unverdächtigen Mitbestimmungsinterpreten wie Säcker nicht, den Leser von dem Zweifel zu befreien, daß auch bei ihm das Vorverständnis nicht hinweggedacht werden kann. So wendet sich Säcker einerseits gegen Lux (BB 1977, 905 ff.) mit der Begründung, daß mit Verabschiedung des Gesetzes Referentenentwürfe unverbindlich würden (Wahlordnungen, S. 1), soweit sie im Wortsinn ("Text und Telos") nicht genügend zum Ausdruck gekommen sind. Wäre allein diese Betrachtungsweise typisch, könnte man Säcker als einen Vertreter der hier verfolgten Auslegungsmethode begrüßen. Bei § 28 MitbestG preßt Säcker hingegen Entstehungsgeschichte und protokollierte Gedanken argumentativ aus. Selbst wenn sich zwischen Referentenmotiven und Ausschußbeweggründen noch sinnfällige Nuancierungen treffen lassen, so erweist diese m.E. nicht ganz stringente Konzeption die Gefahr, von Problem zu Problem divergierende Prämissen anzuwenden. Sehr durchgreifend die Kritik an Säckers methodischen Ansatz Mertens, AG 1981, 113 (118 ff.). Zur Methodik der Interpretation des MitbestG jetzt erneut Säcker, ZHR 1984; vgl. demgegenüber K.P. Martens, ZHR 1984.

nicht mehr das anzuwenden, was die Legislative anbietet, sondern das unvollkommen Dargebotene subjektiv fortzubilden. Diese gesetzgeberische Ersatzfunktion ist aber nicht mehr die Aufgabe eines interpretierenden Dritten. Hier hat der Gesetzgeber selbst klare Verhältnisse zu schaffen. Tut er dies nicht, können er und die Gerichte keinen Anspruch auf eine ausschließliche Regelungsbefugnis erheben. Ein so unklar verfaßtes Recht ist in seinem umfangreichen Interpretationsoffenheiten eben nicht zwingend, insbesondere auch nicht abschließend. Aufgabe der Lehre ist es in diesem Falle nicht, die gesetzlichen Leitideen in schlüssig entwickelte und wertsubjektiv allemal begründbare Rechtsfortbildungen umzusetzen. Die Wissenschaft steht vielmehr - auch im Interesse zukünftiger Gesetzgebungsmaßnahmen - in der Verantwortung, dem Gesetzgeber gegebenenfalls deutlich zu machen, daß er sich aus seiner Verantwortung geschlichen hat, um ihm so die Grundvoraussetzungen abzufordern, die ein Rechtsstaat und die in ihm Normbetroffenen verlangen können[1]. Nur auf der hier vorgeschlagenen Verständnisebene mit erhöhten Klarstellungsanforderungen läßt sich die Gefahr bannen, daß das Anliegen der unternehmerischen Mitbestimmung immer wieder in den Interpretationsstreit lobbyistischer Interessenvertreter gerät, wo dann nahezu jeder Standpunkt unter dem Deckmantel redlicher Gesetzesanwendung plaziert werden kann[2].

---

1) "Der Gesetzgeber ist verpflichtet, ... sich den Normunterworfenen verständlich zu machen"! so richtig Wiedemann, BB 1978, 5 (12). Vgl. auch FN 2 auf S. 104 und die dort festgehaltenen Zitate des BVerfG zu den Anforderungen an einen klar gefaßten Gesetzesinhalt.

2) Diesen Vorwurf erheben mittlerweile alle Autoren von Zeit zu Zeit - natürlich nur an die Adresse der jeweiligen Meinungsantipoden.

Unter diesem Aspekt ist auch der für den Einzelpunkt der praktischen Aufsichtsratsarbeit durchaus wesentliche Hinweis auf andere Abwehrmöglichkeiten einer besetzungsabhängigen Abstimmungsniederlage nicht durchschlagend[1]. Er kehrt die Betrachtungsperspektiven in bedenklicher Weise um: Nicht die Normadressaten haben die "Beweislast" für ihre privatautonome Regelungskompetenz, es ist Sache des Gesetzgebers, seinen durch abschließende, zwingende Regeln erhöhten Regelungsanspruch klar darzulegen, wofür es in § 28 MitbestG nur einer kleinen Ergänzung bedurft hätte[2]. Ohne eine solche bleibt es bei der Funktion als Grenznorm. Hier überzeugt auch nicht die Argumentation Säckers, daß im Bereich des Aktienrechts dieses Regelverhältnis durch § 23 Abs. 5 AktG umgekehrt sei[3]. Denn das Mitbestimmungsgesetz verweist auf das Aktiengesetz nur soweit, wie es selbst keine eigene Regelung enthält. § 28 MitbestG ist aber eine derartige vorrangige Regelung, die nun nicht durch Wertungen des reinen, nichtmitbestimmungsspezifischen Aktienrechts wieder relativiert werden darf. Bei der Auslegung von § 28 MitbestG kann das Aktiengesetz in dieser allge-

---

1) So Säcker, NJW 1979, 1521 (1522); ders. JZ 1980, 82 (85) im Hinblick auf Vertagungsklauseln; bejahend dazu Werner, ZGR 1977, 236 (243); Schneider bei GK-MitbestG, § 29 Rdnr. 118; P. Ulmer, BB 1979, 1368 f.; zu einer schriftlichen Stimmabgabe Säcker, Anpassung von Satzungen, S. 20; Lutter, FS Duden (1977), 269 (279 ff.); Mertens, AG 1977, 210 ff., 215.

2) Beispiele in FN 2 auf S. 315

3) Säcker, JZ 1980, 82 (85) in Kritik des durchaus zutreffenden Argumentationsansatzes des LG Frankfurt, AG 1978, 319.

meinen Form jedenfalls nicht zur Begründung eines abschließenden Charakters herangezogen werden, solange die Norm aus sich heraus eine sinnvolle Interpretation über Zielsetzung und Inhalt ermöglicht. Das aber ist bei dem naheliegenden Verständnis als Grenznorm der Fall[1]. Für die GmbH ergibt sich die Unschlüssigkeit der Argumentation mit § 25 Abs. 5 AktG überdies noch aus dem Verweisungsumfang in § 23 Abs. 1 Nr. 2 MitbestG, der jenen § 23 Abs. 5 AktG eben nicht mit umfaßt.[2].

Die zurückhaltende Sicht gegenüber rechtsfortbildenden Interpretationen des Mitbestimmungsgesetzes wird auch vom GBH geteilt, wenngleich er im konkreten Fall eine Beschlußverfahrensbestimmung als unzulässig verworfen hat. Dieses Ergebnis geht jedoch nur auf die Anwendung eines allgemein anerkannten aktienrechtlichen Grundsatzes, der Gleichbehandlung aller Aufsichtsratsmitglieder[3], zurück, begründet aber keine besonderen interpretativ gewonnenen Verbotswirkungen des § 28 MitbestG. Der BGH bestätigt somit auch nicht die anderen zur Be-

---

1) S. zu dieser Verständnismöglichkeit auf S. 315 ff.

2) Um das Maß kontroverser - ausdrücklich aus dem Gesetz nicht lösbarer - Fragen voll zu machen, sei noch auf das Problem hingewiesen, ob gemäß § 107 I AktG an dem anderslautenden § 27 I MitbestG vorbei mehrere Stellvertreter des Aufsichtsratsvorsitzenden gewählt werden dürfen. Dazu mit weiteren Nachweisen H.P. Westermann, FS R. Fischer (1979), 835 (837 ff.); offengelassen in LG München, DB 1980, 678; nach BGH NJW 1982, 1525 zulässig.

3) BGH NJW 1982, 1530 (1531); weitere Nachweise zu diesem Prinzip schon FN 4 S. 298.

gründung der Unzulässigkeit von Beschlußverfahrensregelungen in der Satzung vertretenen Auffassungen, wie die Herleitung des zwingenden Charakters aus § 108 Abs. 2 Satz 4 AktG[1] oder die Berufung auf §§ 10 MontanmitbestG, 11 MitbestErgG[2].

Der Verlauf der Diskussion bis zu dieser BGH-Entscheidung zeigt, wie weitreichend die Begründung zwingenden Rechts neben dem Wortlaut betrieben werden kann und wie notwendig es ist, den Gesetzgeber beim Wort zu nehmen und Regelungswirkungen nur dann anzuerkennen, wenn klare - methodisch saubere - Argumentationswege beschritten werden können[3].

cc) Vom Mitbestimmungsgesetz 1976 abweichende Einführung oder Erweiterung der Mitbestimmung

Neben den Fragen nach Vermeidung oder Beeinträchtigung der Mitbestimmung stellt sich unter umgekehrten Vorzeichen das Problem einer Erweiterung über den gesetzlichen Umfang hinaus (in mitbestimmungspflichtigen Unternehmen) bzw. sogar einer freiwilligen Einführung der Mitbestimmung (in mitbestimmungsfreien Unternehmen).

---

1) OLG Karlsruhe, NJW 1980, 2137 (2138)

2) T. Raiser, NJW 1980, 209 (210)

3) Für den Bereich des Mitbestimmungsgesetzes wird die gesteigerte Wortlautrelevanz offensichtlich hM, s. BGH NJW, 1982, 1525 ff.; 1528 ff.; 1530 f.; HansOLG, DB 1981, 359 f.; Canaris, DB 1981, Beilage 14, 1; Rittner, DB 1980, 2493 (2494 f.); Mertens, AG 1981, 1 (3); Hoffmann, DB 1981, 361; K.P. Martens, ZGR 1983, 237 (239, 242).

aaa) Erweiterung der Mitbestimmung in mitbestimmungspflichtigen Unternehmen

Die Frage, ob in mitbestimmungspflichtigen Unternehmen der Arbeitnehmereinfluß über das im Mitbestimmungsgesetz vorgesehene Ausmaß vergrößert werden darf, ist gleichbedeutend mit der Frage, ob das Gesetz in seinen paritätsprägenden Vorschriften eine abschließende Regelung enthält. Die mitbestimmungskonstituierenden Gesetzes im engeren Sinne - vgl. § 1 Abs. 1 MitbestG, ähnlich auch §§ 1 MontanMitbestG, 2 MontanErgG - sind in dieser Hinsicht dem Wortlaut nach ziemlich indifferent. Grundsätzlich liefe eine Ausweitung der Mitbestimmung immerhin mit der Schutzrichtung des Gesetzes konform, so daß Schranken nur greifen können, wenn das Gesetz das Ausmaß der Begünstigung abschließend determiniert. Eine exklusive gesetzliche Regelung, die eine privatautonome Betätigung auch innerhalb der "richtigen" Richtung untersagt, ist die kodifikatorische Ausnahme und bedarf konkreter Hinweise im Text des Gesetzes oder anderer allgemein bekannter Absichtserklärungen des Gesetzgebers.[1)]

Der außerhalb des Wortlauts mögliche Rückgriff auf außergesetzliche Interpretationshilfen [2)] führt dabei zu verwertbaren Erkenntnissen. Aus dem regelmäßig im Interesse einer Aufwertung der Mitbestimmung betonten Grundsatz der Gleichwertigkeit von Kapital und Arbeit [3)] läßt sich eine Grenze der mitbestim-

---

1) S. dazu im mitbestimmungsrechtlichen Bereich schon auf S. 258 f.

2) Zu den Leitgedanken der Mitbestimmung s. S. 257 ff.

3) Ausführliche Belege in FN 1 auf S. 257.

mungsrechtlichen Erweiterungsmöglichkeiten ableiten. "Gleichwertigkeit" verbietet eine Mitbestimmung über die Paritätsgrenze hinaus, sonst käme man zu einem Vorrang der Arbeit gegenüber dem Kapital. Jenseits der Grenze einer Voll-Parität käme es dann auf die im Streit befindlichen verfassungsrechtlichen Schranken, insbesondere aus Art. 14 Abs. 1 GG, gar nicht mehr an, wenn schon das erkennbare Mitbestimmungstelos allein eine Parität, aber kein Übergewicht der Arbeitnehmerseite zuließe. Offen bliebe damit lediglich, ob mitbestimmungsrechtliche Erweiterungen von der Fast-Parität des Gesetzes zur Voll-Parität möglich sind.

Die hier erwogene, stringente Argumentation mit dem Grundsatz der Gleichwertigkeit zwischen Kapital und Arbeit setzt allerdings voraus, daß die Mitbestimmung insoweit eine zwingende und abschließende, Weiterungen verbietende Wirkung zeitigt, wie es für die betriebliche Mitbestimmung und die dort denkbaren Erweiterungsmöglichkeiten wohl herrschende Meinung ist[1]. Eine derartige Auffassung ist jedoch im Rahmen des Mitbestimmungsgesetzes unhaltbar. Zwingend im Sinne einer Grenznorm ist das Mitbestimmungsgesetz hinsichtlich des Ausmaßes der angeordneten Mitbestimmung gewiß. Abschließend

---

1) Vgl. Galperin/Löwisch, BetrVG, Vor § 1 Rdnr. 28; Hueck/Nipperdey, ArbR II/2, S. 14o2 ff., 145o ff.; Dietz/Richardi, BetrVG, § 1 Rdnr. 42 ff., § 2 Rdnr. 79 ff.; Erdmann/Jürging/Kammann, BetrVG, § 3 Rdnr. 12, § 77 Rdnr. 2o a; Thiele in GK-BetrVG, Einleitung Rdnr. 111; Kammann/Hess, BetrVG, § 77 Rdnr. 37; im Sinne von Mindestbedingungen Wiedemann/Stumpf, TVG, § 1 Rdnr. 25o; Biedenkopf, Grenzen der Tarifautonomie, S. 288 ff.; auch Fitting/Auffarth/Kaiser, BetrVG, § 1 Rdnr. 45 ff.

kann die Regelung hingegen nicht sein[1]. Dagegen spricht nicht nur der insoweit unklare Wortlaut des Gesetzes, dessen Zaghaftigkeit im Zweifel den Zwangscharakter reduziert. Diese Sicht belegt vor allem ein argumentum a maiore ad minus: Da es der Gesamtheit von Anteilseignern bzw. Gesellschaftern zweifellos freisteht, "ihr" Unternehmen einvernehmlich an die Arbeitnehmer z.B. zu verschenken, kann das Gesetz einen Schritt wie die Erweiterung der unternehmerischen Mitbestimmung auf Parität oder über die Parität hinaus keinesfalls inzidenter verboten haben. Bei einer derartigen Wertung der Prinzipien des Mitbestimmungsgesetzes ist ebenso wie bei der Kollision von Mitbestimmungsregelungen mit Art. 14 Abs. 1 GG ein Unterschied relevant, der das Argumentationspotential gegenüber einem mitbestimmungsnormierenden Gesetz und diesbezüglichen Verträgen bzw. ge-

---

1) Insoweit verkennt die insgesamt wohl herrschende Meinung, daß nicht jede zwingende Regelung abschließend ist, sondern in der Schutzrichtung weitere Entwicklungen zuläßt, sofern dies nicht unmißverständlich im Gesetz verboten wird. Gegen ein Abweichen von § 1 I MitbestG etwa Rumpff in GK-MitbG, § 1 Rdnr. 36 ff.; im Ansatz ebenso Hoffmann/Lehmann/Weinmann, MitbG, § 1 Rdnr. 12; Föhr in KfP-MitbG, § 1 Rdnr. 1; Fitting/Wlotzke/Wißmann, MitbG, § 1 Rdnr. 3. Die meisten Autoren lassen allerdings eine faktische Erweiterung über Wahlen von Arbeitnehmern als Anteilseignervertreter oder ähnliche Kunstgriffe (Stimmbindung usw.) zu, vgl. Hoffmann/Lehmann/Weinmann, MitbG, § 1 Rdnr. 12; Föhr in KfP-MitbG, § 1 Rdnr. 2; Rumpff in GK-MitbG, § 1 Rdnr. 37; relativ weitgehend schon Hensche zur insoweit parallel laufenden Problematik bei §§ 76 ff. BetrVG 1952, AuR 1971, 33 (37 ff., 45). Für eine Aufstockung der Arbeitnehmervertreter durch Wahl sieht auch BGH NJW 1975, 1657 f. kein Hindernis im Gesetz. Die Frage nach einer Parität über Satzungsbestimmungen oder Stimmbindungsverträge läßt er allerdings ausdrücklich offen (BGH a.a.O., S. 1658); vgl. auch OLG Hamburg, AG 1972, 183 ff.

sellschaftsrechtlichen Maßnahmen grundsätzlich unabhängig betrachten läßt. Für die Problematik einer privatautonomen Mitbestimmungserweiterung geben weder der Auslegungsgesichtspunkt der Gleichweritigkeit von Kapital und Arbeit mit der inhärenten Vollparitätsgrenze noch die Entscheidung des Bundesverfassungsgerichts mit dem dogmatischen Ausgangspunkt einer Differenzierung nach "Anteilseigentum" mit erhöhter Sozialpflichtigkeit und "Sacheigentum"[1), was ebenfalls die Vollparität als Grenze zur Folge haben dürfte[2), etwas her. Die Bestimmung gesetzlicher Mitbestimmungsmöglichkeiten ist brisanter als die Zulässigkeit privatautonomer Verfügungen, denn die Vollparität oder noch weitergehende Modelle können dann durch legislativen Akt, unter Umständen also gegen den Willen der Anteilseigner oder Gesellschafter entstehen. Bei privatautonomen Erweiterungen liegt hingegen kein staatlicher Eingriff in die Unternehmen vor, sondern eine Selbstbindung. Eine derartige Selbstbindung oder Rechtvergabe an Arbeitnehmer ist ohne jeden Zweifel zulässig. Insoweit handelt es sich allein um ein Problem der Verfügungsbefugnis. Entscheidend ist danach, ob die Partei, die eine erweiterte Mitbestimmung einräumt, im Hinblick auf das Anteils- oder Gesellschaftseigentum am Unternehmen die notwendige Verfügungskompetenz besitzt. Für die Aufstockung der Mitbestimmung auf Voll-Parität genügt insoweit ein ordnungsgemäß zustandegekommener Anteilseignerbeschluß, bei dem man in Anbetracht der Wichtigkeit einer derartigen Entscheidung aber die quali-

---

1) BVerfGE 5o, 29o (348 ff.); zustimmend G. Müller, DB 1979, Beilage 5, S. 3 f.

2) Vgl. K.P. Martens, ZGR 1979, 493 (52o); Säcker, RdA 1979, 38o.

fizierten Mehrheitserfordernisse entsprechend einer Satzungsänderung verlangen sollte[1]. Noch weitergehende Rechtsbegebungen durch die Anteilseigner oder Gesellschafter sind grundsätzlich ebenfalls ohne weiteres möglich, nur ist dort wegen des eigentumstangierenden Charakters einer derartigen Maßnahme keine mehrheitliche Entscheidungsfindung möglich. Die Argumentation mit dem Anteilseigentum und seinen spezifischen Verfügungsgrenzen für den Einzelnen paßt auf diese, jenseits der Vollparität liegenden Verschiebungen nicht. Für Vereinbarungen, die der Arbeitnehmerseite Befugnisse jenseits der Vollparität zuweisen, bedarf es demgemäß eines einstimmigen Beschlusses der Kapitalgeber.

Es bedarf allerdings wohl keiner besonderen Betonung, daß eine privatautonome Maßnahme zur Erweiterung der Mitbestimmung (sei es aufgrund einer tarifvertraglichen Regelung, sei es aufgrund eines gesellschaftsrechtlichen Beschlusses) nie zum Gegenstand kollektivrechtlicher Kampfmaßnahmen gemacht werden kann. Insoweit hat die Wirtschaftsverfassung in der Rubrik "unternehmerische Mitbestimmung" eine konkrete Ausgestaltung erfahren, die die in Art. 9 Abs. 3 GG geschützte Koalitionsfreiheit und -betätigung in einem Punkt determiniert und in eine andere Konfliktebene befördert hat. Diese Kompetenz des Gesetzgebers, die Wirtschaftsverfassung in diesem Sinne vorzuregeln, hat das Bundes-

---

1) Zu diesen Legitimationsvoraussetzungen ausführlicher S. 338 ff.

verfassungsgericht jüngst wieder bestätigt[1]. Damit scheidet eine Erweiterung der Mitbestimmung durch tarifvertragliche Vereinbarung zwischen Arbeitgeber-und Arbeitnehmerseite aus. Denkbar bleibt allein eine gesellschaftsrechtlich ausgelöste Aufstockung der Mitbestimmungsrechte. Hierzu wird es jedoch praktisch nie kommen. Warum sollten die Kapitaleigner die Mitbestimmung ohne Druck der Arbeitnehmerseite erweitern ? Die Ausübung von kollektivrechtlichem Druck ist der Arbeitnehmerseite aber eben verwehrt.

Bei der - nur theoretisch denkbaren - vertraglichen Erweiterung der Mitbestimmung kommt demzufolge die Paritätsgrenze überhaupt nicht zum Tragen. Art. 14 Abs. 1 GG ist

---

1) Nachdem BVerfGE 5o, 29o (369) noch einmal klarstellt, daß der Gesetzgeber die Tarifautonomie in ihren Bedingungen vorregeln kann, ohne gegen Art. 9 III GG zu verstoßen, heißt es a.a.O., S. 371, daß Art. 9 III GG zwar einen von staatlicher Regelung freien Raum genieße, es dem Gesetzgeber gleichwohl unbenommen sei, den Weg zu einer "sinnvollen Ordnung und Befriedigung des Arbeitslebens, um die es Art. 9 III GG geht", frei zu wählen. Es sei daher auch erlaubt, Regelungselemente zu wählen, "die Einigung und Zusammenwirken in den Vordergrund rücken". Auf S. 372 f. heißt es dann noch: "Der Gesetzgeber ist daher durch Art. 9 III GG nicht am Erlaß von Regelungen gehindert, die eine Mitbestimmung der Arbeitnehmer und ihrer Koalitionen vorsehen. Das Nebeneinander von Tarifvertragssystem und Mitbestimmung ... kann zu Gewichtsverlagerungen führen, die einen Ausgleich erforderlich machen. Einen solchen herzustellen, ist der Gesetzgeber aufgrund seiner Regelungskompetenz befugt. Das schließt die Zulässigkeit von Beschränkungen der Tarifautonomie ein ..."; zustimmend Boewer, DB 1979, 673 (676). Vgl. auch schon FN 1 auf S. 280.

keine Kontrollvorschrift, an der privatautonome Rechtsvereinbarungen zu messen wären. Das über-paritätische Mitbestimmungsvereinbarungen vermeidende Korrektiv ist demgemäß primär außerhalb der Rechtsordnung in der autonomen Interessenwahrung durch die Kapitaleigner zu suchen.

bbb) Einführung der Mitbestimmung in mitbestimmungsfreien Unternehmen

Die vorstehenden Überlegungen präjudizieren auch die Zulässigkeit von vertraglich vereinbarter Mitbestimmung in Unternehmen, die entweder wegen ihrer Rechtsform[1)] oder den zahlenmäßigen Voraussetzungen nach nicht in den Geltungsbereich des Mitbestimmungsgesetzes fallen. Es kann keinem Zweifel unterliegen, daß das Mitbestimmungsgesetz kein Verbot der Beteiligung von Arbeitnehmern an den Unternehmensentscheidungen statuiert. Ein derartiges argumentum e contrario aus dem Regelungskatalog des Mitbestimmungsgesetzes findet nirgendwo im Wortlaut noch in der Entstehungsgeschichte eine Stütze, stünde vielmehr zur Schutzrichtung des Mitbestimmungsgesetzes in diametralem Gegensatz.

Es ist jedoch fraglich, ob einer privatautonomen Einführung von Mitbestimmung freie Gestaltungshand belassen werden kann oder, ob sich hierbei an den im Mitbestimmungsgesetz

1) Die Unvereinbarkeit von Mitbestimmung und Rechtsformen mit unbeschränkter persönlicher Haftung ist weitgehend anerkannt, vgl. Buchner, ZfA 1974, 147 (171); Emmerich, ZHR 132, 297 (323); Reuter/Körnig, ZHR 14o, 494; Wiedemann, BB 1978, 5 (6 f.); kritisch dazu T. Raiser, MitbG, Einl. Rdnr. 61; Steindorff, FS Ballerstedt (1975), 127 (131 ff.); Kunze, ZHR 144, 1oo (131).

angelegten Modellen zu orientieren ist. Auch hierfür gilt die Regel, daß ohne gesicherte Anhaltspunkte im Wortlaut oder gleichwertige Erkenntnismittel des Mitbestimmungszwecks kein numerus clausus der kodifizierten Modelle - dazu noch in einem Bereich, der dem Mitbestimmungsgesetz an sich nicht unterfällt - angenommen werden kann.

Bei nicht mitbestimmungspflichtigen Unternehmen gewinnen die Wertungen und Typen des Mitbestimmungsgesetzes daher keinerlei Gewicht. Kontrollbedürftig ist allein, daß auf der Kapitaleignerseite eine legitimierte Verfügungspartei auftritt, die zur Einräumung einer - in den üblichen Grenzen der Sittenwidrigkeit und gesetzlicher Verbote, zu denen auch zwingende Vorschriften des Gesellschaftsrechts gehören - frei konzipierten Mitbestimmung der Arbeitnehmer berechtigt sind. Bei Vorliegen dieser Voraussetzung spielt auch die Unterscheidung zwischen Kapital- und Personengesellschaften keine Rolle.

dd) Wirkungsindifferente Variationen der Mitbestimmung

Weiter fragt es sich, inwieweit das Mitbestimmungsgesetz Regelungen zuläßt, die zwar neben dem Gesetz liegen, in ihrem Regelungserfolg aber bei einem objektiven Vergleich mit dem gesetzlich verordneten Mitbestimmungsmodell als gleichermaßen effizient angesehen werden können. Da eine abschließende Regelung des Mitbestimmungsgesetzes sprachlich nicht eindeutig angeordnet ist, bleibt allein zu prüfen, ob aus dem Gesamtzusammenhang auf einen derartigen monopolistischen Regelungscharakter geschlossen werden kann.

Wie oben schon festgestellt[1], sind in § 7 Abs. 1 MitbestG detaillierte Grenzen zwischen den einzelnen Mitbestimmungsmodellen normiert. Damit verdeutlicht sich ausnahmsweise ein abschließender gesetzlicher Regelungskatalog. Es wäre ohne kodifikatorische Vernunft, wenn das Gesetz eine minutiöse Regelung zu den Wahlmöglichkeiten zwischen den verschiedenen Mitbestimmungsmodellen enthielte (s. § 7 Abs. 1 S. 2 und 3 MitbestG), daneben aber gleichwohl jede gleichwertige andere Art der Mitbestimmung zulassen wollte.

Aus diesem Normenzusammenhang läßt sich das Prinzip ableiten, daß die Mitbestimmungsmodelle, soweit sie im Mitbestimmungsgesetz ausdrücklich vorgesehen sind, keine wirkungsindifferenten Modifikationen vertragen. Hier manifestiert sich ein § 7 Abs. 1 S. 2 und 3 MitbestG zu entnehmender Ordnungsanspruch. Diese Feststellung steht nicht im Widerspruch zu der grundsätzlich bejahten Möglichkeit, Mitbestimmung über das gesetzlich vorgesehene Ausmaß privatautonom auszudehnen[2]. Die konstitutiven Paragraphen des Mitbestimmungsgesetzes wirken als Grenznormen, die nur die untere Marke der Entscheidungsteilhabe für Arbeitnehmer markieren. Entgegen der festgelegten Richtung sind Bewegungen demgemäß möglich. Die Grenznormen determinieren aber auch gleichwertige Variationen. Diese verbleiben auf der unteren Garantielinie, die zwingend verfaßt ist, und liegen noch nicht in dem schutzrichtungskonformen Bereich einer Erweiterung.

---

1) Siehe S. 263.

2) Dazu S. 323 ff.

Im übrigen ist anzumerken, daß eine Anerkennung wirkungsindifferenter Variationen in der Praxis wenig Gewinn bringt, wird es doch schon einem geschulten Richter schwerfallen, die mitbestimmungsrechtliche Effizienz verschiedener Verfahren zu bewerten, so daß er sie gegebenenfalls gleichsetzen kann. Noch weniger kann eine derartige Prognose von potentiellen Vertragspartnern über mitbestimmungsrechtliche Probleme erwartet werden. Auf die rechtliche Unsicherheit, die eine wirkungsindifferente Variante der Mitbestimmung verheißt, sollte sich deshalb niemand einlassen, zumal die Wirkungsneutralität nicht erkennen läßt, welche Anreize zu einer derartigen Abweichung bestehen sollten.

ee) Zusammenfassung

Die vorstehende Betrachtung des zwingenden Regelungsgehaltes des Mitbestimmungsgesetzes führt nur gelegentlich zu Ergebnissen, die über den Wortlaut der einzelnen Normen hinausweisen. Zwingendes Recht aus dem Gesamtzusammenhang des Gesetzes läßt sich wegen des undeutlichen und nur schwer in konkrete Befehle umzusetzenden telos des Mitbestimmungsgesetzes nur in Ausnahmefällen bejahen. Bei den vorstehend abgehandelten Problemständen, die immerhin von einem beträchtlichen Teil der Literatur und Rechtsprechung als Gegenstände zwingender Gebote - wenngleich mit unterschiedlichen Ergebnissen - diskutiert werden, läßt sich bei durchgehend einseitiger Besetzung der Aufsichtsratsausschüsse in der AG wie auch bei etwaigen von der Anteilseignerseite statuierten personellen Qualifikationen für die Aufsichtsratsmitglieder der Arbeitnehmerseite ein Verstoß gegen Sinn und Zweck des Mitbestimmungsgesetzes nachweisen und eine entsprechende Verbotsfolge ableiten. In der Mehrzahl der angesprochenen mitbestimmungsbeeinflussenden Maßnahmen lassen sich klare Verbotsfolgen nicht mit ausreichender Sicherheit feststellen (so etwa bei der Besetzung der AR-Ausschüsse in der GmbH, personellen Qualifikationen der Geschäftsführer,

Kompetenzbeschneidungen des Aufsichtsrates insbesondere bei der GmbH und direkten Geschäftsanweisungen der Gesellschafter-/Anteilseignerversammlung) oder wirken zumindest nicht entgegen der Schutzrichtung (so z.B. § 28 MitbestG als Grenznorm) oder lassen allenfalls die allgemeine Grenze der Gesetzesumgehung zum Tragen kommen, die in der Vielzahl der Fälle jedoch höchst problematisch bleibt, da die Feststellung eines Umgehungstatbestandes ein in konkrete Einzellösungen besser umsetzbares Mitbestimmungstelos voraussetzt, als es sich beim Mitbestimmungsgesetz 1976 nachweisen läßt.

II. Die Lösungsmöglichkeiten des Vergleichsvertrages

Die dargestellten Probleme, den zwingenden Regelungsgehalt des Mitbestimmungsgesetzes exakt festzulegen, werfen die Frage auf, inwieweit verbliebene Zweifel an der gesetzlich vorgegebenen Rechtslage durch privatautonome Vereinbarungen beseitigt werden können.

1. Privatautonome Gestaltungsfreiheit

Grundsätzlich steht es den vom Mitbestimmungsgesetz Betroffenen frei, jede privatautonom ausgelöste Maßnahme oder Vereinbarung zu treffen, die nicht durch einzelne Normen, Umgehung von Normen oder zwingende Folgen aus dem Regelungszusammenhang verboten ist. Nach der hier vertretenen Konzeption der restriktiven Behandlung zwingenden Rechts ist der Gestaltungsspielraum damit erheblich. Auch hinsichtlich der Verfügungsbefugnis über die Mitbestimmung aus dem Charakter eines institutionalisierten Gruppenrechts mit subjektiven Einschlag[1], bestehen nur begrenzt Probleme. Denn insoweit ergeben sich die Verfügungsschranken der gegenwärtigen Belegschaftsmitglieder nur hinsichtlich des gesetzlich eindeutig zwingend ausgewiesenen Mitbestimmungsbestandes und -umfanges.

---

1) dazu s. S. 289 ff.

Die bisherigen Erfahrungen der Behandlung zwingenden Rechts durch die Gerichte und der Verlauf der bisherigen Diskussion des Mitbestimmungsgesetzes lassen jedoch erwarten, daß von der Rechtsprechung Interpretationen vorgenommen werden, die nach dem hier vertretenen Standpunkt nicht mehr durch das Gesetz gedeckt sind und weitergehende Schranken gegenüber gesellschaftsrechtlichen und privatautonomen Maßnahmen errichten. Hier fragt es sich, ob nicht in Bereichen, in denen erst die richterliche Rechtssetzung den Regelungsgehalt des Mitbestimmungsgesetzes festschreibt, auf Seiten der Normunterworfenen objektive und ernsthafte Zweifel am Inhalt und Umfang der Mitbestimmungsrechte bestehen, so daß über den Vergleichsvertrag und ein damit verbundenes Wirkungsprivileg eine Möglichkeit existiert, mitbestimmungsrelevante Maßnahmen zu treffen, die ihre Wirkungen auch für den Fall behalten, daß die Gerichte aus dem Mitbestimmungstelos Verbotsfolgen ableiten, die nach den hier vertretenen Grundsätzen nicht mehr dem Gesetz entnommen werden können.

2. Die besonderen Wirkungen des Vergleichs

Es stellt sich demgemäß die Frage, ob die von der Mitbestimmung Betroffenen klug beraten sind, wenn sie mitbestimmungsbeeinflussende Maßnahmen nicht durch einseitige gesellschaftsrechtliche Gestaltungsakte oder beliebige Austauschverträge realisieren, sondern sich zu diesem Zwecke des Vergleichsvertrages bedienen.[1)] Denn das vom BGH in den

---

1) Zur diesbezüglichen Bedeutung des Vergleichs - wenn auch ohne dogmatische Begründung - siehe Ulmer in Hanau/Ulmer, MitbestG, Einl. Rdnr. 44, der als Beispiele Vereinbarungen über den Tendenzcharakter eines Unternehmens oder der Konzernspitze, über die Konzernmitbestimmung im Fall von Gemeinschaftsunternehmen und über das Vorliegen eines "Konzerns im Konzern" anführt. Die von Ulmer gegebenen Beispiele bewegen sich damit ausschließlich im Bereich des sogenannten Tatsachenvergleichs (siehe dazu S. 209 ff.); zur Chance des Vergleichsvertrages im Mitbestimmungsrecht siehe auch K.P. Martens, NJW 1981, 2106.

referierten wettbewerbsrechtlichen Entscheidungen zur Anwendung gebrachte Wirkungsprivileg von Vergleichsverträgen führt auch im mitbestimmungsrechtlichen Bereich dazu, daß die Gerichte Vereinbarungen respektieren müssen, die bei Vorliegen ernsthafter und objektiver Zweifel über die mitbestimmungsgesetzliche Rechtslage getroffen worden sind und nach ihrer Regelungsstruktur den Erfordernissen für die Zuerkennung eines Wirkungsprivilegs entsprechen. [1] Problematisch erscheint hier vornehmlich das Tatbestandsmerkmal des gegenseitigen Nachgebens.

a) Das gegenseitige Nachgeben bei Zweifeln über die Reichweite des Mitbestimmungsgesetzes

Fraglich ist, wie das vergleichstypische gegenseitige Nachgeben in einem Regelungspunkt gewährleistet werden kann [2], wenn zwischen den Vertragschließenden der Streit über eine Rechtsfrage [3], im Regelfall wohl damit über die Interpretation der Reichweite des Mitbestimmungsgesetzes besteht. Das erforderliche gegenseitige Nachgeben setzt grundsätzlich voraus, daß die Rechtsfrage nicht auf eine alternative Entscheidung (ja oder nein) verengt ist, da in derartigen Fällen ein gegenseitiges Nachgeben naturgemäß ausscheidet. Unter diesem Gesichtspunkt erscheint es problematisch, daß sich Parteien z.B. über die Frage vergleichen, ob § 28 MitbG eine Grenznorm darstellt oder eine abschließende Regelung enthält. Hier kann an sich nur eine von beiden Interpretationsmöglichkeiten richtig sein.

Diese strenge Sicht, die den Möglichkeiten des Vergleichsvertrages enge Grenzen ziehen würde, relativiert sich je-

---

1) dazu S. 193 ff.

2) Zu diesem Erfordernis s.S. 194 ff.

3) Zu Vorbehalten gegenüber der Möglichkeit "reiner" Rechtsfragen s. S. 16 f. Die Bezeichnung wird hier nur tendenziellen Charakterisierung entsprechend dem Schwerpunkt des Problems verwendet.

doch durch den mitbestimmungsspezifischen Problemansatz. Nahezu alle wesentlichen mitbestimmungsrechtlichen Probleme gehen auf die Wirkungen des Mitbestimmungsgesetzes aufgrund des Regelungszusammenhanges zurück. Die Parteien sind damit regelmäßig uneins über das Mitbestimmungstelos und dessen konkrete Auwirkung auf den Einzelfall. Das zwischen den Parteien streitige Rechtsverhältnis im Sinne des § 779 BGB liegt damit nicht etwa nur darin, ob die konkrete Einzelregelung - etwa die Abstimmungsklausel x für den Aufsichtsrat innerhalb der Satzung - mit § 28 MitbG vereinbar ist (das wäre die oben angesprochene Alternativentscheidung), untrennbar ist mit diesem Einzelproblem verknüpft, welche mittelbare Wirkungen der Gesamtzusammenhang des Mitbestimmungsgesetzes (das telos) für die Auslegung und Anwendung des § 28 MitbG bewirken. Bei Rechtsproblemen dieser Art, die sich erst aufgrund von allgemeinen Wirkungen aus dem Gesamtzusammenhang eines Gesetzes ergeben, genügt es, wenn das Nachgeben bei der Festlegung des maßgeblichen Gesetzestelos stattfindet. Oder umgekehrt gesprochen: Bei Konstellationen, bei denen unstreitig vorhandene, aber im einzelnen in der Reichweite unklare zwingende Rechtswirkungen aus dem Regelungszusammenhang in Frage stehend, ist jede Vereinbarung, die das Gesetz in praktikable Einzelregelungen umsetzt und der nicht das für eine der beiden kontrahierenden Seiten günstigste Gesetzestelos zugrundeliegt, ein Vergleichsvertrag, bei dem das Wirkungsprivileg Anwendung findet.

Es wird ohne weiteres deutlich, daß damit im Mitbestimmungsrecht wesentlich umfangreichere privatautonome Regelungen vorstellbar sind, als es nach der Konzeption des Gesetzes, der Zuweisung von Mitbestimmungsrechten durch staatliches Gebot, zunächst den Anschein hat. Da der Gesetzgeber - insbesondere hinsichtlich der Einschränkung gesellschaftsrechtlicher Vermeidemaßnahmen - keine deutlichen Leitlinien gesetzt hat, besteht für die Parteien der Mitbestimmung ein erheblicher Spielraum bei der Ausgestaltung dieser nur als Rahmen deutlich verfaßten Rechtssetzung. Eine Grenze zu "normaler" privatautonomer Gestaltungsfreiheit wird den Parteien dadurch gezogen, daß ernsthafte und objektive Zweifel an der Zulässigkeit der konkret beabsichtigten Einzelregelung im Lichte des zugrundeliegenden Mitbestimmungstelos bestehen müssen. Hier liegt der neuralgische Punkt der Anwendung des Wirkungsprivilegs mit Mitbestimmungsrecht. Die Gerichte werden über dieses Tatbestandsmerkmal den Umfang des Wirkungsprivilegs steuern können. Dabei dürfte insbesondere die Einschätzung der Auswirkungen der Rechtsprechung zum Mitbestimmungsgesetz eine entscheidende Rolle spielen. Geht man davon aus, daß einschlägige Gerichtsurteile - evtl. nur höherer Instanzen - keine Zweifel an der Gesetzeslage mehr erlauben, wird sich der Spielraum für das Wirkungsprivileg zunehmend verkleinern. Diese Sicht wäre jedoch unrichtig. Genausowenig wie einem interpretierenden Dritten ist es den Gerichten gestattet, sich auf eine Höhe mit dem Gesetzgeber zu begeben[1]. Dazu bedürfte es eines gesetzlichen Auftrages, den das Mitbestimmungsgesetz nicht enthält[2]. Unklarheiten über die Reichweite zwingenden Rechts muß der Gesetzgeber selbst ausräumen, so daß gerichtliche Entscheidungen objektive und ernsthafte Zweifel am Inhalt des Mitbestimmungsgesetzes grundsätzlich nicht beheben können und die Parteien insoweit auch nicht "bösgläubig" machen können. Die Gerichte können lediglich im konkreten Fall ernsthafte und objektive Zweifel an der mitbestimmungsrechtlichen Rechtslage ablehnen, wenn im Einzelfall eine klare gesetzliche Regelung nachgewiesen werden kann. Die Rechtsprechung darf diese Regelungen jedoch nicht fortbilden, um somit den Zweifelsbereich einzugrenzen. Die

---

1) Siehe dazu schon S. 305 f., 317 ff.

2) Zumindest wäre insoweit eine das Gesetzestelos ausdrückende "Tendenznorm" erforderlich, s. auch S. 99, 114 f.; im Sinne des hier vertretenen methodischen Ansatzes auch richtig OLG Köln DB 1981, 929 (930 f.).

gegenüber dem Gesetz subsidiäre Rechtsetzungsmacht der Judikative[1] ist insoweit auch gegenüber der privatautonomen Regelungsbefugnis der Parteien im Wege eines Vergleichsvertrages nachrangig.

b) Die Parteilegitimation für mitbestimmungsrelevante Vergleiche

Es fragt sich weiter, wer auf der Anteilseigner- und auf der Arbeitnehmerseite zum Abschluß privatautonomer Vereinbarungen, insbesondere zu Vergleichen über mitbestimmungsrechtliche Fragen legitimiert ist. Dieses Problem ist bislang kaum erörtert worden[2].

aa) Die Seite der Kapitaleigner

Auf Seiten der Kapitaleigner bzw. Gesellschafter eines Unternehmens ist die Frage nach dem verfügungsbefugten Personenkreis relativ leicht zu beantworten. Die Legitimation zu mitbestimmungsrechtlichen Entscheidungen kann nur von den Anteilseignern oder Gesellschaftern eines Unternehmens selbst abgeleitet werden. Unklar ist allein, ob über derartige Fragen die Anteilseigner- oder Gesellschafterversammlung selbst Beschluß fassen muß, welche Mehrheiten für eine derartige Beschlußfassung zu verlangen sind und inwieweit Repräsentanten bzw. welche Repräsentanten der Anteilseigner bzw. Gesellschafter wirksame Mitbestimmungsverträge bzw. -vergleiche schließen dürfen. Maßgeblich ist hierfür das konkret anzuwendende Gesellschaftsrecht, so daß die Beantwortung der aufgeworfenen Fragen nach Rechtsformen und den

---

1) Vgl. dazu Bydlinski, juristische Methodenlehre, S. 501 ff.; krit. zu einem Fall gesetzgebungsgleicher Anmaßung durch den BGH im Bereich des GmbH-Rechts s. Ballerstedt, JZ 1960, 513 (514).

2) Vornehmlich existiert dazu eine Stellungnahme von T. Raiser, BB 1977, 1461 (1463 f.).

Inhalten der Gesellschaftssatzungen differenziert zu erfolgen hat. Immerhin läßt sich für alle Rechts- und Gestaltungsformen ein gemeinsamer Grundsatz festhalten: Bei Problemen der unternehmerischen Mitbestimmung handelt es sich um Grundfragen der Unternehmensverfassung, die auf die Eigentümerstellung der Anteilseigner und Gesellschafter relativ unmittelbar einwirken, so daß sie nicht ohne weiteres als normale Geschäfte des Vorstandes behandelt werden können, sondern nach einem qualifizierten Beschlußverfahren über derartige Fragen verlangen. Zu denken wäre daran, auf Entscheidungen dieser Tragweite dieselben qualifizierten Erfordernisse anzuwenden, wie sie bei Satzungsänderungen von Gesellschaften geboten sind[1].

aaa) Die Rechtslage bei der Aktiengesellschaft

Für die Rechtsform der Aktiengesellschaft bietet es sich an, § 179 AktG analog anzuwenden. Damit wäre die Beschlußfassung über privatautonome Mitbestimmungsgestaltungen der Hauptversammlung zugewiesen. In § 179 Abs. 1 S. 2 AktG sind engere Voraussetzungen normiert, bei deren Vorliegen statt der Hauptversammlung der Aufsichtsrat tätig werden kann. Es muß sich dabei jedoch um Satzungsänderungen handeln, die nur die Fassung betreffen. Fragen der Gestaltung unternehmerischer Mitbestimmung gehen über dieses Maß jedoch hinaus,

---

1) T. Raiser, BB 1977, 1461 (1465) rekurriert hier in erster Linie auf einem Zustimmungsvorbehalt gemäß dem in § 35 BGB zum Ausdruck kommenden allgemeinen Rechtsgedanken. M.E. paßt diese Figur der "Sonderrechte" nicht auf die normale Anteilseigentümerstellung der Kapitalgeber, deren Behandlung hier zunächst zu lösen ist. Ob daneben dann noch Zustimmungsvorbehalte individueller Art aufgrund echter Sonderrechte bestehen, ist keine so vordringliche Frage, dürfte sich im übrigen nach der konkreten Ausgestaltung der Gesellschaftssatzung relativ leicht entscheiden lassen.

so daß ein diesbezüglicher Beschluß der Anteilseignerversammlung selbst vorbehalten bleibt. Gemäß § 179 Abs. 2 AktG könnten derartige Maßnahmen nur mit einer Anteilseigner-Stimmenmehrheit von mindestens drei Vierteln des vertretenen Grundkapitals beschlossen werden, es sei denn, daß die Satzung der Aktiengesellschaft etwas anderes festlegt (§ 179 Abs. 2 S. 2 AktG). Die Sperrwirkung, wie sie eine Änderung des Unternehmensgegenstandes auslöst, kommt bei Abstimmungen zur vertraglichen Regelung der Mitbestimmung nicht zur Entstehung. Etwas anderes gilt allenfalls in dem völlig unrealistischen Fall, in dem die Anteilseignerseite durch die mitbestimmungsrechtliche Vereinbarung die Bestimmungsmöglichkeit über den Unternehmensgegenstand aus der Hand gibt.

Bei einfacher Übertragung der Regeln über Satzungsänderungen würde sich das Verfahren zur privatautonomen Gestaltung der Mitbestimmung innerhalb einer Aktiengesellschaft als außerordentlich schwerfällig erweisen und wäre mit dieser Ankoppelung an die Beschlußfassung der Hauptversammlung kaum praktikabel. Es bedarf somit einer anderen Lösung, die eine flexible Verhaltensweise des Unternehmens in Mitbestimmungsfragen ermöglicht, dabei aber mit der Bedeutung derartiger Mitbestimmungsentscheidungen und den im Aktiengesetz niedergelegten Wertungen nicht kollidiert.

Zu dieser besseren Lösung führt die Besinnung, daß die Bestimmungen über eine Satzungsänderung auf die vertragliche Mitbestimmungsgestaltung nicht unmittelbar anzuwenden sind, sondern nur herangezogen wurden, um der Wichtigkeit derartiger Entscheidungen und der drohenden Interessenbeeinträchtigung der Anteilseigner Rechnung zu tragen. Wenn nun eine unmittelbare Anwendung des Satzungsänderungsverfahrens zu unpraktikablen Ergebnissen führt, liegt die für eine schlichte Analogie notwendige Gleichartigkeit der Regelungsbereiche offenbar nicht vor, so daß eine Modifikation der analog anzuwendenden Regelung - zugeschnitten auf die besonderen Probleme der Mitbestimmungsgestaltung - zu prüfen ist. Ansatzpunkt für die Notwendigkeit einer derartigen Modifikation ist der elementare Unterschied zwischen einer "normalen" Satzungsänderung und dem mitbestimmungsrelevanten Vertragsschluß. Satzungsänderungen verkraften ihrer Struktur nach ohne weiteres einen langfristigen Zyklus der Vereinbarkeit, zumal sie auch relativ selten sind. Hingegen können mitbestimmungsrechtliche Probleme unvermittelt auftreten und müssen kurzfristig behoben werden. Es stellt sich mithin die Frage, ob das zeitliche Präsenzproblem, das sich aus dem Fehlen eines durchgehend bestehenden Gesellschaftsorgans "Hauptversammlung" und den zumindest latent jederzeit vorhandenen mitbestimmungsrechtlichen Regelungsbedürfnis ergibt, lösen läßt, ohne die grundsätzliche Kompetenz der Anteilseigner für die Beschlußfassung zu unterlaufen.

Der vernünftigste Weg scheint darin zu liegen, mit der für eine Satzungsänderung erforderlichen Stimmenmehrheit ein Gesellschaftsorgan mit der Befugnis zur Regelung mitbestimmungsrechtlicher Fragen auszustatten. Für die Ermächtigung derartiger Repräsentanten der Anteilseigner ist ein gesonderter Beschluß erforderlich, der den formalen Voraussetzungen des § 179 AktG genügt und damit einem qualifizierten Mehrheitserfordernis von drei Vierteln der vertretenen Anteilseigner unterliegt (§ 179 Abs. 2 AktG). Man kann nicht etwa davon ausgehen, daß die von der Anteilseignerseite bestellten Aufsichtsratsmitglieder mit ihrer Bestellung gleichzeitig auch die Befugnis zu vertraglichen Regelungen über

Mitbestimmungsfragen erhalten[1]. Dem steht der Rückschluß aus den engen Voraussetzungen, die § 179 Abs. 1 S. 2 AktG für eine Zuständigkeit des Aufsichtsrats bei Satzungsänderungsfragen verlangt, entgegen.

Die vorstehenden Mehrheitserfordernisse gelten für den hier vorrangig interessierenden Fall von Vergleichsschlüssen ohne weiteres. In diesen Fällen bestehen über das im Vereinbarungswege zu lösende Rechtsproblem Zweifel, die durch gegenseitiges Nachgeben behoben werden sollen. Es stellt sich hier somit nicht das Problem, welche Mehrheitsverhältnisse gelten müssen, wenn ein Unternehmen Mitbestimmungsrechte über den gesetzlichen Umfang hinaus erweitert. Für letzteren Fall gilt bereits das oben Gesagte[2], danach ist in Fällen der überparitätischen Mitbestimmungsgewährung eine einstimmige Beschlußfassung sämtlicher Anteilseigner bzw. Gesellschafter erforderlich.

bbb) Die Rechtslage bei der GmbH

Bei der mitbestimmten GmbH ist die Flexibilität der Gesellschafterversammlung wesentlich höher anzusetzen, als es in Anbetracht der regelmäßig weitaus größeren Zahl von Anteilseignern auf einer Hauptversammlung innerhalb einer Aktiengesellschaft angenommen werden kann. Insoweit erscheint bei einer GmbH die Idee praktikabler, die Kompetenz für Fragen der Mitbestimmungsgestaltung wegen ihrer unternehmensorganisatorischen Bedeutung bei diesem Organ anzu-

---

1) Davon geht T. Raiser, BB 1977, 1461 (1461) zu Unrecht aus.

2) Siehe Seite 323 ff.

siedeln, um dann auf derartige Beschlüsse § 53 GmbHG entsprechend anzuwenden.

Dieser Lösung steht nicht nur die Unternehmenswirklichkeit in einer GmbH entgegen, sondern auch die gesetzlich kaum begrenzte Gestaltungsautonomie hinsichtlich der satzungsgemäßen Aufgaben- und Kompetenzverteilung zwischen den Gesellschaftsorganen. Grundsätzlich kann man davon ausgehen, daß die Geschäftsführer einer GmbH den aktuellen Unternehmensproblemen näher stehen als die Gesellschafterversammlung. Ohne das stringente Organisationskorsett, wie es das Aktiengesetz für die AG vorsieht, fällt in den meisten Gesellschaften mbH, die z.B. einen Aufsichtsrat nicht als notwendiges Organ kennen, der Geschäftsführung eine zentrale Rolle zu. Zumindest finden insoweit originäre Machtverteilungsprozesse statt, die es verbieten, an dieser ausgeprägten Satzungsautonomie der Gesellschaftsversammlung vorbei bindende Zuständigkeitsregeln für Mitbestimmungsverträge zu normieren. Gleichwohl läßt sich ein Grundsatz herausarbeiten: Die Abschlußkompetenz für Mitbestimmungsvereinbarungen muß ohne Zweifel ihre Legitimität in qualifizierter Form von den Gesellschaftern herleiten. Dies kann einmal direkt geschehen, indem die Gesellschafterversammlung immer wieder diesbezügliche Einzelbeschlüsse faßt, ihre Erklärung im Rahmen eines Mitbestimmungsvertrages selbst abgibt oder ein anderes Gesellschaftsorgan detailliert in seinem Abschlußverhalten anweist. Praktikabler ist eine mittelbare Ableitung von den Gesellschaftern, die entweder innerhalb der Satzung oder durch einen generellen Gesellschafterbeschluß getroffen werden kann und darauf abzielt - ähnlich wie es oben schon bei der Aktiengesellschaft vorgeschlagen wurde -, daß ein Organ mit der entsprechenden Kompetenz beliehen, gegebenenfalls speziell dafür geschaffen wird.

Im Interesse des Minderheitenschutzes innerhalb einer Gesellschaft ist jedenfalls als Legitimationswurzel eine qualifizierte Mehrheit - sei es über die Satzungsveränderung, sei es durch Gesellschafterversammlungsbeschlüsse - zu verlangen. Diesem Kriterium genügt ein Satzungsbeschluß der Gesellschafter mit 3/4 Mehrheit, der für zukünftige Beschlüsse über mitbestimmungsrechtliche Themen nur noch eine einfache Mehrheit verlangt oder der Kompetenz der Geschäftsführer zuweist. Ausgehend von einem derartigen qualifizierten "Urakt" sind der Kompetenzverteilung keinerlei Schranken mehr gesetzt, ausgenommen wieder die Befugnis zur Gewährung überparitätischer Mitbestimmungsrechte[1].

Ist innerhalb der GmbH noch gar kein diesbezügliches Verfahren vorgezeichnet, liegt es in der alleinigen Kompetenz der Gesellschafterversammlung entsprechend dem Mehrheitserfordernis des § 53 GmbHG einen Willensakt zu mitbestimmungsrechtlichen Verträgen mittels Einzelbeschlüssen oder weitergehender Ermächtigungen auszulösen.

ccc) Die Rechtslage bei mitbestimmten Personalgesellschaften (§ 4 MitbestG)

Entgegen den sonstigen Auslegungsschwierigkeiten aufgrund des recht willkürlich gefaßten § 4 MitbestG[2] bietet die Vorschrift bei der Legitimationsproblematik für Mitbestimmungsverträge keine besonderen Komplizierungen. Der ermächtigende Urakt oder Einzelbeschluß muß sich von den

---

1) Siehe oben S. 323 ff.

2) So ausdrücklich Hoffmann/Lehmann/Weinmann, MitbG, § 4 Rdnr. 2 "Anteilseigner und Arbeitnehmer fühlen sich damit vom Gesetzgeber im Stich gelassen".

Anteilshaltern des Rechtsgebildes ableiten, in dem die Mitbestimmung nach dieser Vorschrift angesiedelt wird.

Bei dem wohl relevantesten Beispiel einer GmbH & Co. KG[1), die nach den zahlenmäßigen Voraussetzungen des § 4 MitbestG in der persönlich haftenden Gesellschaft mitbestimmungspflichtig wird, bestimmt sich das Verfahren demgemäß nach GmbH-Recht. Es gilt dazu das oben Gesagte. Daneben spielt es keine Rolle, daß die Gesellschafter dieses Typs gleichzeitig in ihrer Mehrheit die Kommanditisten der GmbH & Co. KG sind. Das personalgesellschaftliche Element schlägt insoweit nicht durch. Einmal ist diese mitbestimmungspflichtige GmbH & Co. KG typologisch einer Kapitalgesellschaft sehr nahe[2), zum anderen entscheidet die Rechtsform des Teils, in der das Mitbestimmungsorgan errichtet wird. Dies aber ist eben die GmbH bzw. eine andere Form der in § 1 Abs. 1 MitbestG erfaßten Unternehmen, die jedenfalls keine Personalgesellschaften sind.

ddd) Die Rechtslage bei der KGaA

Das Legitimationsproblem stellt innerhalb der KGaA ebenso wenig vor gravierende Probleme, wie sie in der mitbestimmungsrechtlichen Behandlung einer derartigen Gesellschaft gesehen werden. Nach ganz herrschender Meinung stellt sich

---

1) Zum Zuschnitt des § 4 MitbestG insbesondere auf diesen Gesellschaftstyp s. Begründung zum Regierungsentwurf 1974 (BT-Drucks. 7/2172, S. 2o): " - meistens ist dies eine GmbH (GmbH & Co. KG) -"; vgl. auch Hoffmann/Lehmann/Weinmann, MitbG, § 4 Rdnr. 1; Naendrup in GK-MitbG, § 4 Rdnr. 5.

2) Vgl. BGHZ 62, 216 (227): "Die GmbH & Co. (scil. KG) ist zwar der Form nach eine Personengesellschaft. Sachlich handelt es sich aber um eine Gesellschaft ..., die ... der GmbH oder Aktiengesellschaft näher steht als einer normalen offenen Handels- oder Kommanditgesellschaft: Wie bei den Kapitalgesellschaften ist ...". S. auch die gesamte Rechtsprechung zur "Publikums"-KG.

die KGaA relativ mitbestimmungsfrei dar, weil §§ 278 ff (287 !) AktG als maßgebliche Materie heranzuziehen sind, so daß dem Aufsichtsrat keine nennenswerte Steuerungsfunktion im Unternehmen garantiert wird - auch nicht die Personalkompetenz des Mitbestimmungsgesetzes[1] -, sondern allenfalls als Ergebnis einer besonderen Satzungsgestaltung zu nennenswertem Einfluß gelangen kann[2].

Für die Frage, wer in der KGaA mitbestimmungsrelevante Verträge schließen darf, ist demgemäß auf das Aktienrecht zurückzugreifen, insbesondere auf §§ 278 Abs. 2, 281 AktG, die abweichend von § 23 Abs. 5 AktG eine starke Satzungsgestaltungsfreiheit normieren und demgemäß die Antwort auf das Legitimationsproblem von der dort getroffenen konkreten Ausgestaltung abhängig machen. Relevant wird in diesem Bereich aber auf jeden Fall der Zustimmungsvorbehalt des Komplementärs entsprechend § 285 Abs. 2 S. 1 AktG. Mitbestimmungsrelevante Vereinbarungen berühren essentiell die Rechtsstellung des persönlich haftenden Gesellschafters und stellen eine Angelegenheit dar, für die bei einer Kommanditgesellschaft das Einverständnis des Komplementärs und der Kommanditisten erforderlich wäre, so daß über den Willen des persönlich haftenden Gesellschafters hinweg ein Mitbestimmungsvertrag, auch ein -vergleich, nicht geschlossen werden kann. In diesem Gesellschaftstypus richtet sich die

1) Vgl. §§ 31 I S. 2, 33 I S. 2 MitbestG.

2) Vgl. K. P. Martens, ZHR 138, 179 (212 ff.); Reuter/Körnig, ZHR 14o, 494 (514 ff.); Hoffmann/Lehmann/Weinmann, MitbG, § 1 Rdnr. 1o, § 3o Rdnr. 21; Fitting/Wlotzke/Wißmann, MitbG (2. Aufl.), § 3o Rdnr. 31 ff.; differenziert zum Grundsatz, daß die persönliche Haftung des Komplementärs mitbestimmungsunverträglich sei, Steindorff, FS Ballerstedt (1975), 127 (134 ff., 136 ff.); Naendrup in KG-MitbG, § 25 Rdnr. 127 f.

Befugnis zu Mitbestimmungsverträgen demgemäß nach der in der Satzung geregelten Kompetenzverteilung und diesbezüglicher Beschlußverfahren, die aber wesentlich durch einen Zustimmungsvorbehalt des persönlich haftenden Gesellschafters gemäß § 285 Abs. 2 S. 1 AktG ergänzt werden.

eee) Die Rechtslage bei freiwilliger Einführung einer Mitbestimmung

Soweit eine derartige Einführung in Unternehmen der bereits geschilderten Rechtsformen geschieht, gelten die dort getroffenen Feststellungen.

Sollte die Mitbestimmung in einer Personalgesellschaft eingeführt werden, was zwar einem in der bisherigen Diskussion anerkannten Grundsatz diametral widerspricht[1], gleichwohl aber denkbar und zulässig wäre, ist ein legitimierender Urakt aller Gesellschafter erforderlich, wie er in einzelnen Vorschriften - etwa §§ 1o8 Abs. 1, 1o9, 114 Abs. 1, 115 Abs. 1 letzt. Halbsatz, 119 Abs. 1, 139 Abs. 2 HGB - zum Ausdruck gelangt. Sofern der Gesellschaftsvertrag nichts Besonderes bestimmt, treffen Gesellschafter einer Personengesellschaft wichtige Entscheidungen einstimmig[2]. Für die BGB-Gesellschaft ist insoweit § 7o9 Abs. 1 BGB bezeichnend. Den Gesellschaftern steht es hierbei frei, selbst in Übereinstimmung zu handeln oder aber einstimmig eine entsprechende Befugnis an eine Vertretungsperson oder ein Vertretungsorgan zu verleihen.

---

1) Nachweise in FN 1 auf S. 329.

2) Zum Grundsatz des Einstimmigkeitsprinzips in Personengesellschaften Wiedemann, GesR I, S. 91; eingehend Spengler, FS Ph. Möhring (1965), 165 (166 ff.).

bb) Die Arbeitnehmerseite

Deutlich problematischer als auf der Arbeitgeberseite stellen sich die Kompetenzprobleme zu mitbestimmungsrechtlichen Vereinbarungen auf seiten der Arbeitnehmerschaft. Der Grund dafür liegt in einer innerhalb der Kontroverse Kapital und Arbeit außergewöhnlichen Konstruktion, die das Mitbestimmungsrecht an einen nicht besonders organisierten, nicht gewillkürten, sondern durch seine Realexistenz entstandenen Rechtsträger - die Belegschaft eines Unternehmens - weist und damit das geradezu klassische Handlungsorgan der Arbeitnehmerseite - die Gewerkschaften - zunächst einmal ausschaltet[1]. An dieser grundlegenden Erkenntnis ändert auch nichts die garantierte gewerkschaftliche Vertretung im Mitbestimmungsorgan gemäß § 7 Abs. 2 MitbestG und das diesbezügliche gewerkschaftliche Vorschlagsrecht gemäß § 16 MitbestG. Es drängt sich jedoch die Frage auf, ob es bei diesem Befund bleibt. Immerhin ließe sich denken, daß der geborene Rechtsträger einer Mitbestimmung, die Belegschaft, eine oder mehrere Gewerkschaften in pauschaler Form mit der Wahrnehmung ihrer Interessen beauftragt. Dies könnte auf dem Wege einer privat-

1) Daß an früheren Mitbestimmungsverträgen auf Arbeitnehmerseite immer die Gewerkschaften kontrahierten (vgl. nur das "Lüdenscheider Abkommen" v. 1959 zwischen dem DGB, der IG Bergbau und Energie und der IG-Metall einerseits, den Unternehmen Hoesch, Ilseder Hütte und Klöckner andererseits, von entsprechenden Zuständigkeiten gehen offenbar auch Hensche, AuR 1971, 33 ff., Zekorn, AG 196o, 243 ff., 267 ff. aus), wirkt nur nach der gegenwärtigen Rechtslage befremdlich. In die damals infrage stehende Montan-Mitbestimmung, zu deren Sicherung gegenüber Konzentrationsmaßnahmen und strukturellen Wandlungen die meisten Verträge geschlossen wurden (vgl. Schwegler in KfP-MitbG, Einl. Rdnr. 178 ff.) waren die Gewerkschaften ganz anders einbezogen, vgl. nur § 6 II Montan-MitbestG, als es dem MitbestG vorschwebt.

rechtlichen Ermächtigung bzw. Vollmachtserteilung geschehen - ähnlich, wie auch der Sprecherausschuß als ein nicht im Mitbestimmungsgesetz vorgezeichneter Funktionsträger allein zivilrechtlicher Vertreter der leitenden Angestellten sein kann[1].

aaa) Mitbestimmungsrechtlich handelnde Gewerkschaften

Bezüglich einer derartigen Beauftragung von Gewerkschaften ergeben sich besondere Probleme: Einmal ist zu fragen, welche Mehrheitsverhältnisse innerhalb des eigentlichen Mitbestimmungsträgers eine Delegation diesbezüglicher Befugnisse rechtfertigen. Das Problem stellt sich dabei in größerer Schärfe als etwa beim eben zitierten Sprecherausschuß. Dort vertritt dieses Organ eben nur die "beigetretenen" leitenden Angestellten. Hier wird bei einer vertraglichen Gestaltung und der Verleihung einer dafür geeigneten Befugnis zwangsläufig in die Mitbestimmungskompetenz aller Belegschaftsteilglieder eingegriffen. Zum anderen existiert für eine gewerkschaftliche Belegschaftsvertretung ein allgemeines Zulässigkeitsproblem, das sich aus der Grundentscheidung des Gesetzgebers ergibt, die Herausnahme der unternehmerischen Mitbestimmung aus dem Tarifkonflikt[2]. Man muß sich fragen, ob eine Delegation von Mitbestimmungsgestaltungskompetenzen an gewerkschaftliche Organisationen dieser Intention nicht grundsätzlich zuwider läuft, weil so ein verdeckter Arbeitskampf um die Mitbestimmung durch die Hintertür ermöglicht werden könnte. Eine Vermengung von tarifpolitischen Zielsetzungen und Vereinbarungen über die

1) Zutreffend K. P. Martens, ZfA 198o, 611 (618).

2) Allgemeine Ansicht, vgl. Nachweise in FN 1 auf S. 280; a. A. eigentlich nur Autoren, denen offenbar das Wunschdenken die Feder führt, etwa Däubler, Grundrecht auf Mitbestimmung, S. 229 ff.

unternehmerische Mitbestimmung ist in der Hand eines einheitlichen Verhandlungsträgers für beide Bereiche mehr als naheliegend.

Als Konsequenz aus den vorgetragenen Bedenken ergibt sich somit, daß eine vollständige Identität des tarifpolitischen Gegners der Arbeitgeber-(Anteilseigner-)Seite und eines Vertretungsorgans für mitbestimmungsrechtliche Abschlüsse der Arbeitnehmerschaft aus der erkennbaren Zielsetzung des Mitbestimmungsgesetzes verboten ist[1]. Dies bedeutet in Anbetracht der realen Verfassung der tarifpolitischen Landschaft aber nur, daß Träger der mitbestimmungsrechtlichen Vertragskompetenzen nicht die überregionalen Gewerkschaften bzw. ihre Verbände sein können, die als tarifvertragliche Kontrahenten der Arbeitgeberseite auftreten. Es erscheint hingegen nicht bedenklich, eine Gewerkschaft zu "beleihen", die keine prägende tarifvertragliche Kraft entfaltet, z.B. als eine Minderheit in einem überregionalen Gewerkschaftszusammenschluß keinen durchschlagenden Einfluß auf Arbeitskampfbeschlüsse und Tarifforderungen besitzt. In diesen engen Grenzen sind Gewerkschaften nicht schon grundsätzlich davon ausgeschlossen, als autonome Vertragspartner für eine Belegschaft in unternehmerischen Mitbestimmungsfragen zu fungieren. Noch weniger ist natürlich wegzudenken, daß die Gewerkschaften auf jeden Fall unterstützend und beratend auf der Arbeitnehmerseite, für den Mitbestimmungsrechtsträger "Belegschaft" tätig werden. Daß damit eine Verfilzung von Tarifpolitik und unternehme-

---

1) Daran ändert auch eine Vorschrift wie § 11 Abs. 1 S. 2 ArbGG, die eine Vertretung von Arbeitnehmern durch Gewerkschaften als systemtypisch ausweist, nichts. Denn danach vertreten Gewerkschaften im Arbeitsgerichtsprozeß eben nur ihre Mitglieder (zu den damit verbundenen Schwierigkeiten Herschel, JuS 1978, 524 ff.), so daß die dort getroffene Wertung auf das hier bestehende Problem nicht übertragbar ist.

rischer Mitbestimmung nicht vollständig auszuschließen ist, liegt auf der Hand und ist als Folge der parallelen Verfassung der Arbeitnehmereinflüsse auf das Wirtschaftsgeschehen ohne ausgefeilte Abstimmung auf die verschiedenen Einflußformen nicht zu vermeiden. Für diese Fallgruppe ist demgemäß zu untersuchen, welche Voraussetzungen für eine Übertragung der Vertragsgestaltungskompetenz von der Belegschaft auf eine Gewerkschaft oder auch jedes andere geeignete Handlungsorgan vorliegen müssen.

Durch die Vergabe eines garantierten Rechts an die Belegschaft hat der Gesetzgeber eine Zwangskorporation normiert. Daß die einzelnen Mitglieder dieses autonomen Gruppengebildes keine Pflichten treffen, denen jeder sich nicht durch Passivität entziehen könnte, steht dieser Einschätzung nicht entgegen. Allerdings ist der Begriff einer Korporation relativ wertfrei, so daß offen bleibt, nach welchen Rechtsregeln dieses Gebilde zu behandeln ist. Von den bekannten Gruppenrechtsformen erscheint der Verein das Phänomen der Belegschaft in einem mitbestimmungspflichtigen Unternehmen am besten zu kennzeichnen. Zwar hat die Belegschaft ihren "Zweck" nicht autonom gesetzt oder gar in einem statuarischen Akt festgelegt. Etwas Vergleichbares ist aber durch die Zuerkennung des Mitbestimmungsrechts durch die Legislative erfolgt, die damit eine innere Bindung zwischen den Arbeitnehmern einer Belegschaft quasi angeordnet und die Arbeitnehmer insoweit interessenmäßig gleichgeschaltet hat. Unter dem Strich ist somit durch legislativen Akt etwas entstanden, was sich Vereine in Form eines Zwecks selbst zu geben pflegen.

Die Nähe zum Verein ergibt sich auch aus der früher schon dargelegten Struktur des Mitbestimmungsrechts als eines institutionalisierten Gruppenrechts mit nurmehr subjektivem Einschlag[1]. Der institutionelle Einschlag ist gleichsam auch das Einfallstor für demokratische Entscheidungsformen über die mitbestimmungsrechtlichen Positionen. Die Grenzen dieser autonomen Entscheidung einer Belegschaft hinsichtliches ihres Mitbestimmungsrechts sind bei objektiv und gewollt reduzierenden Maßnahmen oben bereits aufgezeigt worden[2]. Eine Belegschaft kann in ihrer gegenwärtigen Besetzung nicht das Mitbestimmungsrecht aller kommenden Belegschaften negativ vorzeichnen. Hierin zeigt sich auch eine deutliche Parallele zur Rechtsfigur des Vereins, der vom individuellen Mitgliederbestand unabhängig ist[3].

Diese Handlungsschranken führen allerdings nicht dazu, einer gegenwärtigen Belegschaft die Befugnis für de futuro wirkende Vergleiche abzusprechen, solange sich der Vertragsgegenstand im Bereich objektiver und ernsthafter Zweifel befindet. Insoweit wirkt sich die Geltungspräferenz des Vergleichs auch als ein Gestaltungsprivileg aus. Solange eine vertragliche Vereinbarung tatbestandsmäßig die Voraussetzungen eines Vergleichsvertrages erfüllt, bestehen daher keine Bedenken, die im BGB für Vereine normierten Beschlußregeln - insbesondere könnte man an § 33 BGB denken - heranzuziehen.

Letztlich kann eine endgültige Entscheidung über die gesonderte Übertragung von Vertragsbefugnissen z.B. auf die Gewerkschaften offen bleiben, da sich im folgenden zeigen

---

1) Siehe S. 290 ff.

2) Siehe S. 293.

3) So schon RGZ 76, 25 (28); vgl. auch Sauter/Schweyer, Verein, S. 1; Stöber, Vereinsrecht, S. 19.

wird, daß die Befugnis zu Mitbestimmungsverträgen inzidenter auf die Aufsichtsratsmitglieder der Arbeitnehmerseite durch deren Wahl übertragen wird.

bbb) Die Aufsichtsratsvertreter der Arbeitnehmerschaft als Träger der Mitbestimmungsgestaltungsbefugnis

Für eine derartige Delegation der Kompetenz für Mitbestimmungsverträge an die Arbeitnehmervertreter im Aufsichtsrat hat sich bereits T. Raiser ausgesprochen[1]. Dieses Verständnis hat den Vorteil, die gewerkschaftsspezifische Problematik auszublenden. Denn die Arbeitnehmervertreter werden in einem Verfahren gekürt, das die Gewerkschaften nicht außen vorläßt, was in Anbetracht der Funktionszusammenhänge und der Kompetenz dieser Arbeitnehmerorganisationen wenig sinnvoll wäre, aber diese werden auch nicht zwangsläufig zu den Dominanten der Mitbestimmung. Sie sind lediglich proportional zu ihrer sonstigen Repräsentanz und Einflußnahme auf die unternehmerische Mitbestimmung bei der vertraglichen Gestaltung vertreten.

Inhaltlich spricht für eine Zuweisung der Vertragsbefugnis an die Aufsichtsratsmitglieder vor allem, daß sie die einschlägigen Vertreter der Belegschaft sind und von den Auswirkungen derartiger Verträge unmittelbar betroffen werden, was Schutz gegen eine allzu leichtfertige Vereinbarung über den Mitbestimmungsbestand gewährt.

Problematisch an einer derartigen Vertretungsbefugnis ist hingegen die zeitliche Befristung des Aufsichtsratsmandats,

---

1) T. Raiser, BB 1977, 1461 (1464).

die nicht im Einklang mit der an sich dauerhaften Wirkung von Verträgen steht, insbesondere bei Vergleichen, die eine Kontroverse endgültig bereinigen sollen. Diese Diskrepanz ist aber unter zwei Aspekten durchaus akzeptabel. Zum einen läßt sich ein Mitbestimmungsvertrag befristen, so daß insoweit eine Stimmigkeit der Laufzeiten herstellbar wird. Zum anderen ist dieses Problem der Verfügung eines gegenwärtigen Rechtsträgers für zukünftige Rechtsträger bei jedem Kompetenzträger gegeben, so daß sich hierin eine allgemeine Schranke finden läßt, die allein im Zweifelsbereich über zwingende Gesetzesreichweiten zu Vertragsschlüssen ermächtigt[1], aber kein spezifisches Problem der Aufsichtsratsmitglieder als delegierte Rechtsträger darstellt.

Ein anderes Problem der Vertreterstellung der Aufsichtsratsmitglieder ist in der "Interessenverfälschung" zu sehen, die dadurch entstehen kann, daß Aufsichtsratsmitglieder jahrelang im Dunstkreis der Anteilseignervertreter - eingeschworen auf das Unternehmensinteresse [2] - ihre Wurzel vergessen und damit in ihrem Repräsentationsgrad für die Arbeitnehmerschaft herabsinken. Wegen der durch die Aufsichtsratsmitglieder weitgehend selbst beeinflußten Informationen aus dem Mitbestimmungsorgan an die Belegschaft ist nicht sichergestellt, daß eine derartige Einflußnahme über die Wahlen jeweils korrigiert wird. Aber letztlich führt auch dieser Gesichtspunkt nicht dazu, den Aufsichtsratsmitgliedern der Arbeitnehmerseite die Vereinbarungskompetenz abzuerkennen. Existierte ein derartiger Verschleiß typischer-

1) Zu weit geht sicherlich T. Raiser, der schon vertragliche Gestaltungen zum Zwecke der Vereinfachung für möglich hält, vgl. BB 1977, 1461 (1466 f.). Das liegt m.E. außerhalb einer rechtstreuen Mitbestimmungsbehandlung.

2) S. dazu schon FN 2 auf S. 287.

weise, müßte man wohl auch eine zeitliche Höchstdauer von Aufsichtsratsmitgliedschaften in das Gesetz aufnehmen. Einer derartigen Einbindung der Arbeitnehmervertreter in das anteilseignergeprägte Interessenlager und einer entsprechenden Repräsentationsverwässerung steuert eine regelmäßig wiederkehrende Konfrontation im Aufsichtsrat mit den Anteilseignervertretern entgegen. Diese läßt sich - vor allem prognostisch - zwar nicht beweisen, es ist jedoch anzunehmen, daß die Arbeitnehmervertreter mindestens bei für die Arbeitnehmer brisanten, für die Anteilseignerseite kostenträchtigen Punkten immer wieder an die Grundstruktur der divergierenden Interessen erinnert werden[1]. Diese Einschätzung - wie auch die insoweit gewiß stabilisierende Beteiligung von selbst mächtigen und interessenbewußten Korporationen wie den Gewerkschaften - fangen die Gefahren allzu starker Integration der Arbeitnehmervertreter in das Anteilseignerlager im Aufsichtsrat mit ausreichender Sicherheit auf.

Problematisch an der Idee T. Raisers ist allerdings, daß die möglicherweise damit beauftragten Aufsichtsratsmitglieder mit einfacher Mehrheit gewählt sind, somit nicht auf einen ähnlich legitimierenden Urakt zurückgehen, wie es bei der Anteilseignerseite und entsprechenden Sonderbeauftragten der Fall sein muß. Aus der Struktur der Zwangskorporation "Belegschaft" und der sinngemäß heranziehbaren Vorschriften über das Vereinsrecht - insbesondere § 33 BGB - bedarf es einiger differenzierter Überlegungen zur Ansicht T. Raisers. Zwar ist es inhaltlich naheliegend, die Aufsichtsratsvertreter und nicht etwa die Gewerkschaften als

1) Derartige Prognosen oder gar Beobachtungen innerhalb der Unternehmen tragen schließlich auch die zunehmend kritischere Haltung gegenüber der Normierbarkeit eines einheitlichen Unternehmensinteresses, vgl. schon die Nachweise in FN 2 auf S. 287 am Ende.

den adäquaten Personenkreis auch zur Vertretung bei vertraglicher Mitbestimmungsgestaltung anzusehen. Es fragt sich allein, ob nach der Wahl eine gesonderte an die Mehrheitsverhältnisse des § 33 BGB anknüpfende Legitimationsabstimmung erforderlich ist, oder ob die Rechtslage auf der Arbeitnehmerseite insofern signifikant von der Rechtslage auf der Anteilseignerseite abweicht, daß hier ein Urakt mit einfacher Mehrheit, der in der "normalen" Wahl enthalten wäre, ausreicht.

In der Tat kann man die Legitimationsanforderungen beider Seiten nicht gleichschalten. Das folgt zwar nicht daraus, daß Kapital- und damit Eigentumsinteressen als Sachsubstanzrechte grundsätzlich höher anzusetzen sind als die Position, die den Arbeitnehmern durch das Mitbestimmungsgesetz zugewiesen wird. In der Wertigkeit sind diese Positionen durchaus ebenbürtig. Strukturell besteht jedoch ein gravierender Unterschied, da Anteilseignerrechte grundsätzlich subjektiv angelegt sind und typenmäßig keine Kollektivierungstendenz im Hinblick auf die Verfügbarkeit enthalten, das Mitbestimmungsrecht sich hingegen als ein institutionalisiertes Gruppenrecht mit nurmehr subjektivem Einschlag darstellt. Der einzelne Belegschaftsangehörige sieht sich von vornherein in seiner diesbezüglichen Rechtstellung als ein Kettenglied, das erst in der Gesamtheit als Rechtsträger fungieren kann und - anders als ein Kapitalgeber durch summenmäßige Bestimmung seiner Beteiligung usw. - darüber praktisch keine individuelle Verfügung zu treffen vermag.

Nun ließe sich dagegen wiederum einwenden, daß in einer solchen Situation auch jedes Vereinsmitglied stehe und dort dennoch in § 33 BGB für entsprechend hochkarätige

Entscheidungen (Satzungsänderungen) Mehrheitsqualifikationen verlangt sind, also offenbar eine a priori gegebene Gruppenanbindung einer Rechtsposition nicht vor Qualifikationserfordernissen schütze. Dieses Argument schlägt gleichwohl nicht durch. Die Rechtslage bei Änderungen einer Vereinssatzung, bei der von vornherein feststeht, daß von dem bisherigen Ist-Zustand abgewichen wird und auch konkret gemessen werden kann, in welchem Umfang abgewichen wird, darf mit den hier in Frage stehenden vertraglichen Vereinbarungen über die Mitbestimmung nicht verglichen werden. Vergleiche sind in diesem Bereich für die Arbeitnehmerseite eben nur möglich, um eine gesetzlich unklar verfaßte Situation zu bereinigen. Es steht eben nicht fest, ob, vor allem nicht, in welchem Umfang die - gewissermaßen nicht vorhandene - "wahre" Rechtslage verfälscht wird. Bei der anderen zulässigen Spielart mitbestimmungsrechtlicher Verträge kann man auf Arbeitnehmerseite ohnehin großzügig verfahren. Im Falle der Aufstockung der Arbeitnehmerbeteiligung an der unternehmerischen Entscheidungsfindung steht allein eine Besserstellung auf dem Spiel, die eine qualifizierte Beschlußfassung nicht dringlich erscheinen läßt. Die insoweit eingegrenzten Möglichkeiten, die für Mitbestimmungsverträge auf Arbeitnehmerseite existieren, überlagern die ratio der erwogenen Analogie zu § 33 BGB.

Es rechtfertigt sich hier eine gewisse Skepsis, die Parallelen aus dem schlüssigen Konzept des Vereinsrechts auf einen so regelungsoffenen Personenkörper wie die typenmäßig im Gesetz nicht näher beschriebene Belegschaft schematisch zu übertragen. Die bei mitbestimmungsrechtlichen Fragen immer wieder auftauchenden Lücken ermöglichen keine umfassenden Analogieschlüsse, da die inhaltliche Identität der zu verbindenden Normenbereiche begrenzt ist, überdies gelegentlich auch gar keine Lücken, sondern plangemäße Offenheiten vorliegen[1].

Zusammenfassend kann daher für die Arbeitnehmerseite eine mit einfacher Mehrheit vorgenommene und ausreichend legitimierte Zuweisung der Vertragsschlußkompetenz an die Aufsichtsratsmitglieder bejaht werden, wobei der den Aufsichtsratsmitgliedern offenstehende Regelungsumfang auf die Fälle ernsthafter Zweifel über den Mitbestimmungsbestand oder die Verbesserung der Mitbestimmungsmöglichkeiten beschränkt ist.

In Unternehmen, die eine Mitbestimmung freiwillig einführen, gilt insoweit etwas anderes, da hier zumindest die konstituierenden Vertragsschritte der Arbeitnehmer schon vor der Existenz von Mitbestimmungsvertretern fällig werden. Für einen solchen Fall hat der mitbestimmungsbegründende Vertrag seine Legitimation direkt aus einer Abstimmung innerhalb der Belegschaft abzuleiten. Hier wird man einfache Mehrheit ausreichen lassen können, da allein eine Begünstigung in Frage steht und jeder einzelne Arbeitnehmer sich der Wahrnehmung des dermaßen erworbenen Rechtes durch Passivität individuell entziehen kann. Eine Kompetenz der Aufsichtsratsvertreter entsteht allerdings für spätere, weitere Vertragsschritte, nachdem Form und Ausmaß der Mitbestimmung festgelegt und die Vertreter der Arbeitnehmerseite gewählt sind.

cc) Ergebnis

Die Parteilegitimation zu mitbestimmungsrechtlichen Vereinbarungen zwischen Anteilseignern bzw. Gesellschaftern und Arbeitnehmern bzw. von ihnen beauftragten Personen führt zu

---

1) So im Befund richtig Lutter, ZGR 1977, 195 (2oo f.).

unterschiedlichen Ergebnissen. Ein "symmetrisches Modell", wie es T. Raiser vorschlägt[1], scheitert an der gesellschaftsrechtlichen Würdigung derartiger Vorgänge, die einerseits den rechtsformspezifischen Ansatz des Mitbestimmungsgesetzes zu wahren hat, andererseits auch an qualifiziertere Mehrheiten zu binden ist, als es die Wahl eines Aufsichtsratsmitglieds verlangt.

Auf der Anteilseigner- bzw. Gesellschafterseite ist ein Urakt mit qualifizierter Mehrheit, die auch für eine Satzungsänderung ausreichen würde, erforderlich. Bei der KGaA ist überdies der Zustimmungsvorbehalt des persönlich haftenden Gesellschafters zu beachten. In Personalgesellschaften[2] kann ein Mitbestimmungsvertrag nur auf freiwilliger Basis und mit Zustimmung aller Gesellschafter geschlossen werden, sofern nicht durch den seinerseits auch zwangsläufig einstimmigen Gesellschaftsvertrag etwas anderes vorgesehen ist.

Auf der Arbeitnehmerseite ist die Idee T. Raisers, die Aufsichtsratsmitglieder für Mitbestimmungsverträge zu befugen, überzeugend. Sie ist nicht nur sachlich angemessen und handlungsökonomisch, sie vermeidet eine Konfliktlage, indem sie einem potentiellen systemwidrigen Gewerkschaftszugriff auf die unternehmerische Mitbestimmung vorbeugt und damit die Zweiteilung Tarifvertragssystem/Mitbestimmungsbereich aufrechterhält. Die Handlungskompetenz der Arbeitnehmerseite ist jedoch entsprechend den früher schon dargelegten Beschränkungen auf Vergleiche über ernsthaft zweifelhafte Rechtsfragen und Besserstellungen der arbeitnehmerseitigen Mitbestimmungsbefugnisse begrenzt.

---

1) T. Raiser, BB 1977, 1461 (1464).

2) Soweit sie nicht ausnahmsweise gemäß § 4 MitbestG mitbestimmungspflichtig sind.

c) Der praktische Ablauf beim Abschluß eines Mitbestimmungsvergleichs

Abschließend soll der praktische Ablauf bei einer vergleichsweisen Bereinigung von Streitigkeiten über das Mitbestimmungsgesetz dargelegt werden.

Da die meisten der hinsichtlich ihrer Zulässigkeit umstrittenen Maßnahmen auf gesellschaftsrechtliche Verhaltensmöglichkeiten, die naturgemäß autonom von Seiten der Anteilseigner/Gesellschafter erlassen werden, zurückgehen, stellt sich die Frage, wie diese einseitige Handlungsstruktur in eine vertragliche Ebene überführt werden kann. Hierfür genügt im Grunde der Widerspruch der Belegschaft, regelmäßig vertreten durch die Arbeitnehmervertreter im Aufsichtsrat, die für Vereinbarungen und eine solche Vereinbarung einleitenden Schritte eine Annexkompetenz besitzen [1].Mit dem Widerspruch und der darin enthaltenen Behauptung, die beschlossene oder geplante gesellschaftsrechtliche Maßnahme sei nach dem Mitbestimmungsgesetz verboten, entsteht ein streitiges Rechtsverhältnis, das im Vergleichswege bereinigt werden kann. Es kommen auf diese Weise Verhandlungen in Gang, die einmal zu dem Ergebnis führen können, daß eine der vertretenen Auffassungen richtig ist, d.h. der Streitpunkt eindeutig im Mitbestimmungsgesetz - und sei es auch nur in erkennbarer Weise nach Sinn und Zweck - geregelt ist. Dann wird eine der Parteien sich der anderen Seiten unterwerfen und entweder den Widerspruch zurücknehmen oder die gesellschaftsrechtliche Maßnahme stoppen. Zum anderen kann in den Verhandlungen die oben wiederholt dargelegte Erkenntnis durchdringen, daß mit der Schaffung des Mitbestimmungsgesetzes zwar eine Regelung erfolgt ist, die irgendwie auch Ausstrahlungen auf die gesellschaftsrechtlich beabsichtigte Maßnahme haben müßte. Es bleiben jedoch Art und Umfang der Schrankenwirkung aus

---

1) Siehe vorstehend Seite 353 ff.

dem Mitbestimmungstelos undeutlich. Für diesen Fall haben die Parteien nunmehr die Möglichkeit, sich durch gegenseitiges Abrücken von den Maximalforderungen, die eine Modifizierung des ursprünglich behaupteten Mitbestimmungstelos beinhaltet, über den Streitpunkt zu vergleichen und eine Vereinbarung über die beabsichtigte gesellschaftsrechtliche Maßnahme zu treffen, die Art und Umfang der Maßnahme neu gestaltet.

Unternehmen, die in dieser Weise zusammen mit der Arbeitnehmerseite zweifelhafte Punkte der Mitbestimmung in eine gültige Regelung umsetzen wollen, sind demgemäß gut beraten, geplante gesellschaftsrechtliche Maßnahmen, die mitbestimmungsrelevant sind, informell den Arbeitnehmervertretern im Aufsichtsrat mitzuteilen.

Fraglich ist, inwieweit die Rechtslage zwischen den Parteien der Mitbestimmung verändert wird, wenn eine Aufforderung der Anteilseignerseite zur Stellungnahme von der Arbeitnehmerschaft nicht befolgt wird. Man wird ohne weiteres ausschließen können, daß hier Erklärungspflichten der Arbeitnehmerseite bestehen, konsequenterweise können hier auch keine diesbezüglichen Fristen laufen.[1] Fraglich bleibt allein, ob eine derartige Mitwirkungsverweigerung zur Verwirkung irgendwelcher Rechte auf Seiten der Arbeitnehmerschaft führen kann. Aber auch dies ist mit Entschiedenheit abzulehnen, da die hier vorgeschlagene Form privatautonomer Ausgestaltung von unklaren mitbestimmungsgesetzlichen Regelungen lediglich eine fakultative Möglichkeit darstellt, praktikable Verhältnisse zu schaffen. Da es sich bei der Mitbestimmung eben nicht um tarifvertragsfähige Verhandlungs-

1) Auch eine analoge Anwendung von Erklärungsfristregeln wie etwa § 1o8 II, 415 II, 416 BGB scheidet aus, da etwaige Erklärungspflichten bzw. Rechtswirkungsfiktionen aufgrund von Nichterklärungen ein Vorverhalten der eigenen oder zurechenbarer Personen voraussetzt, woran es im mitbestimmungsrechtlichen Fall fehlt.

gegenstände handelt, kann auch von einer Verhandlungspflicht hier nicht die Rede sein [1])

d) Die typologische Einordnung von Mitbestimmungsvereinbarungen

Zur typologischen Einordnung einer derartigen Vereinbarung über Mitbestimmungsprobleme ist anzumerken, daß es sich hierbei um einen Vergleichsvertrag (evtl. sui generis wegen des Rückgriffs auf das Mitbestimmungstelos als Gegenstand des strittigen Rechtsverhältnisses) handelt, so daß eine Zuordnung unter die herkömmlichen Vertragsarten zur Interessenabstimmung zwischen Arbeitnehmern und Arbeitgebern (bzw. Anteilseignern/Gesellschaftern) nicht in Frage kommt.

Daß es sich um keinen Tarifvertrag handelt, ergibt bereits die durch den Gesetzgeber vorgenommene Ausgrenzung der Mitbestimmung aus dem tarifrechtlichen Bereich [2]).

Gegen eine Einschätzung als Betriebsvereinbarung spricht, daß sich hier die dafür gesetzlich vorgesehenen Partner - gemäß § 77 BetrVG 1972 der Arbeitgeber und der Betriebsrat - nicht mit den für eine mitbestimmungsrechtliche Vereinbarung zuständigen Parteien zur Deckung bringen lassen. Fragen der unternehmerischen Mitbestimmung bewegen sich nicht auf der Ebene, auf der eine gemeinsame Zuständigkeit von Arbeitgebern und Betriebsräten begründet ist [3]).

---

1) Zur Verhandlungspflicht der Tarifpartner siehe Gamillscheg, Koalitionsfreiheit, S. 43; Mayer-Maly, RdA 1966, 2o1 (2o5 ff. Wiedemann/Stumpf, TVG, § 1 Rdnr. 358; a.A. allerdings BAG AP Nr. 5 zu Art. 9 GG (Leitsatz).

2) siehe FN 1 auf S. 280.

3) Vgl. auch Beuthien, JurA 197o, 13o ff.; Hensche, AuR 1971, 33 (37 f.).

Weiter stellt sich eine Klärung über mitbestimmungsrechtliche Probleme nicht als ein sogenannter mitbestimmungsrechtlicher Unternehmensvertrag dar, wie er vornehmlich von Hensche proklamiert worden ist [1]. Hensche geht von der Mitbestimmung nach dem Betriebsverfassungsetz 1952 aus und sieht als potentielle Kontrahierungspartner die Gewerkschaften auf der einen und den Arbeitgeber auf der anderen Seite. Es ist insofern schon zweifelhaft, ob die für unternehmerische Mitbestimmungsverträge zuständigen Vertragspartner den hier in Frage stehenden mitbestimmungsrechtlichen Unternehmensvertrag schließen könnten. Gegen die Annahme eines Unternehmensvertrags spricht überdies entscheidend, daß der Unternehmensvertrag in §§ 291 ff. AktG für einen inhaltlich eng begrenzten Geschäftskreis vorgegeben wird, so daß Hensche selbst die Möglichkeit eines mitbestimmungsrechtlichen Unternehmensvertrages für die Aktiengesellschaft im Hinblick auf ihre strenge Gesellschaftsverfassung ablehnt [2]. Damit steht fest, daß dieser Vertragstypus jedenfalls für eine übergreifende Einordnung nicht zur Verfügung steht.

Der Erkenntniswert, den derartige Oberbegriffe für die hier besprochene Mitbestimmungsvereinbarung bewirken können, ist ohnedies begrenzt. In diese Richtung läßt sich auch die Auffassung T. Raisers verstehen, daß neue Vertragsarten keiner positiven Gesetzesgrundlage bedürfen [3]. Für die hier vorgeschlagene Vereinbarung bedarf es dabei nicht der Annahme

---

1) Hensche, AuR 1971, 33 (38 f.).

2) Hensche, AuR 1971, 33 (39).

3) T. Raiser, BB 1977, 1461, der am Ende des Abschnitts eine Anlehnung an §§ 291 ff. AktG gleichermaßen empfiehlt wie auch "an die Vorschriften über Betriebsvereinbarungen und Tarifverträge".

einer neuen Vertragsart, es handelt sich um eine Ausgestaltung des Vergleichsvertrages gemäß § 779 BGB, der es möglich macht die Gefahren eingeschränkter Verfügungsbefugnisse in einem mit zwingenden Regelungen durchsetzten Bereich zu vermindern.

e) Ergebnis zu II.

Die vorstehenden Überlegungen haben gezeigt, daß mit dem Vergleichsvertrag ein relativ effizientes Instrument zur Verfügung steht, die kodifikatorischen Fehlleistungen des Mitbestimmungsgesetzes zu korrigieren. Nach dem hier vertretenen Konzept einer restriktiven Anerkennung zwingenden Rechts, die auf die Erkennbarkeit aus dem Blickwinkel eines durchschnittlichen Normadressaten abstellt, sind die durch das Mitbestimmungsgesetz begründeten zwingenden Rechtswirkungen zum Teil recht schmal und nur in den seltensten Fällen durch Interpretationen aus dem telos dieses Gesetzes weiter auszubauen. Insoweit verbleibt zunächst beträchtlicher Raum für privatautonome Regelungen jeder Art und privatautonom ausgelöste Maßnahmen des Gesellschaftsrechts. Da der Verlauf der mitbestimmungsrechtlichen Diskussion in Literatur und Rechtsprechung jedoch nicht darauf hoffen läßt, daß die hier vorgetragenen, engeren Voraussetzungen für die Anerkennung zwingenden Rechts allgemein geteilt werden, ist damit zu rechnen, daß von den Gerichten in einzelnen Fällen jeweils ein telos zur Begründung zwingender Normbefehle im Interpretationswege gefunden wird, das im Vorwege auf der Basis des im Mitbestimmungsgesetz ausgewiesenen Gesetzesmaterials nicht sicher kalkuliert werden kann, gleichwohl aber mitbestimmungsbeeinflussende Maßnahmen mit einer Nichtigkeitsfolge bedroht. Unter diesem Aspekt besteht ein erhebliches Bedürfnis für ein privatautonomes Regelungsinstitut, das gegenüber derartigen teleologisch entwickelten Schranken aus dem Mitbestimmungsgesetz möglichst resistent bleibt. Den größtmöglichen Schutz gegenüber unklaren zwingenden Gesetzesinhalten bietet der Abschluß eines Vergleichsvertrages, in dem die

Normbetroffenen ihre ernsthaften und objektiven Zweifel am Mitbestimmungstelos und den aus einer Gesamtschau des Mitbestimmungsgesetzes herausinterpretierbaren Regelungsinhalten unter gegenseitigem Nachgeben in einer konkreten Vereinbarung beseitigen, um untereinander wieder eine feste Rechtsbasis zu schaffen. Ein derartiger Vereinbarungsakt, der den Parteien Rechtssicherheit und Rechtsfrieden gewährleistet, ist durch das Wirkungsprivileg des Vergleichsvertrages geschützt und wird auch durch eine spätere gerichtliche Interpretation innerhalb des geregelten Bereichs nicht unwirksam.

Notwendig ist jedoch, daß beim Abschluß des Vertrages die Tatbestandsmerkmale eines Vergleichs und die Vorbedingungen des Wirkungsprivilegs - das Vorliegen ernsthafter und objektiver Zweifel über die Reichweite des zwingenden Mitbestimmungsrechts - gegeben sind. Darüber hinaus müssen die zum Abschluß einer Mitbestimmungsvereinbarung legitimierten Vertragspartner tätig werden. Auf seiten der Anteilseigner sind dies durch eine Beschlußfassung mit qualifizierten Mehrheitserfordernissen gewillkürte Vertreter, auf seiten der Arbeitnehmerschaft geschieht dies durch ihre Vertreter im Aufsichtsrat.

4. Teil:
Das Gesamtergebnis der vorliegenden Untersuchung

1. Unsere Rechtsordnung basiert auf dem Vorrang der gütlichen (privatautonomen) Konfliktbereinigung gegenüber einer staatlich verordneten Schlichtung von Rechtsstreitigkeiten. Dieser Charakter der Rechtsordnung als Friedensordnung, die staatliche Lenkungseingriffe nur als Reservemaßnahme zur Verfügung hält, läßt sich gleichermaßen aus

einzelnen Normen des positiven Rechts wie aus den verfassungsrechtlichen Freiheitsprinzipien belegen. Insbesondere ergibt ein Vergleich der Entscheidungsmechanismen innerhalb einer privatautonomen Vereinbarung zur Konfliktbereinigung und einer staatlich-institutionalisierten Beilegung, daß in beiden Fällen durchaus gleichwertige Gesichtspunkte zum Tragen kommen. Die privatautonome Lösung bietet regelmäßig sogar die Gelegenheit zu differenzierteren, dem Einzelfall gerechter werdenden Ergebnissen, als sie auf der notwendigerweise verallgemeinerungsfähigen (generell-abstrakten) Basis eines förmlichen Prozesses möglich sind. Die Gefahren einer Unausgewogenheit zwischen den Vertragspartnern wird durch die Möglichkeit des Überwechselns in ein richterlich beaufsichtigtes Entscheidungsverfahren weitgehend ausgeschaltet.

2. Diesem Vorrang gütlicher privatautonomer Vereinbarungen wird durch die Kodifizierung zwingenden Rechts Schranken gesetzt. Die Beschäftigung mit dem sogenannten "zwingenden Recht" ergibt dabei, daß die gesetzestechnische Verfassung von zwingenden Rechtsnormen sehr unterschiedlich und uneinheitlich verläuft und keine übergreifende Methodik erkennen läßt. Bei der Ausgrenzung zwingenden Rechts handelt es sich um ein "syntaktisches" Auslegungsproblem, dessen Bedeutung weniger im Verständnis einzelner Begriffe ("semantisches" Auslegungsproblem) liegt als vielmehr in einer sprachlich eindeutigen Verankerung des Regelungsanspruchs von Normen.

3. Untersucht man die vorhandenen Formen des zwingenden Rechts, lassen sich Differenzierungen nach verschiedenen Ebenen treffen, wie z.B. nach den Schutzobjekten (sachbezogen oder personenbezogen), den Funktionen des zwingenden Rechts

(Grenznormen, Definitionsnormen, Geltungsfiktionen usw.) oder den Anordnungsformen des zwingenden Rechts (Verbotstechnik, Darstellungstechnik, Gebotstechnik). Das wesentliche Problem, eine derartige Systematik in verwertbare Ergebnisse umzumünzen, liegt dabei zum einen in der Verzahnung der einzelnen Ebenen und zum anderen in dem Umstand, daß die innerhalb der Untersuchung gefundenen Einordnungskriterien für zwingendes Recht von der Legislative (und auch von der Rechtsprechung) zumindest bislang nicht beachtet werden und deshalb bei der Abfassung der Normen keine einheitliche Sprachregelung existiert, die dem Normbetroffenen ein sicheres Erkennen des Regelungsgehalts ermöglicht.

4. In Anbetracht des Ausnahmecharakters, den zwingende Rechtsvorschriften innerhalb unserer Rechtsordnung besitzen, ist es Sache des Gesetzgebers, ein durch Begebung zwingender Rechtssätze beanspruchtes Regelungsmonopol sprachlich deutlich zum Ausdruck zu bringen. Bei der Reichweitenbestimmung zwingenden Rechts kann deshalb auch nicht im üblichen Umfang auf die teleologische Auslegungsmethode zurückgegriffen werden. Vielmehr ist das Vorliegen zwingenden Rechts in erster Linie am Wortsinn zu messen. Eine Interpretationsschranke für die Bestimmung zwingender Rechtswirkungen bildet dabei das Erkenntnisniveau eines durchschnittlichen Normadressaten.

5. Die Problematik der methodischen Ableitung zwingenden Rechts und die daraus resultierende mangelhafte Erkennbarkeit der Reichweite einer möglicherweise zwingend intendierten Gesetzesnorm werfen die Frage auf, inwieweit privatautonome Vereinbarungen zur Lösung dieses Auslegungsdilemmas beitragen können. Das grundsätzliche Primat der

gütlichen (privatautonomen) Problemschlichtung vor der staatlich verordneten Konfliktlösung sowie die Funktion unserer Rechtsordnung als Friedensordnung (Befriedungsfunktion) machen es erforderlich, bei der Reichweitenbestimmung zwingenden Rechts eine Vereinbarung, die sich nicht als schlichter Austauschvertrag darstellt, sondern offenkundig der Problembereinigung über eine zwischen den Parteien strittige, von der Rechtsordnung für den konkreten Fall nicht eindeutig und zwingend vorgeregelten Rechtsfrage dient, mit besonders weitgehenden Rechtswirkungen zu versehen.

6. Anknüpfungspunkt ist dabei der in § 779 BGB als privatautonomes Schlichtungsinstrument enthaltene Vergleichsvertrag. Einem Vergleichsvertrag, der im Bereich zwingenden Rechts über ein Problem geschlossen wird, über das bei objektiver Betrachtungsweise (aus dem subjektiven Blickwinkel) der Parteien ernsthafte Zweifel (über den Inhalt, die Reichweite des verbindlichen Gesetzesinhalts) vorliegen, kommt ein Wirkungsprivileg zu, das sich dogmatisch als Begrenzungsfaktor des zwingenden Rechts darstellt. Diese Erkenntnis liegt offenbar auch drei BGH-Entscheidungen im Wettbewerbsrecht zugrunde. Wenngleich das Gericht sich zur dogmatischen Herleitung seiner Urteilssprüche nicht äußert, lassen sich die dort gefundenen Ergebnisse nur aus einer Privilegierung des Vergleichsvertrages gegenüber anderen gegenseitigen Verträgen erklären.

7. Um sicherzustellen, daß die einer zwingend intendierten Rechtsregelung zugrundeliegenden Schutzgedanken nicht durch beliebige privatautonome Vereinbarungen ausgehebelt werden können, ist die Zuerkennung eines Wirkungsprivilegs streng von dem Vorliegen der tatbestandsmäßigen Voraussetzungen eines Vergleichsvertrages sowie dem Bestehen

ernsthafter und objektiver Zweifel an einer möglicherweise zwingend geregelten Rechtsfrage abhängig zu machen.

Wegen des Tatbestandsmerkmals des gegenseitigen Nachgebens ist die durch das Wirkungsprivileg stattfindende Eingrenzung zwingender Rechtswirkungen grundsätzlich zu versagen, wenn die zwischen den Parteien offene Frage nur eine binale Antwort (ja oder nein, Lösung a) oder b)) zuläßt. Weiter muß sich das gegenseitige Nachgeben auf ein einzelnes, konkret streitiges Rechtsproblem beziehen und darf nicht nur mehrere Streitpunkt dergestalt miteinander kombinieren, daß erst eine Gesamtschau aller in einem Vertrag zusammengefaßten Fragen eine Gegenseitigkeit des Nachgebens erkennbar macht, die sich in Wirklichkeit jedoch allein als ein Austausch von mehreren einseitigen Zugeständnissen darstellt. Ähnlich kann eine richterliche Vergleichsprüfung ergeben, daß ein "Unterwerfungsvergleich" vorliegt, in dem eine Partei so unwesentlich nachgibt, daß eine Anwendung des Wirkungsprivilegs entfallen muß. Dies gilt auch für einen Prozeßvergleich, wenn dieser nur noch zu dem einen Zweck geschlossen wird, den gerichtlichen Spruch zu unterlaufen.

Im übrigen verbleibt es bei einem allgemeinen Wirkungsprivileg von Vergleichsverträgen, das unabhängig vom Regelungsgegenstand des Vergleichs (Regelungs-, Rechtsfrage oder zwingende Rechtsfolgen begründende Tatsachen) zur Geltung kommt.

8. Obwohl das Wirkungsprivileg von Vergleichen grundsätzlich gegenüber allen Formen zwingenden Rechts Geltung besitzt, kann die Anwendungsbreite dieses Prinzips nach einzelnen Bereichen durchaus variieren: Je unklarer der Gesetzgeber

seinen Bereich mit zwingenden Kodifikationen durchzieht, desto eher können Parteien über die "wahre" Rechtslage zweifeln und ein diesbezügliches Problem gütlich regeln. Besonders weitgehende Möglichkeiten kommen dem Wirkungsprivileg in Bereichen zu, in denen zwingende Rechtswirkungen erst aus dem Gesamtzusammenhang verschiedener Einzelnormen entnommen werden könnten und das für die Reichweite derartiger zwingender Regelungen maßgebliche Gesetzestelos zwischen den Parteien strittig wird. Insoweit genügt für das gegenseitige Nachgeben ein wechselseitiges Abrücken von dem jeder Seite maximal günstigen Gesetzestelos.

9. Für das Wettbewerbsrecht wird sich das Wirkungsprivileg außer bei der Auslegung von monopolistischen Ausschlußrechten allein bei § 1 GWB auswirken, auf supranationaler Ebene auch bei dem vergleichbaren Artikel 85 des EWG-Vertrages. Für die kartellrechtliche Problematik übernimmt das Wirkungsprivileg dabei wirkungsmäßig die Funktion eines in anderen Rechtsordnungen als "rule of reason" niedergelegten Korrektivs. Andere durch das Wirkungsprivileg einschränkbare zwingende Vorschriften dieses Bereichs wie §§ 2 ff., 15 ff., 2o f., 22, 25 GWB sind entweder schon allgemein privatautonomen Vereinbarungen zugänglich oder werden durch die einschränkenden Voraussetzungen des Geltungsprivilegs aus seinem Wirkungskreis herausgehalten.

1o. Für das Recht der unternehmerischen Mitbestimmung könnte das Wirkungsprivileg des Vergleichsvertrages besondere Bedeutung gewinnen.

Das Mitbestimmungsgesetz 1976 enthält verschiedene zwingende Regelungen, die nach dem sprachlichen Gehalt der Normen und dem erkennbaren Normenzusammenhang regelmäßig nicht abschließend sind, sondern lediglich Grenznormen darstellen (siehe §§ 1 Abs. 1, 12 Abs. 1, 13 Abs. 2 bis 4, 14 Abs. 1, 15 Abs. 4, 16. Abs. 2 Satz 3, 21 Abs.1, 22, 28 MitbestG). Grundsätzlich sind diese zwingenden Vorschriften damit in schutzzweckkonformer Richtung abweichenden privatautonomen Vereinbarungen zugänglich.

Insbesondere für das Zusammenspiel zwischen Mitbestimmungsrecht und gesellschaftsrechtlicher Gestaltungsfreiheit stellt sich die Frage, ob und in welchem Umfang das Mitbestimmungsgesetz 1976 zwingende Rechtswirkungen aus dem Gesamtzusammenhang der Normen enthält. Diese Form des aus dem Regelungszusammenhang interpretierten zwingenden Rechts läßt sich nur unter Zuhilfenahme des Gesetzestelos begründen. Ein konkretes, in einzelne Ge- und Verbote umzusetzendes Mitbestimmungstelos läßt das Mitbestimmungsgesetz jedoch nur in ganz eingeschränktem Umfang erkennen. Die Vielzahl der hierzu in der Literatur verlautbarten Auffassungen basiert nicht mehr auf der Interpretation eines vermeintlich zwingenden Gesetzes, sondern stellt z.T. eine - wertsubjektive - Weiterbildung der Mitbestimmungsoffenheiten dar. Da es nicht die Aufgabe des Rechtsanwenders ist, unter dem Deckmantel der Interpretation Regelungen zu begründen, für die sich bei der legislativen Beschlußfassung keine politischen Mehrheiten gefunden haben, ist insbesondere bei der Gewinnung von zwingenden Rechtswirkungen aus dem Regelungszusammenhang (Mitbestimmungstelos) äußerste Zurückhaltung geboten. Grundsätzlich verbleibt es damit außerhalb des in den einzelnen Normen klar niedergelegten zwingenden Inhalts bei der Möglichkeit zu privatautonomen Vereinbarungen jeder Art zwischen den Normbetroffenen.

11. Im Hinblick auf die methodisch ungesicherte Behandlung zwingenden Rechts steht jedoch zu befürchten, daß die Rechtsprechung unter teleologischen Aspekten Verbots-

wirkungen aus dem Gesamtzusammenhang des Mitbestimmungsgesetzes entwickelt, die im Vorwege aus dem Erkenntnishorizont eines durchschnittlichen Normbetroffenen nicht kalkulierbar sind. Aus diesem Grunde sind die Arbeitgeber und Anteilseigner bzw. Gesellschafter in der Praxis gut beraten, wenn sie sich über Probleme der Mitbestimmung vergleichen, nachdem sie durch eine verstärkte Vorabinformation über gesellschaftsrechtliche Maßnahmen der Arbeitnehmerseite die Möglichkeit zum Widerspruch und damit zur Begründung eines strittigen Rechtsverhältnisses eingeräumt haben. Sofern dieser Vergleich in der Zone ernsthafter und objektiver Zweifel über den möglicherweise zwingenden Gehalt des Mitbestimmungsgesetzes, hier insbesondere über die zwingenden Wirkungen des Mitbestimmungstelos, stattfindet und die Parteien das Problem unter gegenseitigen Nachgeben lösen, muß eine gerichtliche Prüfung die Zulässigkeit dieser Vereinbarung aufgrund des Wirkungsprivilegs eines Vergleichsvertrages aussprechen. Im mitbestimmungsrechtlichen Bereich bietet das Wirkungsprivileg den Normbetroffenen damit eine Möglichkeit für privatautonomes Handeln, das gegen wechselnde teleologische Betrachtungsweisen resistent ist, und die praktikable Handhabung eines rechts- und regelungstechnisch mißlungenen Gesetzes erhöht.

12. Bei mitbestimmungsrechtlichen Vereinbarungen ist dabei darauf zu achten, daß bei beiden Seiten verfügungslegitimierte Partner auftreten. Da die Regelung von Mitbestimmungsfragen wesentliche unternehmenspolitische Belange berührt, ist für den Verhandlungspartner, der die Anteilseigner- bzw. Gesellschafterseite vertritt, ein legitimierender Urakt zu verlangen, der denselben

Mehrheitserfordernissen genügt, wie sie - entsprechend der jeweiligen Rechtsform - für einen satzungsändernden Beschluß verlangt werden. Auf der Arbeitnehmerseite umfaßt das Mandat der mitbestimmungsrechtlichen Vertretung im Aufsichtsrat auch die Befugnis, im Namen der Belegschaft mitbestimmungsrechtliche Vergleichsverträge abzuschließen .

ABKÜRZUNGSVERZEICHNIS

aA = a. A.	anderer Ansicht
aaO = a. a. O.	am angegebenen Ort
ABIEG	Amtsblatt der Europäischen Gemeinschaft
ABl.	Amtsblatt
AbzG	Abzahlungsgesetz
AcP	Archiv für civilistische Praxis
AER	American Economic Review
AFG	Arbeitsförderungsgesetz
AG	Aktiengesellschaft; iVm einem Autor DIE AKTIENGESELLSCHAFT (Zeitschrift)
AGBG	Gesetz über die Allgemeinen Geschäftsbedingungen
AktG	Aktiengesetz
ALR	Allgemeines Landrecht
AmMilRegG	Gesetz der amerikanischen Militärregierung
AN	Arbeitnehmer
Anm.	Anmerkung
AP	Nachschlagewerk des Bundesarbeitsgerichts
ArbGG	Arbeitsgerichtsgesetz
ArbNErfG	Gesetz über Arbeitnehmererfindungen
ArbR	Arbeitsrecht
Art.	Artikel
AT	Allgemeiner Teil
AuR	Arbeit und Recht
BAG	Bundesarbeitsgericht
BAGE	Entscheidungssammlung des BAG

BArbBl.	Bundesarbeitsblatt
BB	Betriebs-Berater
BetrVG	Betriebsverfassungsgesetz
BFuP	Betriebswirtschaftliche Forschung und Praxis
BGB	Bürgerliches Gesetzbuch
BGBl.	Bundesgesetzblatt
BGH	Bundesgerichtshof
BGHSt	Entscheidungssammlung des BGH in Strafsachen
BGHZ	Entscheidungssammlung des BGH in Zivilsachen
BKartA	Bundeskartellamt
Bl.	Blatt
BlStSozArbR	Blätter für Steuer-, Sozial- und Arbeitsrecht
BMW	Bundesministerium für Wirtschaft
BRAGO	Bundesrechtsanwaltsgebührenordnung
BrMilRegVO	Verordnung der britischen Militärregierung
BSGE	Entscheidungssammlung des Bundessozialgerichts
BT	Besonderer Teil
BT-Drucks.	Bundestags-Drucksache
BUrlG	Bundesurlaubsgesetz
BVerfG	Bundesverfassungsgericht
BVerfGE	Entscheidungssammlung des BVerfG
BVerwG	Bundesverwaltungsgericht
BVerwGE	Entscheidungssammlung des BVerwG
DB	Der Betrieb
ders.	derselbe
DJT	Deutscher Juristentag
DÖV	Die öffentliche Verwaltung

EWGV	Vertrag zur Gründung der Europäischen Wirtschaftsgemeinschaft
f.	folgende
ff.	fortfolgende
FN	Fußnote
FS	Festschrift
GATT	Allgemeines Zoll- und Handelsabkommen
GeschmMuG	Geschmacksmustergesetz
GewO	Gewerbeordnung
GG	Grundgesetz
GK	Gemeinschaftskommentar zum GWB
GK-BetrVG	Gemeinschaftskommentar zum BetrVG
GKG	Gerichtskostengesetz
GK-MitbestG = GK-MitbG	Gemeinschaftskommentar zum Mitbestimmungsgesetz 1976
GK zum AktG	Großkommentar zum AktG
GmbH	Gesellschaft mit beschränkter Haftung
GmbHG	Gesetz betreffend die GmbH
GoA	Geschäftsführung ohne Auftrag
GRUR	Gewerblicher Rechtsschutz und Urheberrecht
GVG	Gerichtsverfassungsgesetz
GWB	Gesetz gegen Wettbewerbsbeschränkungen
HAG	Heimarbeitergesetz
HansOLG	Hanseatisches Oberlandesgericht
HGB	Handelsgesetzbuch
hM = h. M.	herrschende Meinung
iSd = i. S. d.	im Sinne des
iVm = i. V. m.	in Verbindung mit

JA	Juristische Arbeitsblätter
Jb.	Jahrbuch
JurA	Juristische Analysen
JuS	Juristische Schulung
JZ	Juristenzeitung
KartellRdsch.	Kartellrundschau
KfP-MitbG	Kommentar für die Praxis, Mitbestimmungsgesetz '76
KK	Kölner Kommentar
krit.	kritisch
KüSchG	Kündigungsschutzgesetz
KunstUrhG	Gesetz betreffend das Urheberrecht an Werken der bildenden Künste und der Photographie
LG	Landgericht
LohnFG	Lohnfortzahlungsgesetz
MA	Der Markenartikel
MDR	Monatsschrift für Deutsches Recht
MitbG = MitbestG	Mitbestimmungsgesetz 1976
MitbestErgG	Ergänzungsgesetz zum MontanMitbG
MK	Münchner Kommentar
MontanMitbG	Gesetz über die Mitbestimmung der Arbeitnehmer in den Aufsichtsräten und Vorständen der Unternehmen des Bergbaus und der Eisen und Stahl erzeugenden Industrie
mwN = m. w. N.	mit weiteren Nachweisen
NJW	Neue Juristische Wochenschrift
OLG	Oberlandesgericht
ORDO-Jb.	Jahrbuch für die Ordnung von Wirtschaft und Gesellschaft
PatG	Patentgesetz

RabelsZ	Zeitschrift für ausländisches und internationales Privatrecht (begründet von E. Rabel)
RdA	Recht der Arbeit
Rdnr. = Rnr. = Rdn.	Randnummer
Reg.Entw.	Regierungsentwurf
RGBl.	Reichsgesetzblatt
RG	Reichsgericht
RGRK	Reichsgerichtsrätekommentar
RGZ	Entscheidungssammlung des Reichsgerichts
s.	siehe
S.	Seite
SAE	Sammlung arbeitsrechtlicher Entscheidungen
SchR	Schuldrecht
SeemG	Seemannsgesetz
SozGG	Sozialgerichtsgesetz
StGB	Strafgesetzbuch
STJ	Stein/Jonas
StPO	Strafprozeßordnung
Süddtsch. Zeitung	Süddeutsche Zeitung
TB	Tätigkeitsberichte des BKartA
TVG	Tarifvertragsgesetz
Tz.	Textziffer
u. a.	unter anderem
u. ä.	und ähnliches
UrhG	Gesetz über Urheberrecht und verwandte Schutzrechte
u. U.	unter Umständen
UWG	Gesetz gegen den unlauteren Wettbewerb

VerlG	Gesetz über das Verlagsrecht
VersR	Versicherungsrecht
VerwVerfG = VwVerfG	Verwaltungsverfahrensgesetz
vgl.	vergleiche
VO	Verordnung
VwGO	Verwaltungsgerichtsordnung
WRP	Wettbewerb in Recht und Praxis
WuW	Wirtschaft und Wettbewerb
WuW/E ...	Entscheidungssammlung WuW, geordnet nach BGH, OLG, BKartA usw.
WZG	Warenzeichengesetz
z. B.	zum Beispiel
ZfA	Zeitschrift für Arbeitsrecht
ZGR	Zeitschrift für Unternehmens- und Gesellschaftsrecht
ZHR	Zentralblatt für Handelsrecht
ZPO	Zivilprozeßordnung
ZRP	Zeitschrift für Rechtspolitik
z. T.	zum Teil
ZZP	Zeitschrift für Zivilprozeß

S C H R I F T T U M S V E R Z E I C H N I S

Adomeit, Klaus	Der gerichtliche Prozeß in Sicht der Rechtstheorie, AcP 174, 407
Ambrosius, Jürgen	Der Berichtsanspruch des Aufsichtsrats nach § 90 Abs. 3 AktG - sein Umfang und seine Grenzen, DB 1979, 2165
Andreae, Wilhelm	Wettbewerb und Wirtschaftsordnung, WuW 1953, 396
Arndt, Adolf	Gesetzesrecht und Richterrecht, NJW 1963, 1273
Badura, Peter	Unternehmerische Mitbestimmung, soziale Selbstverwaltung und Koalitionsfreiheit, RdA 1976, 275
ders./ Rittner, Fritz/ Rüthers, Bernd	Mitbestimmungsgesetz 1976 und Grundgesetz, Gemeinschaftsgutachten 1977
Ballerstedt, Kurt	Der gemeinsame Zweck als Grundbegriff des Rechts der Personengesellschaften, JuS 1963, 253
ders.	Handlungsunwert oder Erfolgsunwert im GWB?, FS Böhm 1965, 179
ders.	Das Mitbestimmungsgesetz zwischen Gesellschafts-, Arbeits- und Unternehmensrecht, ZGR 1977, 131
ders.	Zur Rechtsstellung des Auftraggebers eines Strohmannes nach GmbH-Recht, JZ 1960, 513
Bartholomeyczik, Horst	Die Kunst der Gesetzesauslegung, 1951
Bartsch, Hans-Jürgen	Richtermangel und Dauer der Untersuchungshaft, NJW 1973, 1303
Baumann, Jürgen	Zwangsvollstreckung, 2. Aufl.,1982
ders.	Strafrecht, Allgemeiner Teil, 8. Aufl., 1977
ders./ Fezer, Gerhard	Beschleunigung des Zivilprozesses, 1970
Baumbach, Adolf	Kommentar zum Wettbewerbsrecht, 1929
ders./ Hefermehl, Wolfgang	Wettbewerbsrecht, 14. Aufl., 1983

ders. /Hueck, Alfred	Aktiengesetz, 13. Aufl., 1968
ders./ Lauterbach, Wolfgang/ Albers, Jan/ Hartmann, Peter	Zivilprozeßordnung, 41. Aufl., 1983
Baumgärtel, Gottfried/ Hohmann, Gerhard	Rechtstatsachen zur Dauer des Zivilprozesses (2. Instanz), 1972
ders./ Mes, Peter	Rechtstatsachen zur Dauer des Zivilprozesses (1. Instanz), 1971
Baur, Fritz	Studien zum einstweiligen Rechtsschutz, 1967
ders.	Vereinbarungen der Parteien über präjudizielle Rechtsverhältnisse im Zivilprozeß, FS Bötticher 1969, 1
ders.	Der schiedsrichterliche Vergleich, 1971
ders.	Lehrbuch des Sachenrechts, 12. Aufl., 1983
Baur, Jürgen F.	Das Tatbestandsmerkmal "Wettbewerb", ZHR 134, 97
Bayer, Wilhelm F.	Der Anwendungsbereich des Mitbestimmungsgesetzes, ZGR 1977, 173
Beling, Ernst	Vom Positivismus zum Naturrecht und zurück, FS Philipp Heck, Max Rümelin, Arthur Bruno Schmidt 1931, 1
Benckendorff, Gerhard	Über den Vertrag in § 1 GWB und seine Eignung zur Marktbeeinflussung durch Wettbewerbsbeschränkungen, WRP 1962, 313
Benisch, Werner	Wettbewerbsregeln der "grauen Zone", WuW 1956, 643
ders.	Die unverbindliche Abstimmung unter dem Gesetz gegen Wettbewerbsbeschränkungen, DB 1957, 789
ders.	Die kartellrechtliche Bedeutung des Zwecks von Kooperationsverträgen, DB 1969, 247
Bericht	Bericht über die Verhandlungen der Unternehmensrechtskommission (herausgegeben v. Bundesministerium für Justiz, 1980)

Betti, Emilio	Allgemeine Auslegungslehre als Methodik der Geisteswissenschaften, 1967
Beuthien, Volker	Erweiterte wirtschaftliche Mitbestimmung durch Tarifvertrag, Juristische Analysen 1970, 130
ders.	Kartellverbot und abgestimmtes Verhalten - Verhältnis der §§ 1 und 25 I GWB zueinander sowie Grenzen der kartellfreien Kooperation, FS Hartmann 1976, 51
Bieback, Karl-Jürgen/ Reich, Norbert	Verfassungswidrige Umgestaltung des Unternehmensrechts durch Mitbestimmung?, AuR 1978, 161
Biedenkopf, Kurt H.	Vertragliche Wettbewerbsbeschränkung und Wirtschaftsverfassung, 1958
ders.	Grenzen der Tarifautonomie, 1964
ders.	Sinn und Grenzen der Vereinbarungsbefugnis der Tarifvertragsparteien, Verhandlungen des 46. DJT 1966, Bd. I, 97
ders.	Zur Selbstbeschränkung auf dem Heizölmarkt, BB 1966, 1113
ders.	Mitbestimmung (Beiträge zur ordnungspolitischen Diskussion), 1972
Bierling, Ernst Rudolf	Juristische Prinzipienlehre, Bd. I (1894); Bd. IV (1912), Neudruck 1961
Binder, Julius	Philosophie des Rechts, 1925
Bloy, René	Die dogmatische Bedeutung der Strafausschließungsgründe und Strafaufhebungsgründe, 1976
Bockelmann, Paul	Wann ist der Rücktritt vom Versuch freiwillig?, NJW 1955, 1417
Böhm, Franz	Wettbewerb und Monopolkampf, 1933
ders.	Der vollständige Wettbewerb und die Antimonopolgesetzgebung, WuW 1953, 178
Böhmer, Emil	Zur Auslegung endgültiger Abfindungsvergleiche, NJW 1956, 497

Boewer, Dietrich	Das Mitbestimmungsgesetz im Rahmen des Gesellschaftsrechts und kollektiven Arbeitsrechts, DB 1980, 673
Bonin, Paul	Der Prozeßvergleich unter besonderer Berücksichtigung seiner personellen Erstreckung, 1957
Brecht, Hans-Theo	Lohnfortzahlung für Arbeiter, 3. Aufl., 1979
Breetzke, Ernst	Der Vergleich bei verständigem Zweifel, NJW 1969, 1408
Brodmann, Erich	Gewerbe- und Industrie-Kommentar, Bd. IV, Aktienrecht, 1928
Brohm, Winfried	Strukturen der Wirtschaftsverwaltung, 1969
Buchner, Herbert	Paritätische Mitbestimmung: Der Weg zu einer neuen Unternehmens- und Arbeiterordnung, ZfA 1974, 147
Bülow, Arthur	Unwiderleglich vermutete Befangenheit von Vereinsschiedsrichtern gegenüber Nichtmitgliedern, NJW 1970, 585
Büntig, H.	Vertikale Bindung von Geschäftbedingungen, BB 1954, 581
Büttner, Siegfried	Kartellvertrag und Kartellverhalten, WuW 1971, 690
Burckhardt, Walter	Methode und System des Rechts, 1971
Bydlinski, Franz	Privatautonomie und objektive Grundlagen des verpflichtenden
ders.	Juristische Methodenlehre und Rechtsbegriff, 1982
Callmann, Rudolf	Das deutsche Kartellrecht, 1934
Canaris, Claus-Wilhelm	Die Feststellung von Lücken im Gesetz, 1964
ders.	Systemdenken und Systembegriff in der Jurisprudenz, 1969
ders.	Mitbestimmungsgesetz und innergesellschaftliche Organisationsautonomie der Aktiengesellschaft, DB 1981, Beilage 14

Chamberlin, E. H.	The Theory of Monopolistic Competition, 7th ed., 1956
Clark, John M.	Towards a Concept of Workable Competition, The American Economic Review, Vol. XXX (1940), 241
ders.	Static Models and Dynamic Aspects, The American Economic Review, Vol. XXXXV (1955), 450
ders.	Competition as a Dynamic Process, 1961
Coester, Michael	Vorrangprinzip des Tarifvertrages, 1974
Coing, Helmut	Die juristischen Auslegungsmethoden und die Lehren der allgemeinen Hermeneutik, 1959
ders.	Grundzüge der Rechtsphilosophie, 2. Aufl., 1969
Däubler, Wolfgang	Das Grundrecht auf Mitbestimmung und seine Realisierung durch tarifvertragliche Begründung von Beteiligungsrechten, 1973; 2. Aufl. 1974
ders.	Das Arbeitsrecht, 1976
Dahm, Georg	Deutsches Recht, 1951
Dernburg, Heinrich	Pandekten, Bd. I, 3. Aufl., 1892
Dersch, Hermann/ Neumann, Dirk	Bundesurlaubsgesetz, 6. Aufl., 1981
Diederichsen, Uwe	Die Flucht des Gesetzgebers aus der politischen Verantwortung im Zivilrecht, 1974
Diesselhorst, Malte	Die Natur der Sache als außergesetzliche Rechtsquelle verfolgt an der Rechtsprechung zur Saldotheorie, 1968
Dietz, Rolf/ Richardi, Reinhard	Betriebsverfassungsgesetz mit Wahlordnungen, Kommentar, 6. Aufl., 1981/82
Doetsch, Werner/ Schnabel, Fritz/ Paulsdorff, Jürgen	Lohnfortzahlungsgesetz, 5. Aufl., 1977
Dreher, Eduard/ Tröndle,	Strafgesetzbuch, 41. Aufl., 1983

Herbert

Ebel, Friedrich | Berichtung, transactio und Vergleich, 1978

Ebsen, Ingwer | Gesetzesbindung und "Richtigkeit" der Entscheidung, 1974

Ehlke, Michael | Zum bereicherungsrechtlichen Wertersatz (§ 818 II BGB), WM 1979, 1022

Emmerich, Volker | Zur Gegenstands-, Zweck- und Folgetheorie, BB 1975, 766

ders. | Die höchstrichterliche Rechtsprechung zum GWB, ZHR 139, 476

ders. | Wettbewerbsrecht, 2. Aufl., 1976

ders./ Gansweid, Wolfgang | Torsosyndikate und Kartellverbot -BGH NJW 1975, 1837, JuS 1976, 432

Engisch, Karl | Die Einheit der Rechtsordnung, 1935

ders. | Einführung in das juristische Denken, 4. Aufl., 1956

ders. | Auf der Suche nach der Gerechtigkeit, 1971

Enneccerus, Ludwig/ Lehmann, Heinrich | Recht der Schuldverhältnisse, 15. Aufl., 1958

ders./ Nipperdey, Hans Carl | Allgemeiner Teil des Bürgerlichen Rechts, 15. Aufl., 1959/60

Erdmann, Ernst-Gerhard | Die Bedeutung der Mitbestimmung des Betriebsrats für die unternehmerische Entscheidung: Der Weg zur Überparität, RdA 1976, 87

ders./ Jürging, Claus/ Kammann, Karl-Udo | Betriebsverfassungsgesetz, Kommentar für die Praxis, 1972

Erman, Walter | Handkommentar zum Bürgerlichen Gesetzbuch, 6. Aufl., 1975

Esser, Josef | Vorverständnis und Methodenwahl in der Rechtsfindung, 1970

ders./ Schmidt, Eike | Schuldrecht I, Allgemeiner Teil, 5. Aufl., 1975/76

ders./ Weyers, Hans-Leo | Schuldrecht II, Besonderer Teil, 5. Aufl., 1977

Eucken, Walter	Die Grundlagen der Nationalökonomie, 6. Aufl., 1950
ders.	Grundsätze der Wirtschaftspolitik, 1952
Fickel, Friedrich	Aufsichtsratsausschüsse nach dem Mitbestimmungsgesetz 1976, AG 1977, 135
Fikentscher, Wolfgang	Wettbewerb und gewerblicher Rechtsschutz, 1958
ders.	Die Interessengemeinschaft, 1960
ders.	Nachfragemacht und Wettbewerbsbeschränkung, WuW 1960, 680
ders.	Systemfragen im europäischen Recht der Wettbewerbsbeschränkungen, FS Böhm 1965, 261
ders.	Das Verhältnis von Kartellrecht und Recht des unlauteren Wettbewerbs im deutschen und europäischen Recht, FS Hallstein 1966, 127
ders.	Schuldrecht, 6. Aufl., 1976
ders.	Methoden des Rechts, 5 Bände, 1975/77
Fischer, Robert	Die Weiterbildung des Rechts durch die Rechtsprechung, 1971
Fitting, Karl/ Auffarth, Fritz/ Kaiser, Heinrich	Betriebsverfassungsgesetz Handkommentar, 13. Aufl., 1981
ders./ Wlotzke, Otfried/ Wißmann, Hellmut	Mitbestimmungsgesetz, 1. Aufl. 1976, 2. Aufl., 1978
Flume, Werner	Rechtsgeschäft und Privatautonomie, 100 Jahre Deutsches Rechtsleben (FS 100 Jahre DJT 1960), 135
ders.	Allgemeiner Teil des Bürgerlichen Rechts II, Das Rechtsgeschäft, 1965
ders.	Die Mitbestimmung - Ideologie und Recht, ZGR 1978, 678
Föhr, Horst	Mitbestimmung und Satzungsautonomie, MitbestGespr 1977, 131

Forsthoff, Ernst	Lehrbuch des Verwaltungsrechts, Allgemeiner Teil, 10. Aufl., 1973
Frankfurter Kommentar	Kommentar zum Gesetz gegen Wettbewerbsbeschränkungen, fortl. Lieferungen
Freitag, Dieter/ Hansen, Knud/ Markert, Kurt/ Strauch, Volkmar	Umweltschutz und Wettbewerbsordnung, 1973
Friedrich, Manfred	Möglichkeiten und kartellrechtliche Grenzen umweltschutzfördernder Kooperation zwischen Unternehmen, Diss. Bochum, 1977
Frohner, Siegfried	Fragen der Ausgleichsquittung, AuR 1975, 108
Furtner, Georg	Das Urteil im Zivilprozeß, 4. Aufl., 1978
Futter, Werner	Auf der Suche nach der Politik des Gesetzes, FS Esser 1975, 37
Galperin, Hans/ Löwisch, Manfred	Kommentar zum Betriebsverfassungsgesetz, 6. Aufl., 1982
Gamillscheg, Franz	Koalitionsfreiheit und soziale Selbstverwaltung, 1968
Gast, Wolfgang	Zum Fortschritt des Mitbestimmungsrechts, BlStSozArbR 1979, 129
Geitner, Dirk	Offene Fragen im Mitbestimmungsgesetz, AG 1976, 210
Gemeinschaftskommentar	Gemeinschaftskommentar zum Mitbestimmungsgesetz (Fabricius/ Matthes/Naendrup/Rumpff/Schneider/ Weiterath) 1976 (fortl.)
Germann, Oskar Adolf	Probleme und Methoden der Rechtsfindung, 1965
Gierke, Julius von	Der Entwurf eines bürgerlichen Gesetzbuchs und das deutsche Recht, 1899
Godin, Freiherr von/ Wilhelmi, Hans und Sylvester	Aktiengesetz, 4. Aufl., 1971
Gotthold, Jürgen	Neuere Entwicklungen der Wettbewerbstheorie, ZHR 145, 286

Groeben, Hans v. d./Boeckh, Hans v./ Thiesing, Jochen	Kommentar zum EWG Vertrag, 2. Aufl., 1974
Großkommentar	Großkommentar zum Aktiengesetz (Barz Brönner/Klug/Mellerowicz/ Meyer-Landrut/Schilling/Wiedemann/ Würdinger), 3. Aufl., 1970 fortl.
Günther, Eberhard	Wettbewerbsregeln - Entwicklung und Möglichkeiten, MA 1969, 170
Haberland, Jürgen/ Seiler, Dietmar	Mitbestimmungsgesetz, 2. Aufl., 1977
Hachenburg, Max	Gesetz betreffend die Gesellschaft mit beschränkter Haftung (GmbHG), 7. Aufl., 1975
Hammann, Karl	Über die Zwangsvollstreckung aus Wettbewerbsvergleichen, GRUR 1936, 379
Hanau, Peter	Was bedeutet paritätische Mitbestimmung für das kollektive Arbeitsrecht?, BB 1969, 760
ders.	Lösungsmöglichkeiten mitbestimmungsbedingter Interessenkonflikte, RdA 1975, 23
ders.	Die arbeitsrechtliche Bedeutung des Mitbestimmungsurteils des Bundesverfassungsgerichts, ZGR 1979, 524
ders./Ulmer, Peter	Mitbestimmungsgesetz, 1981
Hartmaier, Hans Erich	Nichtigkeit eines Vergleichs wegen Wuchers oder wegen Sittenwidrigkeit, MDR 1964, 370
Haueisen, Fritz	Unterschiede in den Bindungswirkungen von Verwaltungsakt, öffentlich-rechtlichem Vertrag, gerichtlichem Vergleich und Urteil, NJW 1963, 1329
Heck, Philipp	Gesetzesauslegung und Interessenjurisprudenz, 1914
ders.	Begriffsbildung und Interessenjurisprudenz, 1932
Hedemann, Justus Wilhelm	Der Vergleichsirrtum nach dem Recht des Deutschen Reiches, 1903

ders.	Die Flucht in die Generalklauseln, 1933
Hefermehl, Wolfgang	Zum Anwendungsbereich des Wettbewerbsrechts, FS Nipperdey 1955, 283
ders.	Urteilsanmerkung, JZ 1962, 364
Heinsius, Theodor	Satzungsvorschriften über die Beschlußfähigkeit des Aufsichtsrats nach dem Mitbestimmungsgesetz, AG 1977, 281
Helm, Horst	Das Kartellrecht in der Wirtschaftspraxis, 2. Aufl., 1977
Henckel, Wolfram	Prozeßrecht und materielles Recht, 1970
ders.	Parteilehre und Streitgegenstand im Zivilprozeß, 1961
Hendriks, Birger	Die kartellrechtliche Zulässigkeit von Streikhilfeabkommen, ZHR 141, 1
Henkel, Heinrich	Einführung in die Rechtsphilosophie, 2. Aufl., 1977
Hensche, Detlef	Erweiterung der Mitbestimmung durch privatautonome Regelung, insbesondere in Unternehmen der öffentlichen Hand, AuR 1971, 33
Herschel, Wilhelm	Fragen des Tarifrechts, BArbBl 1950, 377
ders.	Tarifanspruchsvergleich und vereinbarter Tatbestand, BArbBl 1952, 269
ders.	Urteilsanmerkung, AuR 1973, 318
ders.	Der Typus der arbeitsrechtlichen Koalition - BAG NJW 1977, 1551, JuS 1978, 524
ders.	Buchbesprechung, AuR 1980, 117
Hesse, Konrad	Grundzüge des Verfassungsrechts der Bundesrepublik Deutschland, 13. Aufl., 1982
Hintze, Gerhard	Das Ende der Gegenstandstheorie zu § 1 GWB?, MA 1975, 400

Hippel, Fritz von	Ideologie und Wahrheit in der Jurisprudenz, 1973
Hölters, Wolfgang	Harmonie normativer und schuldrechtlicher Abreden in Tarifverträgen, 1973
ders.	Satzungsgestaltung und Organisationsstruktur von Unternehmen bei Einführung der qualifizierten Mitbestimmung, BB 1975, 797
ders.	Freiwillige Gesellschaftsorgane bei der mitbestimmten GmbH & Co KG, GmbH-Rundschau 1980, 50
Hönig, Wolfgang	Mehrheitserfordernisse bei der Beschlußfassung über die Besetzung von Aufsichtsratsausschüssen in mitbestimmten Unternehmen, DB 1979, 744
Höpp, Gerhard	Mitbestimmungsgesetz: Vorschlagsmonopol und Außenseiter, DB 1978, 2318
Hoffmann, Dietrich/ Neumann, Nikolaus	Die Mitbestimmung bei GmbH und GmbH & Co KG nach dem Mitbestimmungsgesetz 1976, GmbH-Rundschau 1976, 149
Hoffmann, Paul	Grenzen gesetzlicher Unabdingbarkeitsnormen im Arbeitsrecht, FS 25 Jahre BAG 1979, 217
Hoffmann, Otto	Zur Gegenstands-, Zweck, und Folgetheorie in § 1 GWB, BB 1975, 628
Hommelhoff, Peter	Satzungsmäßige Eignungsvoraussetzungen für Vorstandsmitglieder einer Aktiengesellschaft, BB 1977, 322
ders.	Die Geschäftsordnungsautonomie des Aufsichtsrats - Fragen zur Gestaltungsmacht des Satzungsgebers, BFuP 1977, 507
Honsell, Heinrich	Vom heutigen Stil der Gesetzgebung, 1976
Hoppmann, Erich	Die sogenannten Bagatellkartelle der "neuen Wettbewerbspolitik", DB 1970, 93

Huber, Ulrich	Auswirkungstheorie und exterritoriale Rechtsanwendung im internationalen Kartellrecht, ZGR 1981, 510
Hubmann, Heinrich	Gewerblicher Rechtsschutz, 3. Aufl., 1974
Hübner, Klaus	Außerkartellrechtliche Einschränkungen des Kartellverbots, 1971
Hueck, Alfred/ Nipperdey, Hans Carl	Lehrbuch des Arbeitsrechts II, 7. Aufl., 1967
ders./ ders./ Stahlhacke, Eugen	Tarifvertragsgesetz, 4. Aufl., 1964
Hueck, Götz	Zur Verschwiegenheitspflicht im Aufsichtsrat, RdA 1975, 35
Immenga, Ulrich	Zuständigkeiten des mitbestimmten Aufsichtsrats, ZGR 1977, 249
Isay, Rudolf	Gegenvorschlag zum Regierungsentwurf eines Gesetzes gegen Wettbewerbsbeschränkungen, WuW 1954, 100
Jäger, Armin	Inhalt und Grenzen des Kartellbegriffs in § 1 des Gesetzes gegen Wettbewerbsbeschränkungen, 1970
Jauernig, Othmar	Wirksame Wettbewerbsbeschränkungen durch Vergleich (§ 779 BGB)?, ZHR 141, 224
ders.	Zivilprozeßrecht, 19. Aufl., 1981
ders.	Bürgerliches Gesetzbuch, 1979
Jhering, Rudolf von	Das Schuldmoment im römischen Privatrecht, 1867
ders.	Der Zweck im Recht, 3. Aufl., 1893/98
Jung, Erich	Rechtsregeln und Rechtsgewissen, AcP 118, 1
Kaiser, Heinz	Lohnfortzahlungsgesetz, 1970
Kaiser, Josef H.	Industrielle Absprachen im öffentlichen Interesse, NJW 1971, 585
Kallmeyer, Harald	Mitbestimmungsgesetz 1976 - Leitfaden für Aufsichtsratsmitglieder in nach dem MitbG 1976 mitbestimmten Aufsichtsräten, DB 1978 Beilage Nr. 11

ders.	Die Gleichbehandlung der Mitglieder des Aufsichtsrats, DB 1982, 1309
Kammann, Karl-Udo/ Hess, Harald/ Schlochauer, Ursula	Kommentar zum Betriebsverfassungsgesetz, 1979
Kappuhne, Manfred	Wettbewerbsbeschränkung durch Vertrags-, Gegenstands- oder Folgetheorie, Diss. Göttingen, 1977
Kartte, Wolfgang	Zur Auslegung des § 1 GWB: Kartellzusammenschlüsse - Gemeinschaftsunternehmen, WuW 1963, 565
ders.	Ein neues Leitbild für die Wettbewerbspolitik, 1969
Kaufmann, Arthur	Rechtsphilosophie im Wandel, 1972
Kehrmann, Karl/ Pelikan, Wolfgang	Lohnfortzahlungsgesetz, 2. Aufl., 1973
Kellermann, Alfred	Wettbewerbsbeschränkung durch Wettbewerbsregeln, WuW 1965, 551
Kelsen, Hans	Reine Rechtslehre, 2. Aufl., 1960, (Unveränderter Nachdruck 1967)
Kirchmann, von	Die Werthlosigkeit der Jurisprudenz als Wissenschaft, 1848
Kittner, Michael/ Fuchs, Harald/ Zachert, Ulrich	Arbeitnehmervertreter im Aufsichtsrat 1977
Klimke, Manfred	Der Vergleich in der Regulierungspraxis unter besonderer Berücksichtigung der Bedeutung und Rechtswirkung einer Abfindungserklärung, VersR 1975, 686
Knack, Hans-Joachim	Verwaltungsverfahrensgesetz, 1976
Koch, C. F.	Allgemeines Landrecht für die Preußischen Staaten, 8. Aufl., 1886
Koch, Eckart	Wirtschaftswissenschaften für Juristen, 1976
Köhler, Helmut	Wettbewerbsbeschränkungen durch Nachfrager, 1977
Köhler, Karl-Heinz	Welche Stellung hat der Wettbewerb in unserer Rechtsordnung?, NJW 1964, 570

Kölner Kommentar	Kölner Kommentar zum Aktiengesetz (Biedenkopf/Claussen/Geilen/Koppensteiner/Kraft/Kronstein/Lutter/Mertens/Z öllner), 1970 fortl.
Koenigs, Folkmar	Das Gesetz gegen Wettbewerbsbeschränkungen und das Recht des unlauteren Wettbewerbs unter besonderer Berücksichtigung der Wettbewerbsregeln, GRUR 1958, 589
ders.	Wechselwirkungen zwischen Gesetz gegen Wettbewerbsbeschränkungen und Recht des unlauteren Wettbewerbs, NJW 1961, 1041
Kohler, Josef	Technik der Gesetzgebung, AcP 96, 345
Kohler, Ingo	Die Entwicklung des arbeitsrechtlichen Schrifttums im Jahre 1979, ZfA 1980, 521
Kollmar, Hans	Das Problem der staatlichen Lenkung und Beeinflussung des rechtsgeschäftlichen Verkehrs, 1961
Kommentar für die Praxis	Kommentar für die Praxis zum Mitbestimmungsgesetz '76 (Benze/Föhr/Kehrmann/Kieser/Lichtenstein/ Schwegler/Unterhinninghofen), 1978, zit. KfP-Bearbeiter
Kracht, Friedrich	Sollte § 1 GWB geändert werden?, Kartellrundschau, Heft 5 (1964), 31
Kraft, Alfons/ Hönn, Günther	Streikhilfeabkommen im Schnittpunkt von Kartell- und Arbeitsrecht, ZHR 141, 230
Kriele, Martin	Kriterien der Gerechtigkeit, 1963
ders.	Theorie der Rechtsgewinnung, 1967
Kroitzsch, Hermann	Die Wettbewerbsregeln in kartell- und wettbewerbsrechtlicher Sicht, GRUR 1965, 12
Kübler, Friedrich	Feststellung und Garantie, 1967
ders.	Kodifikation und Demokratie, JZ 1969, 645

ders./ Schmidt, Walter/ Simitis, Spiros	Mitbestimmung als gesetzgebungspolitische Aufgabe, zur Verfassungsmäßigkeit des Mitbestimmungsgesetzes 1976, 1978
ders.	Unternehmensorganisation zwischen Sachverstand und Interessenpolitik, ZGR 1981, 377
Küchenhoff, Günther	Rechtsbesinnung, 1973
Kunze, Otto	Bemerkungen zu Inhalt und Methode einer Unternehmensrechtsreform, FS Gessler 1970, 47
ders.	Zum Stand der Entwicklung des Unternehmensrechts, ZHR 144, 100
ders.	Unternehmensverband und Unternehmensgröße, FS R. Fischer 1979, 365
Lackner, Karl	Strafgesetzbuch, 15. Aufl., 1983
Lampe, Ernst-Joachim	Juristische Semantik, 1970
Lampert, Wilhelm	Patente und Entkartellisierung, GRUR 1950, 1
Lange, Hermann	Empfiehlt es sich, die Haftung für schuldhaft verursachte Schäden zu begrenzen? Kann für den Umfang der Schadensersatzpflicht auf die Schwere des Verschuldens und die Tragweite der verletzten Norm abgestellt werden?, Gutachten zum 43. DJT 1960
Langen, Eugen	Kommentar zum Kartellgesetz, 4. Aufl., 1965
ders./ Niederleithinger, Ernst/ Schmidt, Ulrich	Kommentar zum Kartellgesetz, 6. Aufl., 1982
Larenz, Karl	Allgemeiner Teil des deutschen bürgerlichen Rechts, 6. Aufl., 1983
ders.	Lehrbuch des Schuldrechts, Bd. I, 13. Aufl., 1982
ders.	Lehrbuch des Schuldrechts, Bd. II, 12. Aufl., 1981
ders.	Methodenlehre der Rechtswissenschaft, 4. Aufl.,1979
ders.	Richtiges Recht, 1979

Laske, Stephan	Unternehmensinteresse und Mitbestimmung, ZGR 1979, 173
Laufke, Franz	Vertragsfreiheit und Grundgesetz, FS H. Lehmann 1956, 145
Lehmann, Heinrich	Der Prozeßvergleich, 1911
ders./ Hübner, Heinz	Allgemeiner Teil des Bürgerlichen Gesetzbuches, 16. Aufl., 1966
Lehmann, Jürgen	Aufsichtsratsausschüsse, DB 1979, 2117
ders.	Die Zusammensetzung von Aufsichtsratsausschüssen in Gesellschaften, für die das MitbestG gilt, AG 1977, 14
ders./ Heinsius, Theodor	Aktienrecht und Mitbestimmung, 3. Aufl., 1976
Lehnich, Oskar	Die Wettbewerbsbeschränkung, 1956
Leipold, Dieter	Beweislastregeln und gesetzliche Vermutungen, 1966
Lepke, Achim	Der Verzicht des Arbeitnehmers auf den Lohnfortzahlungsanspruch im Krankheitsfalle, BB 1971, 1509
Leube, Jutta	Die Entwicklung des Verständnisses von § 1 GWB, FS E. Günther 1976, 183
Lieberknecht, Otfried	Darf ein Zusammenschluß von Verbänden Geschäftsbedingungen empfehlen?, MA 1958, 231
Lindenmaier, Fritz	Das Patentgesetz, 6. Aufl., 1973
Littauer, Rudolf	Schiedsgerichtsbarkeit und materielles Recht, ZZP 55, 1
Lobe, Adolf	Die Bekämpfung des unlauteren Wettbewerbs, Bd. I, 1907
Löwe, Ewald/ Rosenberg, Leo	Die Strafprozeßordnung und das Gerichtsverfassungsgesetz, Großkommentar, Bd. II, 23. Aufl., 1978
Lüke, Gerhard	Die Beseitigung des Prozeßvergleichs durch Parteivereinbarung, JuS 1965, 482

Luhmann, Niklas	Rechtssystem und Rechtsdogmatik, 1974
Lukes, Rudolf	Der Kartellvertrag, 1959
Luther, Martin	Die innere Organisation des Aufsichtsrats, ZGR 1977, 306
Lutter, Marcus	Der Anwendungsbereich des Mitbestimmungsgesetzes, ZGR 1977, 195
ders.	Der Stimmbote, FS Duden 1977, 269
ders.	Die entgeltliche Ablösung von Anfechtungsrechten - Gedanken zur aktiven Gleichbehandlung im Aktienrecht -, ZGR 1978, 347
Lutz, Friedrich A.	Bemerkungen zum Monopolproblem, Ordo-Jahrbuch 1951, 19
Lux, Hans-Joachim	Mitbestimmungsgesetz, 1977
ders.	Die Einleitung der Arbeitnehmervertreterwahl nach dem Mitbestimmungsgesetz, BB 1977, 905
Martens, Klaus-Peter	Mitbestimmung, Konzernbildung und Gesellschaftereinfluß, ZHR 138, 179
ders.	Allgemeine Grundsätze zur Anwendbarkeit des Mitbestimmungsgesetzes, AG 1976, 113
ders.	Rechtsgeschäft und Drittinteressen, AcP 177, 113
ders.	Mitbestimmung und kollektives Recht, ZGR 1977, 422
ders.	Das Frühstückskartell - BGH NJW 1971, 521 ("Teerfarben"), JuS 1977, 455
ders.	Das Bundesverfassungsgericht und das Gesellschaftsrecht, ZGR 1979, 493
ders.	Die Gruppenabgrenzung der leitenden Angestellten, 1979
ders.	Organisationsprinzipien und Präsidialregelung des mitbestimmten Aufsichtsrats, DB 1980, 1381

ders.	Die Rechtsstellung der leitenden Angestellten im Anwendungsbereich des Mitbestimmungsgesetzes, ZfA 1980, 611
ders.	Mitbestimmungsrechtliche Bausteine in der Rechtsprechung des Bundesgerichtshofs, ZGR 1983, 237
ders.	Zum Verhältnis von Mitbestimmungs- und Gesellschaftsrecht, ZHR 184, 183
Martini, Hans	Zur Entstehung der Vergleichsgebühr (§ 23 BRAGO), MDR 1961, 731
Maunz, Theodor/ Dürig, Günter/ Herzog, Roman/ Scholz, Rupert	Grundgesetz, Kommentar (Loseblattsammlung), 1958 fortl.
Maurach, Reinhart/ Gössel, Karl-Heinz/ Zipf, Heinz	Deutsches Strafrecht, Allgemeiner Teil, 5. Aufl., 1977
Mayer-Maly, Theo	Der Verhandlungsanspruch tariffähiger Verbände, RdA 1966, 201
Meessen, Karl Matthias	Das Mitbestimmungsurteil des Bundesverfassungsgerichts, NJW 1979, 833
Meilicke, Heinz u. Wieland	Kommentar zum Mitbestimmungsgesetz, 1976
Merle, Werner	Marktinformationsverfahren und § 1 des Gesetzes gegen Wettbewerbsbeschränkungen, 1967
Mertens, Hans-Joachim	Stimmabgabe abwesender Aufsichtsratsmitglieder nach § 108 Abs. 3 AktG, AG 1977, 210
ders.	Aufsichtsratsmandat und Arbeitskampf, AG 1977, 306
ders.	Zuständigkeiten des mitbestimmten Aufsichtsrats, ZGR 1977, 270
ders.	Aufsichtsratsausschüsse, Mitbestimmung und Methodenlehre, AG 1981, 113
ders.	Verfahrensfragen bei Personalentscheidungen des mitbestimmten Aufsichtsrats, ZGR 1983, 189
Mestmäcker, Ernst-Joachim	Preis- und Produktionsregelungen im Rahmen von Rationalisierungskartellen, JZ 1953, 329

ders.	Europäisches Wettbewerbsrecht, 1974
Meyer, Hans/ Borgs-Maciejewski, Hermann	Verwaltungsverfahrensgesetz, 1976
Meyer-Hayoz, Arthur	Der Richter als Gesetzgeber, 1951
Miksch, Leonhard	Wettbewerb als Aufgabe, 2. Aufl., 1947
Möhring, Philipp	Dekartellisierung und Lizenzvertrag, GRUR 1950, 496
ders.	Wettbewerbsordnung und Kartellrecht, WuW 1954, 387
ders.	Die Bedeutung der Rule of Reason im Kartellrecht, WuW 1955, 5
ders.	"Abgestimmtes Verhalten" im Kartellrecht, NJW 1973, 777
Möschel, Wernhard	Abschied von der Gegenstandstheorie in § 1 GWB, NJW 1975, 94
Müller, Bernd	Anfechtung und Kondiktion der Ausgleichsquittung im Arbeitsrecht, BB 1976, 1466
Müller, Gerhard	Das Mitbestimmungsurteil des Bundesverfassungsgerichts vom 1. März 1979, DB 1979, Beilage 5
ders.	Die rechtliche, die rechtspolitische und die Gesellschaftspolitische Problematik des Arbeitnehmer-Kammerwesens, DB 1980, 91
Müller, Hans-Peter	Unterbewertete Aspekte des Mitbestimmungsgesetzes, DB 1978, 2168
Müller, Heinz/ Giessler, Peter/ Scholz, Ulrich	Kommentar zum Gesetz gegen Wettbewerbsbeschränkungen - Kartellgesetz (fortl.)
Müller-Henneberg, Hans/ Schwartz, Gustav	Gemeinschaftskommentar, Gesetz gegen Wettbewerbsbeschränkungen und Europäisches Kartellrecht, 3. Aufl., 1972, zitiert: GK-Bearbeiter
Münch, Ingo von	Grundgesetzkommentar, Bd. I, 2. Aufl., 1981

Münchner Kommentar	Münchner Kommentar zum Bürgerlichen Gesetzbuch, 1978 fortl., zitiert: MK-Bearbeiter
Mugdan	Die gesammelten Materialien zum Bürgerlichen Gesetzbuch für das Deutsche Reich, Bd. II, 1899
Naendrup, Peter-Hubert	Zur gesetzespositiven Orientierungsleistung des sog. Mitbestimmungsgesetzes (Stenogramm zu Zweifeln bei der Rechtsanwendung), Mitbestimmungsgesetz mit 11 einführenden Aufsätzen, 1976, 110
ders.	Mitbestimmungsgesetz und Organisationsfreiheit, AuR 1977, 225 (fortgesetzt 268)
Nawiasky, Hans	Allgemeine Rechtslehre, 2. Aufl., 1948
Nikisch, Arthur	Arbeitsrecht I, 3. Aufl., 1961
Nipperdey, Hans Carl	Grundrechte und Privatrecht, 1961
Noll, Peter	Gesetzgebungslehre, 1973
Oertmann, Paul	Der Vergleich im gemeinen Zivilrecht, 1895 (Neudruck 1969)
Ott, Reinhardt	Das Wettbewerbsrecht als Mittel der Wirtschaftsgestaltung, 1980
Palandt, Otto	Bürgerliches Gesetzbuch, 42. Aufl., 1983
Papier, Hans-Jürgen	Immissionen durch Betriebe der öffentlichen Hand, NJW 1974, 1797
Pastor, Wilhelm L.	Der Wettbewerbsprozeß, 1973
Pawlowski, Hans-Martin	Rechtsgeschäftliche Folgen nichtiger Willenserklärungen, 1966
ders.	Allgemeiner Teil des BGB, 1972
Planck	Planck's Kommentar zum Bürgerlichen Gesetzbuch, III. Bd., Sachenrecht, 5. Aufl., 1938
Priester, Hans-Joachim	Mantelverwendung und Mantelgründung bei der GmbH, DB 1983, 2291

Radbruch, Gustav	Die Natur der Sache als juristische Denkform, 1960
ders.	Rechtsphilosophie, 8. Aufl., 1973
ders./ Zweigert, Konrad	Einführung in die Rechtswissenschaft, 13. Aufl., 1980
Raisch, Peter	Zum Begriff und zur Bedeutung des Unternehmensinteresses als Verhaltensmaxime von Vorstands- und Aufsichtsratsmitgliedern, FS Hefermehl 1976, 347
Raiser, Ludwig	Vertragsfreiheit heute, JZ 1958, 1
ders.	Vertragsfunktion und Vertragsfreiheit, FS 100 Jahre DJT 1960, 101
Raiser, Thomas	Grundgesetz und paritätische Mitbestimmung, 1975
ders.	Das Unternehmensinteresse, FS Reimer Schmidt 1976, 101
ders.	Das neue Mitbestimmungsgesetz, NJW 1976, 1337
ders.	Der neue Koalitionskompromiß zur Mitbestimmung, BB 1976, 145
ders.	Privatautonome Mitbestimmungsregelungen, BB 1977, 1461
ders.	Mitbestimmungsgesetz, 1977
ders.	Das Unternehmen in der verfassungsrechtlichen Ordnung der Bundesrepublik nach dem Mitbestimmungsurteil des Bundesverfassungsgerichts, JZ 1979, 489
ders.	Satzungsvorschriften über Beschlußfähigkeit und Vertagung eines mitbestimmten Aufsichtsrats, NJW 1980, 209
Rauschenbach, Gerhard	Wirtschaftsrecht mit Kartellrecht, 1965
Redding, Günter	Aufsichtsrat und Interessenkollision, NJW 1956, 48
Redeker, Konrad/ Oertzen, Hans-Joachim von	Verwaltungsgerichtsordnung, 7. Aufl. 1981

ders./ Seeliger, Gustav	Beschleunigung des Zivilprozesses, ZRP 1969, 108
Rehbinder, Eckard	Das Mitbestimmungsurteil des Bundesverfassungsgerichts aus unternehmensrechtlicher Sicht, ZGR 1979, 471
Reich, Norbert/ Lewerenz, Karl-Jochen	Das neue Mitbestimmungsgesetz, AuR 1976, 261 (fortgesetzt 353)
Reuter, Dieter	Besprechung von BAG AP Nr. 2 zu § 9 LohnFG, JuS 1977, 56
ders.	Der Einfluß der Mitbestimmung auf das Gesellschafts- und Arbeitsrecht, AcP 179, 509
ders./Körnig, Jürgen	Mitbestimmung und gesellschaftsrechtliche Gestaltungsfreiheit, ZHR 140, 494
RGRK	Das bürgerliche Gesetzbuch, Kommentar, herausgegeben von Reichsgerichtsräten und Bundesrichtern, 12. Aufl., fortl.
Richardi, Reinhard	Kollektivgewalt und Individualwille bei der Gestaltung des Arbeitsverhältnisses, 1968
ders.	Mitbestimmung - das nicht gelöste Ordnungsproblem, AG 1979, 29
Rinck, Gerd	Wirtschaftsrecht, 5. Aufl., 1977
Rittner, Fritz	Wirtschaftsrecht mit Wettbewerbs- und Kartellrecht, 1979
ders.	Die Anstellungsverträge der GmbH-Geschäftsführer und das Mitbestimmungsgesetz, DB 1979, 973
ders.	Begründungsdefizite im Mitbestimmungsurteil des Bundesverfassungsgerichts, JZ 1979, 743
ders.	Die Satzungsautonomie der Aktiengesellschaft und die innere Ordnung des Aufsichtsrats nach dem Mitbestimmungsgesetz, DB 1980, 2193

ders.	Der Bericht der Unternehmensrechtskommission und die GmbH, GmbH-Rundschau 1981, 277
Robinson, J.	The Economics of Imperfect Competition, 5th ed., 1954
Rödig, Jürgen	Die Theorie des gerichtlichen Erkenntnisverfahrens, 1973
Rosenberg, Leo	Die Beweislast, 5. Aufl., 1965
ders./ Schwab, Dieter	Zivilprozeßrecht, 13. Aufl., 1981
Roxin, Claus	Strafverfahrensrecht, 17. Aufl., 1982
Rüthers, Bernd	Arbeitgeber und Gewerkschaften -Gleichgewicht oder Dominanz -, DB 1973, 1649
Ryffel, Hans	Grundprobleme der Rechts- und Staatsphiliosophie, 1969
Sack, Rolf	Schützt § 1 GWB nur den schützenswerten Wettbewerb?, WuW 1970, 395
ders.	Unlauterer Wettbewerb und Folgevertrag, WRP 1974, 445
Säcker, Franz-Jürgen	Zur Berücksichtigung der Marktposition des Unternehmens im Recht der Wettbewerbsbeschränkungen, BB 1967, 681
ders.	Grundprobleme der kollektiven Koalitionsfreiheit, 1969
ders.	Zielkonflikte und Koordinationsprobleme im deutschen und europäischen Kartellrecht
ders.	Streikhilfeabkommen und Kartellrecht, ZHR 137, 455
ders.	Anpassung von Satzungen und Geschäftsordnungen an das Mitbestimmungsgesetz 1976, 1977
ders.	Die Anpassung der Satzung der Aktiengesellschaft an das Mitbestimmungsgesetz, DB 1977, 1791

ders.	Die Anpassung des Gesellschaftsvertrages der GmbH an das Mitbestimmungsgesetz, DB 1977, 1845
ders.	Die Geschäftsordnung für den Aufsichtsrat eines mitbestimmten Unternehmens, DB 1977, 2031
ders.	Aufsichtsratsausschüsse nach dem Mitbestimmungsgesetz 1976, 1979
ders.	Mitbestimmung und Vereinigungsfreiheit (Art. 9 Abs.1 GG), RdA 1979, 380
ders.	Zur Besetzung von Aufsichtsratsausschüssen, DB 1979, 1131
ders.	Die Rechte des einzelnen Aufsichtsratsmitgliedes, NJW 1979, 1521
ders.	Zur Beschlußfähigkeit des mitbestimmten Aufsichtsrates, JZ 1980, 82
ders.	Allgemeine Auslegungsgrundsätze zum Mitbestimmungsgesetz, ZHR 184, 153
ders./ Theisen, Manuel R.	Die statuarische Regelung der inneren Ordnung des Aufsichtsrats in der mitbestimmten GmbH nach dem MitbG 1976, AG 1980, 82
Sandrock, Otto	Grundbegriffe des Gesetzes gegen Wettbewerbsbeschränkungen, 1968
Sauer, Hubert	Die Bestandskraft von Verwaltungakten, DöV 1971, 150
Sauter, Eugen/ Schweyer, Gerhard	Der eingetragene Verein, 11. Aufl. 1980
Seiter, Hugo	Streikrecht und Aussperrungsrecht, 1975
Seydel, Helmut	Zur Systematik des Gesetzes gegen Wettbewerbsbeschränkungen, NJW 1957, 1300
Siebert, Wolfgang	Die Methode der Gesetzesauslegung, 1958
Simitis, Spiros	Von der institutionalisierten zur problembezogenen Mitbestimmung, AuR 1975, 321

Söllner, Alfred	Arbeitsrecht, 7. Aufl., 1981
Soergel, Th./ Siebert, W.	Bürgerliches Gesetzbuch, 10./11. Aufl., ab 1969
Spendel, Günter	Die goldene Regel als Rechtsprinzip, FS v.Hippel 1967, 491
Spengler, Albrecht	Notwendigkeit der Synchronisierung verwaltungsmäßiger und justizförmiger Kartellaufsicht, WuW 1954, 200
ders.	Über die Tatbestandsmäßigkeit und Rechtswidrigkeit von Wettbewerbs-beschränkungen, 1960
ders.	Mehrheitsbeschlüsse von Personen-gesellschaften und deren Schranken, FS Möhring 1965, 165
Summerer, Lothar	Zur vertraglichen Sicherung der wettbewerblichen Nichtdiskrimi-nierung, WRP 1959, 311
Schaub, Dieter	Die innere Organisation des Aufsichtsrates, ZGR 1977, 293
Schaub, Günter	Arbeitsrechts-Handbuch, 4. Aufl., 1980
Schelauske, Hans-Dieter	Naturrechtsdiskussion in Deutschland, 1968
Scheuner, Ulrich	Die staatliche Einwirkung im Bereich der Wirtschaft, 1971
Schlosser, Peter	Einverständliches Parteihandeln im Zivilprozeß, 1968
Schmatz, Hans/ Fischwasser, Gerd	Vergütung der Arbeitnehmer bei Krankheit und Mutterschaft, 6. Aufl., fortl.
Schmidt, Ingo	Neuere Entwicklungslinien in der Wettbewerbstheorie unter Berücksichtigung wachstumspolitischer Zielsetzungen, WuW 1966, 699
Schmidt, Karsten	Kartellverfahrensrecht, Kartell-verwaltungsrecht, Bürgerliches Recht, 1977
ders.	Kartellverbot und "sonstige Wettbewerbsbeschränkungen", 1978

ders. — Was will und was leistet die Folgetheorie?, ZHR 142, 147

ders. — Der Vergleichsvertrag unter Konkurrenten: ein Kartell?, JuS 1978, 736

Schmidt-Bleibtreu, Bruno/ Klein, Fritz — Kommentar zum Grundgesetz für die Bundesrepublik Deutschland, 5. Aufl., 1980

Schmidt-Rimpler, Walter — Grundfragen einer Erneuerung des Vertragsrechts, AcP 147, 130

ders. — Zum Problem der Geschäftsgrundlage, FS Nipperdey 1955, 1

Schmidt-Salzer, Joachim — Vertragsfreiheit und Verfassungsrecht, NJW 1970, 8

Schmitz, Werner G. — Der Wettbewerbsbegriff im Kartellrecht, NJW 1961, 2089

Schneider, Uwe H. — GmbH und GmbH & Co KG in der Mitbestimmung, ZGR 1977, 335

Schnorr v. Carolsfeld, Ludwig — Beiträge zur Lehre vom Vergleich, 1929

Schönke, Adolf/ Schröder,Horst — Strafgesetzbuch, 21. Aufl., 1982

Scholz, Franz — Kommentar zum GmbH-Gesetz, 6. Aufl.,ab 1979

Schramm, Carl — Allgemeine Grundlagen eines deutschen Marktordnungsrechts, GRUR 1937, 433

Schulte, Hans-Jürgen — Lizenzaustauschverträge und Patentgemeinschaften im amerikanischen und deutschen Recht, 1971

Schwerdtfeger, Gunther — Unternehmerische Mitbestimmung der Arbeitnehmer und Grundgesetz, 1972

Stammler, Rudolf — Theorie der Rechtswissenschaft, 2. Aufl., 1923 (Neudruck 1970)

ders. — Die Lehre vom richtigen Recht, 1926 (Nachdruck 1964)

Staudinger, J. von — Kommentar zum Bürgerlichen Gesetzbuch mit Einführungsgesetzen und Nebengesetzen, 11. Aufl., fortl.

Stein, Ekkehart — Staatsrecht, 8. Aufl., 1982

Steindorff, Ernst — Das Verbot von Wettbewerbsbeschränkungen in der Anfangszeit der Europäischen Wirtschaftsgemeinschaft, BB 1958, 89

ders. — Zur Novellierung des Kartellrechts, BB 1970, 824

ders. — Politik des Gesetzes als Auslegungsmaßstab im Wirtschaftsrecht, FS Larenz 1973, 217

ders. — Kommanditgesellschaft auf Aktien und Mitbestimmung, FS Ballerstedt 1975, 127

ders. — Gesetzeszweck und gemeinsamer Zweck des § 1 GWB, BB 1977, 569

ders. — Europäisches Kartellrecht und Staatenpraxis, ZHR 142, 525

ders./ Joch, Bernd — Die ersten Urteile des Bundesgerichtshofs zum Mitbestimmungsgesetz, ZHR 146, 336

Stein, Friedrich/ Jonas, Martin/ Pohle, Rudolf — Kommentar zur Zivilprozeßordnung, 20. Aufl., 1977

Stelkens, Paul/ Bonk, Heinz/ Leonhardt, Klaus — Verwaltungsverfahrensgesetz, 1978

Stöber, Kurt — Vereinsrecht, 4. Aufl., 1980

Stoll, Hans — Die Reduktionklausel im Schadensersatzrecht aus rechtsvergleichender Sicht, RabelsZ 1970, 481

Stötter, Viktor — Zur rechtssystematischen Einordnung des § 779 BGB und des gemeinsamen Motivirrtums, JZ 1963, 123

ders. — Lange Prozeßdauer und ihre Ursachen, NJW 1968, 521

Teichmann, Arndt — Die Gesetzesumgehung, 1962

Theisen, Manuel René — Unternehmensgröße und Unternehmensrecht, DB 1980, 1877

ders, — Mitbestimmung, Probleme und Perspektiven der empirischen Forschung, 1981

Thomas, Bernd	Die Auswirkungen der im Aktiengesetz enthaltenen materiellen Verzichts-und Vergleichsbeschränkungen auf Prozeßvergleich, Klageanerkenntnis und Klageverzicht, Diss. Göttingen 1974
Thomas, Heinz/ Putzo, Hans	Zivilprozeßordnung, 12. Aufl., 1982
Thon, August	Rechtsnorm und subjektives Recht, 1878
Tipke, Klaus	Steuerrecht, 8. Aufl., 1981
Trieschmann, Günther	Der Vergleich über tatsächliche Voraussetzungen tariflicher Ansprüche und das Erfordernis seiner Billigung durch die Tarifvertragsparteien, RdA 1959, 87
ders.	Zum Verzicht des Arbeitnehmers auf unabdingbare gesetzliche Ansprüche, RdA 1976, 68
Troller, Alois	Überall gültige Prinzipien der Rechtswissenschaft, 1965
Trouet, Klaus	GmbH-Aufsichtsrat und Mitbestimmung, DB 1982, 29
Ulmer, Peter	Überlegungen zur wirtschaftlichen Betrachtungsweise im Kartellrecht, WuW 1971, 878
ders.	Fälle und Entscheidungen zum deutschen und europäischen Kartellrecht, 1972
ders.	Die Anwendung des EWG-Kartellrechts auf "nationale" Wettbewerbsbeschränkungen und ihre Folgewirkungen für das nationale Kartellrecht, in Neue Entwicklungen im EWG-Kartellrecht, 1977, 69
ders.	Die Anpassung von AG-Satzungen an das Mitbestimmungsgesetz - eine Zwischenbilanz, ZHR 141, 490
ders.	Die Bedeutung des Mitbestimmungsurteils des Bundesverfassungsgerichts für die Auslegung von Mitbestimmungs- und Gesellschaftsrecht, BB 1979, 389
Verhandlungen	Verhandlungen des 44. Deutschen Juristentages II, 1962

Vollkommer, Max	Die lange Dauer der Zivilprozesse und ihre Ursachen, ZZP 1968, 102
Vollmer, Lothar	Die Entwicklung partnerschaftlicher Unternehmensverfassungen, 1976
ders.	Einflußnahme auf unternehmerische Sachentscheidungen durch Mitbestimmung und/oder Tarifvertrag, JA 1978, 53
ders.	Die mitbestimmte GmbH - Gesetzliches Normalstatut, mitbestimmungsrechtliche Satzungsgestaltungen und gesellschaftsrechtlicher Minderheitenschutz -, ZGR 1979, 135
Wank, Rolf	Der Kompetenzkonflikt zwischen Gesellschaftern und Aufsichtsrat in der mitbestimmten GmbH, GmbH-Rundschau 1980, 121
ders.	Die Aufgabenverteilung in der mitbestimmten GmbH, GmbH-Rundschau 1982, 84
Weitnauer, Hermann	Der Schutz des Schwächeren im Zivilrecht, 1975
Werner, Winfried	Rechte und Pflichten des mitbestimmten Aufsichtsrats und seiner Mitglieder, ZGR 1977, 236
ders.	Anstellung von GmbH-Geschäftsführern nach dem Mitbestimmungsgesetz, FS R. Fischer 1979, 821
Westermann, Harry	BGB-Sachenrecht, 5. Aufl. 1980
Westermann, Harm-Peter	Rechte und Pflichten des mitbestimmten Aufsichtsrats und seiner Mitglieder, ZGR 1977, 219 .
ders.	Bestellung und Funktion "weiterer" Stellvertreter des Aufsichtsratsvorsitzenden in mitbestimmten Gesellschaften, FS R. Fischer 1979, 835
ders.	Rechtsformunabhängige und rechtsformspezifische Mitbestimmung im Bericht der Unternehmensrechtskommission, ZGR 1981, 393

Westrick, Klaus/ Loewenheim,	Gesetz gegen Wettbewerbsbeschränkungen, 4. Aufl., 1977
Wieczorek, Bernhard	Zivilprozeßordnung und Nebengesetze, 2. Aufl., seit 1975 fortl.
Wiedemann, Herbert	Rechtssicherheit - ein absoluter Wert?, FS Larenz 1973, 199
ders.	Unternehmerische Verantwortlichkeit und formelle Unternehmensziele in einer zukünftigen Unternehmensverfassung, FS Barz 1974, 561
ders.	Grundfragen der Unternehmensverfassung, ZGR 1975, 385
ders.	Das Mitbestimmungsgesetz zwischen Gesellschafts-, Arbeits- und Unternehmensrecht, ZGR 1977, 161
ders.	Aufgabe und Grenzen der unternehmerischen Mitbestimmung der Arbeitnehmer, BB 1978, 5
ders.	Gesellschaftsrecht, Bd. I, 1980
ders./ Stumpf, Hermann	Tarifvertragsgesetz, 5. Aufl., 1977
Wiesner, Georg	Zum Anwendungsbereich des Montanmitbestimmungsgesetzes, AuR 1978, 73
ders.	Urteilsanmerkung, AG 1979, 205
Wiethölter, Rudolf	Privatrecht als Gesellschaftstheorie?, FS L. Raiser 1974, 645
Willoweit, Dietmar	Rechtsgeschäft und einverständliches Verhalten, NJW 1971, 2045
Wlotzke, Otfried/ Wißmann, Hellmut	Das neue Mitbestimmungsgesetz, DB 1976, 959
Wolf, Manfred	Rechtsgeschäftliche Entscheidungsfreiheit und vertraglicher Interessenausgleich, 1970
Wolff, Hans/ Bachof, Otto	Verwaltungsrecht, Bd. I, 9. Aufl. 1974
Wolff, Martin/ Raiser, Ludwig	Sachenrecht, 10. Aufl., 1957
Würdinger, Hans	Kartelle und Justiz, DB 1953, 226

ders.	Aktionär und Mitbestimmung, DB 1979, 405
Wussow, Werner	Das Unfallhaftpflichtrecht, 12. Aufl., 1975
Zachert, Ulrich	Die Arbeitnehmervertreter im Aufsichtsrat - Rechtliche, praktische und mitbestimmungspolitische Aspekte unter Einschluß des Mitbestimmungsgesetzes, MitbestGespr 1977, 196
ders.	Gewerkschaftliche Übermacht: Chimäre oder Realität?, AuR 1977, 1
Zekorn, Klaus	Zur Rechtswirksamkeit der Mitbestimmungsregelung des "Lüdenscheider Abkommens", AG 1960, 243 (fortg. 267)
Zitelmann, Ernst	Irrtum und Rechtsgeschäft, 1879
Zöller, Richard	Zivilprozeßordnung, 13. Aufl., 1981
Zöllner, Wolfgang	Die Einwirkung der erweiterten Mitbestimmung auf das Arbeitsrecht, RdA 1969, 65
ders.	GmbH und GmbH & Co KG in der Mitbestimmung, ZGR 1977, 319
ders.	Arbeitsrecht, 2. Aufl., 1979
ders./ Seiter, Hugo	Paritätische Mitbestimmung und Artikel 9 Abs. 3 Grundgesetz, 1970

Printed by
CPI books GmbH, Leck

FSC
www.fsc.org
MIX
Papier | Fördert
gute Waldnutzung
FSC® C083411

Kolibri 360 GmbH
Ferdinand-Jühlke-Straße 7
99095 Erfurt, Deutschland
produktsicherheit@kolibri360.de